KB236139

한국사회와 일본사회의 변용

시민 · 시민운동 · 환경

한일공동연구총서 10

한국사회와 일본사회의 변용: 시민·시민운동·환경

ⓒ 김문조·핫토리 타미오, 2006

제1판 제1쇄 발행 2006년 7월 20일

지은이 | 김문조·핫토리 타미오 외
펴낸이 | 최장집
펴낸곳 | 아연출판부
편집·교정 | 송지현
표지디자인 | 서 진

등 록 | 2000년 5월 24일 제6-376호
주 소 | (136-701) 서울 성북구 안암동 5가 고려대학교 아세아문제연구소
전 화 | 02-3290-1601
팩 스 | 02-923-4661

ISBN 89-90769-17-5 94330
      89-951522-2-2 세트

책값은 뒤표지에 표시되어 있습니다.
잘못된 책은 바꿔드립니다.

한국사회와
일본사회의 변용

시민 · 시민운동 · 환경

김문조 ǀ 핫토리 타미오 공편

2006

아연출판부

차례

한일공동연구 2기 총서 간행에 즈음하여

제1기(1996~1998)의 연구 성과와 경험을 토대로 제2기(1999~2001) 공동연구의 결과를 출간한다는 것은 또 다른 의미를 갖는다. 제1기가 한국과 일본이 학술 분야에 있어 공동연구를 수행하겠다는 시작의 의미를 갖는다면, 제2기는 공동연구의 지속을 의미하기 때문이다. '시작'이 '지속'으로 이어질 수 있게 되었다는 것은 한일관계에 있어 중요한 발전이다.

1996년 한일공동연구포럼의 출범은 조용하지만 하나의 역사적 의미를 갖는 사건이었다. 한일간의 불행한 과거사는 전후 국교정상화와 양국간 경제교역의 급증에도 불구하고, 다른 여러 분야에서 한일관계의 진전을 어렵게 하는 요인이었다. 그러므로 미래지향적 한일관계를 지향하면서, 유례 없는 대규모의 프로젝트를, 10년에 가까운 기간동안 지속하겠다는 것은 커다란 실험이었다. 처음 공동연구포럼의 창안자들은 선린호혜의 정신에 입각하여 공동프로젝트를 출범시켰지만, 그러나 시작이 곧 지속을 보장할 수 없는 것이 그간의 한일관계사가 보여준 특징 중의 하나였기 때문이다. 이 점에 있어 제2기의 공동연구가 성공적으로 끝나 그 연구 결과를 총서로 출간하게 되었다는 것은, 최초의 정신이 지속가능하고 성공적으로 결실을 맺을 수 있는 수준으로 발전했다는 것을 말하는 것이다.

제2기 공동연구가 성공적으로 결실을 맺게 된 것은 전적으로 모두 7개 분과에서 공동연구에 참여한 한국과 일본의 연구 참여자들의 노력 덕분이다. 한국과 일본 양측의 연구 참여자들은 모두 양국 학계의 각 분야에서 지도적 역할을 수행하는 대표적 학자들로서 이들이 보여준 공동연구의 중요성에 대한 이해와 학문적 열정, 진지함이 아니었더라면 제2기 프로젝트는 성공하기 어려웠을 것이다. 두루 알다시피 한일공동연구포럼이 현재에 이르기까지 성공적으로 추진되는 데 있어서 한국 측 최상용 교수의 역할도 컸다. 또한 이를 재정적 및 제도적으로 뒷받침해 온 일본의 일한문화교류기금의 노력은 결정적이었다. 제2기가 진행되는 도중 변화가 있었다. 최상용 교수가 2000년에 주일대사로 자리를 옮김으로 인하여 한국측 의장이 교체되었다. 그러나 이미 두 사람의 공동창안자들이 기초를 잡고 궤도에 올린 이후의 일이었기 때문에 제2기가 결실을 맺는 데는 아무런 어려움이 없었다.

최근년에 이르러 한일간의 상호교류는 급속히 확대, 진전되고 있다. 이 변화에 있어 2002년 월드컵 한일공동개최는 중요한 촉매제의 하나였다고 할 수 있을 것이다. 이런 상황에서 양국의 대표적인 학자들과 지식인들이 주축이 된 한일공동연구는 한일관계를 보다 성찰적인 기반위에 정초하게 한다는 점에서 특별한 의미를 갖는다. 제2기 총서의 발간이 양국간 학술교류와 중요한 학술적 기여가 될 뿐 아니라 올바른 역사인식에 기초를 둔 미래지향적 한일관계의 발전에 크게 기여할 수 있기를 기내한다. 끝으로 제2기의 성공적 수행을 뒷받침한 일한문화교류기금의 구마가이 나오히로(熊谷直博) 이사장과 관계자들의 지원과 노고에 감사를 드린다.

2004년 2월

한일공동연구포럼 제2기 한국 측 의장 최장집(崔章集)
일본 측 의장 오코노기 마사오(小此木政夫)

한일공동연구 1기 총서 간행에 즈음하여

　　제2차 세계대전 후 50년이 지난 1995년 여름, 우리 두 사람은 한국과 일본의 차세대를 담당할 연구자들을 중심으로 대규모의 공동연구를 구상하기 시작했다. 일본 국회의 '건국 50년 결의'를 둘러싸고 한일 간에 마찰이 일 때 등장한 무라야마 도미이치(村山富市) 일본 총리의 '전후 50년 담화'는 한일 간의 상호이해를 위한 토대를 마련해 주었다.

　　"우리나라는 멀지 않은 과거의 한 시기에 국책의 잘못으로 전쟁에의 길을 내디딤으로써 국민을 위기에 빠뜨리고, 식민지의 지배와 침략에 의해서 많은 나라들, 특히 아시아 제국의 사람들에게 막대한 손해와 고통을 끼쳤습니다. 나는 장차 잘못이 없도록 하기 위해서 의심할 여지가 없는 이 역사적 사실을 겸허하게 수용하여, 이에 다시 한번 통절한 반성의 뜻을 표하고 진심으로 용서를 비는 마음을 표명하고자 합니다. 또한 이 역사가 제공한 내외의 모든 희생자들에게 깊은 애도의 뜻을 표합니다."

　　그 후 3년이 지난 1998년 10월 김대중 대통령의 방일시 한일 양국이 발표한 '한일공동선언'의 역사관련 부분은 이 무라야마 담화의 내용을 양국 정부가 문서로 확인한 것이었다.

　　이러한 역사인식을 출발점으로 하여 우리 두 사람은 한일 양국의 연구자들과 협의하여 '한일공동연구포럼'을 결성하고, 일한문화교류기금의 협력과 지원을 받게 되었다. "과거를 직시하고, 미래를 구축한다"는 기본적 인식 하에 역사 Ⅰ, 역사 Ⅱ, 정치, 경제, 정치경제, 문화, 북한 등 7개의 연구팀이 결성되어 1996년 4월부터 공동연구가 시작된 것이다.

　　여기 간행을 시작하는 『한일공동연구총서』는 제1기 연구(1996~98)의 성과이다. 그러나 어떤 의도를 가지고 있고, 어떤 형태의 연구라 할지라도, 그것이 학술적 연구성과인 이상, 고매한 이상을 내걸면 그만큼 그것에 걸맞는 높은 수준의 연구가 요구될 것이다. 또한 공동연구인 경우에는 그것의 전체적인 완성도를 염두에 두지 않을 수 없다. 이러한 점에 관한 비판과 충고를 겸허하게 수용하면서 우리는 앞으로도 공동연구를 속행할 각오를 하고 있다. 우리는 한일공동연구포럼이 한일 양국의 학술적 교류의 역사에 새로운 전기가 되기를 바라며 한일 양국 학자들의 지적 역량을 세계에 알리는 계기가 되기를 기대한다.

일한문화교류기금에 깊이 감사하며, 한일 양국의 뜻 있는 여러분의 이해와 지원을 바라마지 않는 바이다.

2000년 3월
한일공동연구포럼 제1기 한국 측 의장 최상용(崔相龍)
일본 측 의장 오코노기 마사오(小此木政夫)

일러두기

1. 본 총서는 재단법인 일한문화교류기금의 연구지원으로 간행되었습니다.
2. 일본어, 중국어 인명과 지명의 표기는 국립국어원의 외래어표기법을 따랐습니다. 그러나 관행적으로 굳어진 경우에는 이를 따랐으며, 필요한 경우 괄호 안에 한자나 원어를 병기했습니다.

1980년대 한국의 사회경제적 변화 :
한국에 있어 1980년대는 어떤 시대였나?

핫토리 타미오

I. 서론

1980년대는 한국에 있어 어떠한 시대였는가? 본 논문의 목적은 박정희 시대 발부터 1987년의 '민주화'를 지나 1990년대에 이르는 시기 한국의 사회경제적 변화를 추적하여, 이 책을 관통하는 주제이기도 한 '시민사회·사회운동'의 사회경제적 배경을 묘사하는 것이다.

1980년대의 한국은 급격한 변화를 거친 1960년대 이후, 1970년대에서 1990년대의 '성숙'(成熟)으로 가는 길목에서 가교 역할을 한, 경제적으로는 기념비적 기록은 없지만, 사회적으로는 대서특필할만한 시대였을지도 모른다. 뒤에서 논의하겠지만, 이 시기는 '서울의 봄'에서 시작되어, '광주항쟁'을 통한 군사정권의 재등장이라고 하는 역전을 겪고, 1987년 '민주화'가 달성되는 일련의 커다란 변화를 경험한 시기였다. 경제적으로 볼 때, 오랫동안 숙원이었던 쌀 자급이 1977년에 달성되고, 수출도 100억 달러를 넘어섰으며, 시기를 같이 해서 국제수지가 거의 균형을 이루는 일종의 '일시적인' 균형을 달성했던 것이 1970년대 후반이었다. 그 시기에는 (결과적으로는 그렇지 않았지만) 국제수지의 흑자 누적에 대한 걱정이 시작되었다. 또한 다음 단계로서 고부가 가치산업으로의 전환을 통해서 고임금 경제의 실현도 모색되기 시작했다. 1973년부터의 중화학 공업정책의 일정한 성과가 그 배경에 있었다는 점은 두말할 나위가 없을 것이다. 1978년 제2차 오일쇼크가 없었다면, 한국은 순조롭게 그 균형을 유지하면서 성장할 수 있었을 것이다.

1980년대 후반 무역흑자 달성이 그러했던 것처럼, 1970년대 후반의 이러한 '일시적' 균형은 한국사회에 자신감을 주었던 것과 동시에, 이를 토대로 '민주화' 의식이 고양되었다고 생각된다. 그렇지만 제2차 오일쇼크는 이와 같은 희망을 져버렸다. 1979년에 들어와 경제상황은 급격히 악화되었고, 10월 박정희 정권은 대통령 암살이라고 하는 갑작스러운 비극으로 와해되고 말았다. 1980년대는 경제적으로는 흉작과 조정(調整), 정치적으로는 1979년 12월의 쿠데타, '서울의 봄' 그리고 5월의 '광주항쟁', 사회적으로는 급격하게 고양된 '민주화'에 대한 희망과 그 좌절로 막을 열었다. 경제는 몇 년 정도의 조정을 필요로 했지만, 1985년 플라자 합의에 의한 급격한 엔고현상과 원유가격의 저하는 한국경제의 외적 환경을 극적으로 전환시켜, 1986년부터는 경제고도성장을 시작하여, 이후 처음으로 국제수지 흑자를 연속적으로 달성했다. 그리고 그 절정기에 88올림픽이 서울에서 개최되었다. 전두환 정권은 이전 정권과 같이 억압적이었지만, 앞서 말한 '민주화'에 대한 희망은 지하수처럼 잠재하고 있었다. 서울 올림픽을 유치하면서 국제무대에 화려하게 등장하고, 이를 통해 정권의 정당성을 강화하고자 했던 계획은 성공적으로 소기의 목적을 달성했지만, 한편으로는 올림픽의 실현을 위해 정권의 억압성이 제약되고, 정권의 손을 묶는 기대와는 다른 결과를 낳게 되었다. 1986년 이후의 호황기는 지속적으로 잠재되어 있던 (민주화에 대한) 희망을 구현시키게 되었다.

본 논문에서는 이상과 같은 인식을 토대로 해서, 한국의 1980년대를 묘사하고자 한다. 1970년대까지의 권위주의적 발전 시대로부터 1990년대 민주주의를 바탕으로 한 성숙된 시대로, 혹은 저발전(under-developed)에서 발전(developed)으로의 가교역할을 한, 즉 1990년대를 준비한 1980년대를 설명하는 것이 본 논문의 기본적인 주제이다.

Ⅱ. 1980년대 사회경제적 변화

1. 경제와 무역의 신장

　1980년대 한국경제는 급속한 불경기와 함께 시작되었다. 〈표 1〉에서 보듯이, 1980년은 전년 10월의 대통령 암살에 의한 사회경제적 혼란과 동년 이상 기후로 인한 흉작 때문에 마이너스 성장으로 시작하였다. 그러나 숫자로만 본다면, 1981년에는 플러스 성장으로 전환되고, 그 후 상당히 높은 수준을 기록하게 된다. 주목할 만한 것은 1986년부터 1988년 3년간의 두 자릿수 성장이다. 1980년대에는, 1970년대의 1인당 GDP 1천 달러 돌파라든가 1995년의 1만 달러 돌파와 같은 기념비적인 기록은 없었지만, 1인당 GDP 1천 달러에서 1만 달러로 싱장하는 매우 중요한 시기였나. 무억분야노 마찬가지로 한국이 경제성장의 엔진으로서 수출지향공업화를 선택하고, 그것의 실현 방법으로서 '조립형 공업화'(組立型工業化)의 길을 선택한 것은 정설로 받아들여도 좋겠지만((服部民夫 編 1987), 수출이 100억 달러를 넘어선 것은 1977년이고, 1,000억 달러를 넘어선 것은 1995년의 일이다. 1980년대에는 이처럼 획기적인 성과는 없었지만, 수출은 3.7배로 증가했고(〈표 1〉), 수입이 3.13배가 증가하면서 이 시기 무역수지는 크게 개선되었다. 이는 1986년부터 1989년 4년간 연속적으로 무역흑자가 대폭 증가한 데 힘입은 바 크다. 이 시기 흑자를 합치면 192억 달러, 경상수지는 340억 달러에 이른다. 특히 1985년에 이르는 시기의 무역, 경상수지 적자의 감소경향은 한국인에게 자신감을 심어주었음에 틀림없다.[1] 그리고 이 무역흑자의 절정기에 아시아에서 두 번째이자, 역대 최대 규모의 올림픽이 개최되었다. 즉 한국은 훌륭하게 세계 무대에 등장한 것이다.

---

[1] 1990년대에 들어와, 한국의 부역수지는 다시 대폭 적자로 전화되었다. 그것이 1997년의 경제위기로 이어졌겠지만, 이 사이의 사정을 논하는 것은 본 논문의 목적은 아니다. 상세한 것은 服部 (1999)를 참조하기 바란다.

<표 1> 1980년대 한국 (1975~1995)

	GDP*(원)	성장률(%)	1인당 GDP (미 달러)	무역관계 (백만 미 달러)				산업별 취업자 비율 (%)			교육	
				수출	수입	무역수지	경상수지	농림어업	광공업	SOC	대학생수	인구비 (%)
1975	82	6.5	592	5,081	7,274	-2,193	-1,887	45.7	19.1	35.2	235,147	0.67
1976	91	11.2	789	7,715	8,774	-1,058	283	44.4	21.8	33.8		
1977	101	10	1,009	10,046	10,811	-765	12	41.7	22.4	35.9		
1978	110	9	1,399	12,711	14,972	-2,261	-1,085	38.4	23.1	38.5		
1979	117	7.1	1,636	15,055	20,339	-5,284	-4,151	35.8	23.6	40.6		
1980	115	-2.1	1,598	17,505	22,292	-4,787	-5,321	34	22.5	43.5	597,936	1.57
1981	122	6.5	1,749	21,254	26,131	-4,877	-4,646	34.2	21.3	44.5		
1982	131	7.2	1,847	21,853	24,251	-2,398	-2,649	32.1	21.9	46.1		
1983	145	10.7	2,020	24,445	26,192	-1,747	-1,606	29.7	23.3	47		
1984	157	8.2	2,190	29,245	30,631	-1,386	-1,373	27.1	24.2	48.7		
1985	168	6.5	2,229	30,283	31,136	-853	-887	24.9	24.4	50.6	1,260,350	3.09
1986	186	11	2,550	34,714	31,584	3,130	4,917	23.6	25.9	50.5		
1987	206	11	3,201	47,281	41,020	6,261	9,854	21.9	28.1	50		
1988	228	10.5	4,269	60,696	51,811	8,885	14,160	20.7	28.5	50.9		
1989	242	6.1	5,185	62,377	61,465	912	5,055	19.5	28.2	52.3		
1990	263	9	5,886	65,016	69,844	-4,828	-2,179	18.3	27.3	54.4	1,466,862	3.42
1991	588	9.2	6,810	71,870	81,525	-9,655	-8,728	16.7	26.9	56.4		
1992	303	5.4	7,183	76,632	81,775	-5,143	-4,529	16	25.5	58.5		
1993	320	5.5	7,811	81,024	78,946	2,078	385	14.7	24.2	60.9		
1994	346	8.3	8,998	93,676	96,758	-3,082	-4,531	13.6	23.9	62.5		
1995	377	8.9	10,823	125,058	135,119	-10,061	-8,948	12.5	23.6	64	1,889,933	4.19

주 : * 1995년 가격.
자료 : 한국통계청, 『한국주요경제지표』, 2001년 3월.

2. 취업구조의 변화와 인구 이동

경제성장은 급속한 취업구조의 변화를 가져왔다(〈표 1〉). 1980년 제1차 산업취업자는 경제활동인구의 34%를 점하고 있었지만, 1990년에는 18.3%로 거의 절반으로 감소했다. 제2차 산업취업자는 22.5%에서 1988년에 28.5%로 정점에 다다른 후, 다음 해부터는 약간 감소하기 시작했다.[2] 제3차 산업은 같은 시기, 43.5%에서 54.4%로 증가했다. 특히 제1차 산업부문의 감소가 현저하다. 이것을 실제 수치로 보자면, 경제활동인구가 1,368만 명에서 1,804명으로 증가한 것 중에서, 제1차 산업종사자가 136만 명으로 감소했다. 농가 호수(戶數)는 1980년 2,155천 호에서 1,745천 호로 41만 호가 감소했고, 농가인구는 4,368천 명이나 줄었다(통계청『주요경제지표』1991년판). 이는 1990년 총인구의 10%에 해당하는 것으로, 이들 인구의 상당수는 농촌을 떠났음에 틀림없다. 이와 같은 취업구조의 변화는 결과적으로 인구의 도시 이동을 초래하여 도시인구의 증가라는 결과를 낳았다. 도시인구 비율은 같은 시기에 56.9%에서 74.4%로 증가했다(통계청,『한국의 사회지표 : 1991, 1995』). 또한 서울시의 인구는 8,364,000명에서 10,628,000명으로, 부산시는 3,160,000명에서 3,798,000명으로, 그리고 공업지대를 형성하고 있던 경기도는 4,934,000명에서 6,154,000명으로 증가했다(통계청,『한국의 사회지표 : 1991, 1995』). 이 3개의 시·도에서만 이 시기 인구가 4,122,000명이나 증가했다. 말하자면, 이 기간에 농촌을 떠난 사람들의 상당수가 이 3개 시역으로 옮겨갔다고 말할 수 있는 것이다.

  도시로 이주했던 이 사람들은 어떤 직업을 가졌는가?『1983년 인구 이동 특별조사 제1차 보고서』를 이용한 구라모찌 카즈오(倉持和雄)의 분석에 따르면, 전체 남성의 24%는 피고용인이 되었고, 12.3%는 자영업자, 0.8%가 고용주, 13.3%가 무급가족(無給家族), 29.1%는 학생이었다. 여성은 각각 8.1%, 2.8%, 0.2%, 6.5%, 그리고 21.8%였다. 여성의 경우에는 가사(家事)가 32.6%인 점이 남성과 많은 차이를 보이고 있는데, 이것은 가족단위의 이동 때문이라고 생각된다. 실업이 남성의 경우 10.2%, 여성의 경우에는 22.2%나 되는 점이 눈에 띤다. 같은 해 전체 실업률이 4.1%라는 점에서, 그 수치가 압도적으로 높아졌음을 알 수 있다. 25세부터 44세의 경우를 보면 남성의 42.6%가 피고용인, 20.0%가 자영업자, 1.5%가 고용주, 17.9%가 무급가족이 되었으며, 실업은 10.0%이다. 여성의 경우는 각각 10.0%, 3.3%, 0.3%, 8.6%,

---

2) 이 수치에는 건설업이 포함되어 있지 않다. 한국의 통계로는 사회 간접자본 및 그 밖의 서비스(제3차 산업)에 포함되지만, 일본에서는 광공업에 포함되기 때문에, 비교할 때는 주의가 필요하다.

〈표 2〉 한국의 직업별 취업자 비율 (1970~1990) (단위: %)

	1970	1975	1980	1985	1990
전문·기술·행정·관리직	4.8	3.6	5.3	7.3	8.7
사무·관련직	6	6.4	9.3	11.5	13
판매	12.4	13	14.5	15.5	14.5
서비스직	6.4	7.1	7.9	10.8	11.1
농림수산	50.2	45.8	34	24.6	18.1
생산·운수정비운전자·단순노동	20.2	24.1	29	30.3	34.6

자료 : 『한국의 사회지표』 1991년판.

가사가 56.9%였고, 실업은 20.0%이다(쿠라모찌 1987). 이것을 볼 때, 농촌에서 도시로의 인구 이동이 이 단계에서는 반드시 유인(Pull)효과 때문은 아니라는 것을 알 수 있다. 그러나 실업률은 1980년대 말에 들어와 2%대로 낮아지기 때문에, 이들도 활발한 경제활동 속에서 일자리를 얻게 되었다고 생각해 볼 수 있다. 공업화의 진전에 따른 산업별 취업자 구성변화는 직업별 취업자 비율의 변화를 동반하였다. 그 변화를 보도록 하자(〈표 2〉). '농림수산'은 1975년의 45.8%에서 1990년 18.1%로 감소하였으나, 역으로 '전문·기술·행정·관리'는 1975년 3.6%에서 1990년 8.7%, '사무·관련직'이 6.4%에서 13%로 확대되어 결과적으로 10%에서 21.7%로 증가했던 것이다. 동시에 '생산직'도 10% 정도 증가했다는 점에 주의해야겠지만, '판매직'을 포함하여 화이트칼라 직종이 크게 증가했다는 점이 이 시기의 특징이다. 이것은 아래에서 언급할 교육의 고도화와도 관련이 있다.

남성의 경우에는 도시로 이동한 상당 부분이 '학생'이었다. 교육은 한국에서 1980년대 이전부터 중대한 관심사였지만, 1970년대 후반의 호황기 때 '고급인재'가 부족하다는 점이 공감을 얻어, 1980년대 초부터 대학의 설립과 증원이 이루어졌다. 〈그림 1〉은 각급 학교로의 진학률을 보여주는 것인데, 중학교 진학률은 1980년에는 (의무교육이 아님에도 불구하고) 이미 96%에 달하였고, 고등학교 진학률은 1985년에 90%를 넘어서 거의 전원이 고등

학교에 진학하는 상황이 되었다. 대학 진학률은 1975년에는 약 15%였지만, 1980년에는 22%, 1990년에는 32%까지 상승했다. 1980년대는 대학이 대중화되는 시대였다(『한국의 사회지표 1991년판』). 실제 수치로 살펴보면, 1970년에는 겨우 17만 명이었던 대학생 수가 1980년에는 약 60만 명, 1990년에는 147만 명으로 증가했다. 국민 중에서 차지하는 비율은 1980년대 1.57%였지만, 1990년에는 3.42%로 배 이상 증가했다. 그 결과 국민의 평균 교육 년수는 1980년 7.61년에서 1990년에는 9.54년으로 약 2년이 길어졌다(〈표 1〉 참조). 특히 20~29세 층에서 교육 년수의 증가가 현저하다. 이 층의 평균 교육 년수는 1990년에 12년이었는데, 이는 고등학교 졸업 년수와 같다. 이처럼 한국의 교육 수준은 1980년대에 급속하게 상승하였고, 이는 다음에서 논하게 될 중간층 의식의 탄생과 깊은 연관을 가진다.

〈그림 1〉 진학률 추이

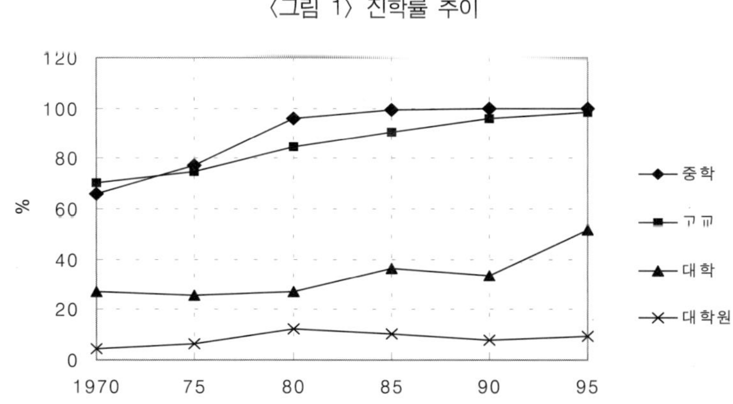

	중학	고교	대학	대학원
1970	66.1	70.1	26.9	4.6
75	77.2	74.7	25.8	6.5
80	95.8	84.5	27.2	12.2
85	99.2	90.7	36.4	10.4
90	99.8	95.7	33.2	7.7
95	99.9	98.5	51.4	9.1

자료 : 한국통계청, 『한국의 사회지표』 1996년판.

아리타 신(有田伸)은 중간층의 의식을 분석하면서, 4년제 대학에서 교육을 받은 경험과 정부정책에 대한 비판성의 강도에 관해서 논하고 있지만(有田伸 2002), 1970년대 후반의 '고급인재'의 공급증가를 목표로 한 대학교육의 확대가 결과적으로 정부의 정책에 대한 비판적 안목을 기르고, 1980년대 후반의 '민주화'에 대한 공감(sympathy)을 형성했다고 볼 수 있다.[3]

3. 임금 상승과 중간층 의식

이와 같은 상황에서 임금이 상승했다. 김창남·와타나베 토시오(金昌男·渡辺利夫 1996)에 따르면, 제조업 부문의 실질임금은 1975년경부터 상승하기 시작하여, 1980년에는 매우 순조롭게 증가했다(〈그림 2〉).[4] 게다가 학력별·직종별 임금 차이는 축소되었다. 〈그림 3-1〉, 〈그림 3-2〉이 그것인데, 1975년에는 전 직종 평균의 3.4배의 임금을 받는 행정관리직이 1990년에는 2.1배가 되었다. 그리고 '민주화'까지는 기업규모 간의 임금 격차가 그리 크지 않았다. 이는 전체적으로 봤을 때, 노동력이 부족한 상황에서 노동력의 이동이 규모간에서도 이루어졌기 때문에,[5] 소규모 기업도 임금을 현저하게

---

3) 이러한 아리타 신(有田伸)의 분석은 매우 중요한 점을 시사하고 있다. 종래에 특히 개발경제학(開發経済學) 등에서는, 경제발전이 중간층을 낳고, 그것이 '민주화'를 초래한다는 단선적인 이해가 일반적이지만, 중간적 계층이 형성되고 그것이 대학이라고 하는 특별한 공간에서의 교육[혹은 체재(滯在)] 경험이 '민주화'로 이어진다는 우회로를 보여줄 뿐만 아니라, 중간계층이 어떤 의식을 가지고 있는가는 반드시 경제발전의 단선적 귀결이라고 말할 수 없다는 점을 주장하고 있기 때문이다. 이러한 한국의 경험과 어떤 의미에서는 대조를 이루는 경험은 싱가포르에서 발견할 수 있을 것이다. 자세한 것은 服部·船津·鳥居 編(2002)을 참조하기 바란다.

4) 이 상승은 거시적으로 루이스 모델로 말하면, 과잉노동력의 풀이 고갈되고, 경제 전체의 노동력이 과잉되어 부족으로 전환되었던 것을 의미한다. 배무기(울산대 총장)는 그의 논문 중에서 '전환점'은 1977년이었다고 주장하고 있다(배무기 1982).

5) 한국의 노동시장이 '내부노동시장'이었는가 '외부노동시장'이었는가 하는 문제에 대해서 시기별, 상황별로 서로 대립되는 의견이 존재한다. 필자는 1987년의 '민주화'까지는 '외부적'이고 그 이후에 대기업에서는 급속히 '내부화'되었다고 생각되지만, 다른 견해도 있다. 그것을 조정하는 것으로서 明泰淑[1999]이 있다. 또한 요코다 노부코(橫田伸子)의 상세한 연구([1994][1997])와 임상혁(任上爀)[2001]도 참조 바란다.

낮출 수 없었던 것이다. 결국 한국의 임금은 규모간 격차가 일본에 비해서 매우 적으면서 학력별·직종별 격차가 큰 임금체계가 형성되었다. 그러나 이 상황은 '민주화' 이후에 격변한다. 이직과 입직률이 감소하는 동안(〈그림 4〉), 학력별·직종별 임금격차의 축소는 유지되면서, 규모별 격차가 급속히 확대되었던 것이다(〈그림 5〉). 1980년 명목임금은 500명 이상 규모에서 월 178,000원이었고, 10~29명 규모에서도 166,000원으로 그 차이는 7% 정도밖에 차이가 나지 않았다. 하지만 1990년에는 25%, 94년에는 28%로까지 확대되었다. 그림에서도 나타나듯이, 그 격차는 300명 이상 규모와 그 이하 사이에서 더욱더 커지고 있다.

임금 격차는 커졌지만 소득분배는 개선되었다. 1985년과 1993년 데이터밖에 없지만, 지니계수로 보자면, 1985년 0.3449에서 1993년에는 0.3097로 개선되었다. 〈그림 6〉에서 명확하게 나타나듯이, 제6분위(分位) 이상 영역에서의 변화가 현저하다. 1985년에는 소득의 27.6%가 제10분위에 집중되어 있지만, 1993년에는 24.3%로 3.3% 포인트 감소하였다. 개발경제하자인 하야미 유지로(速水佑次郎)는 쿠즈네트(Kuznets)를 끌어들여, 경제개발 과정에서 지니계수는 '역U자 곡선'을 그리는 경향이 있다는 점을 지적하고 있지만(速水 1995), 한국은 일본과 함께 그 과정에서 지니계수가 악화되지 않고 개선된 비교적 드문 사례라 하겠다. 지니계수의 변화를 시계열로 데이터처리하는 것은 어렵지만, 1992년에 발표된 5분위를 사용한 각국의 가로 나열식 세계은행 데이터(조사기간은 1970년대 말부터 1980년대까지다)를 보면 1985년 한국 데이터는 홍콩과 영국, 프랑스의 그것과 유사하다. 즉 일본은 조사대상국 중 최저인 0.27로 계측되고 있다. 다만 일본의 경우는 1980년대 후반의 거품경제시기에 그 수치가 악화된 것은 아닐까 예상되고 있다. 결국 한국의 소득분배가 상당히 수평적이었다고 하는 점은 주어진 데이터를 통해 알 수 있다.6)

---

6) 다만, 실제 소득분배는 조금 나쁘다고 하는 연구도 있다. 안국신(安國臣)[2000]은 소득의 계층별 분포 및 지역간 격차에 주목하고, '실제로 1980년대까지는 소득분배는 불평등하였고 악화되었

　　1980년대의 임금 상승과 임금 격차의 축소에 따른 소득분배의 개선은 특히 노동자층에게 중간층 의식을 확대해 나갔다고 생각된다. 귀속계층의식에 관한 조사는 '민주화' 이후에 많이 시행되었고, 그 성과도 발표되었다. 정부가 행한 '사회통계조사'에 의하면, 1988년의 경우 그 '주관적 계층의식'은 60.6%가 '중', 36.9%가 '하' 그리고 2.4%가 '상'으로 답하고 있다. 3년 후인 1991년 데이터에서는 '중'이 약간 늘었고, '상'이 감소하고 있지만 큰 변화는 없다. 학력별에서는 고졸의 67.3%, 대졸 이상의 84.7%가 자신을 '중간계층'으로 인식하고 있다(『한국의 사회지표』 1991년판). 혹은 각 조사에서 설문이 동일하지는 않기 때문에 비교가 어렵겠지만, 1990년에 발표된 노동연구원의 '한국노동자의식연구'에서는 사무직의 71.7%가 '중상'(3.1%) '중간층'(40.5%) 그리고 '중하'(28.1%)로 답하였고, 생산직의 경우는 각각 1.1%, 27.2%, 19.3%, 합계 47.6%가 같은 범주에 회답하고 있다. 사무직과 생산직은 상당한 차이가 있지만, '중'이라고 답한 비율이 매우 높다. 혹은 1995년 연세대학교에서 실시한 조사(『한국노동자 생활의 질에 관한 조사』)에서는 '중상' 11.3%, '중중' 33.9%, '중하' 32.9% 등 모두 78.1%가 자신을 '중'에 위치시키고 있었다. 이들 조사는 샘플 수도 다르고, 방법도 다르기 때문에 그대로 비교할 수는 없지만, 1980년대 후반의 경제성장과 임금 상승을 배경으로 1990년 들어 근로자의 60% 내지 70%가 자신을 '중간층'으로 의식하는 사회가 되었다고 할 수 있다.

　　그럼 무엇으로 자신을 '중간층'이라고 자리매김한 것인가? 위에서 논했듯이, 사무직이라는 점, 고학력이라는 점이 영향을 미치고 있다고 추측되지만, 그것과 동일하게 임금수준이 그것을 상당부분 설명한다는 연구도 있다

다', '소득의 계층별 분포는 1970년대 후반까지 개선되지 않았을 뿐만 아니라, 오히려 80년대에 악화되었다. 또한 1960년대부터 80년대 중반에 걸쳐, 저개발지역에서 상대소득은 악화되었고, 그 지역 주민의 궁핍감(窮乏感)은 강화되었다'라고 하였으며, 상술한 공식통계에서 0.3449라고 되어 있는 1985년에 관해서는 0.3803, 1993년은 0.3097에 대해서는 0.3797이라고 높게 추계(推計)되고 있다. 또한 1980년대 후반의 소득분배의 악화는 자본이익(capital gain)과 토지가격의 상승에 그 원인이 있고, '예비적으로 추계해도 지니계수는 0.4%를 넘고 있으며, 소득분배가 개선되었다는 것은 90년대에 들어온 이후에 지나지 않는다'고 하고 있다.

(服部民夫 1998). 상세한 소개는 피하지만, 그것에 따르면, 1990년의 단계에서 자신의 소속계급이 '중'이라고 인식하기 위해서는 생산직, 사무직 모두 월급이 60만 원, '상'이라고 보기 위해서는 100만 원의 월급이 필요하다고 생각된다. 혹은 1995년 데이터에서는 '하하'가 40만 원, '하상'은 60만 원, '중하'는 100만 원, '중중'은 150만 원, 그리고 '중상'은 200만 원 내지 250만 원 정도를 상한선으로 삼고 있는데, 이처럼 비교적 구획이 쉬운 수준에서 자신의 소속의식이 결정되고 있다는 것이다.[7]

앞의 직업별 취업자 비율과 종합해서 보면, 중간층 의식을 가지게 된 사람은 결코 화이트칼라 직종에 있는 사람만은 아니다. '신중간층'의 전형적인 직종으로 인식되는 것은 '전문…'와 '사무…'이지만, 한국에서 중간층으로 자신을 평가하고 있는 사람은 매우 많다. '생산직' 근무자의 절반 가까이가 자신을 그렇게 평가하고 있다는 사실은 이 기간의 임금격차 축소가 큰 의미를 가진다고 볼 수 있다. 여기에서도 종래 서구식의 중간층과는 다른 경향이 빌견된다.[8]

---

7) 이 핫토리의 연구에서는 각 조사의 원표(原票)를 검토하지 않았기 때문에, 각 조사의 소속의식을 가산(加算)하여 누적 퍼센트를 내어, 그것을 노동통계연감의 임금분포를 누적 퍼센트로 나타내고, 그것을 종합하는 방법이 취해지고 있다. 방법적으로는 꽤 문제가 있는 방법이지만, 그 결과 두 개의 표가 본문처럼 상당히 구획되기 쉬운 월급의 숫자로 나뉘어질 수 있다는 것을 확인할 수 있다.

8) 한국을 포함한 아시아 여러 국가들에서 형성되고 있는 중간층에 관해서는 근년, 그 업적이 축적되고 있다. 대만의 '아카데미아 시니커'가 1990년대에 들어와 아시아 도시의 중간층 연구를 정력적으로 행하고 있다. 핫토리(服部)·후나쯔(船津)·토리이(鳥居) 편[2001][2002]을 참고하기 바란다.

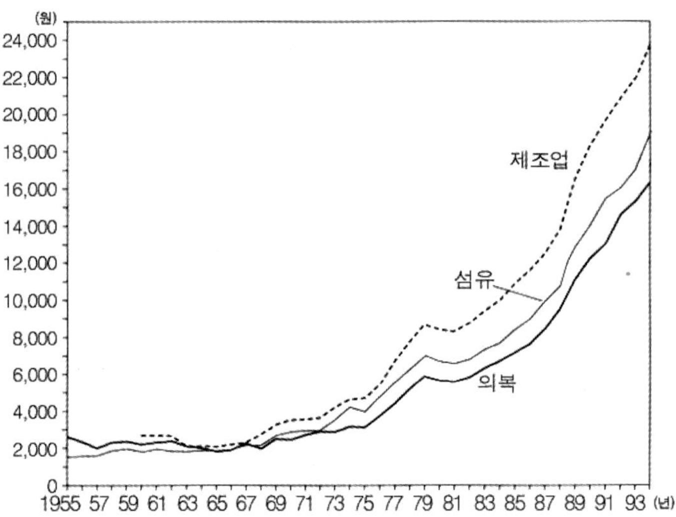

〈그림 2〉 제조부문의 1일당 실질임금의 추이

주: 1일 당 실질임금은 월 임금액을 월근무[일]수로 나누고, 1985년 기준 전 도시 소비자물가지수로 조정했다.
자료: 金昌男・渡邊利夫(1996).

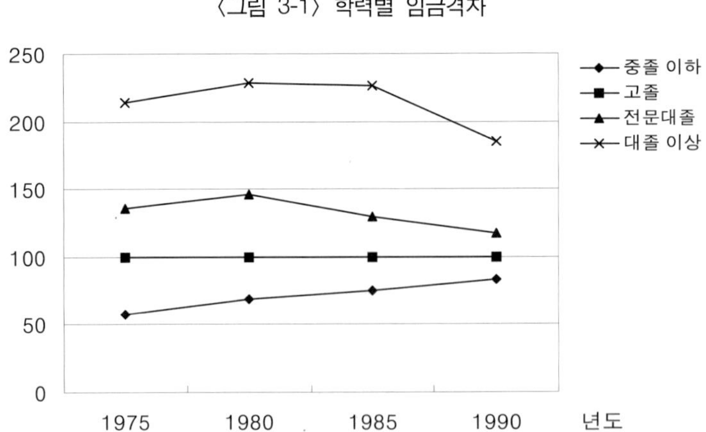

〈그림 3-1〉 학력별 임금격차

	중졸 이하	고졸	전문대졸	대졸 이상
1975	57.2	100	136.2	214.4
1980	68.8	100	146.3	228.5
1985	74.7	100	129.8	226.5
1990	83.8	100	117.4	185.5

주 : 평균=100으로 계산
자료 : 통계청, 『한국의 사회지표』 1991년판

〈그림 3-2〉 직종별 임금격차

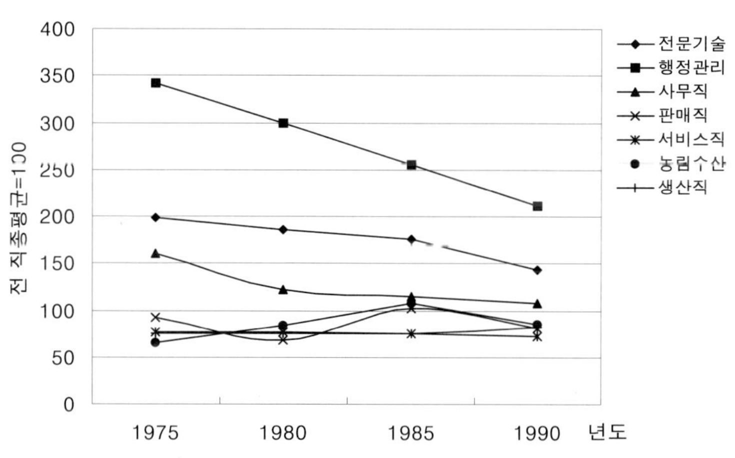

직종별 임금수준

	전문기술	행정관리	사무직	판매직	서비스직	농림수산	생산직
1975	198.1	341.7	160.1	92.1	77.3	65	74.6
1980	185.7	298.5	122.3	67.5	75.9	83.4	75.6
1985	175.9	256	115.4	102.6	74.8	107.4	75.2
1990	142.9	211.4	108	81	71.8	85.1	82.6

주 : 평균=100으로 계산
자료 : 통계청, 『한국의 사회지표』 1991년판.

〈그림 4〉 입/이직률

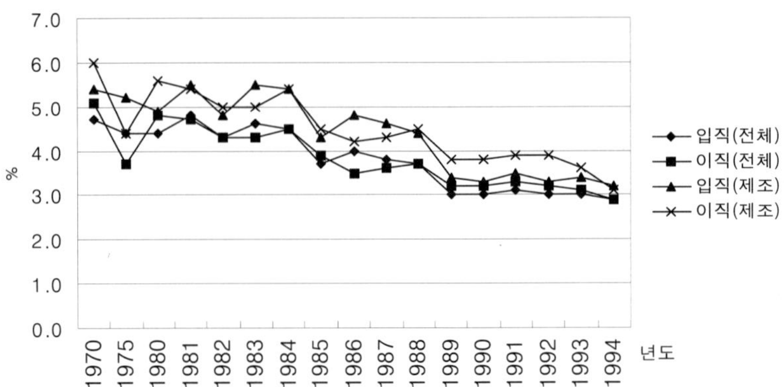

	입직 (전체)	이직 (전체)	입직 (제조)	이직 (제조)		입직 (전체)	이직 (전체)	입직 (제조)	이직 (제조)
1970	4.7	5.1	5.4	6.0	1987	3.8	3.6	4.6	4.3
1975	4.4	3.7	5.2	4.4	1988	3.7	3.7	4.4	4.5
1980	4.4	4.8	4.9	5.6	1989	3.0	3.2	3.4	3.8
1981	4.8	4.7	5.5	5.4	1990	3.0	3.2	3.3	3.8
1982	4.3	4.3	4.8	5.0	1991	3.1	3.3	3.5	3.9
1983	4.6	4.3	5.5	5.0	1992	3.0	3.2	3.3	3.9
1984	4.5	4.5	5.4	5.4	1993	3.0	3.1	3.4	3.6
1985	3.7	3.9	4.3	4.5	1994	2.9	2.9	3.2	3.1
1986	4.0	3.5	4.8	4.2					

자료 : 한국노동연구원, "1995년 KLI 노동통계: 임금교섭을 위한 활용자료."

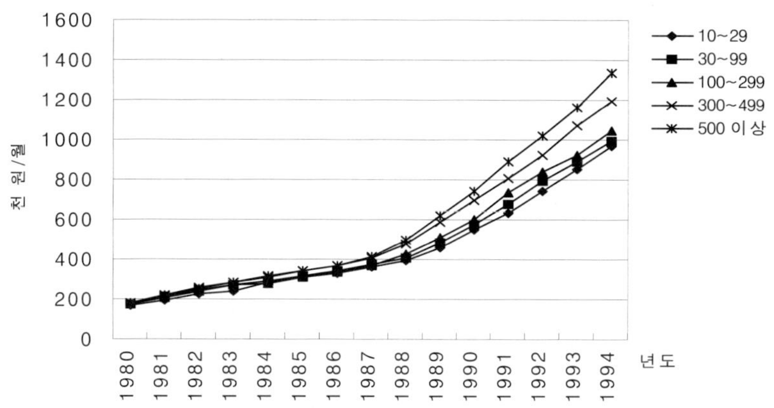

〈그림 5〉 규모별 임금(농업을 제외한 전 산업)

	10~29명	30~99명	100~299명	300~499명	500명 이상
1980	166	177	173	183	178
1981	194	213	209	218	219
1982	225	245	241	256	254
1983	241	272	270	287	284
1984	282	289	279	312	316
1985	308	314	308	340	344
1986	332	341	338	367	369
1987	360	374	370	404	412
1988	396	408	423	479	499
1989	461	485	508	584	621
1990	549	572	603	698	741
1991	633	676	736	804	892
1992	740	794	841	920	1019
1993	854	888	921	1070	1164
1994	969	995	1046	1194	1338

자료 : 한국노동연구원, "1995년 KLI 노동통계: 임금교섭을 위한 활용자료."

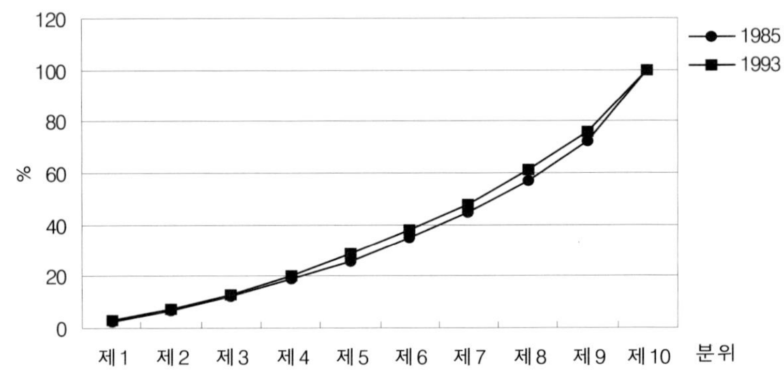

〈그림 6〉 한국의 소득분배 (1985, 1993)

누적퍼센트

	제1분위	제2	제3	제4	제5	제6	제7	제8	제9	제10	Gini 계수
1985	2.6	7	12	19	26	35	45	57	72	100	0.3449
1993	2.8	7.5	13	20	29	38	48	61	76	100	0.3097

자료 : 한국통계청, 『한국의 사회지표』 1991, 1995년판.

4. 가족구조의 변화

사회변화를 명확하게 보여주는 것으로서 본 논문에서는 가족구조의 변화를 주목하고자 한다. 우선 가족의 바깥 테두리인 인구증가의 추이부터 살펴보겠다. 한국의 인구증가율은 1960년에는 천 명당 30에 가까웠지만, 1980년대까지 약 절반으로 감소하고, 1990년 1/3까지 낮아졌다. 일본의 경우 1965년부터 1975년에 걸쳐 약간 증가한 것은 전쟁 직후의 베이비 붐[단카이(団塊) 세대] 자식들의 출생 때문이며, 한국의 경우 1975년부터 1980년에 감소율이 둔화되었던 것도 동일한 효과라고 생각된다. 그러나 한국의 경우 증가로 전환되지 않은 것은 어떻게 소자화(少子化, 출산율 저하현상—역자주)가 급속하게 진행되었는가를 보여줄 것이다. 단, 1985년 이후 감소가 거의 멈추었던 것은(대만도 유사한 경로를 걸었다) 아마 한국의 남아선호사상의 효과일 것이다(〈그림 7〉).[9] 이와 같은 인구증가율의 감소는 여성의 총 출산율의 급격한 감소에서도 확인할 수 있다. 총 출산율은 1970년 4.5명에서 1980년에는 2.7명, 그리고 1990년에는 1.7명까지 감소하였다(〈그림 8〉. 그리고 출산 시기도 20~24세 층에서 30~34세 층으로 늦춰졌다. 30~34세 층이 약간 증가하고 있는 것은 만혼화(晚婚化)(평균 초혼 연령은 1960년에 남성 25.4세, 여성 21.6세였지만, 1990년에 남성 27.9세, 여성 24.9세다)로 인해 출산이 늦어지고 있기 때문이다.

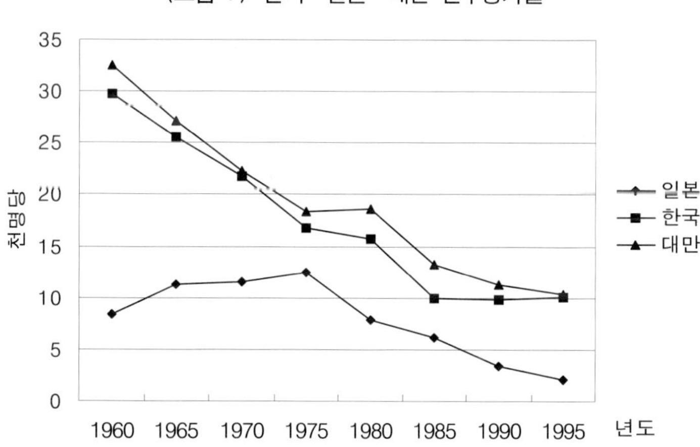

〈그림 7〉 한국·일본·대만 인구증가율

---

9) 남아선호를 보여주는 것으로서는 출산순위별 성비 변화를 보는 것이 도움된다. 1970년의 순위별 성비는 첫째 아이 110.2, 둘째 109.3, 셋째 109.1 넷째 이상 109.4였던 것에 대해, 1980년의 그것은 각각 106.0, 106.5, 106.9, 110.2였다. 그것이 1990년에는 108.5, 117.1, 189.0, 209.6으로 순위가 내려감에 따라 남자의 비율이 현저하게 상승하고 있다. 이것은 남자가 태어날 때까지 출산을 계속한다든가 혹은 태아 때 선별이 행해지고 있다는 점을 보여주는 것이다(한국여성개발원, 『1998 여성통계년보』를 참조).

	일본	한국	대만
1960	8.4	29.7	32.5
1965	11.3	25.5	27.2
1970	11.5	21.8	22.3
1975	12.4	16.8	18.3
1980	7.8	15.7	18.6
1985	6.2	9.9	13.2
1990	3.4	9.8	11.3
1995	2.1	10.1	10.3

주 : 한국의 1960년은 61년수치, 대만의 1995년은 93년 수치.

자료 : 한국통계청, 『한국의 사회지표』; Council for Economic Planning and Development(Republic of China), "Taiwan Statistical Date Book 2001"; (財)日本統計協會, 『統計で見る日本』 각년도판.

〈그림 8〉 연령별 출산율 (단위 : %)

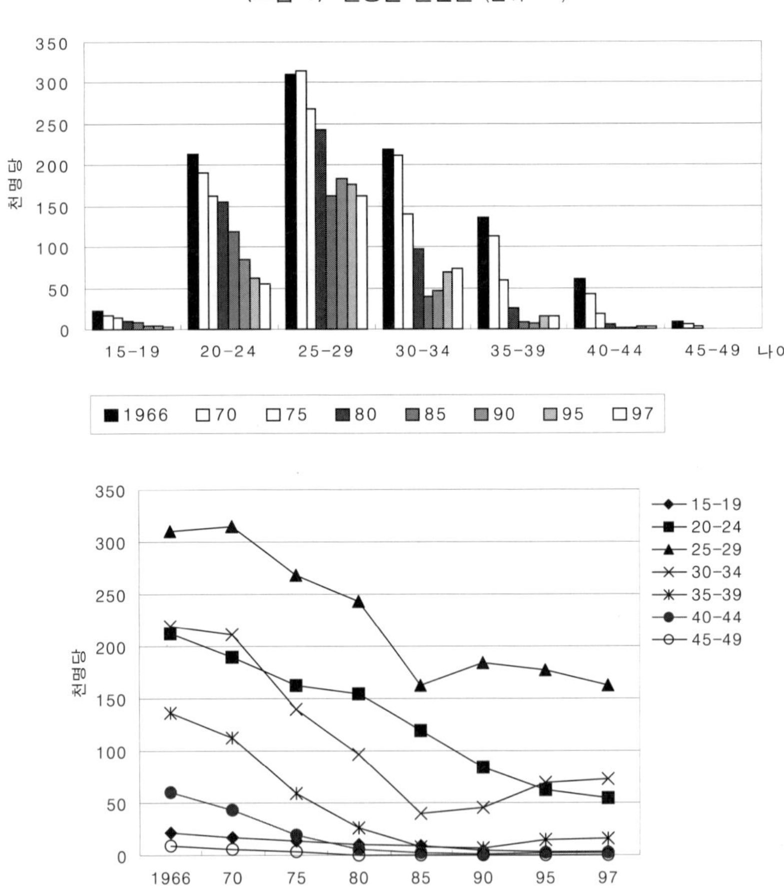

	15~19	20~24	25~29	30~34	35~39	40~44	45~49	총출산율
1966	22	213	310	219	136	60	9	4.8
70	17	190	315	211	113	43	6	4.5
75	14	163	268	140	59	19	3	3.3
80	10	155	243	97	26	6	0	2.7
85	9	119	162	40	8	2	0	1.7
90	4	84	184	46	7	1	0	1.6
95	3.6	62.7	176.8	69.3	15	2.3	0.2	1.7
97	2.9	54.6	162.5	73.1	15.7	2.3	0.2	1.6

주 : 연령별 출산율은 천 명당, 총출산율은 여성 1인당 출산한 수.
자료 : 한국통계청, 『한국의 사회지표』 1991, 1998년판.

　　이것은 당연한 결과로서 가구, 세대(世帶) 구성원 수의 감소를 가져왔다.
우선 평균 가구 인원수는 1980년 4.50명에서 1990년에는 3.77명으로, 1995
년에는 3.34명까지 감소했다(통계청, 『인구주택총조사보고서』 각년판). 위
의 표는 1975년 이후의 가구 인원수 구성비의 변화를 보여준다. 1975년에는
6명 이상의 가구가 40%를 넘고 있지만, 1990년에는 10%에 지나지 않는다.
또한 이것을 세대별로 볼 때, 1970년 3대 이상이 동거하는 가구는 23.2%였
지만, 1980년에는 17%, 1990년에는 10%까지 감소하였다. 특히 주목할 것은
이러한 가족의 비율이 1995년에는 도시와 농촌에서는 9.0%와 12.4%로 거의
차이가 없는 데 반해, 한 세대가 사는 가구가 각각 10.6%와 19.8%가 되었고,
1인 가구의 경우 도시는 11.8%, 농촌에서는 15.6%에 이르게 되었다(통계청,
『한국의 사회지표』 1998년판). 농촌의 1세대 가구와 1인 가구의 상당수는
노령세대라고 생각되기 때문에, 앞으로 부양문제가 중요한 사회문제가 될
가능성이 높다. 앞서 살펴 본 경제성장의 과정에서 거대한 인구 이동은 지금
까지 살펴본 바와 같이 인구구조와 가족구조에서 커다란 변화를 야기했다.
　　지금까지의 논의를 전제로 하여, 이 시기 가계·소비의 변화를 『도시가계
연보』 각년판을 이용하여 분석하고자 한다.

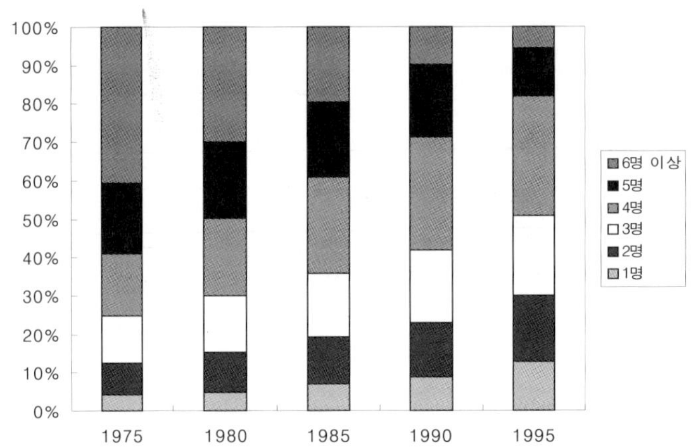

〈그림 9〉 한국의 가족 수별 가구 분포

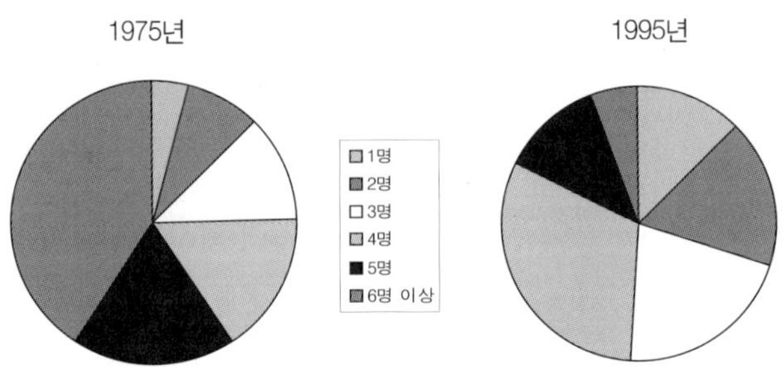

	1명	2명	3명	4명	5명	6명 이상
1975	4.2	8.3	12.3	16.1	18.3	40.7
1980	4.8	10.5	14.5	20.3	20.0	29.8
1985	6.9	12.3	16.5	25.3	19.5	19.5
1990	9.0	13.8	19.1	29.5	18.8	9.8
1995	12.7	17.3	20.7	31.4	12.4	5.5

자료 : 한국통계청, 『한국의 사회지표』 1996년판.

III. 1980년대의 가계·소비의 변화

1. 시계열 변화

한일 가계구조의 변화에 관한 비교연구로는, 1994년 양국의 가계조사자료를 중심으로 분석된 보고가 『생활구조의 한일비교 : 고용·임금구조와 가계구조를 중심으로』라는 제목으로 가계경제연구소에서 1996년 발행되었다. 이 선행연구에도 의거하고 있지만, 본 절에서는 우선 한국의 경제데이터를 사용하여 동 시기의 변화를 추적하고, 그 후에 한일비교를 하고자 한다.

〈표 3〉 한국의 소비지출 변화 (단위 : %)

항목	1975	1980	1985	1990	1994
식비	48.8	43.2	36.9	32.0	29.7
주거비	2.7	4.6	4.9	4.7	4.1
광열, 수도비	6.5	2.8	7.4	4.5	4.0
피복비	9.8	10.9	7.6	8.3	7.7
가구·집기	4.4	4.3	4.7	5.7	5.0
의료비	4.4	6.3	7.1	5.2	5.0
교육, 교양, 오락비	9.1	8.1	10.9	12.8	14.2
교통통신비	4.6	5.8	6.3	8.4	11.3
기타 지출	9.6	9.0	14.2	18.3	19.0

주 : 1982년부터는 항목이 크게 변경되었기 때문에, 그 이전의 데이터는 조정했다. 예를 들어, '가구·집기'이하는 81년 이전에는 '기타 지출'에 포함된다.
자료 : 한국통계청, 『도시가계연보』, 각년판.

〈표 3〉은 통계청 『도시가계연보(都市家計年報)』 각년도에서 작성된 1975년에서 94년까지의 대(大)항목 지출구조의 변화이다.[10] 주목할 만한 것은 '식

---

10) 동(同) 조사항목은 1982년판부터 대폭 변경되었기 때문에, 75년과 80년의 데이터는 원자료(原資料)에서 분류항목을 변경하였다. 따라서 이 두 해의 데이터는 정확하게는 85년 이후의 데이터하고는 연관이 없다. 또한 94년 데이터를 택했던 것은 나중에 검토할 한일비교를 한 후의 편의를 위한 것이다. 그리고 이 데이터의 정리에 관해서는 도시샤대학(同志社大學) 대학원 사회학전공의 고바야시 다이유(小林大祐)의 협력을 얻었다.

비'와 관련된 항목이 점하는 비율이 1975년의 48.8%에서 29.7%로 20% 포인트 가까이 감소하고 있다는 것이다. 나중에 보게 되겠지만, 이러한 비중의 저하 속에서도 외식비의 비율이 증가하고 있다는 점은 생활구조라는 측면에서 주목할 만하다. 그 외로는 '교육·교양·오락'이 크게 늘어났고, 또한 '교통통신', '기타 소비'의 증가도 크다. 전자의 경우는 '공공 교통'이 아니고 '개인 교통'의 신장이 1985년 이후 현저하다. 이것은 마이카(my car)의 일반화를 반영하는 것이다.

다음으로 좀더 상세한 중간 항목에서 나타나는 현저한 변화를 분석해 보자. 번잡해질 수 있기 때문에, 표의 식으로 데이터를 나타내지는 않겠다.

우선 식비부터 보자. 앞선 본 식비는 1975년 이후, 구성비가 급격히 감소했지만(1975년 48.8% → 1994년 29.7%), 그 중에서도 '쌀'의 비중 감소가 현저하다. '쌀'은 1975년에는 실제로 20.2%로 식비의 약 40%를 차지했지만, 1995년에는 전체의 2.9%로 식비에서 점하는 비율은 10%에 머물 만큼 감소하고 있다. 그 이유는 1980년 후반 1인당 쌀 소비량이 140kg 정도였던 것이 1990년대 초반에는 120kg 정도까지 감소하고 있다는 것(『한국통계연감』 각년판), 쌀의 가격 상승이 소득의 상승과 비교하여 낮았다는 것, 그리고 음식의 다양화 등에 기인한다. 육류에서 '쇠고기'는 2.09%(1975년) → 2.17%(1980년) → 1.89%(1985년) → 1.31%(1990년) → 1.24%(1994년)로 변화하였다. 또한 돼지고기도 0.90% → 1.09% → 1.36% → 0.98% → 0.71%로 변화하였다. 생활 수준의 향상에도 불구하고 이처럼 육류의 비율이 감소하고 있다는 것은 매우 흥미로운 일 임에 틀림없다.

야채 부분에서는 '배추'와 '양배추' 등의 전통적인 야채의 비율이 줄어드는 것에 반해, 양송이와 양상추, 기타 야채가 증가하고 있다는 점이 눈에 띤다. 과일에서도 사과와 복숭아의 비율이 낮아진 반면 배, 포도, 감, 오렌지, 메론, 수박 등의 비율이 높아지고 있다. 결국 다양화라는 형태로 야채와 과일의 서구화가 진행되고 있는 것이다.

이와 같은 변화의 다른 면으로서 '빨간 고추'의 구성비가 감소하고 있다. 1975년에는 '빨간 고추'와 '고춧가루'가 전체에서 차지하는 비율은

1.34%였지만, 1995년에는 '빨간 고추'와 '고추장'(여기에도 시대의 변화가 느껴진다)을 합친 비율은 0.45%밖에 안 된다. 같은 의미에서 '마늘'은 1975년에는 0.53%였으나, 1985년까지는 거의 같은 수준을 유지하였고, 1990년에는 0.31%, 1995년 0.29%로 급감하고 있다. 부식으로는 '스낵류'의 구성비 증가가 현저하나, 주목할 만한 것은 '떡'과 '한국식 과자'가 소폭이지만 증가하고 있다는 것이다. 이것은 뒤에 살펴볼 의류에서도 '한국식 의류'가 약간이지만 증가하고 있다는 점과 함께 흥미로운 현상이라 할 수 있다.

음료에서도 상당한 변화가 있었다. 소프트 드링크에서는 쥬스의 증가가 현저하지만, 더 분명한 것은 알코올 음료(주류)이다. 전체에서 차지하는 비율은 감소하고 있지만(1975년 1.01% → 1994년 0.43%), '일본술', '약주', '막걸리', '소주' 등 전통적인 주류는 감소하는 데 반해, '맥주', '위스키', '와인' 등은 증가하고 있다. 1975년의 전자와 후자의 구성비는 각각 0.72% 대 0.23%였지만, 1994년에는 0.15% 대 0.29%로 전환하고 있다.

'식비' 중에서도 가장 큰 변하는 외식이 증가이다. 1975년의 0.96%에서 1994년에는 8.58%까지 증가하였다. 그 중에서도 '한국식 요리'가 0.55%(1975년)에서 3.38%(1994년)로 증가한 데 반해, '중국 요리'는 같은 시기에 0.27%에서 0.24%로 변화는 없다. '양식'은 0.02%에서 0.11%로, 그리고 '기타'가 일본요리도 포함하여 0.12%에서 2.51%로 현저하게 증가하였다.11) 결국 외식은 많이 증가했지만, 그 내용은 '한국요리'와 '기타'가 크게 증가하게 되었다. 이 점에서 볼 때, 앞서 본 '쇠고기', '돼지고기' 등의 감소는 실제로는 외식의 증가에 의한 육류 섭취로 보완되고 있다고 생각된다. 생활형태의 변화(주거의 아파트화 등)가 '불고기'로 대표되는 한국요리의 섭취를 외식으로 유도하고 있는 것으로 보인다.

'주거' 관계에서는 통계의 분류가 변했기 때문에, 외견상으로는 변화가 있지만 그 변화를 제외하면 큰 변화는 보이지 않는다. 광열비 자체는 1975

---

11) 82년 분류변경으로 '일본요리'는 없어지고, '기타'에 포함되었다. 필자의 경험으로는 이들 상당수는 일본요리라고 생각된다.

년 6.01%에서 1985년 7.40%로 증가한 후, 1995년에는 4.03%로 감소하는 경향에 있다. '수도비'는 거의 변화가 없다. 그러나 연료는 크게 변했다. 우선 '연탄'은 1975년에는 4.08%나 되었으나, 1994년에는 겨우 0.18%로 감소했다. 연탄을 대체한 것은 같은 기간 0.05%에서 0.46%로 증가한 '가스', 0.24%에서 0.85%로 증가한 '등유', 'LNG' 등이다. 이 사이에 한국은 급속하게 연료혁명이 진행되었던 것이다. 또한 '휘발유'가 급증한 것도 특징이다. 이는 또한 한국에서 마이카 시대의 도래를 의미하는 것이기도 하다.

'가구집기' 분야에서도 큰 변화가 있었다. 예를 들어 대표적인 것이 '침대'인데, 1975년에 그것은 거의 0이었으나 1994년에는 0.15%가 되었고, '응접세트'도 같은 양상으로 전무했던 것이 0.08%가 되었다. 또한 (서구식의) 식탁도 현저하게 증가하고 있다.

'의류와 구도'는 증가가 작기는 하지만, 그 중에서도 '한복'이 1975년 0.20%, 1994년 0.19%로 건재한 점은 매우 흥미롭다. 앞서 본 '식비' 중에서 '떡'과 '한국과자'가 증가하고 있다고 한다면, 전반적인 생활의 서구화 속에서도 전통적인 것이 재평가되고 있다고 할 수 있다. 또한 '아동복'은 앞서 보았듯이, 아이들의 수가 감소하고 있다는 점에도 불구하고 증가하고 있다. 1975년에는 아동복이 0.77%였지만, 1995년에는 '피복' 항목 중에서 아동용이라고 생각되는 것을 합계한다면 0.90%가 된다. 또한 1985년과 1994년을 비교하면, 아동복은 1.3배, 아동용 스웨터는 3.4배나 되었다. 그리고 아동복에 관련하여 교복이 1985/94년에는 0.01%에서 0.13%로 증가하고 있다는 점도 흥미롭다. 종합하자면 아동용 피복의 소비가 증가하고 있다는 것이다.

기타 소비를 살펴보자면, '의료비'에서는 한약과 한방치료비가 증대하고 있고, '교육·오락'에서는 보충교육(학원)과 스포츠클럽 등의 요금, 레크레이션에 관한 비용 등이 1985/94년에는 크게 증가하고 있다. 또한 '운송·통신'에서는 사적 교통, 즉 승용차와 그 유지비로의 지출이 증가했고, '화장품'과 '장신구'의 소비, '보험' 지출이 같은 기간에 늘고 있다.

이상과 같이 1980년대의 가계 소비는 다양화가 진전되었고, 일부 전통회귀적인 소비도 나타나지만, 일반적으로는 서구화가 진행되고, 게다가 외식의 현저한 증가에서도 보듯이 외부 서비스 이용의 증가라는 기본적인 성격이 드러난다.

2. 한일비교

앞부분에서 소개한 가계경제연구소의 보고서에서는 1976, 1980, 1985, 1989, 1991, 1994년의 『가계조사연보』(일본)와 『도시가계연보』(한국)를 이용해서 한일의 가계소비에 관해 비교하고 있다. 거기에서는 "개괄하자면 일본에서는 일관되고 완만한 변화가, 한국에서는 급격한 변화가 나타난다. 본절의 결론을 미리 말하자면, 한국의 가계구조 전체 중에서 큰 분기점이 되었던 것은 1985년이다"(68쪽)라는 구절이 있는데, 1980년대 중반 한국의 변화를 주목하고 있다. 본 항목에서는 같은 보고서에 의거하여, 한일비교를 간단하게 하고자 한다(〈표 4-1〉, 〈표 4-2〉).

지출 중에서 상대적으로 비중이 큰 '식비'의 변화를 먼저 보도록 하겠다. 일본의 경우, 식료비는 1976년 30.10%에서 1994년 23.08%로 낮아졌다. 한편 한국에서는 같은 시기 47.65%에서 29.51%로 감소하였다. 일본에서는 7% 포인트 낮아진 반면, 한국에서는 18% 포인트나 감소하였다. 한국의 '식비' 지출의 저하를 일본으로 바꾸어 생각해 보면, 1954년이 45.5%이고, 1977년이 29.7%이다. 이러한 감소는, 일본에서는 23년이 걸렸으나 한국은 18년만에 달성한 것이다. '식비' 중에서도 한국의 경우는 '곡류' 비중의 급감이 감소 요인이었다. 실제로 1976년 22.9%에서 1994년에는 3.6%로 무려 19.3% 포인트나 감소했던 것이다. 그 사이 일본은 4.2%에서 2.7%로 소폭 감소하는 데 그쳤다. 또한 외식의 변화도 한국은 큰 폭으로 변하였다. 그 '식비'에 점하는 비율은 1976년에는 2.2%에 지나지 않았지만, 1994년에는 30.5%를 점하기에 이르렀다. 역으로 일본은 11.1%에서 17.1%로 약간 증가하는 데 그쳤다. 한국에서 외식이 급증했던 것은 1986년 이후의 현상이며,

그것은 1980년대 후반의 경제호황 때문이라고 할 수 있다. 본 논문의 대상 이외의 시기이기는 하지만, 경제위기의 해인 1998년에도 외식비는 식비의 33.6%를 점하고 있기 때문에(통계청『도시가계연보』1998년판), 외식은 한국에서 완전히 정착되었다고 볼 수 있다.

'주거비'에 관해서는 일본 쪽이 일관되게 높은 비율을 점하지만, 그것은 1986년경부터 일본은 한층 더 높아지고 있는 반면, 한국은 낮아지는 경향에 있다. 1989년 단계에서 일본은 5.0%, 한국은 4.2%이다. 흥미로운 점은 일본 쪽이 한국보다도 주택보급률이 높음에도 불구하고 집값 및 지대(地代)는 일본 쪽이 높다. 아마 그것은 집을 임차할 때의 집값 지불이 서로 다르기 때문일 것이다 (예를 들어 전세의 존재). '광열·수도비'는 1980년대 전반기까지는 한국 쪽이 높았지만, 1980년대 말에는 역전되었다. 이런 점들 때문에, 기본적인 생활비가 점하는 비율은 일본 쪽이 한국보다도 일반적으로 높다고 말 할 수 있다.

한편, '가구·가사용품', '피복·신발', '보건·의료', '교육·과외수업료' 등은 한국 쪽이 비율이 높고, '교양오락·문화 레크레이션'은 위에서 언급했듯이 한국이 크게 증가했음에도 불구하고, 일본 쪽이 더 높다(1989년 기준 일본 16.7%, 한국 9.7%). 다만 일본 쪽이 '기타 소비지출'의 경우 27.7% 대 18.6%로 높기 때문에, 상술한 각 항목의 비율이 한국에 비해서는 적게 계산될 가능성이 있다는 점에 주의할 필요가 있기는 하지만, 한일 가계 소비지출은 일본이 서서히 변화하고, 한국은 1980년대 중반을 계기로 급속히 변화했다고 말할 수 있다. 그리고 식비에서 나타나는 기초적인 부분이 소비지출 전체에서 차지하는 비율이 일관되게 낮아지고 있으며, 그 이외의 부분은 다양화하고 있다는, 기본적으로 서로 닮은 방향으로 나아가고 있다고 생각된다.[12]

---

12) 그러나 다양화의 방향에는 한일간 차이가 존재하는 것 또한 사실이다. 예를 들어 외식 비율의 고저(高低) 등은 기본적으로 '부유하게' 된 이후의 한국과 일본에서의 생활 스타일이 서로 다르다는 점을 나타내는 것으로 볼 수 있으므로, 앞으로 더 많은 검토가 필요하다.

〈표 4-1〉 일본 가계수지 표

일본(시계열)	1976	%	1980	%	1985	%	1989	%	1991	%	1994	%	94~76년
집계 세대 수	5,390		5,390		5,127		5,117		5,039		5,062		
세대원 수	3.79		3.83		3.79		3.72		3.71		3.63		-0.16
취업인원	1.5		1.5		1.57		1.63		1.66		1.67		0.17
세대주의 나이	41.1		41.7		43.1		44.1		44.7		45.1		4.00
수입총액	404,862		563,465		753,309		873,421		968,124		1,044,382		
실수입	258,237	100.00	349,686	100.00	444,846	100.00	495,849	100.00	548,769	100.00	567,174	100.00	
실수입지니계수	0.18609		0.18326		0.19725		0.19647		0.19787		0.190089		0.003999
경상수입	251,665	97.46	341,495	97.66	433,906	97.54	484,731	97.76	536,393	97.74	554,228	97.72	0.26
직장수입	243,061	94.12	330,587	94.54	419,610	94.33	466,564	94.09	515,365	93.91	532,442	94.88	-0.25
세대주 수입	218,253	84.52	293,362	83.89	367,036	82.51	410,117	82.71	448,226	81.68	455,798	80.36	-4.15
기타 세대원의 수입	24,808	9.61	37,225	10.65	52,574	11.82	56,447	11.38	67,139	12.23	64,236	11.33	1.72
사업, 부업수입	5,054	1.96	5,890	1.68	6,388	1.44	5,600	1.13	5,151	0.94	5,057	0.89	-1.06
기타 경상수입	3,551	1.38	5,018	1.44	7,907	1.78	12,567	2.53	15,876	2.89	16,711	2.95	1.57
재산수입	1,260	0.49	1,326	0.38	1,364	0.31	1,186	0.24	1,624	0.30	1,152	0.20	-0.28
사회보장급여	2,052	0.79	3,375	0.97	6,171	1.39	10,943	2.21	13,747	2.51	15,036	2.65	1.86
생활비(학비) 송금	239	0.09	317	0.09	372	0.08	438	0.09	505	0.09	523	0.09	0.00
특별수입(기증받은 돈)	6,572	2.54	8,191	2.34	10,940	2.46	11,118	2.24	12,376	2.26	12,946	2.28	-0.26
실수입 이외의 수입	69,700	26.99	124,459	35.59	212,976	47.88	281,331	56.74	320,548	58.41	381,259	67.22	40.23
저축인출	58,615	22.70	107,782	30.82	191,339	43.01	256,812	51.79	292,502	53.30	337,502	59.51	36.81
보험, 적금 수령금	870	0.34	1,226	0.35	1,887	0.42	1,876	0.38	3,400	0.62	3,576	0.63	0.29
차입금	3,098	1.20	5,613	1.61	7,504	1.69	3,533	0.71	4,914	0.90	17,640	3.11	1.91
월부, 掛買	5,954	2.31	7,459	2.13	10,333	2.32	14,465	2.92	17,524	3.19	17,637	3.11	0.80
기타	1,163	0.45	2,378	0.58	1,913	0.43	4,645	0.94	2,208	0.40	4,904	0.86	0.41
조입금(繰入金)	76,924	29.79	89,320	25.54	95,487	21.47	96,240	19.41	98,808	18.01	95,948	16.92	-12.87
지출총액	404,862		563,465		753,309		873,421		968,124		1,044,382		
실지출	205,439	100.00	282,263	100.00	360,642	100.00	390,904	100.00	430,380	100.00	439,112	100.00	
소비지출	180,663	87.94	238,126	84.36	289,489	80.27	316,489	80.96	345,473	80.27	353,116	80.42	-7.52
식비	54,386	30.10	66,245	27.32	74,369	25.69	76,794	24.26	83,051	24.04	81,513	23.08	-7.02
곡류	7,564	4.19	9,030	3.79	9,977	3.45	9,246	2.92	9,294	2.69	9,525	2.70	-1.49
육류	6,424	3.56	7,387	3.10	7,917	2.73	7,720	2.44	8,032	2.32	7,326	2.07	-1.48
외식	6,050	3.35	8,749	3.67	11,251	3.39	12,727	4.02	13,970	4.04	13,964	3.95	0.61
주거	8,972	4.97	11,297	4.74	13,748	4.75	15,846	5.01	18,234	5.28	22,446	6.36	1.39
임대료, 지대	5,178	2.87	6,882	2.89	8,673	3.00	10,708	3.38	12,137	3.51	15,687	4.44	1.58
광열, 수도	7,694	4.26	12,693	5.33	17,125	5.32	15,887	5.02	17,642	5.11	19,150	5.42	1.16
수도요금	987	0.55	1,555	0.65	2,747	0.35	3,260	1.03	3,528	1.02	3,980	1.13	0.58

전기요금	2,739	1.51	4,676	1.96	6,682	2.31	6,445	2.04	7,157	2.07	8,260	2.34	0.82
연료비	3,971	2.20	6,462	2.71	7,696	2.66	6,183	1.95	6,975	2.01	6,910	1.96	-0.24
가구, 가사용품	8,404	4.65	10,092	4.24	12,182	4.21	12,388	3.91	13,944	4.04	13,239	3.75	-0.90
가정용내구재	3,324	1.84	3,662	1.54	4,728	1.63	4,647	1.47	5,384	1.56	4,557	1.29	-0.55
피복	16,134	8.93	17,914	7.52	20,176	6.97	22,577	7.13	24,451	7.08	21,963	6.22	-2.71
상의	7,587	4.20	8,265	3.47	9,201	3.18	10,634	3.36	11,466	3.32	10,061	2.85	-1.35
보건의료	4,581	2.54	5,771	2.42	6,814	2.35	8,092	2.56	8,776	2.54	9,474	2.68	0.15
의약품	860	0.48	1,066	0.45	1,400	0.48	1,693	0.53	1,978	0.57	2,243	0.64	0.16
보건의료용품기구	663	0.37	981	0.41	1,445	0.50	1,829	0.58	2,053	0.59	2,199	0.62	0.26
보건의료서비스	3,057	1.69	3,723	1.56	3,968	1.37	4,571	1.44	4,745	1.37	5,032	1.43	-0.27
교육	5,554	3.07	8,637	3.63	12,157	4.20	15,349	4.85	17,129	4.96	18,988	5.38	2.30
교양오락	14,892	8.24	20,135	8.46	25,269	8.73	29,585	9.35	32,861	9.51	34,549	9.78	1.54
문화, 레크레이션	12,038	6.66	16,147	6.78	20,048	6.93	23,356	7.38	25,746	7.45	27,146	7.69	1.02
교통, 통신	12,442	6.89	20,236	8.50	27,950	9.65	32,217	10.18	34,659	10.03	37,301	10.56	3.68
교통	3,233	1.79	4,725	1.98	6,103	2.11	7,455	2.36	7,836	2.27	8,031	2.27	0.48
자동차 유지비	6,675	3.69	11,175	4.69	16,471	5.69	18,667	5.90	20,330	5.88	22,828	6.46	2.77
통신	2,533	1.4	4,336	1.82	5,376	1.86	6,095	1.93	6,493	1.88	6,442	1.82	0.42
기타 소비지출	47,604	26.35	65,105	27.34	79,699	27.53	87,753	27.73	94,726	27.42	94,491	26.76	0.41
잡비	41,662	23.06	57,455	24.13	70,926	24.50	78,211	24.71	84,190	27.37	83,846	23.74	0.68
비소비지출	24,776	12.06	44,137	15.64	71,153	19.73	74,415	19.04	84,907	19.73	85,996	19.58	7.52
세금	13,382	6.51	24,209	8.58	40,852	11.33	42,342	10.83	47,283	10.99	45,908	10.45	3.94
사회보장비	11,032	5.37	19,593	6.94	29,850	8.28	31,780	8.13	37,357	8.68	39,887	9.08	3.71
기타 비소비지출	362	0.18	335	0.12	452	0.13	292	0.07	267	0.06	200	0.05	-0.13
실지출 이외의 지출	118,319	57.59	188,375	66.74	293,548	81.40	385,140	98.53	438,997	102.00	510,529	116.26	58.67
저금	81,701	39.77	131,671	46.65	216,822	60.12	295,672	75.64	342,277	79.53	384,727	87.61	47.85
보험, 보증금	10,070	4.90	17,051	6.04	24,586	6.82	32,994	8.44	36,728	8.53	41,854	9.53	4.63
차입금변제	8,111	3.95	14,536	5.15	23,793	6.60	26,709	6.83	27,553	6.40	36,329	8.27	4.33
월부, 외상	8,489	4.13	10,868	3.85	12,806	3.55	17,226	4.41	19,476	4.53	21,037	4.79	0.66
기타	9,947	4.84	14,249	5.05	15,541	4.31	12,539	3.21	12,961	3.01	26,582	6.05	1.21
순수적금증가분	81,104	39.48	92,828	32.89	99,119	27.48	97,377	24.91	98,748	22.94	94,741	21.58	-17.90
저축순수증가분	32,286		39,714		48,182		69,978		83,103		85,503		
가처분소득	233,461		305,549		373,693		421,434		463,862		481,178		
소비성향(%)	77.38		77.93		77.47		75.10		74.48		73.39		-4.00
평균저축률(%)	13.83		13.00		12.89		16.60		17.92		17.77		3.94
가계저축률 (흑자율) (%)	22.62		22.07		22.53		24.90		25.52		26.61		4.00

자료: 總務廳, 『家計調査年報』, 1976, 1980, 1985, 1989, 1991, 1994. 특기하지 않는 한 일본은 이 자료를 사용한다.

주: 소비지출 항목의 비중을 산출할 때 사용한 분모는 소비지출액.

〈표 4-2〉 한국 가계수지 표

한국(시계열)	1976	%	1980	%	1985	%	1989	%	1991	%	1994	%	94~76년
집계 세대 수	981		2,458		2,667		2,790		2,768		3,394	0	
세대인원	5.05		4.54		4.18		3.98		3.96		3.72	0	-1.33
취업인원	1.34		1.31		1.30		1.42		1.47		1.50	0	0.16
세대주의 나이			35.34		36.00		36.90		37.91		38.79	0	3.45
수입총액	111.23		344.468		622.117		1,349		1,920.3		3,007.5	0	
실수입	88.27	100	234.09	100	431.18	100	805.00	100	1,158.6	100	1,701.3	100	
실수입지니계수	0.27134		0.29187		0.29861		0.28888		0.27347		0.27167		0.00033
경상수입	84.94	96.23	220.88	94.36	408.47	94.37	762.80	94.76	1,053.40	90.92	1,549.90	91.10	-5.13
직장수입	82.05	92.95	211.04	90.16	378.77	87.84	694.60	86.29	986.20	85.12	1,449.00	85.17	-7.78
세대주 수입	74.77	84.71	189.71	81.04	340.11	78.88	595.20	73.94	829.60	71.6	1,187.20	69.78	-14.92
기타 세대원의 수입	7.28	8.25	21.33	9.11	38.66	8.57	99.40	12.35	156.60	13.53	261.9	15.39	7.15
사업, 부업수입	0.58	0.66	2.03	0.87	10.06	2.23	19.90	2.47	34.40	2.97	52.00	3,060	2.40
기타 경상수입	4.23	4.79	15.02	6.42	30.04	6.57	48.30	6.00	64.60	5.58	89.00	5.23	0.44
재산수입	2.31	2.62	7.81	3.34	11.10	2.57	22.60	2.81	27.80	2.40	41.90	2.46	-0.15
사회보장급여					8.54	1.98	2.90	0.36	5.00	0.43	7.00	0.41	-8.13
생활비(학비) 송금	1.92	2.18	7.21	3.08	10.40	2.41	23.90	2.86	31.80	2.74	40.10	2.36	0.18
특별수입(기증받은 돈)	1.41	1.60	6.00	2.56	12.32	2.86	42.10	5.23	73.50	6.34	111.20	6.54	4.94
실수입 이외의 수입	18.46	20.91	65.62	28.03	103.56	24.02	395.20	49.09	542.50	46.82	1,018.70	59.88	38.96
저축인출	4.61	5.22	17.55	7.50	55.59	12.89	236.30	29.35	340.90	29.42	692.00	40.67	35.45
보험, 적금 수령금	3.49	3.95	11.87	5.07	9.21	2.14	12.30	1.59	23.80	2.05	32.6	1.92	-2.04
차입금	4.54	5.14	19.86	8.49	20.75	4.81	71.30	8.86	77.00	6.65	123.90	7.28	2.14
월부, 掛買	2.99	3.39	5.03	2.15	7.95	1.84	22.70	2.82	27.60	2.38	42.10	2.47	-0.91
기타	2.83	3.21	11.31	4.83	10.06	2.53	52.10	6.47	7,302.00	6.32	128.10	7.53	4.32
조입금(繰入金)	4.50	5.10	44.77	19.12	87.38	20.26	148.50	18.46	219.20	18.92	287.50	16.90	11.80
지출총액	111.41		345.10		621.08		1,349.20		1,920.50		3,004.50		
실지출	75.52	100.00	185.07	100.00	336.16	100.00	631.30	100.00	859.00	100	1,264.00	100.00	0.00
소비지출	71.15	94.21	175.47	94.82	309.61	92.20	561.70	88.98	779.60	90.76	1,113.70	88.11	-6.10
식비	33.90	47.65	74.74	42.59	113.93	36.80	182.00	32.40	247.90	31.8	328.70	29.51	-18.13
곡류	16.28	22.88	26.79	15.27	32.39	10.46	37.70	6.71	42.30	5.43	39.90	3.58	-19.30
육류	2.64	3.70	7.24	4.12	13.65	4.41	20.50	3.65	29.70	3.81	35.50	3.19	-0.52
외식	0.73	1.03	3.10	1.76	9.26	2.99	36.70	6.53	56.70	7.17	100.30	9.01	7.98
주거	2.38	3.35	8.08	4.60	14.26	4.61	23.50	4.18	34.50	4.43	43.00	3.86	0.51
임대료, 지대	1.46	2.05	5.21	2.97	8.58	2.77	11.90	2.12	15.70	2.01	19.20	1.72	-0.33
광열, 수도	4.12	5.79	13.03	7.42	22.46	7.25	25.80	4.59	32.20	4.13	43.70	3.92	-1.87
수도요금	0.37	0.52	0.82	0.47	2.09	0.67	3.30	0.59	4.20	0.54	6.00	0.54	0.02
전기요금	0.91	1.28	2.89	1.64	5.67	1.83	7.90	1.41	9.50	1.22	15.20	1.36	0.08

연료비	2.83	3.98	9.32	5.31	14.70	4.75	15.00	2.67	18.50	2.37	22.50	2.02	-1.96
가구, 가사용품	3.48	4.89	9.02	5.14	14.85	4.80	33.20	5.91	45.50	5.84	56.20	5.05	0.16
가정용 내구재	2.51	3.52	6.13	3.49	8.05	2.60	20.80	3.70	29.00	3.72	33.10	2.97	-0.55
피복	6.40	8.99	16.05	9.14	23.52	7.60	48.30	8.60	63.00	8.08	85.70	7.70	-1.30
상의	3.51	4.93	8.54	4.87	12.36	3.99	27.80	4.95	36.70	4.71	50.60	4.54	-0.38
보건의료	3.71	5.21	11.51	6.56	23.75	7.67	30.80	5.48	41.70	5.35	55.00	4.94	-0.27
의약품	1.83	2.57	5.06	2.88	7.69	2.48	15.50	2.76	20.50	2.63	24.50	2.20	-0.37
보건의료용품기구	0.07	0.09	0.31	0.18	0.71	0.23	1.60	0.28	2.10	0.27	3.00	0.27	0.18
보건의료서비스	1.18	2.55	6.14	3.50	15.35	4.96	13.70	2.44	19.20	2.46	27.50	2.47	-0.08
교육	4.58	6.44	9.58	5.46	19.40	6.26	38.90	6.93	57.80	7.41	93.30	8.38	1.94
교육오락	2.33	3.27	5.37	3.06	11.64	3.76	28.40	5.06	38.40	4.93	57.60	5.17	1.90
문화, 레크레이션	1.99	2.79	4.63	2.64	10.36	3.34	26.30	4.68	36.10	4.63	54.60	4.90	2.11
교통, 통신	3.14	4.41	10.24	5.84	19.73	6.37	46.10	8.21	68.70	8.81	133.50	11.99	7.57
교통	2.72	3.82	8.74	4.98	13.43	4.34	20.70	3.69	25.60	3.28	35.80	3.21	-0.61
자동차 유지비			0.18	0.10	1.37	0.44	16.10	2.87	30.20	3.87	78.90	7.08	6.98
통신	0.42	0.59	1.32	0.75	4.94	1.59	9.30	1.66	12.90	1.65	18.80	1.69	1.09
기타 소비지출	7.12	10.01	17.86	10.18	46.08	14.88	104.70	18.64	149.70	19.20	217.10	19.49	9.49
제잡비	3.94	5.53	10.49	5.98	35.10	11.34	80.90	14.40	118.10	15.15	171.00	15.35	9.82
비소비지출	4.37	5.79	9.60	5.18	26.55	7.90	69.60	11.02	79.40	9.24	150.40	11.90	6.11
세금	2.95	3.91	3.54	1.91	9.15	2.72	24.50	3.88	25.30	2.95	48.50	3.84	-0.07
사회보장비					5.35	1.59	15.00	2.38	20.60	2.4	35.30	2.79	1.20
기타 비소비지출	1.42	1.88	4.57	2.47	12.05	3.58	30.20	4.78	33.50	3.9	66.60	5.27	3.39
실지출 이외의 지출	31.29	41.43	114.05	61.63	191.62	57.00	565.00	89.50	829.00	96.51	1,431.80	113.28	71.84
저금	11.19	14.82	32.14	17.37	91.17	27.12	302.90	47.98	473.50	55.12	825.80	65.33	50.52
보험, 보증금	8.06	10.67	35.96	19.43	29.69	8.83	34.50	5.46	47.70	5.55	69.20	5.47	-5.20
차입금변제	3.43	4.54	19.27	10.41	27.45	8.17	68.60	10.87	95.20	11.08	136.50	10.80	6.26
월부, 외상	3.43	4.54	6.51	3.52	13.24	3.94	25.00	3.96	33.20	3.86	57.90	4.58	0.04
기타	3.48	4.61	20.18	10.90	30.07	8.95	134.10	21.24	179.20	20.86	342.50	27.10	22.49
순수적금증가분	4.60	6.09	47.47	25.65	93.31	27.76	152.90	24.22	232.60	27.08	308.70	24.42	18.33
저축순수증가분	11.15		38.68		56.07		88.30		156.50		170.40		
가처분소득	83.90		224.49		404.63		735.40		1079.20		1,550.90		
소비성향(%)	84.80		78.16		76.52		76.38		72.24		71.81		-12.99
평균저축률(%)	13.29		17.23		13.86		12.01		14.50		10.99		-2.30
가계저축률(흑자율)(%)	15.20		21.84		23.48		23.62		27.76		28.19		12.99

자료: 한국통계청, 『도시가계년보』, 1976, 1980, 1985, 1989, 1991, 1994. 특기하지 않는 한 한국은 이 자료를 사용한다.

주: 소비지출 항목의 비중을 산출할 때 사용한 분모는 소비지출액.

IV. 결론

지금까지 검토해 왔듯이, 1980년대 한국은 1970년대와 1990년대에서 볼 수 있는 수출 100억 달러 초과, 혹은 1인당 GNI 1만 달러 초과라고 하는 거시경제적인 면에서의 획기적인 성과를 거두었고, 1980년대 후반의 무역·경상수지 흑자 등 발전에 대한 낙관을 가져온 중요한 시기였다. 또한 사회적으로 볼 때, 3차 산업 종사자와 화이트칼라 직종 종사자의 증가, 임금격차 구조의 변화(직종별 차이의 감소, 규모별 차이의 확대), 그 결과로서 중간층 의식의 확산, 핵가족화 등의 변화가 있었고, 이와 같은 사회변화를 전제로, 1987년의 '민주화'가 있었으며 그 기세의 정점에는 서울 올림픽이 있었다.

소비생활에서도 1980년대에는 큰 변화가 있었는데, 그 변화의 분기점은 1985년이었다(가계경제연구소 1996, 95). 식비가 전체 지출에서 차지는 비율은 꾸준히 감소했고, 생활 일반이 '다양화'라고 하는 서구화가 진행되었나. 일본 이상으로 외식이 증가되있고, 지출에시 교육과 교양오락비기 치지하는 비율도 급속하게 늘어났다. 1970년대 중반에 일본은 지출 면에서 안정되었지만, 한국은 1980년대 중반에 이르러서야 큰 변화를 보이게 되었다. 그러나 한일간에는 작은 차이도 존재한다. 한국의 소비지출을 볼 때, 일종의 '전통회귀'적인 면도 보인다는 것이다. 본 논문에서는 거기까지의 추론이 허용되지 않을지도 모르겠지만, '민주화'를 계기로 자유롭게 전통을 생각할 수 있게 되었을지도 모르는 일이다.

이상 살펴보았듯이, 1980년대는 1970년대와 1990년대를 잇는 중요한 시기였다고 할 수 있을 것이다.

참고문헌

가계경제연구소·경제기획청. 1996. 『생활구조의 일한비교』. 가계경제연구소.
배무기. 1982. 「한국노동경제의 구조변화」. 『경제논집』 21-4. 서울대 경제연구소.
여성개발연구원. 『여성통계연보』 각년판.
연세대학교 사회발전연구소. 1995. 『한국근로자 생활의 질에 관한 연구』.
연세대학교·한국방송공사. 1996. 『한국, 중국, 일본 국민의식조사백서』.
한국노동부. 『노동통계연감』.
한국노동연구원. 1990. 『한국노동자의식연구』.
한국통계청. 『한국의 사회지표』 각년판.
__________. 『한국의 주요경제지표』 각년판.
__________. 『도시가계연보』 각년판.

金昌男·渡邊利夫. 1996. 『韓國經濟發展論』. 勁草書房.
明泰淑. 1999. 『韓國の勞務管理と女性勞働』. 文眞堂.
服部民夫 編. 1987. 『韓國の工業化－發展の構圖』. アジア經濟研究所.
______. 1998. 「韓國の階層歸屬意識·試論」. 園田茂人 編. 『東アジアの階層比較』. SSM 成果報告書.
______. 1999. 「組立型工業化の成功と挫折」. 『アジア研究』. 45-2.
______. 2001. 「組立型工業化の形成と挫折」. 松本·服部 編. 『韓國經濟の解剖』. 文眞堂.
速水 融. 1995. 『開發經濟學』. 創文社.
安國臣. 2000. "所得分配と社會的·政治的不安定性: 韓國の經驗." 南亮進他. 『所得不平等の政治經濟學』. 東洋經濟新報社.
有田伸. 2002. "韓國における中間層の生成過程と社會意識." 服部·船津·鳥居 編. 『アジア諸國における中間層の生成と特質』. アジア經濟研究所.
倉持和雄. 1987. 「勞働力の供給と農村の變容」. 服部民夫. 『韓國の工業化－發展の構圖』. アジア經濟研究所.
横田伸子. 1994. 「1980年代の韓國における勞働市場構造の變化」. 『アジア經濟』 35-10.
______. 1997. 「韓國の都市下層と勞働市場」. 『大原社會問題研究所雜誌』 464.

일본의 NPO 부문과 정부-NPO 관계의 변화 :
행정·복지개혁과 정부-NPO 협력의 증대

이숙종

I. 머리말 : NPO의 부상

지난 사 반세기간 세계 여러 나라의 시민사회가 성장하면서 시민사회의 조직화된 부문인 비정부·비영리 시민단체들이 급성상하고 있는 것으로 보고 되고 있다. 이들 비정부·비영리 시민단체들은 비정부조직(Nongovernmental Organization, NGO)나 비영리조직(Non-Profit Organization, NPO)으로 정부나 기업이 아닌 조직이라는 네가티브 방식으로 정의되거나 제1섹터인 정부, 제2섹터인 기업으로부터 독립적인 제3섹터로 불려지기도 한다.[1] 미국이나 일본에서는 NPO라는 용어를 주로 사용하지만 한국 등의 많은 나라들이나 국제사회에서는 NGO라는 용어를 주로 사용한다. 이 글은 일본의 비정부·비영리부문을 연구하는 것인 만큼 일본에서 통용되는 NPO로 용어를 통일시키기로 한다.

NPO는 다양한 조직적 특성으로 인해 여러 가지로 정의가 가능하다. 12

---

[1] 밴틸(Van Til)은 제4섹터로 가계(household)를 추가하는데 가계는 기업, 정부, 제3섹터를 다리 놓는 중추적 역할을 한다. 가계 및 가계 구성원들은 기업에서 임금을 벌고 구매하며 소비하고, 제3섹터에서 협회와 재단을 만들어 자원봉사자로 일하며, 세금과 투표로 정부를 지지하거나 견제하는 역할을 맡는다고 정리한다. 스미스(Smith)는 비영리기관을 공익추구와 사익추구로 나누어 5대 섹터로 구분하기로 한다. 주성수(1999a, 56-57) 참조.

개국의 NPO를 연구한 살라몬과 앤하이어(Salamon and Anheier 1996, 13-16)는 NPO의 공통된 특성으로 다음과 같은 요인들을 들고 있다. 즉, 기관으로서의 공식성2), 정부로부터 조직적 분리, 비영리추구, 자율운영(self-governing), 상당한 정도의 자발성, 비종교성, 비정치성 등 7가지 요인으로 NPO를 규정하면서, NPO 활동을 10개 영역 — 문화·여가, 교육·연구, 건강, 사회 서비스, 환경, 개발과 주택, 시민·제안(advocacy), 박애활동, 비즈니스·전문, 기타 — 으로 분류하고 있다.

NPO의 성장은 20세기 말의 글로벌한 현상으로서 관찰되고 있다. 제3섹터가 발달해 있다고 평가받는 미국의 경우, 1982년 조사에서 NPO의 65%가 1960년 이후 설립된 것으로 나타났다. 이태리의 경우는 1985년 조사에 의하면 NPO의 44%가 1977년 이후 설립된 것으로, 프랑스나 영국의 경우도 1970~80년대에 NPO가 급성장한 것으로 보고된다. 살라몬은 NPO의 부상이 개도국과 동유럽 및 전 소연방국가들에서 더욱 드라마틱하게 전개되고 있음에 주목하면서 이러한 20세기 말의 "결사체 혁명"(associational revolution)을 19세기 말의 민족국가(nation-state)의 부상만큼 의미 있는 것이라고 평가한다(Salamon 1994, 110-111).

이러한 NGO, NPO들은 20세기 후반에 주요 국제협상에서 "트랙 투"를 구축해 국제외교의 주요 행위자는 물론 세계 개발기구들의 파트너로 부상하는 새로운 성과를 거두었다. 한편 조직화된 시민사회 부문은 NGO나 NPO로 불리기 훨씬 이전에는 주로 국내 활동에 치중해 있었다. 자원단체나 시민단체들은 지난 한 세기 동안 빈민구제, 사회적 약자의 보호와 후원, 지역사회에 참여 등의 전통적 역할을 수행하여 왔다. 이들의 국내적 역할 변화는 특정 국가의 민주화와 시민사회의 발전 정도에 따라 상당히 다른 모양으로 나타난다.

---

2) 기관으로서의 공식성은 법적 실체가 아니더라도 정규 회의, 직원, 회칙, 어느 정도의 조직적 성과 등을 갖추고 있는 것을 의미한다. 따라서 특수한 목적의 비공식적이고 임시적인 사람들의 모임은 비영리조직으로 간주되지 않는다.

시민결사체주의(civic associationism) 전통이 강한 미국은 시민단체나 자원단체의 조직과 활동이 가장 왕성한 국가로 꼽혀 왔다. 그러나, 지난 사반세기 동안 미국의 풀뿌리 시민사회가 공동화되면서 미국 시민사회는 전국 수준의 전문화된 시민단체들로 중앙화·관료화되는 추세에 있는 것으로 관찰되고 있다. 이러한 현상을 퍼트남(Putnam 1995)은 '사회적 자본'(social capital)의 저하로 비판하고, 스카치폴(Skocpol 1999)은 중앙에서 전문적·관료적 애드보카시 그룹들의 부상으로 미국의 시민사회가 "성원주의에서 애드보카시(from membership to advocacy)"로 전환되고 있다고 진단한다. 이러한 풀뿌리 시민사회의 정체나 시민사회의 전문화와는 달리 민주화가 시작된지 얼마 되지 않은 개도국이나 동구권의 경우 시민결사체는 지역과 중앙 양 수준에서 왕성하게 조직되고 있다. 이들 민주화가 진행중인 국가들에서 시민단체들은 정부에 대한 비판과 견제 세력으로 중요한 '정치적 역할'을 부여받고 있다. 특히 한국을 비롯한 동아시아에서 시민단체들의 이러한 역할은 두드러진다.

시민사회의 성장은 다음과 같은 복합적인 동시대적 변화들에 배경을 두고 있다. 첫째는 전 세계적 현상으로서의 민주화이다. 이른바 헌팅톤(Huntington)이 말하는 "제3의 민주화(the third wave of democratization)"3) 과정에서 유럽 및 남미 권위주의 정권들의 민주화가 일어났으며, 1980년대 말에는 아시아 신흥공업국에서, 이어서 냉전종식과 소연방 해체이후 1990년대에는 동구권 전(前)사회주의 국가들에서 민주화가 일어났다. 민주화가 진전되면서 시민사회가 활성화되고 참여민주주의가 발전하는 것은 자연스러운 귀결일 것이다.

둘째는 글로벌라이제이션(globalization)이다. 글로벌라이제이션은 정보

---

3) 헌팅톤은 포르투갈, 그리스, 스페인 등이 민주화된 1974~5년도를 제3의 민주화 물결의 시작으로 이해한다. 그는 1974년과 1990년 사이에 적어도 30개의 국가들이 민주화를 이루면서 세계의 민주주의 정부가 두배로 증가하게 되었음을 관찰하고 있다. 이러한 20세기 후반 사반세기의 민주화 물결은 1820~1926년 사이의 제1의 민주화 물결과 2차 세계대전에서 1962년 사이의 제2의 민주화 물결에 이어 세 번째라는 것이다(Huntington 1991).

통신기술의 혁신에 따른 의사소통체제의 동시성과 초국경성이라는 인프라 변화와 WTO체제로 상징되는 시장통합이 커다란 두 축을 이룬다. 의사소통체제의 글로벌화가 민주화와 전 세계적 시민연대 등을 통해 시민사회의 성장에 기여한다는 것은 주지의 사실이다. 특히 환경, 인권, 여성 문제 등과 같은 범세계적으로 공유되고 있는 시민사회의 주요 가치들이 정보공유와 시민연대에 있어 큰 성과를 거둘 수 있었던 것은 이러한 의사소통체제의 글로벌화에 있다.

한편, 시장통합으로서의 글로벌라이제이션은 시민사회의 국가와의 관계와 시민사회의 초국화라는 이중적 변화를 수반하고 있는 것으로 보인다. 글로벌라이제이션으로 인한 복지국가 후퇴 추세와 빈부격차 확대와 같은 부작용은 국가와 시민사회의 관계를 한편으로는 협력과 파트너십의 관계로, 다른 한편으로는 견제와 비판의 관계로 변화시키고 있다. 전자는 시민사회가 정부와 협력하에 복지서비스 기능을 적극 담당하게 된 것을, 후자는 시민사회가 국가로 하여금 복지기능을 축소하지 말라고 압력을 가하는 것이다. 후자의 관계와 같은 맥락에서 한 나라의 시민사회는 초국적 자본의 이동과 신자유주의적 개혁을 제한하기 위해 다른 나라의 시민사회들과 규합하고 있다.

민주사회에서 시민사회는 국가권력과 시장횡포에 대한 견제와 비판의 기능, 사회정의와 시민권리를 강화시키는 후원(advocacy)의 기능, 사회문제를 해결하고 휴먼서비스를 제공하는 세 가지 기능(주성수 1999a, 52-54)을 주로 하게 되는데 민주화와 더불어 글로벌라이제이션은 시민사회의 이러한 주요 기능을 모두 강화시키는 경향이 있는 것이다.

특히 선진국 시민단체들의 국내활동 가운데 새로이 주목을 받게 된 것은 시민단체들이 정부의 고유기능이었던 사회·복지 서비스를 대신 제공하기 시작하는 새로운 '행정적 역할'에 돌입하고 있다는 사실이다. 많은 서구 복지국가에서 국가의 직접적 복지기능이 후퇴하면서 시민섹터가 정부와의 협력을 통해 사회서비스 기능을 대행하기 시작하였다. 비정부·비영리 시민섹터의 이러한 역할 변화는 정부와 시민사회 양측의 목표가 달라지면서 발생하는 것으로 이해된다.

"위로부터의 정책변화"를 중시하는 설명은 다음과 같다. 시장통합에 따른 국가간 경쟁이 치열해지면서 이에 대응하기 위한 "작고도 경쟁적인 정부"와 탈규제로 특징지워지는 신자유주의적 정책변화는 정부로 하여금 시민단체들을 활용해 사회 및 복지 서비스 기능을 대체하려 한다는 것이다. 세계대공황 이후 "시장의 실패"에 대응하여 수정자본주의가 도입되고 복지국가가 제도화되었으나 1970년대의 세계적 불황은 정부의 복지부담이 경제발전을 저해하고 복지를 담당하는 거대한 관료기구는 비효율적이라는 이른바 "정부 실패론"의 대두를 가져왔다. 시장과 정부의 실패는 양자로부터 독립적인 민간섹터이면서도 공공선을 추구하는 자원단체나 시민단체들을 정부가 파트너로 활용, 정부의 기능을 효율적으로 대체한다는 대안에 관심을 갖게 만들었다는 것이다.

"아래로부터의 의식변화"를 강조하는 설명은 시민사회가 환경, 고령화, 생활복지 등의 다양화되는 사회문제를 스스로 해결하고자 하는 자활의식(self-reliance)을 시민섹터가 사회복지 서비스 제공에 적극 나서게 되는 이유로 설명한다.

살라몬(Salamon 1995, 40-49)은 정부가 재정을 지원하고 정책적으로 방향을 제시하면서 지방정부나 대학, 학교, 은행, 사회단체 등의 민간기구가 공공서비스를 제공하는 추세를 '제3자 정부'로 이론화한다. 공공재이론에 의하면 시장을 통해 공공서비스를 제공하는 것은 소비자들이 비용을 부담하지 않고 서비스를 받으려는 무임승차를 야기, 공공서비스의 공급부족을 가져오게 된다. 반면에 세금을 징수해 공공서비스를 생산할 수 있는 정부는 다수의 지지를 얻는 공공서비스를 생산하는 민주주의 원칙을 좇음으로써 소수의 요구는 충족되지 않게 되어 비영리시민단체들이 대신에 이들에게 서비스를 제공한다는 것이다. 그러나 이들 단체들은 자원부족과 대상지역의 불충분성, 사회집단과의 관계에 있어 특수주의, 전문성이 결여된 아마츄어리즘 등으로 인해 독립적으로 공공서비스를 제공할 수 없어 정부지원을 받고 관계 당국의 지도하에 이러한 역할을 수행한다는 것이다. 즉, 시장과 정부의 실패만이 아니라 자원섹터(voluntary sector)도 실패하기 때문에 NPO도 정부와 협력하게 된다는 것이다. 살라몬은 '제3자 정부'는 공공서비스에 대한 요청과 정부 관료기구에 대한 부정적 시각 간의 갈등을 절충시키는 미국식 해결방식으로 미국 정부의 복지정책은 NPO활동을 통해 사실상 확장되어 왔다고 주장한다(Salamon 1995, 186-188).

이러한 논의를 일본에 적용시켜 볼 때 매우 흥미로운 문제들이 제기된다. 일본의 NPO도 공공서비스 제공자로 부상하고 있는가? 그리고 그 과정에서 정부와 협력을 강화하고 있는가? 일본의 복지개혁 역시 이의 동인이 되고 있는가? 일본이 공공서비스의 파트너로 자원조직이나 시민단체를 활용하려는 움직임은 1998년에 특정비영리활동촉진법(이하 NPO법)을 제정한 데서 극명하게 드러난다. 일본 정부는 고령화사회로 인한 사회복지 수요가 막대한 가운데 복지개혁을 민활과 시장화(marketization) 방향에 두고 있다. 이러한 복지정책과 맞물려 복지행정이 지방자치단체로 대폭 이전되는 행정개혁은 지방정부와 지역 NPO 사이에 복지정책을 둘러싼 협력관계를 강화시키고 있다. 일본의 관(官)우위 사회전통과 NPO의 제도적 환경은 복지행정의 개혁 계기를 맞아 일본의 정부-NPO 관계를 협력적 관계로 정립하는 데 플러스 요인으로 작용한다.

이 글은 일본의 정부-NPO 관계의 성격을 비교론적 시각에서 살펴보고, 일본 시민섹터의 구조를 조망한 다음 새로 제정된 NPO법을 포함하여 어떤 부문에서 정부-NPO 관계가 특히 강화되고 있는지를 분석하고자 한다.

II. 일본의 정부-NPO 관계

1. 역사적 전통으로서 포섭적 국가?

일본의 정부-NPO 관계는 역사적 특수성의 영향을 받는다. 일본은 국가주의 전통이 강한 나라로서 그 뿌리는 국가권력의 중앙집권화를 통한 근대화를 추진했던 19세기 말로 거슬러 올라간다. 이어 1930~40년대의 군국주의는 전시경제를 통한 경제관료기구의 통제와 경찰국가적 사회감시체제의 유산을 남겨 놓았다. 미군정을 통한 전후개혁은 자유민주주의체제를 제도화시키는 데 성공하였으나, 경제와 사회 분야에 대한 국가권력의 개입은 비공식적인 관행으로 지속되어 왔다. 우선, 경제적으로는 전후 경제를 부흥시켜야 하는 시대적 요청과 고도성장을 우선시한 국가목표로 인하여 행징우위의 경제통치(economic governance)를 장기간 존속케 하였다. "국가지원 자본주의(state sponsored capitalism)," "발전국가(developmental state)," "강력한 국가(strong state)" 등의 모델들은 일본 국가권력의 경제운영 방식을 특징화한 것들이었다.

한편, 국가권력의 시민사회에 대한 개입은 전전과 전후에 보다 단절적인 해체과정을 밟아왔다. 국체사상에 뿌리를 두고 메이지유신 이후 체계화된 천황제는 전전에 강력한 유기체 국가관을 형성해 시민사회 통제와 재편에 큰 영향을 미쳤다. 이러한 유기체 국가관은 전후 민주화와 자본주의의 확산으로 급속하게 해체되어 갔고, 일본의 국가목표도 성장제일주의의 시장국가로 재편되어 갔다. 그러나 사회개입적 국가의 후퇴는 시장이 장악함으로써 숨막히는 회사사회가 도래하였고, 공동체의 이익주의화는 시민사회가 성장할 공간을 좁혀 왔다. 또한 유기체 국가관이 완전히 붕괴된 것은 아니어서 학교교육과 같은 공식적 사회화과정에 은밀히 내재해 있으며, 시민사회의 세포와도 같은 기초자치체에 행정의 개입과 동원력은 여전히 존재하고 있는 편이다.

김장권(1999, 2000)은 이와 같이 일본의 공동체가 국가에 의해, 고도성장 이후는 시장에 의해 포획됨으로써 일본의 시민사회는 주체성과 자립성을 결여하고 있으며, 삶의 질 향상을 추구하는 생활보수주의로 주도되고 있는 90년대의 시민운동은 사생활이익주의의 한계를 벗어나지 못하고 있다고 말한다. 개론(Garon 1997)은 일본 국가는 '교화'(敎化)라는 캠페인을 통해 일본인들에게 도덕적 이념을 주입시키고 특정 목적을 위해 동원시키는 역할을 하였는데 민주화된 전후에도 이러한 경향은 계속되고 있다고 말한다. 그는 이러한 일본 국가의 "사회적 경영(social management)"⁴⁾의 통치방식이 시민단체의 자율성을 해쳐 국가의 어젠다에 대해 근본적 도전을 불가능하게 만들어왔다는 점에서 민주주의에 결점이 되고 있다고 주장한다. 그러나, 개론은 국가와 시민사회의 관계가 단순한 영합적(zero-sum) 권력관계는 아니어서 협력을 통해 정부관료는 효율성을 높이고 시민단체들은 이익과 세력을 신장해왔다는 점을 지적한다.

이상의 설명은 기본적으로 국가 중심적 접근방식을 취하고 있다. 따라서 정부와 민간단체 간에 협력관계와 네트워크가 작동함에 있어 NPO의 시각이 결여되어 있다. 더욱이 NPO는 기존의 주민조직⁵⁾ 중심의 민간을 지칭하는 것이 아니라 1970~80년대를 통해 새로이 등장한 시민사회 부문이기 때

---

4) 개론은 일본 국가가 사회적 경영자로 나서게 된 것은 메이지유신 이후 국가를 진보의 엔진으로 간주하고 외부세계로부터 일본 국민을 보호할 수 있는 최상의 도구로 보는 민족주의 때문이라고 주장한다.

5) 정부 또는 행정과 민간단체 어느 한 편이 다른 한 편을 일방적으로 이용한다고 보는 해석이 무리한 점은 주민조직의 경우도 마찬가지이다. 다기능적 주민생활조직인 자치회, 정내회(町內會)의 예를 들어보자. 근린지역 주민들이 의무적으로 가입하게 되어 있는 한국의 반상회와 비슷한 이 주민조직의 경우, 이들의 대정부 관계는 논란의 대상이 되어 왔다. 이들 기초 자치체는 행정기관에 대해 주민을 위한 생활집단으로서의 기능과 행정을 위한 권력집단으로서의 기능을 이중으로 수행한다. 전자의 경우에는 주민 공통의 생활요구를 행정기관이 들어주도록 압력집단의 역할을 하며, 후자의 경우에는 행정연락, 모금, 조사, 각종 위원의 추천 등 행정기관의 서비스를 위탁받거나 보완하는 역할을 하게 된다. 최근에는 지방행정 시책에 참여, 지역사업 백서 작성, 사업계획의 작성 및 실시, 시설의 건설 및 운영 등 주민참가형의 기능도 맡게 되었다(倉澤·秋元 編, 231-233). 이러한 기능 가운데 어느 쪽의 기능이 더 중요하게 되느냐 하는 것은 주로 개개 정내회를 구성하는 주민들의 인구통계학적 특성과 사회경제적 지위, 또한 이들 요인과 관련한 주민공동체 및 자치체의 정치적 오리엔테이션에 의해 좌우되는 경우가 많다.

문에 과연 후자가 포섭되었다거나 정부와 NPO 간에 네트워크가 이미 형성되어 있다고 단정하기는 어렵다. 또한 국가 중심적 설명은 포섭이나 개입의 통치방식에 초점을 둔 것이어서 왜 어떤 분야에 대한 국가의 개입이 특정한 시점에 일어나는지 설명할 수 없다. 즉, 국가는 왜 사회복지 서비스가 자원단체나 시민단체 등의 협력을 새롭게 필요로 하게 되었는지, 또한 자원단체나 시민단체들은 정부의 사업에 참여하거나 대행자가 되기를 자청하는지를 설명하기 어려운 것이다. 따라서 "개입적"이거나 "포섭적"인 국가의 사회적 경영이 새로운 분야를 개척할 때 그 모멘텀과 미시적인 과정을 이해할 필요가 생긴다. 더욱이 사회복지 서비스 제공과 관련해서는 제3섹터는 대개 지방정부와 관계하므로 조직화된 공권력이 강력한 중앙정부가 아닌 훨씬 분권적인 지방정부를 그 파트너로 삼게 된다. 역설적이게도 중앙정부의 권력이 지방정부로 이양되면서 일본 정부의 이른바 "NPO 포섭" 노력이 가능해졌다는 점에 주목해야 할 것이다. 따라서, 일본 정부와 시민단체 간의 관계는 "관계"라고 부를 수 있는 형식적 조건이 갖추어진 최근 20여 년을 시점으로 새로이 분석되어야 하며, 이를 위해서는 그 배경이 되는 정치경제적 변화에 주목할 필요가 있게 된다.

2. 정부-NPO 관계 모델

(1) 법체계에 따른 모델

살라몬과 앤하이어(Salamon Anheir 1995)는 법체계의 차이, 발전의 수준, 분권화의 정도 등의 요인이 제3섹터의 유형 차이를 설명하는 데 중요하다고 주장한다. 즉, 불문법 전통으로 규제가 적고 개방되어 있을수록, 정치·경제·사회 부문이 발전해 있을수록, 중앙집중화된 통치구조보다 분권화된 사회일수록 제3섹터가 보다 중요한 역할을 한다는 것이다. 이들 세 변수 가운데 발전국가인 선진국들을 비교할 때는 법체계의 상이성과 분권화가 설명

변수가 될 것이다. 특히 법체계는 정부와 NPO 관계를 규정짓는 매우 중요한 변수가 된다.

비영리민간단체가 어떤 법적 지위를 갖느냐는 정부와 NPO 관계를 기본적으로 설정하는 데에 큰 영향을 미친다. NPO는 영미계 불문법과 유럽 및 일본의 성문법적 민법에 근거해 활동할 때 커다란 차이를 갖게 된다. 민법을 따르는 국가들에서는 개인의 조직들과 권리 및 의무는 법률 사항들로 세세히 명문화되어 있어 법률이 정하지 않는 한 특별한 권리를 누릴 수 없게 된다. 이들 민법국가들에서는 제3섹터 단체들이 공익활동을 하기 위해서는 법적 지위를 인정받고 정부기관들로부터 여러 가지 특권을 부여받을 필요가 생기게 된다. 반면에 불문법 국가들에서는 법적 인정과 제약 없이 NPO들은 자유로운 공익활동을 보장받게 된다. 불문법에 기초한 개방형 국가 가운데서는 미국의 NPO들이 가장 자유롭고 혜택을 많이 받는다. 미국의 NPO들은 국가주의에 대한 거부감이 강한 시민문화에 따라 법의 인정절차를 요하지 않을 뿐만 아니라 연방정부의 소득세와 주정부 및 지방정부의 각종 세금으로부터 감면되는 특권을 누린다. 조세법 501(c)(3) 범주에 속하는 모든 '종교, 자선, 과학, 문학 혹은 교육의 목적,' 즉 공익을 추구하는 기관들은 소득세 감면을 받고 이들에게 제공하는 기금 또는 물품 또한 제공자의 소득세에서 공제를 받는다.

민법국가들의 경우는 독일과 프랑스가 보다 NPO 규제가 많고 이탈리아는 상대적으로 덜한 사례로 분석되고 있다. 공법과 민법으로 양분되어 있는 독일에서는 NPO는 기능적으로는 공법에 속하고 형식적으로는 민법에 속하는 문제가 있어 이를 해결하기 위해 특별법을 통해 NPO들의 법적 지위를 보장하고 면세혜택이나 기부금제를 인정하고 있다. 프랑스의 경우는 보다 명확한 법규정을 통해 사회경제 영역의 협동조합, 상조회, 결사체 등을 넓은 범주의 제3섹터로 포함시키면서 공익을 추구하는 솔리데리티라는 법적 지위를 부여한다고 한다(주성수 1999a, 70-72).

일본의 경우는 민법과 특별법으로 NPO에 법적 지위를 부여하고 있다.

이러한 법적 인정을 받으려면 대개 재정규모가 비교적 크고 사업이 정부정책에 부합하는 것이어서 제도권 내의 법인들이 대부분이며 순수 시민단체 NPO는 거의 임의단체로 남아있다. 법적 지위는 일본의 NPO 활동에 큰 영향을 주게 되는데 법적 인정을 받지 않은 단체는 대정부관계나 대사회관계 모두에서 제약을 받게 된다. 정부로부터는 사업을 위탁받거나 재정을 지원받기 어렵게 되며, 법적 까다로움으로 인해 재산권 행사가 어렵고 사회로부터 신뢰감을 얻지 못해 기부금을 받거나 활동범위를 확산시키기 어렵다. 이러한 법적 문제 때문에 일본 정부는 NPO 활동을 촉진시키는 방편으로 법인화 요건을 쉽게 만드는 NPO법 제정이라는 방식을 취하게 된 것이다.

(2) 권력관계에 따른 모델

정부-NPO 관계를 권력관계로 접근할 때는 다음과 같은 모델이 분석적으로 유용하다. 민저 기드론과 실라몬(Gidron and Salamon 1992)의 모델을 보면, 정부-NPO 관계를 재정주체와 서비스 공급자에 따라 다음 네 가지로 구분한다. 첫째, '정부주도형'(government dominant model)은 정부가 재정과 서비스 공급 모두에서 주도적인 역할을 하는 것으로 복지국가가 이에 해당된다. 정부주도형은 조세체계가 발전되어 있고 정부가 고용에 의한 재원조달과 서비스 분배체계를 갖고 있다. 둘째, 'NPO주도형'(third-sector dominant model)은 자원조직들이 재정과 서비스 분배에서 주도적 역할을 한다. 이러한 유형은 공공서비스 공급에 있어 정부의 역할을 신임하지 않으며 비판적인 국가, 신보수주의 이데올로기나 지역주의와 같은 정치이념 문제가 심각한 국가, 또는 AIDS 퇴치와 같이 새로이 등장하는 사회문제에 대해 정부 서비스가 아직 확대되지 못한 부문에서 나타난다. 셋째, '중첩형'(dual model)은 정부와 NPO가 서비스의 재정과 공급에 있어 각자 독자적 영역을 가지고 역할을 공유하는 일종의 '병렬형'(parallel-track model)이다. 여기에는 NPO가 정부의 공공서비스에서 누락된 계층에 동일 서비스를 제공해 보충하는 보조적인(supplementary)

것과, 정부의 재원부족이나 정책부재로 서비스의 수요가 충족되고 있지 않은 영역에서 NPO가 보완하는(complementary) 것 두 가지 유형이 있다. 넷째, '공조형'(collaborative model)은 정부와 NPO가 함께 행동하는 것으로 정부가 재정을 주로 책임지고 NPO가 실질적인 공공서비스를 제공한다. 여기에는 NPO가 정부 서비스 프로그램의 대리인(agent)으로 재량권과 협상력을 거의 갖지 않는 '공조대리인형'(collaborative-vendor model)과 NPO가 많은 재량권을 행사하면서 프로그램을 주도하거나 재량권을 더욱 키워나가는 '공조파트너형' (collaborative-partnership model)이 있다(임승빈 1999, 21-22; 주성수 1999b, 13-15).

한편, 코스톤(Coston 1993)은 정부-NPO 관계를 정부가 제도적 다원주의를 거부하는 유형인 '억압형,' '대항형,' '경쟁형' 3가지와 이를 수용하는 유형인 '용역형,' '제3정부형,' '협력형,' '보충형,' '공조형' 5가지로 나누어지는 모두 8가지의 분류모델을 제시하고 있다.[6] 정부가 제도적 다원주의를 수용하는 경우만 보면, NPO의 자율적 능력 정도에 따라 정부-NPO 관계는 다음과 같은 유형으로 나누어지게 된다. '용역형'(contracting)은 정부가 주도적 역할을 하되 실용주의에 입각하여 정부가 '용역국가'(contract state)로 전환, NPO들에게 공공서비스 제공을 위임하는 것이다. '제3자 정부형'(third-party government)은 용역형과 유사하게 정부는 자원을 공급하고 정책을 결정하는 대신에 NPO는 재화와 서비스의 생산을 조직화하는 분업체제이다. 그러나 용역형과는 달리 공공기금의 사용과 정책결정 및 법집행 과정에서 정부와 NPO가 상당한 수준의 자율권을 공유한다. '협력형' (cooperation)은 정부와 NPO가 구체적인 분야에서 정보공유, 자원공유, 공동행동에 있어 협력하는 것이며, NPO는 정부의 정책과 규율을 준수하고,

---

6) '억압형'(repression)은 정부가 일방적으로 NPO를 억압, 비합법화시키는 경우이며, '대항형' (rivalry)은 정부에 대한 비판이 존재하는 쌍방적 관계로 정부가 상황에 따라 법률이 규정하는 대로 NPO를 지원할 수 있다. '경쟁형'(competition)은 NPO가 정부정책의 비판세력으로 기능, 정치권력에 대한 견제와 경쟁이 뒤따르는 관계이다. 경제적으로도 해외지원금의 수혜자로 정부와 NPO가 경합하는 관계이다.

정부는 NPO에 대해 중립적인 입장을 취한다. 협력형은 다시, 정부가 할 수 없는 활동이나 행정력이 미치지 않는 지역에 대해 NPO가 정부 역할을 보충하여 정부와 NPO가 상호이해를 증진시켜 주는 유형인 '보충형'과, NPO가 정부의 주요 정책의 기획, 결정에 동등한 파트너로 참여해 제3섹터의 창의성과 현장감을 반영시키는 보다 공식화된 형태의 공동행동을 하는 '공조형'으로 구분된다(주성수 1999b, 32-40).

마츠시타(松下 1998, 92-98)는 자치체와 NPO의 관계를 활동영역에 따라 다음과 같이 구분한다. 즉, 불법체류 외국인 구원활동처럼 행정의 입장이 바꿔지기 어렵거나 소수자의 인권문제와 같이 사회적 합의가 불가능한 문제, 또는 원자력 개발과 같이 시민단체의 입장이 행정과 다른 경우 자치체와 NPO는 상호 독립적으로 관계없이 각자 서비스를 제공한다. 자치체와 NPO의 활동영역이 공통될 경우 이들은 '대체·하청,' '경쟁·경합,' '협력·협조'의 관계를 갖게 된다. 이러한 '대체·하청의 관계'는 NPO가 행정과 대등하게 활동하면서 자치체 사무를 위탁받는 것이다. 일본의 민법 34조에 의한 공익법인 중에는 주무관청의 업무를 일부 하청받기 위해 설립된 법인도 있다. 이 경우 자치체는 NPO를 지원, 관리감독하게 되므로 결과적으로 종속적이거나 상하관계로 변질될 우려가 있다. '경쟁·경합의 관계'는 활동영역이 같아도 NPO가 자치체와 관계없이 독립적으로 활동한다. 행정이나 기업과 별도의 서비스를 제공하거나 이들과 다른 시각에서 대안을 제시하여 행정과 경쟁하는 관계를 맺게 되는 것이다. '협력·협조의 관계'는 자치제와 NPO가 상호독립적으로 대등하게 협력하는 파트너십의 관계이다. 이 경우, NPO는 자치제 사무를 하청받는 것이 아니기 때문에 직접적 지원과 관리의 감독을 받지 않는다.

마츠시타(松下 1998, 99-103)는 일본에서 행정과 NPO의 파트너십이 강화되는 배경으로 분권과 행정개혁을 지목한다. '분권화의 시대'에는 다양화·개성화하는 시민의 수요를 충족시키기에 비효율·고비용의 중앙집권적 시스템보다 지역주민에 밀착되어 있는 자치체가 이러한 업무를 점차 담당하게 되는데, 자치체는 중앙정부와 달리 법률제정권이나 조세결정권이 없고 시민이나 기업을 권력에 의해 강제적으로 따라오게 할 권한이 충분히 없는 관계로 정책과정에 보다 협동적으로 된다는 것이다. 또한 고령화와 환경문제 등은 새로운 행정수요를 증대시키고 있으나 행정개혁으로 행정직원수를 늘릴 수 없는 상황에서 특히 버블경제 이후 세수의 대폭감소로 재정이 어려워진 자치체로서는 제3섹터에 행정처리를 의뢰할 수밖에 없으며, 환경·복지비용을 내부화하도록 압력을 받는 기업들도 재정이 어려워 비용절감을 위해 제3섹터에 이러한 서비스를 점차 요청한다는 것이다.

살라몬과 앤하이어(Salamon and Anheier 1996, 121-123)는 NPO가 단순한 대행자에서 진정한 파트너가 될 수 있는 모델로 다음 3가지를 발견한 바 있다. 첫째는 독일의 '조합주의' 모델로 6개의 독립적인 복지단체가 정부와 공식적 협의체를 구축해 정부로 하여금 주요 사회경제법을 제정할 시 협의하게 하는 것이다. 둘째는 미국의 '이익집단' 모델로 정부의 주요 정책에 NPO의 의견이 투입될 공식 채널이 없고 NPO들도 정책협의의 파트너로 효과적으로 참여할 만큼 대표적인 상부조직(umbrella group)이 없이 NPO가 독자적으로 사회서비스 제공자로 기능하는 경우이다. 셋째는 이 중간에 있는 형태로는 최근 영국 내무부(Home Office)의 스쿠루트니 보고서(Scrutiny Report)에서 나타나는 것이다. 이는 조합주의적 협의체는 없어도 미국식의 특수한 임의적 형태(ad hoc pattern)보다 NPO를 지원하는 정부가 이들의 활동 목표를 보다 명확하게 하도록 하는 것이다.[7]

---

7) 영국 정부는 내무부에 자원서비스 부서(National Voluntary Services Unit)를 만들고 정부가 자원센터 인프라 지원책들을 마련해 NPO를 진흥시키고 정부의 이니셔티브에 대응할 수 있도록 여건을 마련하도록 하고 있다. 살라몬과 앤하이어는 다음과 같이 이들 세 가지 모델의 장단점을 비교한다. 즉, 독일의 조합주의 방식은 실질적인 협의는 가능하지만, 기존의 중요한 자리를 차지한 NPO들에 참여가 제한되어 기존의 프로그램 구조를 좇아가는 보수적 입장으로 유도하는 약점이 있다. 미국형은 개방적이고 자유롭지만 일관성이 없고 사회문제에 대해 부분적 대응만을 가능케 한다. 영국식은 매력적인 요소들을 포함하고 있으나 효율적인 작동이 관건이 되게 된다. 이들은 NPO가 정부와 합리적 파트너십을 유지하려면 독립적인 재정을 확보하고, 재정의 투명성과 활동의 전문성이 요청된다고 말한다(Salamon and Anheier 1996, 123-128).

서구 나라들과의 비교연구에 의하면 일본의 NPO-정부관계는 진정한 파트너십보다는 NPO가 정부 일을 대행하는 대리인으로 보는 시각이 강하다.[8] 포섭적 국가나 관(官)의 우위사회 전통만이 아니라 상대적으로 정치화의 정도와 정치적 동원수준이 낮은 일본 시민사회의 특성을 고려할 때 동의할만한 명제이다. 그러나 주의할 점은 일본의 정부-NPO 관계는 상당한 이중성을 보이고 있다는 점이다. 즉, 일본 NPO 가운데는 특히 지방정부와 네트워크를 바탕으로 사회서비스 제공이라는 공공 기능을 대신하는 대리형이나 용역형 단체들이 상당히 있다는 사실이다. 동시에, 많은 풀뿌리 NPO들은 정부 지원과 규제체제의 외곽에 존재하면서 비록 제한된 활동이지만 독자적으로 사회서비스 제공에 기여하고 있다는 사실이다. 앞서 소개된 살라몬과 앤하이어의 정부-NPO 협력 모델을 적용하자면, 일본의 공식화된 NPO 부문은 독일보다 훨씬 분산화된 구조하에서 보다 낮은 정도의 자율성 수준으로 정부와 조합주의적 관계를 맺고 있는 한편, 풀뿌리 NPO들은 미국의 이익집단 모델에 가깝게 정부정책에 관심 없이 개미군단이 형태로 자유로운 활동을 전개하고 있는 것이다. 이러한 차이점은 나중에 살펴 볼 층화되어 있는 일본 NPO 부문에서 다시 논의될 것이다.

---

8) 한국과 일본의 NPO를 '정부주도형,' '반관반민형,' '참여경쟁형' 3가지로 분류하여 비교하고 있는 임승빈(2000)은 한국의 NPO-정부 관계가 정부주도에서 '참여경쟁형'으로 전환되고 있음에 비하여 일본의 경우는 일본 자치체의 민간위탁 사업이 순수 NPO가 아닌 자치체가 출자한 사회복지사업단, 문화진흥사업단, 역사관, 스포츠진흥관, 시개발공사 등의 외곽단체에 의해 주도되고 있기 때문에 여전히 정부주도형이 우세하다고 평가한다. 임승빈이 주장하는 또 하나의 근거는 '참여경쟁형' 관계를 추구하는 NPO법에 의거하여 사업을 시작하려는 NPO가 매우 제한적이기 때문이라는 것이다. 그러나 NPO법에 근거해 인정받게 되는 '특정비영리활동법인'과 정부의 관계는 정부가 바라는 사업영역에 NPO가 비교적 자율적으로 참여하되 정부의 재정적 지원을 받기 위해 NPO간에 경쟁을 하는 형태에 가깝다.

3. NPO-정부 협력관계의 정치경제

일본의 지방정부와 주민조직 및 자원단체는 시민단체보다 일찍부터 공공서비스 제공에 있어 협력해 왔다. 일본에서 시민운동의 효시는 1960년대 국가 전역 차원에서 전개되던 환경운동으로 반정부적 정치성이 강했다. 그러나 환경운동이 1970년대에 지역화되면서 일본의 시민운동은 지역차원의 생활운동과 지역활성화운동으로 선회하였다. 시민운동과 행정 간의 거리와는 대조적으로 "발런티어운동"은 처음부터 사회복지 서비스 제공을 위해 행정을 보조하는 역할에 치중하였다. 다나카(田中 1998, 96-97)는 행정과의 관계에 대한 이러한 입장 차이로 인하여 시민단체와 자원단체 간에 협력은 거의 없이 오히려 갈등관계에 있었으며, 시민운동이 생활지원활동으로 전환하면서 같은 시민운동으로 합류하는 "역사적 화해"를 했다고 말한다.

NPO-정부 관계를 변화시키는 중요한 행위자는 NPO보다는 일본의 정부이다. 일본 정부가 NPO에 보다 적극적으로 접근하고 협력관계를 맺으려는 데는 복지개혁과 행정개혁이 그 배경이 되고 있다.

(1) 복지개혁

재정압박에 처한 일본 정부가 성장둔화와 고령화사회를 예견하고 국가복지의 증대를 제한하려는 복지정책의 수정을 꾀한 때는 1973년부터이다. 일본 정부는 사회복지 서비스의 주요 제공자가 되기보다는 가족과 공동체에 기반을 두고 전통적 상호원조를 중심으로 "일본식 복지체제" 구축을 정립한 것이다. 이후 일본은 수익자가 부담하는 사회보험방식을 중심으로 국가복지와 기업복지를 효율적으로 분담하여 복지국가 파산에 따른 신자유주의적 복지개혁 압박을 서구 복지국가보다 상대적으로 덜 받을 수 있었다. 일본이 국가복지의 확장을 제한하여 왔음에도 불구하고 1990년대의 장기불황과 고령화사회의 심화는 복지재정 확대가 재정적자의 주요 원인으로 작용하게 만들어 왔다. 일본 정부는 1990년대 중반, "작은 정부"상에 어울리면서도 육아와 고령자 보호는 증대시키는 복지비전을 제시해 왔다. 이에 따라 1990년 대의 복지개혁은 연금이나 의료보험에 들어가는 복지재정의 증대를 제한하는 대신에 "엔젤플랜"과 "골드플랜"을 통해 어린이와 노령자를 주 타깃으로 하는 복지정책을 추진하고 있다(이숙종 2000). 1990년대 장기불황을 치유하기 위해 경기부양책을 수 차례 쓰면서 국가채무가 최근 140%로 늘어나는 등, 국가의 재정부담이 커졌음에도 일본 정부는 소자화(小子化)·고령화 사회에의 대응만큼은 적극적으로 하겠다는 자세이다.

후생성의 "국민생활기초조사"에 의하면 65세 이상 고령자가 있는 세대는 1998년 기준으로 1,480만 세대로 전체 세대의 3분의 1에 이른다. 더욱이 이들 고령자 세대는 고령자 부부만 사는 세대가 26.7%, 고령자 혼자 사는 세대가 18.4%로 고령자가 고령자를 개호하거나 개호를 받기 어려운 상황에 처해 있다. 이에 대해 일본 정부는 1997년 12월에 제정한 개호보험법에 근거하여 2000년 4월부터 개호보험 실시에 들어갔다. 40세 이상 성인의 보험료와 국고부담으로 약 절반씩 재정을 충당하는9) 이 방대한 보험제도에 따라 개호를 요하는 고령자는 1998년 기준으로 2백 수십만 명이며, 2025년에는 약 520만에 이를 것으로 추정되고 있다. 이들의 가사원조, 식사, 수발, 산보나 대화상대 등을 맡게 될 자원봉사자는 국민의 10%인 1,200만 명 정도와 재단법인이나 복지재단 등의 운영기관 5,000개 단체가 필요한 것으로 추정되고 있다(田中 1998, 23). 개호보험의 실시는 많은 자원봉사자와 사회복지단체와 복지재단 등 중간 비영리단체들에 의존하는 형식을 취하고 있어 정부와 NPO 관계를 파트너관계로 만드는 대표적 영역이 되고 있다.

일본 정부가 후원하는 NPO에 의한 공공서비스 제공은 국가가 제공하던 기존의 복지서비스 체제를 민영화로 대체하는 과정에서 일어난다고 보기보

---

9) 고령자 보험료 부담이 제도 실시 이후 정치적 쟁점이 되면서 자민당은 3년간 65세 이상 고령자의 보험료는 국고로 부담하기로 결정, 국고부담은 결국 58.5%로 늘어났다(국가 25%, 도도부현 12.5%, 시정촌 12.5%＋고령자 보험료 8.5%, 40~64세 청장년층 보험료 33%). 개호보험에 관해서는 이숙종(2000)을 참조할 것.

다는 새롭게 등장하는 공공서비스 제공의 파트너로 NPO와 협력하는 모습이라고 보는 것이 정확할 것이다. 복지행정의 민활을 통한 비용절감과 효율성 추구는 서구 복지국가들과 마찬가지로 일본 정부로 하여금 복지서비스를 기업이나 NPO에 대행시키는 인센티브가 되고 있는 것이다.[10]

(2) 행정개혁

일본 정부로 하여금 NPO와의 협력관계를 추구하게 만든 또 하나의 요인은 행정개혁과 분권화이다. 일본의 행정개혁은 1981~83년 제2차 임시행정조사회가 성립되면서 본격화되었다. 당시는 저성장 경제상황 속에 증세없는 재정재건을 목표로 하였으나 별 수확은 없었고, 나카소네 정권 시기의 1987년 제2차 임시행정개혁추진심의회를 중심으로 추진한 규제행정의 철폐, 경제구조 재조정, 공기업 민영화가 비교적 성공을 거둔 것으로 평가받고 있다. 나카소네 정권은 특히 복지삭감과 자치체에 복지비용 부담전가라는 형태로 지방행정 개혁정책을 추진하게 되었다. 1986년 '기관위임사무의 단체사무화법안'이 통과되어 아동복지, 신체장애자복지, 정신박약자복지 등의 다수의 기관위임사무가 자치단체 사무로 전환되게 되었고(김장권 1995, 169-171), 1990년 8개 복지관련 법이 개정되면서 복지행정의 권한은 지방정부로 대폭 이양되었다.

1990년대의 행정개혁은 1990년 제3차 임시행정개혁추진심의회 성립 이후 추진되어 온 것으로 "간소, 효율적, 투명한 정부의 구현"을 목표로 조직 내부개혁, 행정의 효율성 강조, 행정서비스의 주민만족 등에 초점을 두고 있다. 특히 정부조직 개편은 1998년 국회를 통과한 '중앙성청등개혁기본법'에 따라 1부 12성청 체제로 개편과 행정조직의 감량·효율화를 골자로 하고 있다. 기본법에

---

10) 그러나 비용절감이 얼마나 확보되고 있는지에 대한 문제제기도 있다. 후지무라(藤村 1999, 228-229)에 의하면, 복지서비스의 제공이 경쟁방식을 통한 민간입찰보다는 관련 NPO로 계약 이전되는 행정편의적 형식을 주로 취해 효율성 확보가 의문시되고 있다는 것이다.

따른 감량안은 구체적으로 2000년부터 10년간 국가공무원의 총 수를 10% 줄이는 것이었다. 그러나 오부치 내각이 공공기관 민영화안이 저조하다는 비판이 있자, 1999년에 국가공무원 감축률을 25%로 늘려 잡게 되었다(임승빈 2000).

　행정개혁의 한 축으로 추진되어 온 것은 지방분권화 개혁이다. 지방분권화는 중앙정부에 집중되어 있는 권력의 분산이라는 민주주의 목적도 있으나 일본 정부가 이를 추진하게 된 직접적 계기는 저성장 경제 속에 지방재정의 악화에 있다. 국가 세입에서 점하는 지방세의 비중은 30% 정도이나 세출에서 점하는 지방의 비중은 70% 정도로 지방의 공공사업은 중앙정부의 보조금에 의존하지 않을 수 없는 재정구조문제를 안고 있었다. 이에 따라 제2차 행혁심은 국가와 지방 간의 관계에 대해 시정촌의 합병, 도도부현의 재편, 광역연합 제도, 도주제의 실현 등을 제시하면서 지방분권에 관한 입법화를 추진해 왔다. 입법화를 전담하기 위해 1995년에 5년 기한으로 '지방분권추진위원회'가 발족되고 이의 권고에 근거하여 1999년 7월에 오부치 내각은 '지방분권의 추진을 위한 관계법률의 정비 등에 관한 법률안'을 성립시켰다. 7개항으로 구성된 항목 가운데 중요한 점은 이제까지 도도부현 지사나 서정촌장을 국가의 기관으로 구성하여 국가의 사무를 처리하도록 해온 기관위임사무제도를 폐지하고 관련법들의 개정을 통해 지방공공단체가 처리하는 사무를 '자치사무'와 '법정수탁사무'로 나누어 대폭 이양한 것이다.11) 특히 교육과 사회복지, 경제활동에 관한 지방자치체의 자율성이 강화되었다(이면우 2000).

　이상의 행정개혁에 가장 영향을 받은 정책은 복지정책이다. 사회자원의 재분배에 다름 아닌 복지정책에 있어 지방분권화 개혁은 NPO와 지방정부 간의 관계를 협력관계로 몰아가고 있는 중요한 요인으로 작용하고 있다. 특히, 공무원 수의 축소 속에 지역의 공공서비스를 지방자치체가 주로 담당하게 됨으로써 지방정부는 지역의 공공서비스 제공을 위해 민간부문을 적극 활용할 수밖에 없게 된 것이다.12) 이러한 점에서 나중에 살펴 볼 NPO법도

---

11) 자치사무는 도시계획의 결정이나 토지개량구의 설립허가 등에 관한 것이 대표적이며, 법정수탁업무는 국정선거, 여권교부, 국도의 관리 등이 대표적이다.

시민단체 활성화보다는 복지행정의 개혁 일환으로 보는 시각도 있다.

1985년에서 1995년 사이의 사회보장관계 재원구성을 보면 실제로 지방정부의 부담은 점차로 늘어난 것으로 나타난다. 동 10년간 국고 즉 중앙정부의 부담은 1985년 27.4%에서 1990년 22.8%, 1995년 22.2%로 줄어든 반면에 지방정부의 부담은 1985년과 1990년 모두 7.9%였다가 1995년에는 9.4%, 1997년에는 9.5%로 늘어났다. 한편, 중앙정부와 지방정부 부담을 합친 국가부담이 1985년 35.3%에서 1990년 30.7%, 1995년 32%, 1997년 31.7%로 감소추세에 있는 반면에 복지수혜자가 부담하는 보험료는 각년도에 51.0%에서 53.7%, 54.7%, 55.4%로 증가추세에 있다. 즉, 일본의 사회보장관계 총 비용에 있어 국가부담이 줄어들고 보험료 수입이 늘어나는 가운데 국가부담의 경우, 아직도 중앙정부 부담이 지방정부 부담보다 두 배 넘게 많지만 점차로 지방정부 부담이 증대하고 있는 양상이다. 이는 복지개혁과 행정개혁에 따라 국가부담의 제한과 복지서비스의 제공자로서 지방정부의 부상이라는 앞의 논의와 일치하는 방향이라 하겠다.

<표 1> 일본의 사회보장관계 총 비용 결산 (단위 : 억 엔)

	1985년	1990년	1995년	1997년
사회보장관련 실수입	505,969 (100%)	686,026 (100%)	887,648 (100%)	930,663 (100%)
국고부담	138,677 (27.4)	156,528 (22.8)	200,322 (22.6)	206,688 (22.2)
지방부담	39,742 (7.9)	54,009 (7.9)	83,598 (9.4)	87,959 (9.5)
보험료	257,972 (51.0)	375,322 (53.7)	485,629 (54.7)	515,189 (55.4)
기타	69,578 (13.8)	100,167 (14.6)	118,098 (13.3)	120,831 (13.0)
사회보장 및 관련제도 실 지출	405,548	538,714	750,401	787,377
실 수입과 실 지출의 차	100,421	144,008	137,247	143,286

자료 : 『日本統計』, 2001년, p. 266에서 계산.

---

12) 일본의 NPO들이 중앙정부가 아닌 주로 지방정부와 협력관계에 있음을 상기해야 한다. 예를 들어 가와사키와 같은 혁신자치체는 지역의료, 환경, 사회교육, 외국인문제 등이 1980년대 들어 대거 등장하게 되자 주민조직과 시민단체들을, 의견수렴과 정책실행을 위해 시 정부의 코뮤니티시책으로 끌어들이기 시작하였다(이숙종 1994).

III. 일본의 NPO 부문

1. 광의의 NPO 부문 국가간 비교

일본의 NPO 부문에 대해 비교론적 조망이 가능하게 하는 연구로는 1990년 자료를 원용한 존스 홉킨스대학의 NPO부문 비교 프로젝트(Johns Hopkins Comparative Nonprofit Sector Project)가 유익하다. 이 연구는 나라마다 달리 규정되어 있는 NPO 관련 통계들에 대해 체계적 분류 방식을 만들어 각국의 정부통계와 더불어 서베이 자료도 활용하여 비교하고 있다. 이 조사에 나타난 비교대상 국가들의 NPO 규모는 다음 〈표 2〉와 같다.

〈표 2〉 주요 국가의 NPO 규모

	미국	일본	독일	영국	프랑스	이태리	헝가리
비영리부문 고용 전체 고용의 %	6.9%	2.5%	3.7%	4.0%	4.2%	1.8%	0.8%
서비스고용의 %	15.4%	8.6%	10.4%	9.7%	10.0%	5.5%	3.2%
절대 고용인 수	710만 명	140만 명	100만 명	90만 명	80만 명	40만 명	3만 명
비영리부문 지출 GDP 대비 %	6.3%	3.2%	3.6%	4.8%	3.3%	2.0%	1.2%
총지출액 (90년도)	$3,464억	$941.1억	$539억	$470억	$399억	$218억	$4억

자료 : Johns Hopkins Comparative Nonprofit Sector Project; Salamon and Anheier (1996), 〈그림 3.1〉~〈그림 3.5〉로부터 재구성.

위의 표에서 볼 수 있듯이 미국이 가장 NPO 부문이 발전한 나라이며, 독일, 프랑스, 영국 등 주요 유럽 복지국가에 비하여 일본의 NPO 부문이 별로 뒤쳐져 있지 않음을 알 수 있다. 일본의 NPO 부문 고용자 수는 전체 고용의 2.5%에 불과하여 헝가리와 이태리와 함께 상대적 비중이 가장 낮은 편이나 절대 고용인 수를 보면 140만 명으로 미국의 710만 명 다음으로 많으며, 서비스고용에 대한 비중으로 보면 독일, 프랑스, 영국에 크게 뒤지지 않는다. NPO 부문 지출액을 보아도 일본의 GDP 대비 지출액은 유럽 3개국에 근접해 있으며, 절대 지출액은 미국 다음으로 많음을 알 수 있다.

NPO의 활동영역과 정부지원을 보면 나라별 차이는 보다 뚜렷하게 나타난다. 먼저 각국 NPO들의 활동을 보면, 지출비중상 일본과 영국은 교육·연구 분야, 미국과 독일은 건강 분야, 프랑스와 이태리는 사회서비스 분야, 헝가리는 문화여가 분야임을 알 수 있다. 일본의 경우, 교육연구 분야가 가장 활발한 것은 사립학교가 일찍이 발달한 전통에 따른 것인데, 대학생의 77%가 사립대에서 교육받는 등 학교법인을 통해 일본 NPO들은 교육서비스 제공자로서 중요한 역할을 하고 있다. 다음으로 비중이 큰 건강 서비스는 후생성의 감독을 받는 7,000여 개의 의료법인들이 맡고 있으며, 사회 서비스는 자치체 복지사업의 용역을 담당하는 12,000여 개의 사회복지법인에 의해 행해지고 있다.

<표 3> 주요 국가의 NPO 지출 내역

지출영역	평균	일본	영국	미국	독일	프랑스	이태리	헝가리
교육·연구	24%	**40%**	**42%**	23%	12%	25%	22%	4%
건강	21%	28%	4%	**53%**	**35%**	15%	16%	-
사회 서비스	20%	14%	12%	10%	23%	**29%**	**24%**	25%
문화·여가	16%	1%	21%	3%	7%	18%	9%	**56%**
비즈니스·전문	9%	11%	7%	5%	5%	3%	23%	9%
기타	10%	6%	14%	6%	18%	10%	6%	6%

자료 : Johns Hopkins Comparative Nonprofit Sector Project; Salamon and Anheir (1996), p. 51 <그림 4.2>에서 재구성.

다음으로 NPO 재정을 보면, 이들 7개국 NPO의 수입 가운데 개인이나 재단, 기업으로부터의 자선적 기부는 불과 10%를 점하고 있는 반면에 47%가 자체 사업수입으로 충당되고, 43%가 정부나 여타 공공부문 조직으로부터 지원을 받고 있다. 나라별 차이를 보면, 특히 일본(60%), 헝가리(57%), 이태리(53%), 미국(52%)에서 사업수입 비중이 큰 편이다. 정부와 공공조직

지원이 차지하는 비중은 독일(68%)과 프랑스(60%)에서 높으며, 일본(38%)의 경우는 평균치보다 다소 작은 편이다. 미국은 자선적 기부금의 비중이 평균치의 2배가 되는데, 재단(2.0%)이나 기업(1.8%)보다 개인(13.9%)이 대부분을 차지하고 있다. 미국인들은 개인소득의 1.9%를 비종교비영리단체에 기부하고 있어 독일인(0.31%)이나 프랑스인(0.15%)보다 각각 6배와 13배 가량을 더 기부하고 있는 셈이다.

<표 4> 주요 국가 NPO의 수입 내역

	평균	일본	헝가리	이태리	미국	영국	프랑스	독일
사업수입·회비	47%	60%	57%	53%	52%	48%	34%	28%
정부 등 지원	43%	38%	23%	43%	30%	20%	60%	68%
자선적 기부금	10%	1%	20%	4%	19%	12%	7%	4%

자료 : Johns Hopkins Comparative Nonprofit Sector Project; Salamon and Anheier (1996), p. 66 그림 <5.2>에서 재구성.

정부와 공공부문 조직의 재정지원 비중은 활동분야별로 다시 차이를 보인다. 평균적으로 보건(59%)과 사회서비스(51%), 시민제안(49%) 3분야에서는 정부 등 공공부문 지원이 NPO 자체 수입보다 큰 분야이다. 특히 일본의 경우는 정부 등 공공부문 지원이 교육과 문화의 경우 7개국 평균치인 42%와 22%보다 훨씬 낮은 11%와 13%를 받고 있다. 이는 대표적으로 사립대학 재정의 90%가 학생들의 등록금으로 충원되고 있기 때문이다. 대신 보건은 평균치인 59%보다 훨씬 많은 96%를, 사회 서비스는 평균치인 51%보다 높은 65%를 받고 있다(Salamon and Anheier 1996, 74-75). 정부 등 공공부문 재정 비중이 큰 NPO 활동영역은 정부가 재정을 지원하고 NPO가 공공서비스 제공의 주체가 되는 분업관계가 발달한 곳으로 일본은 보건과 사회서비스 분야에 이러한 추세가 잘 나타나고 있는 것이다.

이상의 존스 홉킨스 대학 프로젝트가 국가간 NPO 부문 비교에 유익한 것은 틀림없으나 학교나 병원 등을 포함하는 광의의 NPO 부문이어서 좁은 의미의 시민단체로서 NPO를 비교하기에는 부적절하다. 더욱이 일본의 법인과 시민단체에 대한 자료가 체계적으로 수집되기 시작한 것은 동 프로젝트가 이용하고 있는 자료수집기보다 늦은 1990년대 후반에 들어서이다. 따라서 다음 파트에서는 좁은 의미의 시민단체로서 일본 NPO 부문을 공식부문인 법인과 비공식부문인 풀뿌리 NPO로 나누어 별도로 수집된 자료를 토대로 분석해 보기로 한다.

2. 일본의 협의의 NPO 부문

일본의 공식적 NPO 부문은 법적 인정과 규제를 받는 민간비영리법인으로 대표되며, 비공식 부문은 법적 체제 밖에 존재하는 풀뿌리 단체들을 지칭한다. 민간비영리법인의 설립은 다시 민법과 기타 특별법으로 인정받는 체제로 구분된다. 민법 34조는 사단법인이나 재단법인으로 구성되는 '공익법인'을 규정하는 것으로 공익법인의 설립을 ① 공익에 관한 사업을 하며, ② 영리를 목적으로 하지 않고, ③ 주무관청의 허가를 얻는다는 세 가지 조항으로 정하고 있다. 또한 사회복지사업법, 사립학교법, 종교법인법, 의료법 등과 같은 특별법에 따라 사회복지법인, 학교법인, 종교법인, 의료법인 등이 인가된다.

공익법인(1997년 조사 기준, 26,089개) 이외에도 의료법인(1994년도 후생성의 의료시설조사 기준, 24,000개), 사회복지법인(후생성의 1995년도 사회복지시설 등 조사보고서 기준, 19,100개), 학교법인(문부성의 1996년도 학교기본조사보고서 기준, 11,700개), 종교법인(1994년도 종교연감 기준, 231,000개), 특수법인(1996년 특수법인총람 기준, 92개) 등을 모두 합치면 비영리법인 수는 약 31만 1천여 개에 이르게 된다.[13] 특별법에 따른 법인들

---

13) 林知己夫·入山映(1997), 田中尚輝(1998, 53)의 표에서 계산. 미국의 경우, 민간비영리단체 수가 1995년 현재 연방세무국(IRS)에 등록된 기준으로 116만 개, 내국세입법 제501(c)(3)로 기부금 공제 자격을 인정받는 단체 기준으로는 62만 6,000여 개 단체가 있다고 한다.

의 대개는 의료사업이나 교육사업 등의 사실상 영리추구 행위에 종사하는 단체이거나 종교적 신념에 기초한 단체이므로 순수 시민활동을 지향한다고 보기 어렵다. 따라서 민간비영리법인 가운데 공익성과 비영리성에 가까운 것은 순수 NPO는 공익법인에 제한할 수 있겠다. 물론 공익법인의 경우도 유료·유상의 대가성을 포함하는 수익사업을 벌이는 경우가 종종 있으나 이러한 활동이 병원이나 학교 등과 마찬가지로 재정의 대부분을 차지하는 것은 아니다. 다음 파트에서는 학교, 종교단체, 병원 등 특별법에 근거한 법인들을 제외한 협의의 NPO 부문을 차례로 살펴보기로 한다. 협의의 NPO 부문은 공식화된 공익법인, 법체제 밖에 있는 풀뿌리 시민단체, NPO법을 통해 최근 법인화된 특정비영리활동법인 3층으로 나누어 살펴볼 것이다.

(1) 공익법인

『공익법인백서(公益法人白書)』는 1997년도부터 총리부에 의해 출판되었는데 1999년도 판 백서에 따르면, 1998년 10월 현재 일본의 공익법인은 26,380단체로 사단법인이 12,827개, 재단법인이 13,553개로 알려지고 있다. 이는 10년 전인 1989년에 비하여 15.3%가 증가한 수치다. 공익법인은 법에 의해 주무관청의 허가를 받게 되어 있는데 소관별로는 중앙정부 소관이 6,869개(사단법인 3,691개와 재단법인 3,178개)로 도도부현(都道府懸) 소관 즉 지방정부 소관인 19,606개(사단법인 9,196개와 재단법인 10,410개)의 약 3분의 1에 불과하다. 공익법인의 약 70%은 1960년대 중반 이후, 약 50%는 1970년대 중반 이후, 약 30%는 1980년대 중반 이후 설립된 것으로 조사된다.

설립목적을 소분류체계로 볼 때는 보건·위생·의료(의사회나 약제사회 등 14.4%)가 가장 많으며, 다음으로 교육(학교, 미술관, 도서관 등 11.1%), 농림수산(8.6%), 직업·노동(7.9%), 통상·산업(7.5%), 문화예술(7.4%) 등의 순이다. 대분류로 볼 때는 생활일반이 52.6%로 가장 많고, 교육학술이 39.7%, 산업이 28.0%, 정치행정이 11.7%를 차지하고 있다.

<표 5> 설립목적별 공익법인의 분포 (%)

생활인반 소계	52.6	교육·학술 소계	39.7	정치·행정 소계	11.7	산업 소계	28.0
가정생활	0.7	교육	11.1	정치/행정	1.0	금융/보험	0.9
보건/위생/의료	14.4	육영/장학	5.5	재정/경제	3.0	농림수산	8.6
교육/레크리에이션	6.6	학술/연구	6.9	종합계획	0.4	통상산업	7.5
보육	0.9	문화/예술	7.4	지방행정	3.2	운수/교통	2.4
복지/원호	7.3	보도/출판	1.2	자연/환경	1.8	건설	3.5
직업/노동	7.9	종교관계	0.9	국제관계	1.3	통신	0.8
복지/공제	4.5	국제교류	3.9	기타	1.0	정보	2.4
거주/환경	4.3	기타	2.8			기타	1.8
안전	3.5						
기타	2.5						

주: 설립목적을 2개 이내로 답하게 되어 있어 백분율의 합이 100%를 초과한다.
자료: 總理府 編, 『平成 11年版 公益法人白書』, p. 80.

이들 공익법인의 자산규모는 125조 693억 엔(부채액 107조 6,569억 엔과 순자산액 17조 4,125억 엔)이다. 1997년 결산기준을 보면 공익법인들의 총 수입은 20조 7,227억 엔이며, 총 지출은 21조 4,772억 엔으로 당해년도 국내총생산의 4.1%, 일반정부총지출의 11.5%에 해당한다(總理府 1999, 51-52). 공익법인에 관련된 인적 규모를 보면, 이사가 약 42만 6천 명, 감사가 5만 8천 명, 평의원이 30만 2천 명, 직원이 54만 명으로 보고되었다. 직원 수는 전 산업종사자 수의 0.9%에 해당하는 수치다. 사단법인의 경우 회비를 내면서 법인의 활동을 지원하는 회원은 곧 사단법인의 민법상의 사원이 되기도 하는데, 이 가운데 단체회원을 뺀 개인회원의 규모는 1,462만 명이다. 재단법인의 경우 회원제를 두기도 하는데 사단법인이든 재단법인이든 기부 행위를 하는 찬조회원의 규모는 3,275만 명에 이르는 것으로 추정되고 있다. 공익법인의 평균치를 계산해 보면, 1997년 결산기준으로 년간 수입액이 7억 8,555만 엔, 년간 지출액이 7억 7,624만 엔, 자산액 47억 4,107만 엔, 이사 16.1명, 감사 2.2명, 평의원 11.5명, 직원 20.5명, 사단법인의 회원은 1,362명, 찬조회원은 1,242명인 것으로 조사된다(總理府 1999, 54-55).

NPO와 정부와의 관계에 있어 중요한 것은 재정요인이다. <표 6>에 의하면, 공익법인의 연 수입에 있어 63.8%가 사업수입, 18.9%가 기타 수입, 즉

82.7%가 자체 수입에 의한 것이다. 다음으로는 기부금이나 보조금 등의 수입이 총 수입의 9.7%를 차지하고 있으며 회비 수입은 5.1%에 불과하다. 특기할 사항은 지방정부 소관 공익법인들이 중앙정부 소관 공익법인보다 회비 수입이 상대적으로 적고 기부금·보조금 수입이 상대적으로 크다는 점이다.

〈표 7〉에서 볼 수 있듯이, 정부로부터 받는 보조금이나 위탁비는 1997년 1.3조 엔으로 공익법인 총 수입 약 21조 엔의 6.4%를 차지하고 있다. 전체 공익법인의 3분의 1에 해당하는 8,900여 개의 공익법인이 중앙 또는 지방 정부로부터 보조금이나 위탁비를 받고 있으며, 특히 지방정부를 통한 공익법인 지원은 금액면에서는 2배 가량 되지만 지원을 받은 법인 수에 있어서는 거의 8배에 달하고 있다.

<표 6> 공익법인의 연간 수입 구성 (백만 엔)

	회비	자산운용 수입	기부·보조금 등 수입	사업수입	기타 수입	합계
중앙정부 소관 사단법인	415,955 (13.3%)	56,008 (1.8%)	275,237 (8.8%)	1,912,845 (61.2%)	464,549 (14.9%)	3,124,593 (100%)
중앙정부 소관 재단법인	243,008 (3.1%)	247,313 (3.1%)	742,664 (9.4%)	5,159,062 (65.3%)	1,511,599 (19.1%)	7,903,646 (100%)
지방정부 소관 사단법인	252,065 (7.9%)	33,698 (1.1%)	226,303 (7.1%)	2,244,331 (70.3%)	435,668 (13.6%)	3,192,065 (100%)
지방정부 소관 재단법인	141,993 (2.1%)	179,739 (2.7%)	774,042 (11.7%)	4,020,647 (60.7%)	1,506,369 (22.7%)	6,622,790 (100%)
합계	1,051,756 (5.1%)	516,324 (2.5%)	2,011,516 (9.7%)	13,231,093 (63.8%)	3,912,056 (18.9%)	20,722,746 (100%)

자료 : 앞의 자료, p. 115.

<표 7> 공익법인에 대한 정부 지원 (1997년 결산기준, 백만 엔)

	중앙정부 소관	지방정부 소관	합계
보조금	267,753 (434)	374,475 (4,708)	642,228 (5,142)
위탁비	143,033 (608)	537,925 (3,163)	680,958 (3,771)
합계	410,786 (1,042)	912,400 (7,871)	1,323,186 (8,913)

주 : 괄호 안의 수치는 정부지원을 받은 공익법인의 숫자이다.
자료 : 總理府 編, 『平成 11年版 公益法人白書』, p. 154, p. 156.

⑵ 풀뿌리 시민단체

공익법인을 제외한 시민단체들에 관한 가장 공신력있는 자료로는 경제기획청의 "시민활동단체기본조사"가 있다. 이 조사는 경제기획청이 지방자치단체들에 의뢰하여 수집한 것으로 그 수는 8만 5,786단체에 이른다. 경제기획청 자료는 애당초 공익법인을 제외한 시민단체를 조사했는데, 유한회사, 주식회사, 협동조합, 기업조합 등의 형태로 법인화된 NPO가 조사대상의 3.6%로 나타났다. 이들 법인화된 풀뿌리 시민단체들 외에 사무소나 유급 상근직원을 갖추고 있는 준 법인형의 시민단체는 8%, 활동목표가 명확하고 정기적 활동을 하며 회칙을 갖추고 있는 시민단체는 52%, 이상의 조직적 구성요인들을 갖추지 못한 써클형 시민단체는 33%로 나타났다. 즉, 거의 90%의 풀뿌리 시민단체는 사무소나 상근직원이 없는 일종의 '개미군단'이라고 말할 수 있겠다.

경제기획청은 이들 행정조사에 잡힌 풀뿌리 시민단체 가운데 1만 개 단체를 무작위 선정하여 우편 앙케이트 조사를 실시해『시민활동 리포트 : 시민활동단체기본조사보고서』를 1997년 3월에 냈다. 이 보고서에 따른 시민단체의 주요 활동분야는 다음 〈표 8〉과 같다. 시민단체가 가장 주력하고 있는 분야는 사회복지(37.4%)로서 고령자복지(19.1%)와 장애자복지(12.7%)가 주된 활동이다. 다음으로 중요한 분야는 지역사회(16.9%), 교육문화스포츠(16.8%), 환경 보전(10.0%)으로 나타나고 있다.

일본의 시민단체가 고령자나 장애자 복지에 주력하고 있는 배경에는 일본 정부의 대책이 보호시설에서 재택개호로 선회하는 방향과 유관하다. 정부는 정부대로 시설개호의 비용증가로 재정압박을 받는 데다가 취약계층을 지원하는 방식이 이들로 하여금 가정이나 지역에서 보통생활을 향유토록 한다는 "노말라이제이션" 이념으로 전환되게 됨에 따라 재택개호가 정책적으로 선호되게 되었다. 특히 개호보험이 실시되면서 재택개호를 위한 시민단체의 참여는 더욱 증가할 전망이다.

〈표 8〉 일본 풀뿌리 NPO의 주요 활동 분야

중분류	소분류	
사회복지 37.4%	고령자복지	19.1%
	장애자복지	12.7%
	아동·모자복지	2.8%
	기타 사회복지	2.7%
지역사회 16.9%	마을 만들기	11.4%
	재해방지, 화재시 구조	2.1%
	교통안전	1.6%
	범죄방지	0.9%
	관광진흥	0.9%
교육·문화·스포츠 16.8%	예술·문화 진흥	6.8%
	청소년 육성	5.3%
	교육·생애학습 지도	2.2%
	스포츠	2.1%
	학술연구 진흥	0.3%
환경 보전 10.0%	자연환경보호	7.0%
	리싸이클	2.3%
	공해방지	0.7%
보건의료 4.7%	건강	3.7%
	의료	1.0%
국제교류·협력 4.6%	국제교류	3.7%
	국제협력	0.9%
기타 5.7%	여성	1.6%
	소비자문제	1.4%
	인권	0.7%
	시민활동지원	0.5%
	평화 추진	0.2%
	기타	1.3%

자료 : 經濟企劃廳, 『市民活動レポート : 市民活動團體基本調査報告書』, 1997.

  활동개시 시기별로는 1990년대 들어와 활동을 시작한 단체가 25.5%에 달한다. 1980년대에 활동을 시작한 단체는 31%(1981~1985년 12.9%, 1986~1990년 18.1%)를 차지했다. 따라서, 43.6%의 단체가 최근 10여 년 내에, 56.5%의 단체가 최근 15여 년 내에 활동을 시작한 셈이다. 국제교류협력 단체는 1980년대 후반 이후 활동을 시작한 단체가 58.7%에 달해 가장 새로운 분야인 반면에 보건의료 단체들의 경우는 31.7%만이 동 시기에 활동을 시작해 평균적으로 가장 오래된 활동분야였다. 시민단체가 가장 많이 활동하는 사회복지활동은 국제교류협력 다음으로 새로운 활동영역으로서 사회복지계 단체들의 52%가 1986~1996년 사이에 활동을 개시한 것으로 드러난다(1991~1996년에 활동을 시작한 단체가 30.9%, 1986~1990년 사이에 활동을 시작한 단체가 21.1%).

이들 시민단체의 대부분은 동일 구시정촌(區市町村) 구역 내에서 주요 활동을 하고 있다. 조사된 시민단체의 67.6%가 구역 내 하나의 구시정촌 내에서 활동하고 있고 복수의 구역단위 구시정촌에서 활동하고 있는 단체는 15.5%였다. 즉, 80% 이상이 시나 도내의 지역을 기반으로 하고 있는 셈이며 국내전역 단체는 1.5%, 해외 활동 단체는 0.3%, 국내전역과 해외 모두에서 활동하는 단체는 2.6%에 불과하였다.

개인회원의 측면에서 보면, 회원이 20인 미만인 단체가 19.7%, 20~50인 미만이 24.6%, 50~100인 미만이 15.8%, 100~200인 미만이 10.0%, 200인 이상이 20.4% (무응답 9.5%를 합쳐 N=2,796)였다. 100인을 기준으로 삼는다면 민간비영리단체의 60.1%가 이에 해당, 영세한 규모를 알 수 있게 한다.

재정규모별로는 소규모 민간비영리단체가 압도적으로 많아, 무응답한 단체를 제외했을 때 연간 지출이 10만 엔 미만인 단체가 34.5%, 100만 엔 미만인 단체가 77.6%로 영세했다. 1,000만 엔을 넘는 단체는 4.2%에 불과하였다. 특히 사회복지계 단체는 연간지출이 10만 엔 미만인 단체가 50.4%, 100만 엔 미만인 단체가 97.4%로 가장 규모가 작은 편이어 주목된다.

〈표 9〉의 풀뿌리 시민단체의 수입구조를 보면, 조사된 민간비영리단체들은 평균적으로 수입의 30% 가량을 각각 회비와 정부 보조금 및 위탁업무로부터 충당하고 있음을 알 수 있다. 이에 비교하여 사업수입은 7.7%에 불과하다. 사업과 위탁업무를 업무수익으로 치자면 12.5%만을 시민단체활동의 업무로부터 충당하는 불건전한 구조라 하겠다. 서구 단체들의 재정에서 상대적으로 높은 비중을 차지하는 기부금의 경우 4.8% 정도로 미미한 편이다.

이 같은 수입구조는 앞서 본 공익법인과 매우 대조적이다. 공익법인의 경우 총 수입의 60%와 20%를 각각 사업수입과 기타수입으로 충당하여 자체 수입이 80%에 달했다. 반면에 회비와 기부금·보조금은 각각 5%와 10% 가량을 차지하고 있었다. 따라서 풀뿌리 시민단체 수입구조는 공익법인보다 극히 사업수입 비중이 낮고 회비 비중이 높은 것을 알 수 있다. 또 한 가지 주목할 사항은 정부보조금과 정부위탁업무 합계는 풀뿌리 시민단체의 수입 내역의 30%에 이르는 반면에 공익법인의 총 수입에서 차지하는 보조금과 위탁비의 비중은 6.4%에 불과하다는 점이다. 상식적 가정에 의하면 수입구조에 있어 정부지원 비중은 공식화된 공익법인의 경우가 풀뿌리 시민단체보다 클 것으로 생각되었으나 자료상으로는 반대로 나타나고 있는 것이다. 조성금도 포함시키게 되면 풀뿌리 시민단체 수입구조에서 차지하는 공공지원 비중은 더 늘어난다. 특히, 지역사회계 풀뿌리 시민단체의 경우 행정당국으로부터의 보조금이 32.4%나 되며, 사회복지계 시민단체는 조성금의 비율이 상대적으로 높은 특징을 보인다. 정부의 재정지원의 상대적 비중을 정확히 이해하려면 공익법인의 분류기준인 '위탁비'와 풀뿌리 시민단체의 분류기준인 '정부위탁업무'가 동일한 것인지 확인할 필요가 있다.

<표 9> 풀뿌리 NPO의 활동분야별 수입내역 분포

	회비	사업수입	정부 위탁 업무	정부 보조금	조성금	기부금	기타
사회복지	27.7	6.1	4.5	25.4	12.2	4.4	16.4
교육·문화·스포츠	43.4	9.0	4.3	19.7	4.0	4.4	14.3
국제교류·협력	41.7	7.9	5.1	16.2	3.9	7.9	16.8
지역사회	27.7	8.2	4.6	32.4	8.1	5.3	12.7
환경 보전	32.1	10.6	5.5	26.4	5.1	4.9	14.7
의료보건	38.4	6.0	6.7	22.9	4.4	5.9	13.1
기타	36.5	8.1	6.2	21.0	3.7	3.1	19.9
전체 평균	32.9	7.7	4.8	24.8	7.9	4.8	15.1

주: 기타 항목은 기본재산운용이익, 회원 이외의 특정 멤버의 개인부담, 차입금, 작년도부터의 조성금, 기타 등으로 구성되어 있음.
자료: 經濟企劃廳, 『市民活動レポート: 市民活動團體基本調査報告書』, 1997.

또한 이상의 수치들은 평균치이므로 전체상을 이해하는 데에 신중함을 요구한다. 예를 들어, 경제기획청이 먼저 실시한 8만 6천여 단체를 대상으로 한 기본조사에서 수입이 있다는 단체는 전체의 20.9%에 불과했다. 반면에, 사업수입이 총 수입의 50%를 넘는 시민단체도 5.9% 정도 있어 풀뿌리 시민단체들의 사업수입 비중에 상당한 차이가 있는 것으로 보인다. 행정당국으로부터 업무를 수탁받고 있는 단체는 전체의 11.4%로 90% 가량의 단체는 자치체 행정업무와 무관한 것으로 드러난다. 반면에 업무수탁사업 수입이 총 수입의 절반을 넘는 단체가 3.7%가 있어, 특정 시민단체가 선택적으로 행정업무를 맡고 있는 것으로 이해된다. 사업수입이든 행정당국의 수탁업무이든 수입사업이 있는 단체는 28.4%이며, 61.6%는 어떤 수입도 없는 것으로 드러나 이들 수입이 총 수입에서 평균적으로 차지하는 12.5%의 의미를 무색하게 하고 있다.[14]

(3) 특정비영리활동법인

특정비영리활동법인은 풀뿌리 NPO로 있다가 최근 '특정비영리활동촉진법'(이하 NPO법)을 통해 법인화된 시민단체들이다. NPO법은 1995년 1월 한신·아와지(阪神·淡路) 대지진을 계기로 재해관리에 있어 행정당국의 취약성이 노정된 반면에 효율적 자원활동을 통한 시민파워가 입증됨에 따라 공익적 시민활동을 제도화시키려는 취지로 3년간의 논의 끝에 1998년 3월에 제정된 법이다. 정부는 법인의 설립기준이 까다롭고 주무관청의 허가를

---

14) 수익활동이 있는 경우 급식이나 개호 등의 서비스(20.4%), 연수회나 강습회 수강료(18.6%), 관련 상품 판매(17.5%), 행사나 심포지움 입장료(16.8%), 홍보상품 판매(8.6%), 조사나 연구 수탁료(7.9%), 책·잡지·보고서 판매(6.4%), 연수여행 등의 요금(4.3%), 정보제공이나 상담활동 요금(3.8%), 기타(11.6%) 등으로부터 수익이 제공되었다. 사회복지계 단체들의 경우 급식이나 개호 서비스 수입비중이 33.9%로, 교육·문화·스포츠계 단체들은 입장료 수입비중이 33%로, 지역사회계나 환경보전계 단체들은 관련 상품 판매 수입비중이 각각 1.3%와 26.4%로 전체 평균보다 높았다.

받아야 하는 등 종래의 공익법인제도 대신에 NPO법을 만들어 비영리·공익 활동 단체들의 법인화를 돕고 법인화된 시민단체에 한해 재정지원을 한다는 것이다.15)

NPO법안 입법 전후과정을 보면 처음부터 정부와 시민단체의 관계에 관한 문제의식이 법인격 부여의 규제완화에 초점에 맞추고 있었다.16) 이는 애당초 일본 정부와 시민단체의 관계가 비정치적이고, 행정적인 관계로 정착되어 있는 데다가 행정규제가 많은 일본에서 대개 시민단체들의 활동은 법적 제도 밖에 있으면 권리획득과 지원을 받기 어렵기 때문이다. 예를 들어, 법인격을 취득하지 않으면 부동산이나 중요 재산의 등기나 등록이 불가능하여 개인 이름으로 이를 처리해야 한다. 또한 법인이 아닌 임의단체는 임대차나 예금의 계약주체는 물론 기부금이나 조성금의 수입주체도 될 수 없는 것이다. 이러한 직접적 제약 이외에도 임의단체에 대해서는 사회적 신용도가 낮아 기부나 보조금을 얻기가 어렵고 행정으로부터의 위탁업무나 세제상의

---

15) NPO법은 법의 목적과 정의를 규명하고 있는 총칙에 관한 제1장, 특정비영리활동법인에 관한 통칙(사업 원칙과 관할당국 등), 설립, 관리, 해산과 합병, 감독, 여러 가지 규칙 등으로 구성된 제2장, 세법상의 특례에 관한 제3장, 벌칙에 관한 제4장, 그리고 부칙으로 구성되어 있다. 총칙에서 입법의 목적을 "특정비영리활동을 하는 단체에 법인격을 부여하는 것 등에 의해 자원봉사활동을 비롯하여 시민이 행하는 자유로운 사회공헌활동으로서 특정비영리활동의 건전한 발전을 촉진해, 공익의 증진에 기여하는 것"이라고 밝히고 있다. 또한 특정비영리활동법인은 영리를 목적으로 하고 있지 않을 뿐만 아니라 종교적·정치적 중립을 여건으로 요구하고 있다. 즉, 종교적 교의를 유포하거나 신자를 교화·육성시키는 목적과, 특정 "정치상의 주의" 곧 정치적 이념을 지지 또는 반대하거나 특정 공직 후보자나 공직자, 정당을 지지하거나 반대하는 목적을 가지지 않을 것을 명시하고 있다. 또한 "10인 이상의 사원을 갖고 있을 것"을 요건으로 하여 최소한의 공식적 조직성을, "폭력단이나 그 구성원의 통제하에 있지 않을 것"을 요건으로 삼아 반사회적 목적의 이용 가능성 차단을 요구하고 있다.

16) 특정비영리법인의 설립을 원하는 자는 필요서류를 관할청 원칙적으로 도도부현의 지사에게 제출, 2개월간의 공고기간을 거쳐 그 후 2개월 내 인증 또는 불인증을 서면으로 받게 되어 있다. 서류는 신청서외 정관, 임원명부 및 보수를 받는 임원의 명단, 회원 중 10명 이상의 명단과 주소, 종교활동이나 정치활동을 하지 않겠다는 서약서, 설립취지서, 설립자 명부, 설립에 관한 의사를 결정하는 회의의 의사록, 설립당초의 재산목록, 사업연도를 명기한 서류, 설립 첫 년도와 익년도의 사업계획서, 설립 첫 년도와 익년도의 수지예산서 등을 제출케 되어있다. 관할청은 서류가 충분하고 일치하면 가능한 인증하는 준칙주의 방식을 취하고 있다. 이는 공익법인 등 다른 법인들에 대해 보다 엄격한 허가주의를 채택하고 있는 인가방식과 대조되는 것이다.

혜택도 기대할 수 없게 된다. 따라서 보다 자유롭게 적극적으로 활동하기 위하여서는 정부규제 틀 안으로 들어가 법인화라는 제도화과정을 밟아야 하는 역설적인 상황이 자리 잡고 있기 때문이다.

그럼에도 불구하고 경제기획청의 기본조사에 따르면 법인격의 필요성을 느끼고 있다는 시민단체는 전국 8만 5,000여 개 가운데 11.8%에 불과하였다. 법인격의 필요를 느끼고 있는 시민단체들은 주로 재정규모가 큰 단체들로 나타났다.[17] NPO법 실시 첫해인 1999년도에는 기대했던 것보다 응모가 저조했는데 페카넌(Pekkanen 2000, 137-138)은 이는 많은 NPO들이 '두고 보는 접근방식'(wait-and-see approach)을 취했기 때문이라고 말한다. 그러나 첫 NPO 법인이 된 한 홋카이도 그룹은 법인화에 따라 회원이 반년만에 3배 늘어난 것으로 보도되고 있어 NPO법의 시민단체 합법화 기능(legitimation function)이 기대보다 큰 점을 볼 때 점진적으로 NPO들이 법을 활용해 법인화를 도모할 것이라고 예상하고 있다.

NPO법은 시민단체의 비영리활동을 다음 12개 활동에 한해서 지원하고 있다. 즉, 부칙에 규정되어 있는 보건의료 및 복지 증진에 관한 활동, 사회교육의 추진에 관한 활동, 마을부흥, 문화예술스포츠 진흥, 환경 보전, 재해구원, 지역안전, 인권보호 및 평화추진, 국제협력, 남녀공동참여사회 형성 촉진, 어린이 건전육성, 이상과 같은 활동을 하는 단체의 운영 또는 운영에 관해 연락과 조언, 원조 등의 12개 활동이다.

---

17) 10만 엔 미만의 시민단체 중 7.0%만이 법인격의 필요를 느끼고 있으며, 그러한 필요성은 규모가 커지면서 점차 늘어나 50만~100만 엔 규모의 경우 10.7%, 100만~500만 엔 규모 16.8%, 500만~1000만 엔 규모 29.1%, 1000만~5000만 엔 규모 46.1%, 5000만 엔 이상의 경우는 64.7%의 단체가 법인화의 필요를 느끼고 있었다. NPO법안의 대상은 결국 이들 재정규모가 상대적으로 크고 조직적 요건을 갖추고 있는 앞서 본 준법인형 풀뿌리 시민단체에 해당하는 것들이라고 말할 수 있겠다. 또한, 경제기획청이 2000년 4월 25일 실시한 "특정비영리활동법인의 활동·운영 실태에 관한 조사"에 따르면 조사된 법인 중 76.3%는 법인격 신청 이전부터 임의단체로서 활동해 온 실적들이 있으며, 68.1%는 상근 직원(유급 상근 직원은 43.4%)을 갖고 있었던 것으로 조사되었다. 이는 NPO법안의 대상이 가장 조직화된 풀뿌리 시민단체들일 것이라는 예상이 들어맞음을 보여주는 것이다. 법인격 취득을 원하는 이유에 대해서는 81.4%가 상대적으로 사회적 신용도가 신장되기 때문이라고 답하고 있어, 정부인증을 통한 법인화의 중요성을 실감케 한다.

NPO법안에 따라 해당관청에 신청, 법인으로 인증을 받은 시민단체는 2000년 6월 30일 현재 2,165개 단체에서 2001년 6월 현재 4,296개 단체로 늘어난 것으로 조사되었다. 다음은 정관에 기재되어 있는 활동분야에 따라 인증받은 단체들이 주로 활동하고 있는 분야의 분포이다.

<표 10> NPO법에 의해 법인화된 시민단체 분포

법안에 명시된 12개 활동분야	단체수 (%) 2000년 6월	단체수 (%) 2001년 6월
1. 보건·의료 또는 복지증진을 위한 활동	1391 (64.2)	2663 (62.0)
2. 사회교육 추진을 위한 활동	755 (34.9)	1690 (39.3)
3. 마을만들기 추진을 위한 활동	692 (32.0)	1471 (34.2)
4. 문화·예술·스포츠 진흥을 위한 활동	538 (24.8)	1130 (26.3)
5. 환경 보전을 위한 활동	533 (24.6)	1162 (27.0)
6. 재해구원 활동	188 (8.7)	333 (7.8)
7. 지역안전 활동	158 (7.3)	326 (7.6)
8. 인권옹호와 평화추진을 위한 활동	294 (13.6)	636 (14.8)
9. 구제협력이 활동	510 (23.6)	1023 (23.8)
10. 남녀공동참여사회 형성 촉진을 위한 활동	200 (9.2)	396 (9.2)
11. 어린이 건전 육성을 위한 활동	677 (31.3)	1457 (33.9)
12. 단체의 운영·활동에 관한 연락, 조언, 원조 활동	691 (31.9)	1494 (34.8)
전체 특정비영리활동법인 수	2,165	4,296

주: 하나의 법인이 복수 분야에 활동하고 있는 경우가 있어 합계가 100%가 되지 않음. 2001년 6월 현재까지의 법인 수는 당해 연도가 아닌 누적 법인 수를 말함.
자료: 經濟企劃廳, NPO關係 ホーム ページ, "特定非營利活動法人の活動分野について."

먼저 활동종류에 따른 시민단체 수가 조사된 2,165개보다 훨씬 많은데 이는 대개의 단체들이 복수분야에 활동하고 있기 때문이다.[18] NPO법안에

---

18) 인증을 받은 시민단체 가운데 31.1%만이 1개의 분야에만 활동하고 있고, 4할 가량이 2~3개 분야에(21.1%는 2개 분야, 16.4%는 3개 분야), 나머지 3분의 1 가량이 4개 이상의 분야에(11% 는 4개 분야, 6.7%는 5개 분야, 5.2%는 6개 분야, 3.3%는 7개 분야, 1.8%는 8개 분야, 0.9%가 9개 분야, 0.4%가 10개 분야, 0.4%가 11개 분야, 1.8%가 모든 12개 분야) 활동하고 있는 것으로 법인의 정관에 적고 있다.

따라 법인화된 시민단체의 주요 활동분야를 보면 64.2%가 보건, 의료, 복지 증진 활동임을 알 수 있다. 일본 정부가 파악한 풀뿌리 시민단체 중 37.4% 가 사회복지계였던 점을 고려한다면, NPO법안에 의하여 법인인증을 받은 보건의료복지계 시민단체 비중이 더 많아진 사실을 주목하지 않을 수 없다. 신청한 단체가 별 문제없이 거의 모두 법인으로 인증받는 절차를 감안한다 면 NPO법안에 따라 정부의 법인인증을 통해 법인화를 꾀하려는 인센티브 가 이들 사회복지계 시민단체들에게 가장 크다고 해석할 수 있게 한다. 사회 복지계 시민단체가 과대표된다는 사실은 일본 정부가 개호보험을 실시하면 서 민간단체를 적극 활용하고, 시민단체 역시 정부의 이러한 "사회보장의 시장화" 정책을 활용해 적극적으로 정부의 복지사업에 참여하려 한다는 사 실을 알 수 있게 한다.

IV. 맺음말

앞서 살펴보았듯이 일본의 제3섹터 역시 세계적 조류와 마찬가지로 1970년대와 80년대를 통해서 급성장했음을 알 수 있었다. 이의 배경에는 신 중산층의 자원봉사자로 사회참여, 복지개혁에 따른 복지행정 변화와 자조정 신 강화 등의 요인들이 존재한다. 특히 고령화사회에 따른 복지수요 증대를 국가복지기능 강화보다는 민간과 공동체를 활용하는 방식으로 해결함으로 써 사회서비스 제공자로서 제3섹터의 비중은 커지게 되었다. 이 과정에서 행정개혁의 일환으로서 복지행정의 지방정부로의 이전과, 풀뿌리 시민단체 들의 법인화를 통한 정부의 재정지원 제도개혁은 복지행정에 있어 일본 정 부와 NPO의 협력을 증대시키는 발판을 마련한 셈이다.

본고는 일본의 정부-NPO 관계는 층화된 NPO 부문들에서 달리 정립되 고 있을 것이라는 가정에서 출발하였다. 즉, 공식화되어 있는 NPO 부문일

수록 대정부관계가 보다 제도화되고 협력적일 것이라는 가정이었다. 공익법인의 경우, 정부의 인가와 감독은 물론 지속적인 정부지원을 받으면서 또한 사업협의나 이사진 등의 인적 네트워크를 통해 정부와 긴밀히 협조하는 경우가 많음을 알 수 있었다. 그러나 예상과는 달리 정부 보조금이나 위탁비가 차지하는 비중은 적은 편이었다. 이는 공익법인들이 업무나 기타 활동으로부터 대부문의 수입을 마련할 정도로 사업이 제도화되었음을 의미한다. 한편, 비공식적 NPO 부문인 풀뿌리 시민단체들의 경우, 공익법인들보다 최근에 만들어졌으며, 규모가 영세하고, 활동범위가 소규모 지역단위로 좁혀져 있음을 알 수 있다. 풀뿌리 시민단체들은 평균적으로 사업수익이 거의 없고 회비와 정부보조금 및 조성금 등에 의존하는 경향을 보였다. 그러나 평균치의 모습과는 달리 대부분의 풀뿌리 시민단체들이 정부의 수탁업무나 보조금을 받고 있지 않아 정부-NPO 관계가 풀뿌리 시민단체의 경우 공익단체보다 선택적 협력관계를 맺고 있는 것으로 이해된다. 풀뿌리 시민단체들 가운데 규모가 크고 활동이 보다 공식적인 것들은 특정비영리활동법인으로 전환하려는 움직임을 보이고 있다. NPO법 실시 2년간 특정비영리활동법인으로 전환한 시민단체는 사회복지와 지역서비스 단체들을 중심으로 약 4,300여 개에 이른다. 그러나 풀뿌리 시민단체들의 소수만이 법인화를 원하고 있는 것으로 드러나 향후 법인화 추세가 얼마나 지속될지는 미지수이다. 대개의 풀뿌리 시민단체들은 법적 지위를 취하지 않음으로써 자율성을 중시하는 비공식적 개미군단으로 남을 가능성이 커 보인다.

본고는 일본 정부와 NPO의 관계가 보다 개입적 관계로 전환되게 된 점과 이것이 복지행정체제의 재편과정에서 새로이 발생하고 있다는 점에 주목하고자 했다. 이 개입적 관계의 특성을 일본 NPO의 복지행정에 적극적 참여로 볼 것인지, 아니면 수동적 편입으로 볼 것인지는 조심스러운 해석과 시간을 요구하지만 다음과 같은 관찰이 가능하다. 앞서 논의했듯이, 정부와 협력관계를 맺고 있는 NPO 가운데는 대리형이나 용역형이 많으며, 규모가 큰 NPO는 조합주의적 관계를 맺고 있는 것으로 보인다. 동시에 대부분의 풀뿌리 NPO들은 이익집단형처럼 정부와 별로 관계없이 영세하나마 독자적 활동을 전개하고 있다.

NPO가 정부의 보다 대등한 파트너가 되기 위해서는 활동의 공익성과 사회부조 정신을 유지하고, 전문성을 강화하는 한편, 최소한 독자적 재정을 확보하고 있어야 한다. 일본의 NPO도 이러한 조건들을 충족할 때 정부와 '긴장과 협력'이라는 이중적 과제를 성공적으로 수행할 수 있을 것이다.

(2002년 2월 탈고)

참고문헌

김영래. 1999. "비정부조직(NGO)과 국가와의 상호작용 연구: 협력과 갈등."『국제정치논총』제39집 3호.
김인춘. 1997. "비영리영역과 NGOs : 정의, 분류 및 연구방법."『동서연구』제9권 제2호.
김장권. 1995. "일본 행정지방정책의 변화와 향후 전망." 이숙종·이면우 편.『일본의 정계개편과 정책변화』. 세종연구소.
______. 1999. "일본 시민사회의 구조 1868~1999 : 국가시장공동체의 상호관련 구조에 대한 거시역사적 조망."『한국정치학회보』33집 2호 (여름).
______. 2000. "국가개혁과 시민사회." 배성동 편.『21세기 일본의 국가개혁』. 서울대출판부.
이면우. 1998. "일본 NGO활동의 현재 : NPO법안의 정치과정." 이면우 편.『일본의 NGO활동 연구』. 세종연구소.
______. 2000. "21세기 일본의 지방자치: 지방분권개혁의 내용, 과성 빛 평사." 배성동 편.『21세기 일본의 국가개혁』. 서울대출판부.
이숙종. 1994. "川崎市의 사치행정과 시억주민조직. 네오코포라디즘적 고뮤니디정책을 중심으로."『지역연구』3권 1호.
______. 1998. "일본 NGO 활동의 개관: 발전사와 현황 분석." 이면우 편.『일본의 NGO활동 연구』. 세종연구소.
______. 2000. "일본의 사회보장개혁: 개호보험과 연금개혁을 중심으로." 배성동 편.『21세기 일본의 국가개혁』. 서울대출판부.
임승빈. 1999. "행정과 NGO간의 네트워크 구축에 관한 연구." 한국행정연구원.
______. 2000. "정부와 NGO." 한국행정학회 2000년도 기획세미나 발표논문.
주성수. 1999a.『시민사회와 제3섹터』. 한양대학교 출판부.
______. 1999b.『정부와 제3섹터 파트너십』. 한양대학교 출판부.

經濟企劃廳. 1997.『市民活動レポート : 市民活動團體基本調査報告書』.
藤村正之. 1999.『福祉國家の再編成』. 東京大學出版會.
山內直人 編. 1999.『NPO Data Book』.
松下啓一. 1998.『自治体 NPO政策 : 協同と支援の基本ルール[NPO條例の提案』.
林知己夫·入山映. 1997.『公益法人實像 統計から見た財團·社團』. ダイアモンド社.
田中尚輝. 1998.『ボランテイアの時代: NPOが社會を變える』. 岩波書店.
倉澤進·秋元律郎 編. 1990.『町內會と地域集團』. ミネルウア書房.

總理部. 1999. 『公益法人白書』.

Coston, J. 1993. "A Model and Typology of Government-NGO Relationship." Nonprofit and Voluntary Sector Quarterly 27 : 3.

Garon, Sheldon. 1997. *Molding Japanese Minds : the State in Everyday Life.* Princeton University Press.

Gidron, B. Kramer and L. Salamon. 1993. *Government and the Third Sector : Emerging Relationship in Welfare States.* San Francisco: Jossey-Bass.

Pekkanen, Robert. 2000. "Japan's New Politics: The Case of the NPO Law." *Journal of Japanese Studies* 26 : 1.

Putnam, Robert. 1995. "Bowling Alone: America's Declining Social Capital." *Journal of Democracy* 6.

Salamon Lester M. 1994. "The Rise of the Nonprofit Sector." *Foreign Affairs,* July/August.

______. 1995. *Partners in Public Service : Government-Nonprofit Relations in the Modern Welfare State,* Baltimore and London: The Johns Hopkins University Press.

______ and H. Anheir. 1996. *The Emerging Nonprofit Sector: An Overview,* London: Manchester University Press.

Skocpol, Theda. 1999. "Advocates without Members: The Recent Transformation of American Civic Life." T. Skocpol and M. P. Fiorina ed. *Civic Engagement in American Democracy.* Brookings Institution Press.

Yamamoto Tadashi ed. 1999. *Deciding the Public Good.* Tokyo: Japan Center for International Exchange.

인천국제공항과
'세계화·환경·지역주의'의 마스터 프레임

오하타 히로시

Ⅰ. 문제제기와 주요개념

1. 문제제기

인천국제공항 건설문제는 1980년대 말에서 1990년대에 이르기까지의 한국 현대사에서 수수께끼 중 한 가지라고 할 수 있다.[1] 공항건설 반대운동의 중심이 된 영종도 신공항문제 공동대책협의회(이하, 대책협)가 편집한 『영종도 신공항 : 문제점과 대안』은 이 문제에 대한 곤혹감과 폐색감으로 그 기술을 시작하고 있다.

돌이켜 보면, 우리가 이 일을 시작했을 때만 해도, 아무도 영종도신공항문제에 대해 관심을 갖지 않았었다. 더러 경부고속철도에 대해서는 논란이 있었으나, 이보다 2배 이상 예산이 소요되고, 30년 이상이라는 장기의 공사기간을 필요로 하는 영종도신공항건설 사업에 대해서는 학계, 언론, 정치권, 관련업계 어디에서도 이를

---

[1] 본문에서 후술하는 바와 같이, 인천국제공항이라는 명칭이 확정된 것은 1996년으로, 그 이전 자료에는 '신공항' '영종도 신공항' '수도권 신공항' 등 여러 가지 명칭이 쓰이고 있지만, 본장에서는 인용문을 제외하고는 일관하여 '인천국제공항'이라는 명칭을 쓸 것을 원칙으로 한다.

진지하게 논의하는 토론이 없었다(영종도 신공항문제 공동대책협의회 편 1993, 3).

이 인용은 대책협이 결성되어 활동을 시작하기 이전의 상황에 관해서 말하고 있다. 그러나 그 이후도 전반적인 상황은 변하지 않았다. 인천공항 건설에 부수되는 개별적 문제점이 대중매체, 시민단체가 주도하는 '공공권'(公共圈, 여기서는 규범적인 의미가 아니라 실제로 존재하며, 정치적으로 기능하는 사회적 담론공간이라는 의미로 쓴다)에서 제기된 적은 있지만, 공항 건설 자체가 지니는 의미와 그 시비가 크게 쟁점화된 적은 없었다. 인천공항 건설문제의 '탈쟁점화'는 왜 생긴 것일까? 이 물음에 답하는 것이 본 장의 목적이다.

이러한 문제설정은 1990년대 이후 한국에서 성행하고 있는 시민운동 연구의 배후가설과 연구전략에 의문을 던지는 것이다.[2] 일련의 연구동향이 시민운동을 오로지 민주적 시민사회의 형성력으로서만 보는 너무나 소박한 시민운동관을 암묵의 전제로 삼아, 연구 대상으로 성공한 (내지는 성공하고 있는) 운동을 선택하여, 그 성공의 요인이나 성공이 가져오는 긍정적 효과를 탐색하는 방법론을 취하는 경향을 갖고 있었다. 이러한 시각을 상대화하는 의미에서 본 장은 성공하지 못한 시민운동(대책협)을 택하여, 나아가 지역주의와의 관계에서 시민운동의 동원을 지탱하며, 또한 그것을 매개로 조직화되는 시민사회와 시민적 심성의 내실을 문제삼고자 한다.

---

2) 이 영역의 연구업적은 최근 상당히 증가하고 있지만, 기본적 문헌으로서 일단 한국사회학회·한국정치학회 편(1992), 유팔무·김호기 편(1995), 유팔무·김종훈 편(2001), 이신행 외(1999), 시민사회포럼·중앙일보 시민사회연구소 편(2002)을 들어 두겠다. 『한국의 국가와 시민사회』의 소개로서는 大畑裕嗣(1994, 129-144)를 참조. 또한 大畑裕嗣(1999, 111-138)에서도 한국의 시민사회 논쟁에 관해 비판적으로 검토했다.

2. 주요 개념으로서의 '마스터 프레임'

본 장은 사회운동 그 자체에 대한 연구가 아니라, 사회운동을 포함하여 복수의 주체가 활동하는 역사적 장소의 윤곽을 묘사하는 연구이다. 본 장의 사례에서는, 그 장소가 운동을 성공시키거나 그 해방적 잠재력을 전면적으로 펼쳐내는 쪽으로 작용하기보다는, 국책사업(국가프로젝트)의 근본적인 방향설정에 비판적인 운동을 실패(동원해제)시킴으로써, 사업의 정당성과 양립가능한 방향을 추구하는 운동의 발생을 촉진시키는 쪽으로 작용하였다.

이러한 현상을 설명하는 개념으로서, 마르크스주의적 전통 안에서 제기되어 온 것이 '지배 이데올로기'(dominant ideology)이다. 이 사례에 비추어 본다면, "국책사업에 비판적인 운동은 한국의 지배 이데올로기와 배반적이기 때문에 실패하며, '개량주의'적 운동의 주장만이 지배 이데올로기에 포섭됨으로써 '현실화'되었다"고 말할 수 있을 것이다. 그러나 아버크롬비 등(Abercrombie, Hill & Turner 1980)의 '지배 이데올로기 가설'의 일반적 유효성 검토를 참조할 필요도 없이, '지배 이데올로기'의 원천인 '우월계급'에 의해서 창출된 이데올로기가 '이데올로기 장치'를 매개로 하여 '종속계급'으로, 그리고 사회 전체로 '침투'한다는 도식을 1990년대 이후의 한국사회에 그대로 적용하는 것은 곤란할 것이다.

한국사회의 맥락에 의거한 지배 이데올로기에 관한 선행연구도 살펴보자. 임영일은 자본주의 사회의 지배 이데올로기에는 "자본주의적 상품-화폐의 일반 논리와 그를 반영하는 비속화된 물신적 사회의식의 체계, 혹은 그것에 포섭되어 변형 관철되는 잔존하는 전자본주의 사회의 다양한 이데올로기적 유제들"로서의 비공식적인 '일상적 지배 이데올로기'와, "정치와 문화의 공식영역에서 형성되고 작동하는 이데올로기"라는 양 측면이 있다고 지적하면서, 한국사회의 경우 제국주의에 의해서 역사적으로 만들어진 이데올로기가 상기의 비공식적·공식적 영역의 대부분을 망라한 지배 이데올로기가 되어있다고 주장한다. 나아가 그것을 ① 반공 이데올로기, ② 발전 이데올로기, ③ 안정 이데올로기, ④ 자유민주주의 이데올로기라는 네 개의 하위영역으로 구분하여 분석도식을 제시하고, 지배 이데올로기의 '극복과 해방에의 전망'을 고찰하고 있다(임영일 1991a, 67-90; 1991b, 407-418).

이러한 지배 이데올로기 개념은 아무래도 정태적인 것이 되기 쉽다. 지배 이데올로기의 동태, 상황에 따른 변화에 대한 분석이 약해진다. 임영일은 한국의 '지배 이데올로기'가 "민중 이데올로기를 포섭, 수용"해 왔다고 지적하고, 나아가 구조기능주의적 정식화를 인용하면서, "체계위기는 기존의 체계가 과거의 가치규준을 수정하고 대안적 가치체계의 문제제기를 부분적으로 수렴해내는 체계역량"(임영일 1991b, 416)[3]을 보인다고 하고 있다. 이것은 지배 이데올로기가 대항 이데올로기의 도전에 수동적으로 대응하여 어쩔 수 없이 부분적인 변화, 수정을 하는 것처럼 이해되지만, 현대사회에서 지배 이데올로기는 상황의 변동에 맞추어, 혹은 그것을 예기하여 스스로 적극적으로 내지는 근본적으로 변화하여 제도의 정당화를 위해 '혁신적' 담론편성을 구축해 나가는 능력까지도 갖고 있다고 보아야 한다. 정리하면 지배 이데올로기 개념은 그 전제가 되는 '우월계급' '종속계급'의 확정이 곤란함, 더욱이 이데올로기 개념이라는 개념 고유의 정태적 함의 때문에 본 장의 분석에 이용하기에는 적절치 못하다.

현대의 사회과정 분석에는 적용하기 어려운 '지배 이데올로기' 개념의 한계를 극복할 수 있는 새로운 이론적 시도로서, 마르크스주의를 재고하는 입장에서 라클라우와 무페(Laclau & Mouffe 1985, 136)는 그람시의 헤게모니 개념을 기반으로 가다듬은 '헤게모니 편성'(hegemonic formation)이라는 개념을, 또한 롱(Long 2000, 192)은 개발-발전문제에 관해 현장조사를 하는 인류학의 입장에서 '사회적 영역 및 아레나'(social domains and arenas)라는 개념을 각각 제기하고 있다. 원래부터 라클라우 등과 롱 사이에는 전문분야, 이론적 입장, 연구의 직접적 목적 등이 모두 다르지만, 그들 개념의 함의는 복수주체·담론의 적대·모순을 포함하면서 접합된 사회·정치

---

3) 여기서 임영일이 의거하고 있는 것은 Smith(1973, 67-68).

적 공간이라는 점에서 공통점을 갖는다. 가령 이들 개념을 이용하면 본 장의 사례는 "인천국제공항 건설을 둘러싼 결정과정은 그 때문에 동원된 각 주체, 각 담론 사이의 헤게모니 편성(내지는 아레나)에서의 힘 관계에 의해서 규정되었다"고 할 수 있을 것이다.

그러나 이러한 해석도 지배 이데올로기 개념에 의거한 해석과 마찬가지로 이 사례에 있어서는 적절하다고 할 수 없다. 왜냐하면 인천국제공항 건설에 관한한 그것을 정당화하는 담론에 대해, 그 정당성을 상대화하는 (보다 강력하게 말하자면 무효화하는) 담론이 공공권에서 서로 대치하는, 확실히 서로 대치되는 관련조치가 담론간 투쟁관계를 포함하며 지속되지 않았기 때문이다. 인천국제공항을 둘러싼 몇 가지 주제군(主題群)은 국가를 상대로 한 여러 주체들간의 타협 속에서 뒤에서 기술하는 바와 같이 일괄화되어 갔던 것이다.

이상과 같은 점을 감안하여, 본 사례와 관련된 운동과정의 배후 구조를 묘사하기 위해서, 데이빗 스노우(David A. Snow)와 로버트 벤포드(Robert D. Benford)의 '마스터 프레임'(master frame)이라는 개념에 의거하겠다. '마스터 프레임'이란 사회운동의 대상이 된 쟁점에 관한 '분절(punctuation), 귀속(attribution), 표명(articulation)양식'의 하나인데, 해당 상황에 있어서 어떤 개별 운동조직의 '집합행위 프레임'으로도 환원불가능하며, 그것들의 '집합행위 프레임'에 일정한 색조를 부여하여, 그것들을 제약하는 프레임, 바꾸어 말하면 여러 주체가 활동하는 사회·정치적 공간을 통제하는 프레임이다(Snow and Benford 1992, 138). 그러나 그것은 '지배 이데올로기'라는 개념만큼 정태적·경직적이지도 않고, '헤게모니 편성' '아레나'라는 개념만큼 대립·모순의 현재화(顯在化)를 전제로 선험적으로 상정하지도 않는다. 단지 스노우와 벤포드는 마스터 프레임을 항의 사이클과 관련지어 사이클의 진행을 촉진하는 것으로 위치를 부여하고 있으나(따라서 어떤 항의 사이클의 종결은 그 기저에 있던 마스터 프레임이 부적절하게 된 사실과 결부시켜 설명된다), 본 장에서는 마스터 프레임을 운동-동원 촉진적인 요인으로만 보는 입장은 취하지 않는다. 오히려 인천국제공항 문제의 기저에 있던 마스터 프레임은 운동을 동원해제하거나 '쇄말화'(瑣末化)하거나 하는 효과를 가졌던 것이다.

덧붙이자면 마스터 프레임은 윌리엄 갸므송(William A. Gamson)과 안드레 모딜리아니(Andre Modigliani)가 '미디어 패키지'(media package)로서 제시한 해석 패키지의 일종이다. 본 장은 분석재료의 일부로서 미디어 보도도 이용하지만, 본 장에서 말하는 마스터 프레임은 갸므송 등이 말하는 '매스미디어 담론에 작용하는 프레임'에 한정되는 것이 아니다. 그러나, 갸므송 등이 패키지를 "중핵적 프레임과 여러 가지의 입장을 간단히 가리키기 위한 여러 가지 응축심볼"의 집합으로서 파악한 발상은 뛰어난 것이며, "이러한 프레임은 전형적으로 단일적인 것이 아니라 어떤 일정한 폭을 갖는 여러 가지 입장을 시사하는 것이며, 프레임을 공유하고 있는 사람들 사이에서 일정한 논쟁을 허용하는 것이다"라고 한 프레임의 복합성의 이해는 본 장에 있어서도 유지된다(Gamson and Modigliani 1985, 3).

본 장에서는 인천국제공항을 둘러싼 마스터 프레임을 '세계화'라는 주요담론에 '환경' '지역주의'라는 부차적인 담론이 맞추어진 프레임으로서 파악하고자 한다. 이하, 공항의 계획책정과 건설과정을 간결히 개관한 뒤(2절), '세계화'(3절), '환경'(4절), '지역주의'(5절) 담론에서 공항문제가 어떻게 의미지워져 가는가를 검토하겠다. 마지막으로 인천국제공항을 둘러싼 '세계화·환경·지역주의'의 마스터 프레임의 개략을 정리하여, 이 마스터 프레임이 1980년대부터 90년대 한국사회의 동태에 있어서 갖는 의의에 관하여 약간 언급하며 결론을 대신하고자 한다(6절).

II. 계획책정과 건설과정

인천국제공항 건설은 노태우 정권 때 그 계획이 입안되고 공사가 시작되어, 김영삼 정권을 지나 김대중 정권 때 제1기 공사가 완료, 개항에 이르렀다. 1980년대 말에서 90년대를 대표하는 한국의 '국책사업'(국가 프로젝트)이다. 한국정치사에서 노태우 정권은 '(최후의) 군사정권'이라 불리면서, '민간정권'이라고 불리는 김영삼 정권, '국민의 정부'라고 불리는 김대중 정권과의 대조성이 종종 강조된다. 인천국제공항 건설과 같이 세 정권을 거쳐 지속적으로 추진되어 온 '국책사업'에 주목할 때, '군사정권기'나 '민주적 정권기'와 같이 기계적으로 정치사를 구분하는 일반적 시각과 달리, 한국현대사의 또 다른 전망을 열 수 있을 것으로 생각한다.

일단 계획책정과 건설과정을 되새겨 보자. 우선 노태우 정권기, 1988년의 서울올림픽을 계기로 김포국제공항의 발착회수가 늘어나자 혼잡 완화가 긴급과제가 되었다. 그러나 소음, 용지 문제로 김포의 확장은 곤란한 상황에 있었다. 1989년 1월 교통부 업무보고를 통해서, '수도권 신공항' 건설의 긴급성이 제기되었다. 89년 6월부터 90년 4월에 걸쳐 서울에서 100킬로권 이내의 22개 후보지를 선정, 그 중 7개 후보지가 집중적으로 조사되었다. 그 결과 90년 6월 서울 도심부에서 약 50킬로 거리에 있는 인천 영종도 일대가 후보지로 결정되었다. 90년 11월부터 91년 12월에 걸쳐서 기본계획 책정을 목표로 한 기초조사가 이루어졌고, 그 사이 91년 5월에 수도권 신공항 건설촉진법이 제정되었다. 92년 6월 영종, 용유 2도 사이의 바다를 매립하는 것으로 건설예정지 및 기본계획이 확정되었다. 같은 해 9월에 신공항의 명칭 공모가 있었고, 11월에 기공식을 하였으며 용지 조성공사가 착공되었다.

93년 2월 김영삼 정권 수립 이후에는, 94년 9월에 수도권 신공항건설공단이 설립되고, 96년 3월에 '인천국제공항'이라는 명칭이 결정되었다(이 명칭결정에 얽힌 문제에 관해서는 5절에서 자세히 논하겠다).

98년 2월 김대중 정권 수립 이후에는 공사 진행에 맞춰 공항건설공단이

98년 5월에 신공항 운영준비본부로, 나아가 99년 2월에는 인천국제공항 공사로 개조되었으며, 2001년 3월 개항을 맞이하였다.

인천국제공항 개항까지 건설에 필요한 공사비는 약 7조 8,000억 원이다. 계획결정 당시인 1992년도의 한국의 정부재정 규모가 65조 원 정도였으니, 그 12%에 달하는 액수이다. 현재, 제1단계 공사에 있어 면적은 약 355만 평(공항신도시 제외), (가능)여객 처리량은 연간 2,700만 명으로 되어있다. 이미 3.75킬로의 병행활주로 2개가 사용되고 있고, 2020년까지 활주로 4개가 정비될 예정이다.

III. '세계화' 담론에서 인천국제공항의 의미

1980년대 말에서 90년대에 이르기까지 한국 최대의 '국책사업'이었던 인천국제공항 건설사업의 최종적인 정당성의 근거는 국가에 있었던 것이 분명하다. 그러나 군사정권이 종식되고 민간정권이 탄생해 나가는 민주화기, 바꾸어 말하면 국가 권력의 절대성이 의문시되던 시기에도 이 사업은 계속되었고 완성을 보게 되기까지는 국가 이데올로기를 보완할 요소가 필요하였다. 여기에서 본래 국가 이데올로기에 대항할 수 있는 담론인 환경주의나 지역주의 담론과 친화하면서, 90년대 한국의 국가 이데올로기를 지탱한 담론으로서, '세계화' 담론을 들고 싶다. 인천국제공항 문제에는 그와 같은 90년대의 한국과 관련된 담론의 동학(動學)이 전형적인 형태로 나타나고 있다.

한국의 '세계화' 담론이 명시적인 국가목표가 된 것은 김영삼 정권이 발족 2년째를 맞이하고 있었던 1993년 11월 이후이다. 그렇다면 영종, 용유지역 공항건설이 결정되고 IV절에서 보는 바와 같은 건설 반대운동이 생긴 1992년 시점에서 '세계화'는 오히려 리오지구 정상회담 이후 환경운동의 슬로건이었지, 한국의 국가적인 슬로건이 되지는 않은 듯 보인다. 확연하게

세계화담론을 공공연히 이용한 공항PR이 급증하게 된 것은 1995년 쯤부터
인 것으로 보인다.

그러나 한국의 세계화 담론은 김영삼 정권기에 들어 돌연히 출현한 슬로건
이 아니라, 사실 그 내실은 1988년 서울올림픽 이후, 노태우 정권기의 대외정
책을 계승한 것이다. 또한 이러한 노태우 정권와 김영삼 정권의 연속성을 이해
한 다음에야 비로소 한국사회에서의 '세계화' 담론의 의미와 그 강도를 지탱
하는 기반을 이해할 수가 있다. 본절에서는 '세계화' 담론의 기점이 된 노태
우 정권기의 정책과 김영삼 정권기의 '세계화' 담론의 연속성을 밝힌 다음에
인천국제공항의 필요성-정당성을 주장하는 담론이 노태우 정권 이래의 비전
을 내포한 의미에서의 '세계화' 담론을 근거로 존립하고 있음을 제시하겠다.

1. '세계화' 담론의 기점인 서울올림픽

'세계는 서울로, 서울은 세계로' '손에 손 집고, 벽을 님어서'란 슬로건
으로 치장되었던 1988년 서울올림픽에서 90년대 들어 성행한 한국의 세계
화 담론의 맹아를 찾아낼 수 있다. 보다 정확히 말하면, 올림픽 개최 이전에
세계적인 뉴스 미디어를 통하여 온 세계에 방영된 1987년 6월항쟁의 최후에
행해진 노태우의 6·29선언은 한국인에게는 민주화 선언임과 동시에, 텔레비
전 중계를 보고 있는 전 세계 사람들에게는 "올림픽의 성공적 개최를 향한
한국의 노력"을 확인하여 주는 메세지였다고 할 수 있다(Larson and Park
1993, vi).

나아가 후술하겠지만 올림픽을 계기로 USSR, 중국, 동구제국을 향한 북
방외교가 시작된 것도 커다란 의미가 있다.

2. 노태우 정권기의 '세계화' 담론의 기반형성

노태우 정권기에는 아직 정책목표로서 '세계화'라는 용어는 쓰이고 있

지 않았다. 그러나 김영삼 정권하에서 화려한 슬로건으로 등장하는 세계화의 중핵적 내용은 이미 노태우 정권의 기본적인 대외정책에 나타나 있었다고 할 수 있다. 반대로 말하면, 김영삼 정권기에 주창되는 '세계화'의 의미는 노태우 정권기와의 정책적 연속성의 이해에 입각해서야 비로소 충분히 이해될 수 있으며, 노태우 정권하에서 정책결정된 인천국제공항도 계획 당초부터 '세계화' 론적인 발상에 근거하고 있었다고 할 수 있다.

노태우 정권기에 '세계화' 전략으로 발전해간 대외정책의 제1요소는 '북방외교' 였다. 여기서 말하는 '북방외교'란 노태우 정권하에서 추진된 사회주의 제국과의 관계개선 노력을 가리킨다(石崎榮生 1993, 41). 이 시기에 북방외교 전개를 가능케 한 원인은 USSR의 페레스트로이카이지만, 한국이 북방외교를 추진하는 직접적 계기가 된 것은 전술했던 바와 같이 서울올림픽이다. 주된 구체적 성과로서는 1989년에 헝가리·폴란드와, 1990년에 USSR과, 1992년에 중화인민공화국과 국교가 수립된 것이다.

물론 북방외교의 원점인 한국의 북방정책(Nord Politik) 자체는 결코 새로운 발상이 아니라, 1970년대 초두부터 미국 외교관계 소식통에 의해 제기된 것이다. 북방외교 내지는 북방정책의 본래의 의미는 여러 사회주의 국가와의 관계를 개선함으로써 북한과의 대화에 유리한 상황을 만들어 내려는 한반도 통일정책의 일환으로서 제기된 것이었다.

확실히 노태우 정권기의 북방외교에도 그와 같은 의도가 반영되어 있고, 북한과의 관계에 있어서는 남북 UN 동시가입을 진행시킨다는 시나리오가 전제되어 있었다(Bedeski 1994, 162-164). 그러나 노태우 정권기의 북방외교는 직접적인 대북한 정책이라는 의외로 큰 수확을 가져왔다. USSR(Russia)·중국과의 관계 개선은 한국에 '북동 아시아' 라는 시장-경제공간의 개념을 가져왔고, 그 안에서의 경제협력체의 모색을 명확화시켰다. 이 '북동 아시아' 라고 하는 범위가 이후의 세계화담론 일반에서도 인천국제공항 건설의 정당화 논리에서도 중요한 의미를 띠게 된다.

제2요소는 이 북방외교 문제와 관련되면서 김영삼 정권기에 APEC이라는 형태로 구체화되는 '태평양 공동체' 또는 '태평양 경제권'이라는 구상이 정책목표로서 구체적으로 검토되기 시작한 것이다. 산업연구원에 한승수 서울대 교수(1988년 12월부터 90년 3월까지 상공부장관 역임)를 리더로 태평양권의 경제상황 변화와 경제블록 형성의 동향에 관한 연구팀이 결성되어, '태평양 경제권'이 세계 경제의 성장의 축으로서 부상하고 있는 점, 그 때문에 일본, 호주 등으로부터의 제안에 호응했던 역내 제국가들 간에 경제협력체가 필요하다는 것을 1989년 단계에서 보고서를 통해 공표하고 있다(한승수 편 1989).

즉, 이후 김영삼 정권기에서 강조되는 '세계화'는 북방외교에 의해서 가시화하기 시작한 '북동 아시아'와 일본·호주·미국 등으로부터 여러 형태로 제기된 '태평양 경제권'이라는 서로 중복되는 두 개의 경제적 영역에서 한국의 위상확보를 목적으로 한 것이라고 할 수 있다.

3. 노태우 정권기의 '신공항'의 의미

노태우 정권기의 영종도 신공항건설의 논리로는 전술한 1980년대 들어서 한국의 항공수송 수요가 증가되었다는 점을 들 수 있다. "88년부터 본격화된 해외여행 자유화에 따라 내국인 출국자수가 1987년의 51만 명에서 1989년에는 121만 3천 명으로 2년간 연평균 50% 이상 급증되고 있고," "외국인 입국자 수가 1987년의 187만 5천 명에서 1989년에는 272만 8천 명으로 2년간 연평균 20% 이상씩 증가되고 있다"고 하는, 올림픽과 북방외교에 의한 출입국자 증가가 공항건설이 요청되는 요인으로서 강조되어 있다. 더욱이 "서울을 기점으로 한 북방(중국, 소련)행의 항공노선이 개발되면, 서울은 동서를 잇는 항공의 요충지로 발전될 것이므로, 이에 대한 사전 대비가 이루어져야 하고, 중국이 문호를 완전히 개방하면 서방세계의 미공개 관광지로 등장되어 이 지역에 관광객을 운송할 수 있는 최적지로 서울이 부상하게 될 것은 확실"하다며, 중국, USSR과의 관계를 중시한 의미를 부여하고 있다(함영훈 1991, 303-314).

이러한 '전략적 거점'으로서 북동 아시아에 의미를 부여하는 것은, 당시의 문희갑 경제기획원 차관이 "앞으로는 동북아가 세계 물류의 중심지의 하나로 떠오를 것으로 보인다. 한국과 일본과 홍콩은 동북아시아 항공의 주도권을 둘러싸고 다투게 될 것이다. 한국이 홍콩이나 일본에 필적하는 신공항을 건설하면 가장 유리한 동양의 게이트(oriental gate)가 될 가능성이 높다"고 주장한 '미국의 어느 미래학자'의 책에서 힌트를 얻어, 신공항 건설을 노태우 대통령에게 건의했다고 하는, 말하자면 '인천국제공항의 신화'로 전해지는 에피소드에도 일관되게 나타나고 있다(이광구 1999, 349-350).

4. 김영삼 정권기의 '세계화' 담론의 분출

한국 최초의 '민간정권'인 김영삼 정권에 대한 일반적 이해로서, 1993년에 발족한 이 정권은 당초 주장하고 있었던 '신한국 창조' '신경제' 등의 정치·경제개혁이 벽에 부딪친 때문에, 성립 2년째인 1994년경부터 새로운 슬로건으로서 '세계화'를 주창하기에 이르렀다는 해석이 있다. 이러한 어지러운 변화 때문에 김영삼이 주장한 개혁은 결국 '말의 정치'라는 비판도 나왔었다(임내영 1995, 414).

표면적으로는 확실히 김영삼 정권의 슬로건이 신한국·신경제 → 신경제·국제화 → 국제화를 위한 국가 경제력 강화로 변화하였으며(서경석·임재훈 1994, 226), 정권 성립초기인 1993년 7월에 내놓은 '신경제 5개년계획'에서는 '세계화'는 고사하고 '국제화'라는 개념도 아직 그다지 강조되지 않고 있었다.

김영삼 정권하에서 국제화·국가경쟁력이라는 개념이 강조되기 시작한 것은 GATT 우루과이 라운드에서 농산물시장 개방문제가 본격화된 이후이며, 보다 한정적으로는 1993년 11월의 APEC 정상회담과 한미정상회담 이후의 일이라고 할 수 있다. 같은 달 경제담당 각 부서가 작성한 '신경제 국제화전략'은 "경제적인 의미로서의 국경이라는 개념이 소멸되어가고 있고, 국가경제의 영역 자체가 확대되고 있다"라고 하면서, 한국의 경제제도와 관행을 국제화시켜, 세계 자유무역 질서에 적극적으로 참가하는 동시에, 주요 무역상대국과의 통상협력을 강화해야 할 필요성이 있다고 말하고 있다. 이러한 전략은, APEC에서의 합의에 의거한 것이다. 이 시기 한국에서는 리오회의 이후의 '지구' 환경문제에 관련한 담론, 나아가 한국기업의 '지구' 경영에 관련한 담론은 상기와 같은 메인스트림으로서의 '국제화 담론'에 일종의 하위담론으로서 포함되어 갔다고 할 수 있다.

김영삼 대통령은 1994년 연두기자회견에서 "사회 전반의 국제화와 세계화를 위한 시책을 펴나가겠다"며 '국제화'와 '세계화'라는 용어를 썼다. 다음 해 1995년의 연두회견에서는, 16회나 '세계화'라는 말을 사용하였고, '세계화'는 인류화, 합리화, 일체화, 한국화, 일류화 등을 의미하는 말이 되었다. 같은 해 세계화추진위원회가 발족되어, '통일된 세계중심국가'를 목표로 한다며 구체적인 실천목표를 확정해 나갔다.

김영삼 정권에 있어서의 '세계화' 개념은 그것이 정책목표로서 정착하는 1995년이 WTO 발족의 해였던 것도 아울러 생각해 보면, 한국의 WTO 체제 편입에 대응한 이데올로기인 것이 틀림없다. 그러나 ① WTO, EU, NAFTA 등 세계경제의 환경변화에 적극적으로 대응하면서, 21세기에는 한국이 세계의 중심 국가로 비약하기 위해서, ② 선진제국과의 통상마찰에 대응하면서, 무역의 다각화를 추구하기 위해서, ③ 아시아·태평양지역 경제협력의 구심력을 강화하여, 북동아시아 지역의 경제협력을 확립하기 위해서라는, 한국이 '세계화'를 필요로 하는 이유(具正掾 1996, 168-172)에서도 알 수 있듯이, 한국에서의 '세계화'의 내실은 노태우 정권으로부터 계속되어 온 '아시아 태평양'과 '북동 아시아'라고 하는 두 개의 공간적 레토릭에 의거하여, 그 중에서 한국의 국가적 위상 증진을 전제로서 제기된 것이다.4) 이러한

---

4) 이 두 개의 영역은 단지 공간상, 부분적으로 겹쳐 있으면서, 어긋나고 있을 뿐만이 아니라, 양자를 근거지우는 이데올로기의 차이로부터 상호간의 대립을 초래하는 것이었지만, 인천국제공항

'세계화'의 가시적 상징이 인천국제공항이라고 해도 좋을 것이다.

5. '세계화' 담론에 의한 인천국제공항의 정당화와 PR

1995년 2월 국토개발연구원 주최, 신공항건설공단 후원에 의해서 "신공항 기능활성화를 위한 국제 심포지움"이 개최되었다. 이 심포지엄은 제1분과 "21세기의 동북아 및 한국의 위상과 신공항의 역할", 제2분과 "신공항 주변지역의 개발법안"으로 구성되어, 제1분과에서는 김진현 세계화 추진위원회 위원장이 "동북아시아의 발전과 교통혁명"이라는 제목으로, 하와이대학 동서센터의 조이제 부총재가 "21세기 동북아지역의 운송과 통신의 중심거점으로서의 한국 : 영종도 신공항의 역할"이라고 하는 제목으로 각각 보고를 했다.

이 두 보고의 주요 내용은 상당히 일치하고 있다. 김진현은 제조업 중심의 이동과 수송·통신 인프라 정비의 진행을 근거로 금후 동북아시아가 '세계경제의 중심'이 되고, "전 세계 물류와 인류의 Hub가 될 가능성이 있다"고 전망하고 있다. 즉, 인천국제공항은 그와 같은 중추의 대표격이 되고, "한국이 동북아의 해양세력과 대륙세력 간의 조정자 역할을 할 수 있는 대표적 하부구조", 즉 그 전략적 위치를 이용하여 "북경, 상해, 심양, 블라디보스토크, 동경, 대만을 등차원·등시간·등거리로 흡수·수용·처리할 수 있는 교통상의 하부구조"가 될 것이라고 김진현은 예상한다(김진현 1995, 68).

또한 조이제는 '세계화'와 '지역화'의 동시진행을 지적하고, 이러한 조류 안에서 동북아시아 수송·통신의 중심거점은 "동북아지역과 유럽 및 북미지역간의 무역과 서비스를 연결해 주는 한편, 이 지역의 경제활동을 촉진하는 역할을 담당하게 될 것"이며, "영종도신공항은 한국이 동북아지역의 운송·통신의 중심거점의 지위를 확보하는 데 한 몫을 할 것으로 기대된다"고

의 사례에서 보듯이, PR 담론의 안에서 접합되어 간다.

하였다. 따라서 동북아시아 지역에 필요한 복수의 중심거점을 연결하는 슈퍼중추를 목표로 하는 근린 제국과의 경쟁에 이기기 위해서, "한국의 향후 전략은 국경을 초월해서 동북아지역 전체의 정치·경제적 대세를 정확히 이해하는 데서 출발하여야 한다"고 하고 있다(조이제 1995, 68-69).

이상에서 살펴본 바와 같이, 동북아시아권의 역내통합과 그 외부와의 접속이라는 이 논리는 인천국제공항의 선전팜플렛 등에 의해서 다음과 같은 PR의 담론으로서 일반화된다.

> 인천국제공항은 동북아 역내항공망의 중앙부에 위치합니다. 좌우로 중국과 일본, 남북으로 시베리아와 동남아시아의 중심부에 있습니다. 또 동북아와 북미지역을 연결하는 북태평양 항공노선과 동북아와 유럽을 연결하는 시베리아 항공노선의 최전방에 위치하고 있어 사람과 화물의 중계공항으로서 최선의 입지조건을 갖추고 있습니다(①)(인천국제공항공사 2000).

> 20세기의 공항은 '단순통과'였으나, 21세기의 공항은 "세계인이 만나는 만남의 공간, 모든 사람의 모든 욕구가 충족되는 공간"이다. 중국의 북경 요리도 인천공항에 가면 먹을 수가 있고, 이탈리아의 밀라노 패션도 인천공항에 가면 싸게 살 수 있게 될 것이다(②)(이광구 1999, 341).

①에서는 '북방외교'의 시작을 알리는 '북동아시아권'과 태평양 공동체의 구축을 지향하는 '태평양 경제권', 그 양자의 결절점으로서의 인천국제공항이라는 이미지가 부각되고 있다. 그리고 ②와 같은 담론에서는, 그 단서가 된 해외여행 자유화, 서울올림픽에 의해서 해방된 한국인의 '세계적인 욕망'이 반영된 것이다.

IV. 환경운동과 인천국제공항

1. 영종도 신공항 건설 공동대책협의회의 문제제기

전술한 대로, 영종도 일대의 공항건설이 결정되어 가는 과정에서, 그것을 사회적으로 쟁점화하고자 하는 움직임은 그다지 활발하지 않았다. 환경문제를 취급하는 연구자·시민단체를 중심으로 1992년 7월에 대책협이 결성되었고, 8월에 서울의 명동 YMCA 강당에서 400여 명이 참가하는 시민공청회를 개최하였으며, 나아가 11월에 신공항 기공식에서의 데모를 계획하지만, 경찰력에 저지되어 실행할 수 없었다. 같은 해 가을 정기국회에서 공항문제에 대한 야당(민주당, 국민당)의 대응은 소극적이었고, 예산안은 국회를 통과하여 대책협 사람들의 실망은 깊어졌다(영종도 신공항문제 공동대책협의회 편 1993, 4-6).

대책협이 주장한 20개 항목이 넘는 공항건설 문제점의 골자는 다음과 같다(영종도 신공항문제 공동대책협의회 편 1993, 45-157).

(1) 규모와 비용

건설의 근거라고 하는 항공교통량 변화의 예측에 문제가 있어, 건설하더라도 중추공항화는 불가능하다. 공항용지의 규모가 지나치게 크다. 거액의 건설비용, 공항과 본토를 연결하는 해저터널 건설에 관한 경제적·기술적 문제 등.

(2) 공항에의 접근

입지상 국내 각지에서의 교통접근이 전반적으로 나쁘고 서울, 수도권으로부터의 접근만 보아도 편리하다고는 말할 수 없다 등.

(3) 국토정책

지방도시와의 물류상황이 나쁘기 때문에 지방도시 산업의 쇠퇴를 재촉하여 과밀상태인 수도권 1극집중을 보다 가속화할 것이다. 배후지의 첨단산업단지 건설이 지리적 여건상 불가능하다 등.

(4) 주위 자연환경과 관련한 공항의 효율적 운용과 환경 보전

① 영종도 주변은 국제적으로 인정된 보호새를 포함하여 연간 10만 마리 이상의 철새가 통과하는 한국의 4대 철새 도래지 중 한 곳이며, 국제적으로도 중요한 습지대이다. 비행기 이착륙시에 새 충돌(Bird strike) 사고가 발생할 위험이 있다. 또한 개펄을 매립함으로써 철새 생식지를 없애는 것은 리오지구 정상회담에서 한국이 조인한 생물다양성조약의 조항에 위반한다.

② 연간 50일 가까운 짙은 안개 발생이 보고되어 있다.

③ 바다에 접하고 있기 때문에 해일에 의한 피해가 예상된다. 방조제 설계에는 해일에 관한 데이타는 반영되어 있지 않다.

④ 건설예정지 전체의 80% 이상이 개펄 매립지이기 때문에 지반의 불균등 침하가 일어나 활주로를 사용할 수 없게 될 우려가 있다.

⑤ 영종도지역의 개펄은 영양을 풍부히 포함한 두꺼운 퇴적층을 갖고 있어 생태학적인 생산성이 높다. 이 개펄은 한국 서해안 일대의 생태계를 지탱하는 기반이 되고 있고, 파괴되면 근접해양의 생태계 전반에 악영향을 미칠 것이다. 또한 개펄의 생물은 오염물질 분해에 공헌하고 있으므로 개펄의 파괴에 의해 수질오염이 진행될 것이다.

(5) 입지 결정과정의 문제

인천에 기반을 두고 대한항공 등의 항공·물류 관련기업을 갖고 있는 재벌 한진그룹이 입지 결정과정에 개입한 의혹이 있다. 신공항 후보지의 입지

타당성 조사에 부족한 점이 있다 등.

　대책협은 이러한 문제점들을 지적하고, 영종도안의 대안으로서 김포공항의 확장, 오산·수원·시화 등의 대체지역을 검토하였고, 계획은 있었으나 백지화된 청주 신공항 건설 등 다른 선택지들을 제시하였다(영종도 신공항 문제 공동대책협의회 편 1993, 163-186).

　마지막으로 "우리는 영종도신공항 건설을 중단시켜야 한다고 믿고 있지만, 그것이 목표의 전부는 아니다. 보다 바람직한 대안을 찾는 것, 그래서 미래의 국토와 경제와 환경을 살찌우는 것, 그것이 우리의 바람이다"라고 운동의 방향성을 분명히 밝히고 있으며, '영종도 신공항 건설 저지운동'이라는 자기규정을 하고 있는 것을 봐도 잘 알 수 있듯이(영종도 신공항문제 공동대책협의회 편 1993, 6), 대책협이 주도한 운동은 대안제시형이기는 하지만 조건투쟁이 아닌 문자 그대로 건설 반대운동이었음을 확인해 두자.

2. 1990년대 초 한국 환경운동의 방향성과 '영종도 신공항문제'의 '고립화'

　내 기억으로는 90년대 초 김정욱 교수(서울대 환경대학원, 대책협 의장)가 환경단체 모임에서 건설에 반대하자고 주장하였으며, 개인명의로 항의문도 냈다. 그러나 그 때 한국의 환경단체는 항의운동에 적극적으로 참여하려고 하지 않았다. 그 이유는 모른다. …… 분위기로서는 "(김 교수의 주장은) 당연한 것이나 (건설계획을 재고시키는 것은) 어렵다"란 느낌이었다. 당시 우리들은 반핵운동에 중점을 두고 있었다.[5]

　이것은 환경운동에 적극적으로 관계를 지속하고 있는 어느 한국인 연구자가 2000년에 필자에게 말해 준 회상이다. 특히 인천지역과 관계가 깊은

---

5) 2000년 9월 6일, 필자가 해당 연구자에게 한 인터뷰.

그는 당시 인천 주변도시의 주민생활 조사에 관계하고 있었고, 공항이 건설되면 인천 주변도시의 주민생활도 개선될 것이라는 소박한 기대를 갖고 있었다고 솔직히 인정하기도 했다.

1990년대 초 한국 환경운동의 전반적인 흐름을 보면, 이 연구자의 발언에는 납득할 만한 것이 있다. 한국 환경운동의 발전에 관해서는, 구도완(1996, 145-162)이 ① 前史(1960년대~1979년), ② 반공해운동기(1980~1987년), ③ 모색기(1988~1991년), ④ 확산기(1992년 이후)로, 또한 김병완(1994, 214-215)은 ① 피해주민 중심의 집단행동기(1960~70년대), ② 민주화운동과 연대한 반공해운동기(1980~87년 6월), ③ 순수민간 환경운동의 확산기(87년 6월~92년), ④ 환경운동단체의 적극적 조직화기(93년 이후)로, 각각 시기구분을 하고 있다. 구도완에 의하면 '모색기'로부터 '확산기'에 이르기까지, 김병완에 의하면 '확산기'로부터 '적극적 조직화기'에 이르기까지의 이행상황이 중요하다.

첫째로, 1987년 6월항쟁을 계기로 증가하기 시작한 한국의 환경운동이 중심적으로 취급하고 있었던 쟁점은 주로 환경사고를 계기로 생긴 주민의 생활권·환경권의 보전이며, 구체적으로 문제화된 것은 공장폐수(울산, 군산), 쓰레기 매립지(부산 등 각지), 골프장 등이며, 미국의 쓰리마일섬 원자력발전소 사고를 상기시키는 90년의 안면도 핵폐기물 처리장 사고를 계기로 '핵' 문제가 클로즈업되어, 반핵운동이 점차로 고조되고 있었다. 전술한 연구자의 발언 말미로부터도 알 수 있듯이 이 시기 한국 환경운동의 이슈사이클의 국면은 '배수·쓰레기 → 핵'이었다고 할 수 있다. 폐기물의 매립도 아니고, 개펄과 생물의 보전 자체를 문제로 하는 인천공항 건설문제는 이러한 이슈사이클로부터 벗어나 버렸던 것으로 보인다. 역시 80년대 중반에서 시작된 경기도 시화호 간척사업이 쟁점화되어 개펄 문제가 크게 클로즈업되는 것은 1996년을 기다리지 않으면 안 되었다. 더구나 시화호의 경우도 퇴적물비산(飛散)에 의한 농작물 피해라고 하는 주민의 경제적 이해에 직결되는 계기 요인이 있음으로써 쟁점화가 되었던 것이다(韓敬九 外 2001).

둘째로, 김포공항 주변 주민이 이미 항공기 소음에 대한 피해보상을 요구하고 있었다. 이러한 환경운동 분야의 기존 동태가 '김포는 이미 한계'라는 인천공항 건설촉진측의 논리를 받아들이기 쉽게 하였으며, 반대로 김포공항 확장을 대안의 하나로 내건 대책협의 주장이 환경운동 분야에서 정당성을 얻는 것을 어렵게 했다고 생각된다.

셋째로, 1992년 6월의 리오지구 정상회담이야말로 구도완이 말하는 '모색기'로부터 '확산기'로, 또한 김병완이 말하는 '확산기'로부터 '적극적 조직화기'로의 이행을 재촉하는 획기적 계기가 되는 사건이었다. 대책협도 생물다양성 조약을 자기주장의 일부 근거로서 활용하고 있듯이, 지구 정상회담은 얼핏 인천공항 건설 반대운동에 유리하게 작용한 것처럼 보인다. 그러나 여기서 간과해서는 안 되는 것은 지구 정상회담이 한국 환경운동의 전략선택에 준 영향이다. 경제정의실천시민연합(경실련), 공해추방운동연합(환경운동연합의 전신), 대한YMCA 등 주요 시민운동단체의 참가하에 지구 정상회담 한국위원회가 조직되어, 5월에 경제5단체가 '기업인 환경선언'을, 6월에 정부가 '환경 보전을 위한 국가선언문'을 각각 발표하는 상황 속에서 "환경 운동 조직들은 기업과 국가에 대한 적대 전략보다는 타협 전략을 지배적으로 사용하게 되었다"(구도완 1996, 160). '국책사업'의 핵심인 인천공항 건설에 반대하는 대책협의 운동은 이러한 환경운동분야의 지배적 전략의 변화에 적합하지 않았다. 지구 정상회담을 특징짓는 '지구사회' 담론이 한국의 사회적 문맥에서는, 전 절에서도 본 것처럼 세계적인 변화에 적응하고자 하는 '세계화' 전략을 보여주는 '신공항'이라고 하는 상징에 힘을 더해 준 것으로 생각된다.

네 번째로 주요 환경운동단체 조직화의 시기와 관련이 있는 것으로 보인다. 공해추방운동연합이 지방조직을 통합하는 형식으로 환경운동연합으로 개조된 것이 1993년 4월이다. 아직 내부조정과 운동노선 확정으로 고심하고 있었던 환경운동연합에 있어서, 이미 진행되고 있는 공항건설을 백지화·재검토를 재촉하는 운동에 전면적으로 협력하기는 어려웠을 것으로 생각된다.

3. 지역 환경운동에 의한 '승산이 있는 쟁점'으로의 쟁점전환

2000년 9월 당시 인천지역 시민운동 지도자에게 인천국제공항 문제에 대한 대책에 관해서 인터뷰했을 때에도, 공항건설의 가부를 문제시하지 않고, 그것이 가져올 영향을 '보다 싸우기 쉬운 쟁점'과 연결시키겠다는 '암묵의 전술'이 존재함을 느낄 수 있었다. 이하에서 인천환경운동연합과 대책협의 운동에 인천경실련을 통하여 참여했으며, 인터뷰 당시는 다른 운동을 주도하고 있었던 시민운동가 B씨와의 인터뷰 중 관련되는 부분을 언급하겠다.

(1) 인천환경운동연합에 있어서 '개펄' 문제의 위치[6]

인천환경운동연합은 전술한 환경운동연합의 전국적 조직화에 발맞추어 1994년 12월에 결성되었다. 따라서 대책협에 의한 공항건설 반대운동은 인천환경운동연합 결성 이전의 사건으로, 운동단체로서 직접적인 관여는 하지 않고 있었다. 인천환경연합이 결성 후에 주로 해 온 활동으로서는 인천만 내에 있는 굴업도 핵폐기물처리장 건설 반대운동, 영흥도 화력발전소 건설 반대운동 등이 있다. 인터뷰한 시점에서 가장 주력하고 있던 쟁점은 서울과 인천을 연결하는 경인운하건설 반대운동이었다.

인터뷰조사 시점에서 신공항문제와 관련된 활동으로는 영종·용유도 남단의 개펄을 추가매립하여 공항과 연결된 공업단지 조성할 계획에 대한 반대, 그리고 버드 스트라이크(Bird strike) 문제의 거론을 들었다. "근린 개펄에 새가 생식할 수 있는 조건이 유지되는 경우 문제가 생길 가능성이 있다는 점에서, 개펄 개발의 타당성을 공식적 입장은 아니지만 비공식적으로 취급하고 있다"는 것이었다. 그러나 인천공항의 버드 스트라이크 문제를 취급하는 것은 단순한 영종·용유지구의 문제에 한정되지 않고, 역시 국제보호조

---

6) 이 부분은 2000년 9월 8일 필자가 인천환경운동연합 사무차장 이혜경 씨에게 한 인터뷰에 의거한다.

의 도래지이며 인천만의 약간 북쪽에 위치하는 강화도 남북단의 개펄 보전 문제와도 관련된다. 인천환경운동연합은 강화도, 영종도 등 서해안 일대의 개펄을 그 곳에 생식하는 생물에게 있어서는 '연결되어 있는 하나의 생활권'으로 봄으로써 공항건설로부터 개펄 문제를 분리, 타 지역 개펄 보호와 연대하여 공항부지 주변의 개펄 보호를 호소한다는 전략을 지향하고 있는 것 같았다.7)

(2) 건설반대로부터 '바다 되찾기' 운동으로8)

인천경실련에서 공항건설 반대운동에 참가했던 B씨는 "인천공항건설 반대운동은 그 강도가 약해 현지 주민의 동의를 얻을 수 없었다"고 회상한다. B씨는 "수 십번에 걸쳐 영종도로 건너가" 주민과 대화를 했지만 공항이 건설되면 보유하고 있는 토지의 자산가치가 오를 것임을 중시하는 주민을 설득할 수 없었다. 개펄의 파괴는 "공항을 어디 곳에 건설하든지 일어날 수 있는 문제" 정도로 밖에 주민들에게는 받아들여지지 않았다. 또한 김포공항 확장은 현실적으로 불가능하고, 인천건설 이외에 현실성 있는 대안을 운동은 제시할 수 없었다고 회상한다. B씨에 의하면, 건설반대운동은 주민과 시민의 참가가 희박했던 '학자와 소위 시민단체'의 운동이었다.

건설반대 운동이 실패했던 경험을 살려, B씨는 1999년부터 '바다 되찾기 운동'에 힘을 기울였고, 인천경실련, 인천환경운동연합, 인천녹색연합, 인천녹색소비자연대, 인천카톨릭연대 등 지역 시민운동단체의 참가를 얻어서 인천지역 해안에 설치된 약 47㎞의 철조망 철거를 요구했다. 이 운동은

---

7) 구체적으로는 영종도를 포함하는 일대의 개펄과 그 곳에 생식하는 철새의 조사를 행하여, 람사르조약(Ramsar treaty)에의 습지등록을 목표로 하는 심포지엄을 개최하고 있었다. 특히 영종도에 관해서는 개펄 안내판을 페리 선착장에 설치하는 등 보호의 필요성을 호소하고 있다(인천환경운동연합 1999, 23).

8) 이 부분은 2000년 9월 8일 필자가 B씨에게 한 인터뷰에 의거한다.

항만도시 인천의 해안선 대부분이 철조망으로 봉쇄되어, 시민들이 해안은 물론이거니와, 환경운동이 그 보전을 위해 힘쓰고 있는 대부분의 개펄에도 접근할 수 없는 현실을 지적한 것으로 되어 있다. 이 문제는 국방부가 영종·용유도에 철조망을 부설하는 것에 대한 반대로 이어졌다. 국방부는 '공항의 안전관리를 위해' 철조망 설치를 주장했지만, B씨는 '바다 되찾기 운동'이 공항건설 반대운동과 달리 '시민의 호감도'가 높았고, 국방부를 상대로 하는 요구이기는 하지만 타협할 생각이 없었으며, 철조망 부설중지 요구는 관철될 것으로 예상하고 있었다.

그런데 B씨가 이와 같이 '바다'를 고집하는 것은 환경 보전이라는 관점과 동시에 '50년 이상 살고있는' 인천에 대한 애착, 나아가 수도 서울에 대한 대항의식이라는 점을 간과하고는 그 설명이 어렵다. 그것은 B씨의 다음과 같은 발언에 나타나고 있다.

> 서울에는 많은 쇼핑몰, 많은 교육시설, 많은 병원이 있어 많은 것이 잘 되어가고 있다. 그러면 서울에는 없고 인천에는 있는 것이 무엇인가? 그것은 바다이다.

B씨는 바다문제를 해결하여 인천을 '다시 찾고 싶은 도시'로 만들고 싶다고 희망을 이야기한다. '환경담론'과 함께 얽히면서 잠복되어 있는 이러한 인천 지역주의의 담론이 공항문제에 어떠한 영향을 미쳤는가하는 문제를 다음 절의 검토과제로 삼겠다.9)

---

9) 본 장에서는 검토할 수 없었지만, 인천국제공항은 '환경친화형 공항'을 캐치프레이즈의 하나로 들고 있어, PR에서는 '최첨단 종합환경감시시스템'이나 '녹지율 30% 이상의 녹색공항'란 점이 강조된다. 그러나 환경운동이 이러한 '환경친화' 담론을 근본적으로 비판하고 거기에서 스스로 차별화를 꾀하려 하지 않은 이유는 이상에서 검토했던 것 같이 90년대 이후의 한국 환경운동의 전반적인 흐름과 그 배후에 작용하고 있는 마스터 프레임을 고려하지 않으면 잘 해석할 수 없을 것이다.

Ⅴ. '지역운동'과 인천국제공항

1. 인천 지역주의와 지방자치제의 실시

한국에서는 1952년 지방의회선거가 처음 실시된 이후, 1961년 5·16 군사쿠데타가 일어날 때까지 약 10년간 시행되어 왔으나 쿠데타로 지방의회가 해산되고 그 후 오랫동안 중단되어 있었다. 1980년대 중반부터 지방자치제 부활이 정치적 쟁점이 되었으나 실현된 것은 1987년 6월항쟁 이후이다. 1988년 3월 지방자치법이 국회를 통과하고 그 후 우여곡절 끝에 1991년 주민의 직접투표에 의한 지방의회 총선거가 실시되었고, 1995년에는 기초광역자치단체장선거와 지방의회선거가 동시에 행해졌다.

한국에서 지방자치제의 부활은 단순한 행정제도 개혁 이상의 기대를 갖고 인식되고 있으며, 실제로 지역주민의 의식과 행동에 상당한 변화를 가져왔다. 예를 들면 김만흠은 한국의 지방자치 실시는 "지방정치라는 새로운 정치적 기회구조"를 만들었고, '생활정치' '풀뿌리 민주주의' 등의 용어로 특징지어지는 지방자치는 "참가민주주의에 있어 가장 직접적인 공간"이 될 수 있다고 평가하고 있다(김만흠 1997, 177).

인천국제공항이 들어설 인천시는 한국의 5대 광역시 중 하나인 주요 공업도시지만, 인천시민의 의식조사를 한 정영태는 조사대상 성인 가운데 50% 가까이가 10년 이하의 거주력밖에 없었으며, 인천 출생은 30% 이하, 게다가 역시 50% 가까이가 타지로의 전출을 희망하고 있는 인천시민의 특징을 들어 '부초(浮草) 같다'고 하는 인상을 적고, "토착주민들이 헤게모니를 행사하고 있는 다른 지역주민, 예를 들면, 부산, 광주, 대구, 대전 등과는 달리 인천의 토착주민들은 타지에서 흘러 들어온 사람들을 동화시키거나 헤게모니를 장악하지 못한(다)." "인천은 구심력보다 원심력이 더 강하게 작용하고 있다." "인천의 생활여건도 주민들을 인천에 묶어둘 만큼 양호한 것이 아니다. 오히려 다른 지역에 비해, 공해도 심하고 문화공간과 여가시설도 열악하기 짝이 없다"고 그 지역특성을 기술하고 있다(정영태 1998, 11).[10] 이러한 개관을 통해 알 수 있듯이 인천은 주민의 유동성이 높고, 지역적 귀속의식이 부족한 도시라 할 수 있을 것이다.

그러나 지방자치제 실시를 계기로 이러한 경향에 대한 반동으로서, 인천에도 일종의 '지역주의'가 생기고 있으며, 그것이 인천공항문제와 관련하여 주민동원을 촉진하는 계기가 되기도 하고 있다. 그러나 주의해야 할 것은 인천시 당국이나 그에 협조하는 시민운동단체에 의해 동원된 '지역주의'가 일종의 포퓰리즘(populism)적인 양상을 보이는 것이다. 포퓰리즘이란 대단히 다의적인 개념이지만, 여기서는 지노 젤마니(Gino Germani)나 털크워트 디테라(Torcuato Di Tella)가 1960년대 라틴아메리카 운동을 염두에 두고 내렸던 고전적 정의, 즉 미성숙한 상태에서 정치생활 속에 참여하는 대중을 정치 엘리트가 자기 목적에 이용하기 위해 조작해 나가는 운동, 반현상(反現狀) 이데올로기를 품고 있는 엘리트, 기대상승 혁명을 매개로 창출되고 동원되는 대중, 광범위한 정시적 호소를 띤 이데올로기라는 특징을 가진 '지역운동'이라고 볼 수 있겠다(Laclau 1977).

2. 공항을 둘러싼 지역주의 담론

인천공항을 둘러싼 지역주의 담론의 좋은 예로서, 인천에 입지한 인하대학교 경영학과 교수 정재훈의 '시민 없는 신공항'을 들 수 있다. 다음 글은 인천지역의 문화인·지식인들에 의해 발간되는 잡지 『황해문화』의 특집 "영종도 신공항 건설을 둘러싼 네 가지 입장" 중 1편이다(정재훈 1993, 286-301).[11]

---

10) 이 조사는 1997년 9월과 98년 5월에 실시되었다.
11) 특집 외 다른 3편은 김종석(1993), 권오혁(1993), 박창화(1993).

(1) ‘인천시민’대 ‘서울시민’의 대립도식

정재훈은 다음과 같은 일련의 질문을 내걸며 논의를 시작하고 있다.

> 오늘날 인천이란 도시가 그 주민들에게 갖는 의미는 무엇인가? (중략) 자신의
> 자녀들에게 이 도시에서 뿌리를 내리고 살아도 좋다고 자신 있게 이야기할 수 있
> 는 부모의 숫자가 얼마나 될까? 우리가 바라는 인천의 미래상은 어떤 모습이고, 그
> 것을 어떻게 만들어 갈 수 있을 것인가? 그리고 오늘 인천의 환경, 경제(산업구조),
> 행정의 질, 문화, 교육, 시민의 복지수준 등은 이대로 좋은 것인가? 이대로 둘 경우
> 인천의 내일은 어떤 모습이 될까?(정재훈 1993, 286)

정재훈에 의하면, 이러한 일련의 질문을 던지고 그에 답하려 노력해야
할 사람은 대통령도, 정부고관도 아니며 더구나 ‘서울시민’도 아니다. 바로
“인천이라는 도시에서 아이들을 키우며 여기에 있는 직장에서 생활하고 있
는” ‘인천시민’이다. 그런데 인천시민은 인천의 미래에 중요한 영향을 미칠
인천공항 건설에 관한 결정과정에서 배제되어 있으며, 그것은 “인천사람의
자존심을 짓밟는”것이다. 정재훈은 대책협의 주장을 인용하면서도 공항건설
에 대해 단순한 반대는 주창하지 않는다. 그가 주장하는 것은 “영종도 신공
항 건설은 다른 누구도 아닌, 인천시민에 의한, 인천시민을 위한 개발이 되
어야 한다”“결국 신공항 건설은 인천의 지역발전과 연계될 경우에만 그 의
미를 찾을 수 있는 것”이라는 것, 공항문제의 쟁점화를 통하여 “우리(인천
시민)는 이 도시의 주인으로서의 확고한 인식”을 정부와 사회에, 그리고 인
천시민 자신들에게 보여주는 것이다(정재훈 1993, 287-288, 296).

(2) ‘지역주의’를 매개로 한 ‘세계화’‘환경’담론에서의 위치 부여

이러한 지역주의 담론은 인천공항문제에 관해 이미 살펴 본 ‘세계화’담
론과 ‘환경’담론을 스스로와 관련시켜, 스스로 그 한계를 설정하거나 그 근
거를 제시하려고 한다.

우선 세계화 담론에 관해서는,

앞으로의 시대적 조류가 지역의 자립화와 지역의 국제화가 동시적으로 진행될 것이라는 전망을 수용한다면, 우리 인천 지역에도 국제공항이 필요한 것만은 사실이지만, 그러나 그것이 지금의 계획처럼 그렇게 클 필요도 없을 뿐더러 그 모든 교통시설이 서울 사람 쓰기 편하게만 설계되어야 할 하등의 이유도 없다(정재훈 1993, 299-300).

라고 하며, 세계화와 지역화의 동시진행 논리에 서서, 공항의 바람직한 모습에 대한 지역의 결정권을 강조하여, 명확히 '인천시민-서울시민'의 대립도식을 전면에 내놓고 있다.

환경담론에서의 위치부여도 거의 같아, 주민 1인당 공원면적의 부족, 대기오염의 심각성이라는 인천의 문제점을 언급하며, 영종도를 비롯한 만내의 도서(島嶼)는 "인천이 녹색 도시로서 시민들이 필요한 휴식 공간을 제공할 수 있는 마지막 보고"라 하여, 지역 전체에 있어서의 중요성을 강조, "개발과 환경이 조화된, 인간과 자연환경이 조화된 쾌적한 삶의 터전으로서 인천이 가꾸어질 수 있도록 해야 한다. 이를 위해 우리 인천시민들에게 요구되는 가장 시급한 과제는 지금까지의 방관자적 자세를 버리고 지역 발전에 대해 주체적인 자세를 회복하는 일이 될 것이다"라고, 환경에 대한 지역의 자기결정권을 강조하고 있다(정재훈 1993, 287-288). 정재훈은 공항문제와 관련하여 인천시민이 하지 않으면 안 될 구체적 요구로서, 1992년에 제정된 신공항 건설촉진법을 개정하여 공항건설 과정에 인천시민의 의사가 반영되도록 할 것, 개항 뒤 일정기간 공항수익의 일부를 인천시의 재원에 편입할 것을 제안하고, 그것을 위해 필요한 기존의 환경평가보고서 등 정보공개, 시민요구의 수용, 시민운동을 매개로 한 시민의 힘의 결집을 촉구하며 글을 맺고 있다(정재훈 1993, 300-301).

이러한 지역주의 담론에서는 세계화담론, 환경담론, 지역주의담론이 언뜻 보아 이상적인 형태로 무리 없이 접합되어 있다. 그러면 이러한 담론이 실제 정치-운동장면에서 어떠한 동원·집합행위의 형태를 보여 갔을까?

3. 신공항 명칭변경운동과 선거

건설교통부는 1992년 9월부터 신공항 명칭의 공모를 시작하여, 1993년 10월에 산하의 명칭심의회가 응모된 명칭 중에서 '세종' '인천' '서울영종'의 3안을 가작으로서 발표했지만 최종적인 확정명칭은 제시하지 않았다. 그 후 건설교통부가 새로운 임원으로 명칭심의회를 재구성하여, 1994년 12월 '영종국제공항'을 최종명칭으로서 발표하였다.

그런데 인천시의회는 이에 대해 "영종은 인천의 한 개 동에 지나지 않아 국제적인 공항의 명칭으로서는 부적절"하다고 비판하며, 공항명칭에 반드시 '인천'이라는 문자를 포함시킬 것을 요청했다. 게다가 서울시도 국내공항 이용자의 다수를 차지하는 것은 공항에 인접한 수도서울의 시민이라는 것을 근거로 '서울공항'안을 주장했다.

1995년 4월, 인천기독교연합총회, 인천YMCA 등 인천의 기독교계 단체를 중심으로 한 57개 단체가 '인천국제공항 명칭제정 추진위원회'(상임의장 최성규 순복음인천교회 목사)를 결성, "인천시민이 자부심과 긍지를 가질 수 있도록 명칭을 (인천국제공항으로) 바꿔야 한다"고 주장, 한국 기독교 중에서도 유수의 조직력을 가진 순복음교회의 네트워크를 이용하여, 명칭개정요청 서명운동을 시작했다. 추진위원회는 6월 13일 인천체육관에서 인천과 경인지역의 순복음교회 신도를 중심으로 '인천국제공항 명칭제정추구 인천시민 결의대회'를 개최, 동월 19일, 대통령, 국무총리, 건설교통부장관, 인천시장 앞으로 21만 5천 명의 서명과 "명칭변경을 위한 결의문"을 보냈다. 의장은 신문인터뷰에 대한 답변에서 "교회가 지역사회를 위해 봉사하고 참여해야 한다는 생각에서 운동에 참여하게 되었으며, 좋은 성과로 나타나 기쁘다"고 이야기하고 있다(김무종 1996).

명칭변경운동은 이전의 대책협의 건설반대운동과 비교했을 때, 서명 수에서 보자면 훨씬 많은 시민의 지지를 얻어 자원동원에 성공했다 할 수 있다. 그러나 '인천이라는 명칭'이라고 하는 지역주의적인 슬로건에 구애됨으로써 공항과 지역사회의 관계에 관한 본질적 구명과 문제제기를 회피하는 역할을 했다고 할 수 있지 않을까?

더욱 간과할 수 없는 것은 운동과 인천지역 정치와의 타이밍이다. 명칭변경운동이 고조된 기간은 전술했던 한국지방자치의 커다란 획기적 기간인 95년의 자치체장 선거시기와 겹치고 있다. 인천시장에는 3명의 후보가 출마했는데, 모두가 공항명칭 변경에 찬성을 표명했다. 시장선거를 제압한 최기선(민자당)은 임명제인 제7기 시장(93년 3월~94년 9월)도 역임하고 있었는데, 김영삼의 재야시절부터 그의 브레인으로서 명성이 높다. 공항명칭에 관해서 건설교통부는 인천, 서울 양시의 반발을 고려하여, 다음 96년 3월 일단은 '서울인천공항'이라고 하는 절충안을 확정하지만, 이 안에 대해 인천시는 강력히 반발, 결국 동월 21일, '인천국제공항'이라는 명칭이 최종 확정된다.

표면적으로는 '지방'인 인천시, 인천시의회나 인천지역 시민운동의 요구가 '중앙' 서울시의 요구를 밀어내고, 건설교통부를 움직인 것처럼 보인다. 그러나 이 최종결정 뒤에는 다음 4월에 예정되어 있던 국회의원 선거를 앞두고, 최기선의 주도하에 인천에서의 야당 신한당 진출을 억누르기 위해서 필요하다는 김영삼과 청와대 수뇌의 계산이 있었음은 간단히 상상할 수 있다. 시민운동으로서 동원된 '인천시민의 자부심과 긍지'는 정치엘리트의 헤게모니 유지를 위해 조작되어 간 것이다.

4. 국책사업 특별법을 둘러싼 정부와 인천시[12]

인천국제공항에 연결되는 고속도로 건설이 인천시내의 건설예정지 근린주민의 반대와 그에 대응한 인천시의 건축허인가 지체에 의해 정체되자, 건

---

12) 본 절 사례의 경과는 주로 권영주(1997, 5-45)에 의거한다.

설교통부는 1996년 초 신공항건설촉진법을 개정하여, 공항건설작업과 관련하여 지방자치단체장의 건축허가가 없더라도 공사를 할 수 있고, 각 건설물의 건축 때에도 소방법 등의 적용을 받지 않도록 하는 내용의 '국책사업 특별법'을 제정할 방침을 세우고, 6월 임시국회에서 신법을 성립시키는 것을 목표로 했다.

이에 대해, 전술한 인천국제공항 명칭제정위원회는 5월 1일 성명을 내고 "주민 직접선거로 뽑힌 지방자치체장의 건축허가권 등 지방자치 고유업무를 정지시키는 어떠한 법 개정에도 반대한다"며 법안철회를 요구했다. 또한 같은 달 6일 최기선 시장도 이 법개정에 대해 원칙적 반대를 표명했다.

이러한 반대는 다른 지방자치체로도 확대되어, "지방자치체를 말살하고자 하는 개발독재시대의 발상"이라는 주지의 반발과 항의가 잇달았다. 광역의회 의장단의 협의체인 시도의회 의장단 평의회도 반대결의를 내었다.

반대는 지방자치체란 테두리를 넘어서 시민운동 영역으로까지 넓어져, 환경운동연합, 녹색연합, 경실련 등 전국적 시민운동 단체도 법개정에 반대를 표명했다. 이 중 환경운동연합은 5월 4일, "정부의 특별법 제정 시도는 지방자치 정신에 역행된 반민주적 발상이며, 심각한 환경파괴를 부를 뿐"이라고 비판했다.

이와 같이 여기서도 지역주의와 환경주의 담론의 결합을 볼 수 있지만, 주의해야 할 것은 이러한 담론 안에서 인천공항문제가 논의되는 문맥의 변경이 보인다는 점이다. 특별법 문제에 관한 환경운동연합의 의사표명으로 간주할 수 있는 이시재 정책위원장의 서명이 들어간 논설 "국책사업 특별법은 참여민주주의의 후퇴"는 특별법 제정에 반대를 표명하면서, "주민들이 국책사업 그 자체의 의의를 근본적으로 부정하는 경우는 매우 적다"고 쓰고 있다. 아마 이시재는 대책협에 의한 인천공항 건설 반대운동은 '주민'에 뿌리를 내린 운동이 아니라고 그 위치부여를 하고 있는 것 같다. 그 뒤에 "주민들과 지방자치체는 국책사업이 결정되는 과정에서 참여가 배제되었고, (중략) 개발과정에서 입을 피해를 충분히 보상하고 있지 않기 때문에 주민들은 그런 국책사업에 반대하고 있는 것이다"로 계속된다. 즉 이 담론에 있어서 국책사업의 의의를 묻는 행위는 논의의 대상으로부터 배제되고, 지방자치라는 국면에서의 '참가'가 어떻게 보장되는가, 또는 실제적 '보상'의 타당성 여부가 강조되는 것이다.[13]

이러한 움직임 속에서 6월 6일, 인천시는 그 때까지 반대했던 태도를 뒤집어 건설교통부의 법안을 인정하는 대신에, 공항 주변지역을 시가 주도하여 개발할 수 있게 하는 별개의 특별법 제정을 요구하는 거래에 나선다. 건설교통부는 이러한 지방자치체나 시민단체의 반대를 무릅쓰고 법안을 국회에 제출하지만, 지방자치체·시민운동의 동향을 걱정한 야당 신한당의 반대로 국회 건설교통위원회에서 법안이 재검토된다. 그 결과, 96년 10월에 성립한 개정안에서는 필요없는 허인가 수가 26개에서 23개로 줄어드는 등, 지방자치체-시민운동 측에 대해 약간의 타협을 보이는 쪽으로 수정되었다.

문제는 이러한 논쟁 속에서 특별법 문제의 발단이 된 "공항연결 고속도로는 정말로 인천시민에게 이익이 되는 것인가"라는 문제는 어디론가 사라져 버리고, 실질적으로는 건설의 신속화를 목표로 하는 방향으로 흘러갔다는 점이다.

인천국제공항 고속도로는 인천시 북부를 통과하여 서울의 중심부나 일산 신시가지 방면으로 연결된다. 북인천 인터체인지로부터 인천시 중심부로의 접근은 일반도로의 혼잡때문에 상당히 열악하다. 공항에서 인천시 중심부로 뻗는 제2, 제3 고속도로도 계획되어 있지만 건설에는 많은 문제점이 예상된다(안경수 1999, 306). '인천'이라는 공항명칭으로, 혹은 시 행정이 시민을 동원한 국가와의 줄다리기로 확보했던 몇몇 허인가권으로 인천시민이 실질적으로 얻은 것은 무엇이었던가?

---

13) 한국환경운동연합의 공식 홈페이지 참조.

VI. 결어

"세계화(Globalization)를 목표로 하는 국책사업"이라는 표현은 일견 형용모순처럼 보인다. 인천국제공항 건설이 갖는 정당성의 두 가지 원천—'국가'와 '글로벌라이제이션'은 서로 배반되고, 전자의 힘은 후자의 진행에 의해서 약화되는 것처럼 생각된다. 게다가 '환경' 담론은 '세계화' 담론과 결부되어 '국가' 담론에 대항하고, 또한 '지역주의' 담론은 '세계화' '국가' 쌍방의 담론을 상대화함으로써 각각 인천국제공항 건설의 논리를 비판하는 담론이 될 수 있었던 것처럼 보인다.

그러나 인천국제공항 건설을 둘러싼 제담론의 실제 관련 상태는 그런 것이 아니었다. '국가' 담론과 '세계화' 담론은 상호보완적으로 조합되었다. '지역주의' 담론은 '세계화와 지역화의 동시진행'이라는 형태로 '세계화' 담론과도 결합, 또한 '시민을 위한 환경'이라는 형태로 '환경' 담론과도 결부되어, 인천공항 문제에 관한 포퓰리즘적인 동원을 가능하게 한 '세계화·환경·지역주의'의 마스터 프레임을 구성했다. 또한 '환경' 담론은 '지역주의' 담론에 포함되어, 거기에 '세계화' 담론을 매개로 '국가' 담론과 타협함으로써 공항건설에 대한 근본적이면서도 대대적인 이의제기를 동원하는 것을 회피했다.

본 장에서 재구성한 현대 한국에서의 '세계화·환경·지역주의'의 마스터 프레임은 아직 대략적인 기술에 머물고 있다. 향후 대중매체, 사회운동/NGO, 정부, 자치체, 기업 등이 생산하는, 보다 다양한 텍스트를 재료로 그 내실과 동태를 해명할 필요가 있으며 또한 인천 이외 지역의 시민운동, 환경운동을 사례로 하여, 이 마스터 프레임이 어느 정도의 구속력을 갖는가를 검토해 나갈 필요가 있을 것이다. 그러나 본 장에서 행한 마스터 프레임의 가설적 제시는, 한국에서의 '세계화'와 '국가의 힘'의 관계 재고를 촉진시키며,14) 프레임 형성에 있어서 노태우 정권기와 김영삼 정권기 이후의 연속

---

14) Weiss(1997, 3-27) 등이 지적한, 한국을 비롯한 아시아 신흥공업국(NIES)에서의 글로벌 경제화가 국가의 강력한 이니셔티브하에서 진행되어 온 것이 시민사회-시민운동의 담론과 그것을

성을 시사함으로써 한국 현대사의 재검토를 촉구하였으며, 나아가 세계화하의 한국 시민사회와 시민운동의 내실에 관한 여러 가지 문제점을 끌어낼 수 있었던 것은 부정할 수 없을 것이라 생각한다.

구속하는 프레임에 있어서 갖는 의미를 검토해 나간다는 것이기도 한다.

참고문헌

구도완. 1996. 『한국환경운동의 사회학』. 문학과 지성사.

권영주. 1997. "한국지방정부의 영향력에 관한 연구 : 국책사업을 중심으로." 『서울시립대학교 논문집』 제31집.

권오혁. 1993. "허상을 좇는 또 하나의 평화의 댐." 『황해문화』 창간호.

김만흠. 1997. "지방자치와 참여민주주의." 참여사회연구소 편. 『참여민주주의와 한국사회』. 창작과 비평사.

김무종. 1996. "인천 국제공항 명칭 '교회가 달성해냈다'." 『국민일보』 3월 26일.

김병완. 1994. 『한국의 환경정책과 녹색운동』. 나남.

김종석. 1993. "시급히 건설되어야 한다." 『황해문화』 창간호.

김진현. 1995. "동북아의 발전과 교통혁명." 『국토정보』 3월호.

박창화. 1993. "지역 교통문제 해결의 계기." 『황해문화』 창간호.

시민사회포럼·중앙일보 시민사회연구소 편. 2002. 『참여민주주의 실현을 위한 시민사회와 시민운동』. 아르케.

안경수. 1999. "인천국제공항과 인천도심지역 간 연계의 필요성 및 교량건설시기 분석." 『인천대학교 논문집』 제24집.

영종도 신공항문제 공동대책협의회 편. 1993. 『영종도 신공항 : 문제점과 대안』.

유팔무·김종훈 편. 2001. 『시민사회와 시민운동 2 : 새로운 지평의 탐색』. 한울.

유팔무·김호기 편. 1995. 『시민사회와 시민운동』. 한울.

이신행 외. 1999. 『시민사회운동 : 이론적 배경과 국제적 사례』. 법문사.

이광구. 1999. "21세기 동북아시아, 하늘의 패권을 노린다." 『월간조선』 제233호.

인천국제공항공사. 2000. 『IIA 인천국제공항』.

인천환경운동연합. 1999. 『제6회 총회자료집』.

임내영. 1995. "세계화와 정치개혁." 김경원·임현진 공편. 『세계화의 도전과 한국의 대응』. 나남.

임영일. 1991a. "한국사회의 지배 이데올로기." 한국산업사회연구회 편. 『한국사회와 지배 이데올로기』. 녹두

______. 1991b. "이데올로기의 극복과 해방에의 전망." 한국산업사회연구회 편. 『한국사회와 지배 이데올로기』. 녹두

서경석·임재훈. 1994. "국제화와 민주주의." 학술단체협의회 편. 『국제화와 한국사회 : 진보적 대안』. 나남.

정영태. 1998. 『시민이 본 인천 : 일상과 정치』. 인하대학교 출판부.

정재훈. 1993. "시민없는 신공항." 『황해문화』 창간호.

조이제. 1995. "21세기 동북아지역의 운송과 통신의 중심거점으로서의 한국 : 영종도신공항의 역할." 『국토정보』 3월호.

한국사회학회·한국정치학회 편. 1992. 『한국의 국가와 시민사회』. 한울.

한승수 편. 1989. 『태평양시대와 한국』. 산업연구원.

함영훈. 1991. "영종도 신국제공항전개가 지역사회 발전에 미치는 영향에 관한 연구." 『한국항공대학 논문집』 제29집.

具正謨. 1996. "韓國の國際經濟戰略の展開." 小山洋司 編. 『APEC時代への戰略 : 環日本海經濟圈の新局面』. 有信堂高文社.

大畑裕嗣. 1994. "韓國における市民社會論の動向 : '韓國の國家と市民社會'を讀む." 『思想』 第844號.

______. 1999. "韓國市民社會論の基本構圖 : 1987年民主化以前の評價を中心に." 青井和夫 外 編. 『市民性の變容と地域·社會問題』. 梓出版社

石崎榮生. 1993. "韓國の北方外交ー中韓國交正常化を中心に." 大西康雄 編. 『冷戰後の北東アジア : 新たな相互關係の模索』. アジア經濟研究所.

한경구 外 著·山下亮 譯. 2001. 『海を賣った人々ー韓國·始華干拓事業』. 日本濕地ネットワーク.

Abercrombie, Nicholas, Stephen Hill and Bryan S. Turner eds. 1980. *The Dominant Ideolgy Thesis*. Allen & Anwin.

Bedeski, Robert E. 1994. *The Transformation of South Korea: Reform and Reconstruction in the Sixth Republic and Roh Tae Woo, 1987-1992*. Routledge.

Gamson, William A., and Andre Modigliani. 1985. "Media Discourse and Public Opinion on Nuclear Power : a Constructionist Approach." *American Journal of Sociology* 95(1).

Laclau, Ernesto and Chantal Mouffe. 1985. *Hegemony and Socialist Strategy: Toward a Radical Democratic Politics*. Verso.

Laclau, Ernesto. 1977. *Politics and Ideology in Marxist Theory : Capitalism-Fascism-Populism*. NLR.

Larson, James F., and Heung-Soo Park. 1993. *Global Television and the Politics of the Seoul Olympic*. Westview.

Long, Norman. 2000. "Exploring Local/global Transformation: a View from

Anthropology." Alberto Arce & Norman Long eds. *Anthropology, Development, and Modernities*. Routledge.
Smith, Anthony. 1973. *The Concept of Social Change*. Routledge & Kegan Paul.
Snow, David A., and Robert D. Benford. 1992. "Master Frames and Cycle of Protest." Aldon D. Morris, Carrol M. Mueller eds. *Frontiers in Social Movement Theory*. Yale University Press.
Weiss, Linda. 1997. "Globalization and the Myth of the Powerless State." *New Left Review* 225.

지역 가버넌스와 시민운동 : 부산을 중심으로

박형준

Ⅰ. 머리말

한국 사회에서 시민운동의 발전은 민주화의 산물이다. 재야 민주화 운동과 학생운동, 그리고 노동운농이 한국의 민주화를 성취한 사회운동이라면 시민운동은 민주화를 기반으로 한 시민사회의 활성화와 자율성 신장의 결과라 할 수 있다. 1990년대 한국의 시민운동은 국가와 시장에 대한 상대적 자율 공간으로서의 시민사회를 대변하는 역할을 했다. 90년대 시민운동은 정치적이었다. 정치적이었다는 것의 의미는 시민운동이 제도정치에 대한 비판적 기능을 가장 중요한 임무로 삼았고, 제도정치가 자기 한계로 인해 다루지 못하거나 다루기 어려운 이슈들을 정치적으로 제기하고 공론화하는 역할을 주로 했기 때문이다. 이를 통해 '시민사회의 정치'라고 하는 새로운 하위 정치적 영역을 만들어 내었다(김호기 2002; 박형준 2001).

지역 차원에서도 이것은 비슷한 양상으로 전개된다. 1990년대 지역 시민운동의 모델은 서울을 중심으로 한 정치적 시민운동의 모델을 수용하면서 본격화된다. 따라서 사회운동의 유형 측면에서 볼 때 지역 시민운동은 서울의 시민운동과 비슷한 특성을 보인다 할 수 있다. 하지만, 국가를 상대로 한 중앙의 정치와 지방자치를 매개로 한 지역의 정치는 상당히 다른 사회정치적 컨텍스트를 갖는다는 점을 유의하지 않으면 안 된다. 지금까지 시민운동에 대한 연구는 이런 중앙 차원의 사회정치적 컨텍스트와 지역 차원의 사회정치적 컨텍스트를 고려하여 지역 시민운동의 특수성을 드러내는 데까지는 나아가지 못했다. 그동안 시민운동 연구는 시민사회론에 대한 이론적 논의, 사회운동이론의 관점에서 시민운동 해석에 치중되어 왔고 지역 차원의 시민운동의 특수성을 해명하는 데까지는 나아가지 못하고 있다(조희연 1999). 이제는 지역 차원의 시민운동에 대해서도 활발한 연구가 필요한 시점으로 보인다. 이런 맥락에서 논문에서는 부산 시민운동의 특성을 가버넌스론의 관점에서 살펴보고자 한다. 특히 부산 시민운동의 발전 경로가 서울의 정치적 시민운동과 유사한 점은 무엇이고 다른 점은 무엇인가를 논의한 후에 가버넌스의 관점에서 시민운동의 기능은 무엇이고, 이것이 새로운 지역 정치 모델의 정립에 갖는 함의는 무엇인가를 해명하고자 한다.

II. 부산의 시민운동, 경과와 특성

한국의 시민운동은 민주화를 기반으로 해서 1980년대 후반부터 본격적으로 확산되기 시작했다. 민주화와 함께 다원적인 사회적 욕구 및 문제들이 분출하고, 사회주의권 붕괴 등 맑스주의적 이념 지형이 쇠퇴하면서, 제도 개혁과 정책 전환, 삶의 질 개선을 주된 목표로 하는 대안적 사회운동으로 시민운동이 형성되었다, 서울 경실련을 필두로 참여연대, 환경운동연합 등이 주도했던 1990년대의 시민운동은 정치적 시민운동 모델이라 할 수 있다. 여기서 정치적 시민운동이란 권력에 대한 비판과 견제에 초점을 두고 "주요한 정치적·정책적 사안에 대해 개입하는 시민운동"을 주요한 행동양식으로 삼는 운동을 의미한다(박형준 2001). 특히 정부의 정책에 대한 문제제기와 비판, 그리고 정책 대안의 제시가 시민운동의 주요 기제가 되었다. 이를 통해 시민운동이 시민사회와 정치사회의 뚜렷한 매개항으로 자리잡게 된다. 이 매개항의 역할은 이중적으로 표현된다. 한편에서는 시민사회 수준에서 제기되는 공공성을 관철시키고, 시민사회의 정치적 욕구와 여론을 정치사회에 반영하는 역할로 나타나지만, 다른 한편에서는 시민운동 주체의 의도와 관계없이 정치사회의 입장에서 시민사회를 관리하는 전략적 동원 자원의 위치를 갖게 된다. 가장 개혁적인 정부를 표방하고 있는 노무현 정부에 이르러 시민운동의 이중적 성격은 시민운동의 큰 딜레마로 나타나고 있다.[1]

이런 정치적 시민운동은 엘리트 주도의 시민운동으로 나타날 개연성을 높인다. 강상욱에 의하면 1980년대 후반 이후 우리나라의 시민단체는 정치적 기회구조를 배경으로 일반시민보다는 활동가나 전문가 집단 등 사회의 특정한 엘리트그룹이 사회문제와 관련한 이슈제기를 중심으로 성장해 왔다. 특히 정부, 언론 등 외부집단의 지원과 역할이 시민단체의 성장에 중요한 영향을 미쳤다. 이는 이론적으로 NGO의 성장에 대해 수요측면 이론(Demand Side Theory)보다는 공급측면 이론(Supply Side Theory)의 적실성이 좀더 높음을 의미한다. 즉, 우리나라 시민단체의 경우, 사회적 수요에 대한 대응(Band-aid)보다는 특정 집단의 주도적 역할(Band-Wagon)이 성장에 더욱 중요한 영향을 미쳤다는 것이다(강상욱 2001).

부산의 시민운동도 이러한 정치적 시민운동 모델을 수용하면서 1990년대에 본격적으로 활성화되기 시작했다. 1989년 부산환경운동연합의 전신인 공해추방운동시민운동협의회의 부산지부가 출범하면서 환경문제를 이슈로 삼은 시민운동이 전개되기 시작했고, 1991년에는 부산경실련이 창립되었으며, 비슷한 시기에 이후 부산참여자치시민연대로 개칭되는 '참여와 자치를 위한 부산지역 시민연대회의'가 발족하였다. 기존에 시민운동을 수행해왔던 YMCA나 YWCA와 함께 이들 새로운 시민운동 단체들은 지역 시민운동의

---

1) 경실련은 노무현 정부에 대해 독립적인 위치에서 비판과 감시를 엄정하게 수행할 것임을 선언하였고, 참여연대도 비슷한 입장을 표명하였다. 시민단체 출신 인사들이 대거 정부에 참여하고, 시민운동의 정치적 색깔과 노무현 정부의 정치적 색채가 유사한 이미지로 다가오는 현실에서 이는 정치적 시민운동이 지니는 딜레마를 잘 표현해주고 있다.

새로운 지평을 여는 견인차 역할을 해왔다. 특히 환경, 여성, 문화, 지역 경제, 장애인, 복지, 정보화 분야 등에서 다양한 시민단체들이 형성되어 시민운동의 분야와 영역이 확산되었고, 이를 통해 부산에서도 NGO가 주요한 사회적 행위 영역으로 자리잡게 되었다.

1990년대 부산의 시민운동은 크게 두 개의 시기로 나누어 생각해볼 수 있다. 첫 번째 시기는 1991~1995년의 시기이고, 두 번째 시기는 1996년부터 현재의 시기이다. 전자가 시민운동이 막 형태적 골격을 갖추는 시기였다고 한다면, 후자는 시민운동이 자기 성격을 확립해가는 시기라 할 수 있다. 태동기의 시민운동은 대체로 서울의 주요 시민운동에 의존하는 바가 컸고, 활동의 내용도 상대적으로 빈약했다 할 수 있다. 소수의 전문가들과 상근자들이 모여 이슈를 제기하는 수준의 활동 이상을 벌이지는 못했다. 부산 경실련의 경우 1991년과 1992년, 그리고 1993년의 경우 기록할 만한 대외 활동이 총 10건에 불과할 정도이며, 그것도 대부분 캠페인, 토론회 등이 주종을 이루고 있다. 이 시기는 일종의 조직 정비 시기라고도 할 수 있다. 지역의 교수들을 비롯해 전문가들과 결합하기 시작했고, 이른바 경실련 운동의 양 날개라고 하는 전문가 그룹과 상근자 그룹이 형성되는 시기라 할 수 있다. 이것은 다른 단체들의 경우도 크게 차이가 없다.

1995년부터 부산의 시민운동은 활성화될 수 있는 좋은 계기를 만난다. 전면적인 지방자치의 실시와 민선 단체장 시대가 열림으로써, 이제 지역의 시민운동은 지역 차원에서 자신의 역할을 새로이 정립할 수 있는 기회를 맞게 된다. 이때부터 비로소 서울의 시민단체의 '지부' 또는 서울 중심의 시민운동에 대한 하위 단위라는 성격을 탈피해 지역 수준에서 독자적이고 자율적인 사회운동을 전개하는 단위로서 정립되어가기 시작했으며, 지역 시민운동이 자신의 특수성을 드러내는 과정이 전개된다. 지역사회 수준에서 정치 행정과 경제와 시민운동이 지방자치의 활성화, 지역 발전, 지역 주민의 삶의 질이라는 과제를 향해 새로운 관계가 모색되는 것이다.

이런 과정에서 부산 지역의 시민운동도 다양한 갈래의 운동으로 발전하

기 시작했다. 참여연대에서는 주민포괄형 시민운동과 주민밀착형 시민운동
으로 부산의 시민운동을 구분하였다. 주민밀착형은 전체 부산시민의 생활과
관련되는 사항과 나아가 전국적인 과제를 중심으로 활동하는 유형을, 주민
밀착형은 해운대를 사랑하는 모임 등과 같이 구나 동 단위의 한정된 특정
지역주민들의 생활관련 사항을 중심으로 활동하는 유형을 상정한다(박재율
·노승조 2002). 전자는 참여연대와 경실련이 대표적이고, 후자는 해운대를
사랑하는 모임, 연제공동체, 늘푸른 시민모임 등이 해당된다. 좀더 이론적인
용어로 말하자면 전자는 불특정한 시민들을 대상으로 시민운동의 상품성을
확보하려는 시장지향형이고, 후자는 일정한 사회적 공간 내에서 삶의 질향
상을 위한 공동체를 복원하려는 공동체 동원형이라고도 할 수 있다(조대엽
1999). 하지만 아쉽게도 후자의 시도들은 부산에서 아직 제대로 뿌리를 내
리지 못하고 있다. 해운대를 사랑하는 모임과 연제 공동체 등이 '해운대 신
시가지 내 쓰레기소각장 환경문제, 달맞이고개 고도세한 등의 활동, 연제 주
민도서원 운영 등의 활동을 전개했지만, 일상적인 주민 참여를 이끌어내는
조직의 활성화에는 성공하지 못했다. 그 이유 중의 하나는 주민들의 자발적
참여를 이끌어낼 수 있는 독자적인 운동모델이 개발되었다기보다는, 시장
지향형 운동과 유사한 형태의 활동 방식을 특정한 구역 내에서 수행한다는
의미 이상을 지니지 못했기 때문이다.

그런 가운데 운동의 전문화 경향이 부분적으로 나타나기 시작했다. 환경
운동 내에서 녹색 연합, 습지를 찾는 작은 친구들 등이 자기 과제를 설정한
운동을 벌이기 시작했고, 사이버 공간을 적극적으로 활용하려는 의도에서
출발한 청년정보문화센터나 정보공동체 등이 사이버 시민운동의 유형을 창
출했다. 부산을 문화도시로 만들기 위한 일종의 문화운동으로 문화도시부산
창조네트워크가 만들어져 간판 혁신과 도시 이미지 개선 문제, 문화자원봉
사나 꽃 도시 만들기 운동 등을 중심으로 새로운 운동 영역을 개척하였다.
여성운동도 한층 다양해져 성폭력, 여성 장애인 등 인권, 여성 정치 참여 등
의 분야에서 주목할 만한 성장을 해왔다. 하지만 이런 전문화는 아직 걸음마

단계라 할 수 있다. 각기 고유한 주제와 운동 영역을 가진 NGO 부문의 전체적인 성장 속도는 아직 느리다고 할 수밖에 없다.

이런 가운데 이른바 유형의 네트워크보다는 불특정한 시민들의 무형의 네트워크(공론 형성 및 시민적 담론을 매개로 한 소통 구조의 형성)(박형준 1995)를 중시하는 주민 포괄형 정치적 시민운동이 부산의 시민운동을 상징해왔다고 할 수 있다. 특히 앞서도 말했지만 민선 단체장 시대에 이들 정치적 시민운동은 '시민적 보편성'에 입각한 운동뿐만 아니라, 지역주의를 전제로 한 시민운동을 전개하기 시작한다. 서울 중심의 제도 개혁 및 정책 대안 운동에 동참하는 차원을 넘어 지역의 이익과 발전을 운동의 자기 과제로 삼으려는 경향이 뚜렷해진 것이다. 예를 들어 1994년부터 시작된 삼성차 유치운동에 많은 시민운동 단체들이 참여했고, 이후 지역 경제 발전을 위한 중앙 정부에 대한 요구를 중심으로 한 시민운동이 최근 "주가지수 선물 이관 운동"에 이르기까지 지속적으로 전개되어 왔다. 위천공단 조성 반대와 낙동강 살리기 운동도 지역 주민의 삶을 위협하는 타 지역의 정책을 저지하고, 지역의 이익을 관철하려는 운동으로 큰 호응을 얻었다. 2002년에 결성된 지방분권부산운동본부는 지금껏 부산에서 만들어진 연대운동체로서는 가장 많은 133개 단체가 참여했고, 그 가운데에는 상공회의소, 양대 노총, 교총과 전교조 등 시민운동의 범주를 넘어서는 단체들이나 서로 대립적인 입장에 있었던 단체들도 폭넓게 참여하여 지역 발전을 위한 공동의 이슈에 대한 공동 대응 체제를 확립하였다. 이러한 네트워크 운동들이 표방한 지역주의는 일종의 창조적 지역주의라고 할 수 있다.

창조적 지역주의는 지역감정 수준에 머물러 있는 배타적 폐쇄적 비합리적 지역주의를 거부하고, 세계화·정보화·지방화 시대에 걸맞는 개방적·포용적·합리적 지역주의를 지칭한다. 다른 지역에 대한 부정적 인식과 편견 또는 배타적 자기 이익의 주장 속에서 표출되는 지역주의가 아니라, 외적인 요소에 대해 열린 마음과 적극적인 수용의 태도를 가지며 지역 발전을 위해 합리적인 의사결정을 도모하는 지역주의인 것이다(박형준 2001, 335).

창조적 지역주의는 궁극적으로 부산을 21세기형 선진도시로 만들기 위한 전략이라 할 수 있다. 거기에는 삶의 질의 선진화(녹색문화도시), 자율적 공동체와 선진시민의식의 사회적 신뢰체계, 지식네트워크(지식 자원의 활용력)와 인재 양성 및 충원, 고부가가치 산업의 유치, 사회간접자본의 선진화 등이 포함되며, 이러한 요소들을 발전시키는 데 지역의 다원적 행동 주체들이 능동적으로 참여하고 협력해야 함을 지시하는 개념이다. 시민운동과 NGO가 그 중요한 주체의 하나임은 두말할 나위가 없다.

부산의 시민운동도 기본적으로 이런 방향으로 움직였다고 할 수 있다. 한국의 사회운동이 투쟁을 통해서 발전해왔고, 그 때문에 은연 중에 대립적 바리케이트 모델을 상정해왔다 할 수 있다. 하지만 창조적 지역주의하에서의 시민운동은 시민운동이 지방 정부와 지역의 경제계, 지역 언론 등 지역사회 내 각 주체들과 소통하고 상호작용 방식에 상당한 변화를 초래했다. 이른바 바리케이트 모델에서 인탁 모델로의 변화가 나타나는 것이다. 후자는 투쟁 중심보다는 지역 내의 다원적인 행위 주체들과의 수평적인 협력, 그에 입각해 정책 대안을 마련하고 시민들의 광범한 동의하에 정책을 집행하려는 방식에 더 강세가 두어지게 되는 것이다. 이런 경우 이른바 '운동'으로서의 정체성은 상대적으로 약화될 가능성이 있다. 하지만 투쟁 중심의 시민 참여와 동원의 방식에서 공감대 형성과 설득을 중심으로 한 시민 참여와 동원의 방식 가운데 어느 것이 더 실질적인 시민 참여를 이끌어낼 수 있는가는 단정적으로 말하기 어렵다.

어쨌든 시민운동의 이러한 변화는 '가버넌스' 개념을 부상하도록 만드는 객관적 조건이 된다. 지역 경영의 새로운 방식으로 로컬 가버넌스 개념을 설정하고 그에 맞추어 부산 시민운동의 방향을 모색하는 것이 필요한 것이다.

III. 지역 가버넌스와 NGO

1. 가버넌스의 개념

우선 가버넌스라는 개념이 왜 최근에 다시 부상하고 있는지에 대해 먼저 설명할 필요가 있다. 이를 위해서는 두 가지 축을 설정해야 한다. 하나는 세계화·정보화·문화화 등으로 표현되는 현대성의 진화라는 축이고, 다른 하나는 새로운 행동 주체들의 재발견과 성장이라는 축이다. 전자는 시간과 공간의 압축 및 분리, 그리고 세계 사회의 고도의 사회적 분화와 상호의존적 복합체계화 경향으로 집약할 수 있다(Salamon 1999; Strange 1996). 이러한 과정은 오늘의 세계에서 국가가 통제할 수 있는 문제들의 목록보다는 국가가 통제하기 어려운 문제들의 목록이 훨씬 두터워지게 만든다. 국가는 이제 자신이 공공성을 대변하는 전능한 능력의 소유자로 내세우기가 점점 힘들어지고 있다. 문제 발견과 해결에서 다른 행위주체들의 도움과 협력이 절실하게 된 것이다. 여기서 두 번째 조건이 발견된다. 그것은 민주화라는 큰 흐름 속에 용해되어 있는 시민사회의 활성화이다. 그 흐름의 배경에는 개인화와 문화화라고 하는 경향이 자리잡고 있다. 삶의 조건과 방식에 대한 개인의 책임과 자기 결정의 중요성을 강제하는 이 과정은 국가가 조건만 형성할 뿐 세밀하게 보살필 수 없는 개인적 연대기와 생애주기에 대한 관리의 문제를 부각시킨다. 실제로 모든 행정은 직간접적으로 시민의 삶을 규정하기 때문에 정치와 행정에 시민들이 직접 참여하고 싶다는 욕구는 사회적으로 강해질 수밖에 없다. 민주화와 시민사회의 활성화는 이러한 욕구를 구체적으로 실현시키는 장이 된다. 이를 통해 정치와 행정에 대한 시민적 소통과 통제권을 강화하고자 하는 요구가 강해진다.

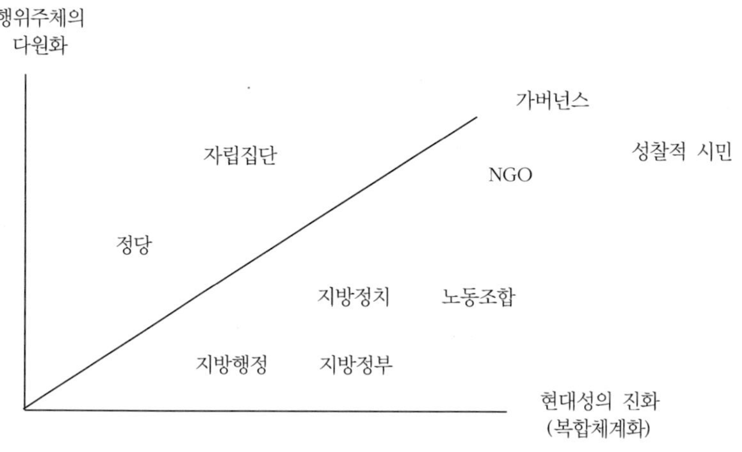

원래 가버넌스는 국민들에 대한 국가의 통지 빛 지배의 개념으로 사용되었지만, 최근 이 개념은 복합 민주 사회에서 사회의 운영과 관리에 다원적인 행동 주체들이 참여하여 국가와 사회의 관리를 미래 지향적으로 혁신해 나가는 것을 상징하는 개념으로 사용되고 있다. 행정부에 의해 위로부터 아래로 행해지는 행정 개념을 넘어서 시민들이 참여하여 주요한 문제들에 대한 의견을 수렴하고 의사 결정을 공동으로 수행함으로써 공익을 증진시킨다는 의미를 함축한다. 신공공행정의 개념도 이와 밀접히 연관된다(김석준 2000).

가버넌스를 위해서는 다원적 행위 주체들 간의 수평적 네트워크가 대단히 중요하다. 이러한 수평적 네트워크 가운데 가장 주목받는 주체는 크게 둘로, 그 하나는 전문가 집단이고, 다른 하나는 시민운동을 중심으로 하는 NGO이다. 기든스가 말했듯이 현대 사회는 전문가 체계를 매개환으로 해서 구성된다. 끊임없이 합리적 목표와 합리적 수단을 연결해주고 새롭게 혁신하는 제도적 성찰성은 이 전문가 체계 없이는 불가능하다. 특히 지식 정보화 사회에서 진리는 일방적·확정적 성격을 점점 잃게 되며, 점점 더 모호함에서 출발하여 구성적으로 형성되는 경향이 있다. 이른바 구성적 진리(constructive truth)가

부각되는 것이다. 그렇기 때문에 특정한 맥락 안에서 사회적·도덕적 원칙과 전제조건들을 확보하는 과정이 중요하며, 이 과정에서 전문가체계의 역할은 매우 지대하다. 지식과 정보에 대한 관료체제의 장악력이 약화되면서, 관료체제는 점점 더 민간의 전문가체계와 개방적인 소통 구조를 확보하지 않을 수 없게 되었다. 전문가 체계는 단순한 '자문'(consulting)의 역할에서 의사 결정의 주요한 주체로 부상하게 된다. 모든 정책 결정은 정치체계에 연결된 관료체계와 해당의 관련 전문가 체계의 상호작용이 전제되지 않으면 안 되는 것이다. 따라서 성공적인 가버넌스의 일차적인 성공 조건은 정치체계와 관료체계, 그리고 전문가체계가 얼마나 적극적이고 효율적으로 전문적 의사소통 체계를 가동시키는가에 달려 있다고 할 수 있다.

NGO와 수평적 네트워크를 형성하는 것은 능동적인 참여민주주의의 실현을 상징한다. 흔히 얘기되듯 오늘날 국민국가는 양 방향으로 잡아당겨지고 있다. 세계 사회에 의해서 그리고 지역사회에 의해서. 이것은 탈 중앙집권주의를 가속화한다.

"많은 도시와 공동체의 행정에서 일종의 문화혁명이 발생했다. 그것은 더 높은 효율성뿐만 아니라 민주주의의 이익을 가져올 것을 약속하고 있다. — 사람들은 민주주의를 실천함으로써 민주주의에 대한 감각을 습득한다. 자유가 자유를 낳고 강화하고 확대시키는 것이다. 이 모든 것은 우리가 시민 사회에 투자해야 한다는 것을 의미하고 있다. 우리는 모든 점에서, 즉 기술적으로(정보 매체), 경제적으로(기초 투자), 교육적으로(노동 시장에서도 유효하게 될 자격증의 부여) 시민 사회에 권력과 권위를 부여해야 한다"(Beck 2000, 131).

시민운동을 비롯한 NGO는 시민사회에서 표출되는 공공성을 대표한다. 국가에 의해 독점될 수 없는 공적 영역들을 표시해줄 뿐 아니라 경제사회의 논리로는 해결될 수 없는 체계상의 '결함'을 드러내고 여백을 채워주는 활동 영역으로서 NGO의 중요성은 시간이 갈수록 높아지고 있다. NGO에 대해 부여되는 사회적 역할도 확장되고 있다. 비판의 무기로서 사회운동을 넘어 대안을 창출하고 광범한 시민들의 참여를 통해 공론을 형성하고, 전문가 체계와 관료체계, 정치체계와 원탁에 앉아 협상을 수행하는 '책임을 부여받은 행위자'로서 NGO의 역할이 강조되고 있다. 이 과정에서 NGO 자신이 전문가체계와 독자적인 교류 체계를 형성하지 않을 수 없다. 그리하여 궁극적으로 NGO와 전문가 체계, 그리고 정치/행정체계는 다각적인 수평적 네트워크와 협상의 틀을 구성하지 않을 수 없게 된다.

이러한 수평적 네트워크는 제기된 문제들을 해결하는 과정에서 행정 당국의 공급자적 시각에서 벗어나 시민들의 수요자적 관점에서 문제를 다룰 수 있게 하는 기반을 형성한다. 물론 이 과정에서 정보를 공유하고, 의견 수렴 및 정책결정 과정의 투명성을 확보하는 것이 가장 중요한 전제가 된다. 흔히 훌륭한 가버넌스의 조건으로 효과성(effectiveness), 책임성(accountability), 민주주의(democracy) 등을 꼽고, 자유와 형평성, 법치에 대한 존중, 시민적 윤리 등이 가버넌스의 실현 과정에서 지켜야 할 덕목으로 언급되고 있다 (UNDP 1999; 주성수 2000).

2. 지역 가버넌스의 의미

가버넌스는 크게 세 주준에서 이루어진다. 첫째는 글로벌 수준의 가버넌스이고, 둘째는 국가 수준의 가버넌스이며, 셋째는 지역 가버넌스이다. 오늘의 세계화가 지방화를 동시에 요구하고 있다는 것은 이미 정설이 되어 있다. 초국적 기업의 활동을 중심으로 하는 세계시장주의의 확산은 투자의 대상으로서 또는 발전의 단위로서 메트로폴리스들을 부각시킨다. 세계화 시대에 요구되는 지방화가 결국 메트로폴리스 중심의 사회 발전 전략을 필연화하는 것이다.

따라서 지역 가버넌스도 단순히 지역 차원의 참여 행정만을 의미하는 것이 아니라, 지역 단위에서 창의적인 발전 전략을 수립하고 실행하는 '과정의 관리'(process management) 일반을 지칭하는 개념이라 할 수 있다. 지역사회 내에서 이러한 과정의 관리를 3중적 네트워크를 통해서 실현하는 것을 지역 가버넌스라 할 수 있다.

첫째, 지적 네트워크이다. 문제를 제대로 발견하고 분석하기 위해, 또 해결 방안을 창조적으로 모색하기 위해서는 지역사회의 지적 잠재력을 최대한 동원할 수 있어야 한다. 분산되어 있고, 때로는 고립되어 있는 지적 자원들을 연결하는 것이 대단히 중요하며, 현안들에 대한 지적 네트워크가 순발력 있게 잘 구성될 수 있어야 하는 것이다.

둘째, 정치적·전략적 네트워크이다. 이것은 네트워크의 정치적 차원으로 규정될 수 있다. 지역사회의 문제 해결 노력은 정치적 자원을 동원하지 않을 수 없다. 정치적 자원은 중앙정부로부터 더 많은 자원을 배분 받는 것일 수도 있고, 산업 유치 또는 자본 투자를 끌어들이는 유인력일 수도 있으며, 특정한 제도를 확보하는 정책적 추진력일 수도 있다. 어쨌든 이런 정치적 자원들을 동원하기 위한 전략을 도출하고, 이 전략이 관철될 수 있도록 정치적 기회들을 집중시키는 과정이 필요하다. 특히 이런 네트워크의 형성에서 국회의원과 지방의회, 그리고 언론이 주요한 타겟이 된다.

셋째, 운동네트워크이다. 시민들이 실질적으로 참여하는 네트워크여야 한다. 시민들 수준에서 문제에 대한 인식을 일깨우고 실제로 적극적 행동의 수준이든 소극적 행동의 수준이든 참여를 이끌어낼 수 있는 네트워크가 필요한 것이다. 여기서는 특히 시민사회의 여러 주체들, 특히 NGO가 결정적인 역할을 수행하지 않을 수 없다.

당연한 논리적 귀결이지만, 지적 네트워크와 전략 네트워크, 그리고 운동네트워크는 서로가 서로를 조건으로 한다. 바꾸어 말하면 이 3중적 네트워크가 시너지 효과를 거두면서 구성될 때 특정 이슈에 대한 지역의 창조적 해결 능력은 크게 신장될 수 있다. 지역 가버넌스는 이 3중 네트워크 구성의 성공 여부에 그 성과가 좌우된다 해도 과언이 아니다.

〈표 1〉 가버넌스의 수준과 유형

	사적(Private)	공적(Public)	제3섹터(Third Sector)
초국가적 (Supra-national)	초국적 기업	정부간 기관	국제 NGO
국가적 (National)	국내 기업	정부	국내 NGO
지방적 (Subnational)	지방 기업	지방자치단체	풀뿌리단체

자료 : Nye(1999).

IV. 부산의 시민운동과 지역 가버넌스

가버넌스의 관점에서 볼 때 지방자치단체와 시민운동, 그리고 지역의 다른 행위 주체들과 어떤 영역에서 어떤 방식으로 관계를 맺어 왔고, 이 관계를 어떤 방식으로 발전시키는 것이 바람직한가에 대해 정리할 필요가 있다. 대체로 가버넌스의 실행 영역은 의사소통, 공동의 이슈화와 공론 형성, 정책 결정 및 제도화, 시민의 참여와 행동 등으로 나누어 볼 수 있다.

1. 의사소통의 시스템

먼저 의사소통은 정치사회와 시민사회, 경제사회를 가로지르는 의사소통이 얼마나 원활하고 활발하게 이루어지는가를 의미한다. 여기서 가장 중요한 전제가 되는 것은 지식과 정보의 공유와 협력 시스템의 창출이다. 특히 지식정보사회에 진입하면서 지식과 정보의 공유와 협력 시스템의 창출은 그 자체로 특정 사회의 경쟁력과 발전 수준을 가늠하는 척도가 된다. 이를 위한 지역사회의 제도적 장치로는 행정 정보의 공개, 사이버 사이트의 개설과 쌍방향 커뮤니케이션의 제도화, 지역 언론의 소통 매개 기능의 활성화 등을

꼽을 수 있다. 행정정보 공개는 이미 부산에서도 1990년대 초반부터 제도화
되어 실행되고 있다. 정보 공개의 요구 폭이 그리 넓은 편이라고 할 수는
없지만 행정 정보를 일상적으로 공개하라는 시민운동의 요구와 함께 시 정
부 차원에서 가능하면 행정 정보를 공개하려는 노력을 확대하고 있다. 특히
부산광역시 홈페이지가 활성화되면서, 일상적으로 시 정부 차원의 정책 정
보와 일상적 활동들에 대한 정보를 쉽게 얻을 수 있는 장치가 마련되어 있
다. 홈페이지를 통한 정보의 공유와 쌍방향 커뮤니케이션도 지속적으로 확
대되고 있다. 예를 들어 2002년의 경우 광역시 홈페이지의 '시민의 소리'
난에는 하루 평균 10건 이상의 시민의 목소리들이 제기되고 있음을 볼 수
있다. 시민광장 난에도 꾸준한 의견 개진과 논쟁이 이루어진다. 하지만 조회
수를 보면 대부분 소수에 불과해 활발한 시민적 의사소통의 장으로 기능하
고 있지는 못함을 알 수 있다. 시정모니터 제도도 운영하고 있으나, 모니터
활동이 실질적인 성과를 거두고 있는지는 아직 미지수다. 지적해야 할 점은
부산광역시의 사이트와 시민운동단체들의 사이트 간에 의사소통의 틀이 일
상적으로 확보되지 못하고 있다는 점이다. 광역시 홈페이지의 '시민의 소
리' 부문에 시민단체의 의견을 일상적으로 개진하고, 시와 시민단체와 소통
할 수 있는 메뉴를 창설하는 것이 시급하며, 시민단체들의 사이트에서도 시
정에 대해서 일상적으로 모니터할 수 있는 메뉴를 만들어 놓는 것이 필요하
다.

　지역사회 내의 경계를 넘나드는 소통의 활성화를 위한 지역 언론은 대단
히 중요한 역할을 수행해왔다. 지역의 방송과 신문은 지역의 정치사회와 경
제사회, 시민사회를 가로지르는 의사소통의 창구로 기능해 온 것이다. 특히
지역 시민단체의 목소리와 활동 내용은 지역 언론에서 충분히 반영해주었다
고 해도 과언이 아니다. 지역 방송이 정규적으로 내보내는 뉴스와 토론 프로
그램들을 통해, 그리고 시민단체 활동에 대한 지역 신문들의 적극적 보도를
통해 지역 시민단체의의 목소리는 일상적으로 시민들에게 전달될 수 있는
주요한 창구를 확보한 셈이다. 실제로 시민단체가 가지고 있는 조직적 역량

에 비해서 지역사회 내 시민운동의 발언권이 커진 것은 시민운동에 대한 언론의 지원과 협력적 태도에 크게 의존했다 해도 과언이 아니다. 이는 지역 가버넌스의 아래로부터의 네트워크를 활성화하는 데 언론과 시민단체의 협력이 대단히 중요한 요소가 됨을 알려준다. 물론 이 때문에 시민운동이 시민들과의 직접적 접촉 면적을 확대하려는 노력보다는 이른바 '언론 플레이'에 치중하려는 경향을 만들어내기도 해 '시민없는 시민운동'이라는 비판을 받는 요인이 되기도 하지만, 그렇다고 해서 언론과 시민단체의 협력 네트워크를 과소평가해서는 안 될 것이다.

2. 공동의 이슈화와 공론 형성

가버넌스의 가장 주요한 목적의 하나는 문제를 제대로 발견하고 문제 해결의 올바른 처방을 찾는 데 있다. 이를 위해서 지역사회의 각 주체들이 문제를 공동으로 발견하고, 이에 대한 문제의식을 범지역 수준에서 공유하며, 문제 해결의 방향을 공론화하는 것은 대단히 중요한 의미를 가진다.

이런 차원에서 부산의 경우 지역사회의 이익과 관련된 공동의 이슈화와 공론 형성은 비교적 순발력 있게 이루어지는 전통을 1990년대 이후 확립해 오고 있다고 볼 수 있다. 그 시초가 된 사건은 페놀 사태 이후의 낙동강 특별법 제정 운동과 삼성차 유치 운동이라 할 것이다. 지역 내의 계층적·집단적 이익의 차이를 넘어서 공동의 이익이 될 수 있는 사안에 대해서는 지방정부와 의회 및 정치권, 상공회의소, NGO, 언론, 학계 등이 공동 대응하는 전략이 자생적으로 형성된 것이다. 이런 공동 대응은 대체로 성과를 보여주었다. 삼성차 유치, 낙동강 특별법 제정, 선물거래소 유치 등은 그 실질적인 결과라 할 수 있다. 물론 이 과정에서 NGO의 정체성과 관련하여 문제제기도 있었다. 예를 들어 삼성차 유치 운동의 경우 부산 경실련은 비판적 태도에 섰는데, 이는 자동차 산업에 대한 과잉 투자 우려라고 하는 한국 경제 전체의 시야를 놓쳐서는 안 된다는 성찰적 태도에 입각한 것이었다. 이러한 논쟁은 지역주의가 단순한 지역이기주의로 흐르지 않게 만드는 중요한 요소라 할 수 있다. 이견과 비판을 경유하지 않는 공론 형성은 파퓰리즘으로 흐를 위험이 크기 때문이다. 충분한 담론 경쟁과 비판적 논의를 통한 소통의 경험은 가버넌스의 민주성을 보장하는 가장 중요한 장치임을 확인해둘 필요가 있는 것이다. 이해관계를 단순히 뛰어넘는 것이 아니라 비판적 담론 경쟁을 통해 승화시킬 수 있는 성숙한 의사소통 능력이 있는가의 여부가 뉴 가버넌스의 필수 요건이 되는 것이다.

2002년 대선 국면에서 지방분권에 대한 공동의 이슈화와 공론 형성도 이런 맥락에서 이루어졌다고 할 수 있다. 지방분권 부산본부에 부산 역사상 가장 많은 직능단체와 NGO가 참여할 수 있었던 것도 공동의 이슈화와 공론화에 대한 충분한 사전 논의와 경험의 공유, 그리고 문제 의식 및 문제 해결 방향에 대한 광범한 인식의 공유가 있었기 때문에 가능했던 것이다.

3. 정책결정 과정 및 제도화

가버넌스 이론이 급격히 부상하게 된 배경 중의 하나는 정책 과정에서 국가 실패 문제를 해결하기 위해서이다. 전지전능한 관료제를 상정한 과거의 국가 정책 결정은 정보의 독점을 바탕으로 관료제에 의해 일방적으로 주어지는 것이 관례였다. 하지만 민주화가 진행되고, 사회의 복합 체계화에 따른 문제 해결 방식의 고도화에 대한 요구가 급증하면서 정책 과정의 개방화와 참여 시스템의 도입이 불가피하게 되었다. 사실 정책 과정은 필연적으로 정치적 과정과 불가분의 관계에 있다. 특정한 정책의 필요성과 정책 연구, 정책 논의, 정책결정 과정의 전 과정이 여러 이해관계를 가지는 계층과 집단의 문제들을 조정하는 정치적 과정이며, 객관성을 확보하기 위한 연구 조사도 이런 이해관계를 완전히 넘어설 수는 없는 것이다. 그러므로 정책결정 과정 및 제도화 과정에서 다양한 이해관계를 어떤 방식으로 아우르고, 모두가 충분히 만족할 수는 없거나 비록 꺼려지는 부분이 있어도 동의하지 않을 수 없는(reluctant agreements) 정책을 산출해내는 것이 대단히 중요한 것이다(Rodes 1997; 임승빈 1999).

이런 측면에서 중앙정부나 지방정부나 민간의 전문가와 NGO가 참여하는 정책 관련 위원회들을 구성하지 않을 수 없게 된다. 부산의 경우에도 각종 정책을 심의하는 민간 참여의 위원회들이 다수 구성되어 있다. 문제는 이런 위원회들이 얼마나 실질적인 역할을 하는가에 있다. 적어도 현재까지 이들이 관주도의 성격을 탈피했다고 볼 수 있는 근거는 그다지 많지 않다. 대부분 사전에 결정된 정책 사안을 사후적으로 모니터링 하거나 추인해 주는 역할에 그치는 경우가 많은 것이다. 특히 정책 수립을 위한 연구 조사 과정에서 부산발전연구원이나 시의 프로젝트를 집중적으로 받아온 소수 학자들의 연구 결과에 의존하는 경향이 크기 때문에 실질적으로 지역사회의 전문가 체계와 적극적으로 결합하는 지적 네트워크의 구성으로 나아가지는 못하고 있다. 정책결정 과정의 실패를 막고, 가버닌스 모델의 성착을 위해서는 지적 네트워크 또는 독립적인 역할을 하는 씽크 탱크의 역할이 필수적이다. 이린 면에서 행성뿐 아니라 시민운동도 이런 지적 네트워크를 구성하는 주체로서 기능할 수 있다. 특정한 분야에서 비록 입장과 견해는 다를 수 있지만 뛰어난 전문가들에 대한 정보를 공유하고, 이들이 자신의 전문 분야와 관련된 정책결정 과정에 어떤 방식으로든 광범하게 참어할 수 있는 기회를 부여할 수 있는가가 대단히 중요한 요소가 되는 것이다.

이런 차원에서 하나의 모델 사례가 되는 것은 문화도시 부산창조네트워크가 도시 이미지 위원회이다. 도시 이미지 개선이라고 하는 문화도시화를 위해서 대단히 중요한 분야이지만 아직 관심이 충분히 미치지 못하고 있는 이 분야에 관련 전문가들을 비교적 광범하게 참여시켜 부산의 간판 문제나 조명 문제 등에 대해 적극적인 대안을 제시하고 시의 정책에 반영시키는 활동을 수행하고 있고, 그 결과 간판 문제나 조명 문제에 대한 시의 인식 전환에 상당한 기여를 하였다. 이런 방식의 특정한 문제 중심의 지적 네트워크 구성은 NGO 차원에서 자율적으로 수행할 수 있는 것이며, 이런 독립적인 지적 네트워크에 행정이 적극적으로 결합하도록 촉구하고 실행하도록 하는 것이 중요한 것이다.

4. 시민 참여와 행동

지역 가버넌스의 마지막 목표는 시민들이 실질적으로 참여하는 지역 경영을 어떻게 이룰 수 있는가, 그리고 이 가버넌스가 시민들의 삶의 질을 얼마나 개선시킬 수 있는가에 달려 있다. 시민들의 참여 수준은 다양하다. 크게 인식의 공유와 의견 개진의 수준, 의사 결정 과정에 개입하고 참여하는 수준, 그리고 집합 행동의 수준 등으로 나누어볼 수 있다.

우선 인식의 공유와 의견 개진은 무정형의 네트워크를 통해 이루어질 수 있다. 어떤 문제에 대해 그것을 인지하고 일정한 해석틀을 확립하여 (cognitive framework) 일상적인 대화 공간에서 발언하기 시작할 때부터 참여는 시작되는 것이다. 특정한 문제에 대한 의견을 공유하여 이를 일상의 담론 공간에서 발언하고 설득하는 것을 통해 여론 형성의 초기 단계가 형성되는 것이다. 여기에 사이버 공간을 통한 의견 개진, 주어진 사안에 대한 각종 모임의 참여, 신문 투고 등이 여론 확산의 단계가 된다. 이러한 참여의 수준은 대체로 여론 또는 공론 형성 단계에서의 참여라 할 수 있다.

이러한 공론 형성에의 참여는 의사결정 과정에 개입하고 참여하는 수준으로 발전해나갈 수 있다. 물론 광역시 단위의 큰 의사결정 과정에 일상의 시민들이 직접 참여하기는 쉽지 않다. 대개는 NGO와 전문가들이 대행하기 때문이다. 하지만 주민자치센터나 문화센터와 같이 주민들의 일상적 참여가 가능한 기초 자치단체 수준의 기구들이 많이 형성되어 있기 때문에 앞으로는 이런 기구들의 운영과 프로그램 결정에 주민 참여의 폭을 얼마나 확대할 수 있는가에 주목할 필요가 있다.

시민 집합 행동은 조직 참여, 서명 참여, 자원 봉사, 스티커나 리본 부착, 집회 참여, 시위 참여 등 여러 형태로 나타날 수 있다. 이는 시민운동의 차원에서는 집합 행동을 조직하여 동원 능력을 보여주는 가장 강력한 수단이 됨과 동시에 운동의 영향력을 확대하는 가장 유력한 무기다. 일반적으로 집합 행동은 포지티브 시민 행동과 네거티브 시민 행동으로 나뉠 수 있다. 포지티브 시민 행동은 저항과 포섭 가운데 포섭의 측면을 주로 하는 행동이고, 네거티브 시민 행동은 저항의 측면을 주된 요소로 삼는 행동이다. 일반적으로 네거티브 시민행동이 폭발력이라는 측면에서는 더 큰 영향력을 발휘한다. 뚜렷한 공격 목표가 있어 시민들의 분노가 조직화되기 쉬울수록 저항의 동원과 조직화를 중심으로 한 집합 행동이 일어나기 쉽기 때문이다. 대선 국면에서의 촛불 시위는 그 좋은 예가 될 것이다. 네거티브 행동에서는 역시 특정한 상징을 매개로 한 선동의 정치가 위력을 발휘한다. 금정산 고속 철도 관통 반대 운동도 환경 단체를 비롯해 수천 명의 시위를 이끌어내었고, 활발한 주민 참여의 기회를 제공하였다.

하지만 가버넌스의 간점에서 볼 때 시민 집합 행동을 활성화해야 한다면 네거티브 행동보다는 포지티브 행동에 더 주안점을 두지 않을 수 없다. 하지만 포지티브 행동에 광범한 시민들을 참여시키는 것은 네거티브 행동에 참여시키는 것보다 오히려 쉽지 않다. 포지티브 행동을 동원하려면 시민 개인의 공동체 의식과 성찰성이 제고되지 않으면 안 되기 때문이다. 특히 관이 주도하는 포지티브 시민 행동은 성공을 거두기가 더욱 쉽지 않다. 예를 들어 부산시가 민관 협력 시민운동 조직으로 결성한 내사랑 부산운동협의회나 문화시민운동협의에 의한 포지티브 시민 행동 동원 전략은 시민들의 자발적인 관심을 이끌어내는 데 실패했을 뿐 아니라 직접적인 참여의 측면에서는 더더욱 성과를 거두지 못했다. 오히려 조경학자와 환경운동가들이 중심이 된 100만 평 시민공원 조성 운동, 문화도시 네트워크의 꽃사랑 자원봉사단 등등 민간 주도의 포지티브 행동이 의미 있는 성과를 보이고 있다.

이런 포지티브 참여를 활성화하기 위해서는 NGO의 학습 조직화가 필수적이다. NGO에 참여하려는 생각과 가버넌스의 주체로서 시민들이 적극적으로 개입하고자 하는 태도는 저절로 만들어지지 않는다. 일정한 학습과 경험의 공유을 매개로 해서 참여가 수월해질 수 있으며, 또 그런 참여가 자신의 삶에 대해 지니는 의미에 대한 성찰도 깊어질 수 있는 것이다. 개인화를 특징으로 하는 오늘의 사회에서 자신의 삶의 과정에 대한 성찰적 기획과 자아 실현과 연관이 없는 규범적 참여에 대한 촉구는 실효를 거두기 어렵다. NGO 대학원부터 각양 각색의 시민 아카데미 등 다양하고 광범한 학습 과정에 참여하는 것을 매개로 하여 시민들의 일상적 참여가 가능하고, 이 참여를 통해 삶의 합리적·윤리적·심미적 차원의 지평이 확장되고 질적 수준이 높아진다는 것을 확인할 수 있을 때 비로소 의미 있는 참여가 이루어질 수 있는 것이다.

Ⅴ. 결론 : 자기창조적 가버넌스를 향하여

'좋은 지역사회'를 만드는 것은 모든 지역 주민들의 바람이다. 좋은 지역사회의 지표로 경제적 경쟁력의 고도화, 참여민주주의의 활성화, 공동체적 연대의식의 고양, 문화적 성숙화, 개인적 삶의 안정화와 풍요로움 등을 꼽을 수 있을 것이다. 로컬 가버넌스는 바로 이러한 좋은 지역사회를 만드는 주요한 수단이라 할 수 있다. 로컬 가버넌스는 관료제 체제처럼 정형화된 모델을 기준으로 해서 행위를 조직화하는 방식이 아니라, 다원적인 행위 주체들이 특정한 문제의 해결과 목표 달성을 위해 다원적인 행위 주체들이 그때 그때 필요한 네트워크를 구성하여 창의적인 문제 해결 방법을 도출하고, 함께 참여하여 주어진 목표를 달성하는 방법이라 할 수 있다. 때문에 가버넌스는 그 자체 자기 창조적(autopoietic) 성질을 지니지 않을 수 없다. 항상적인 정형적 조직 형태보다는 일시적인 순발력 있는 조직 형태를 갖추지 않을 수 없고, 지시와 명령을 중심으로 하는 수직적 의사소통보다는 자발적인 협력을 중시하는 수평적 의사소통을 핵심 요건으로 하는 것이다. 투쟁을 통해

목표를 성취하는 저항 동원의 바리케이트 모델이 아니라, 협상을 통해 결과를 이끌어내는 원탁 모델의 정치에 가까운 모델이라 할 수 있다. 무엇보다 이런 과정을 통해 사회적 비용을 덜 지불하는 방식으로 갈등을 해결하고, 자율적인 사회적 통합을 원활하게 하려는 것도 가버넌스 모델을 강조하는 배경이 된다.

하지만 글로벌 차원에서나 국가 차원에서는 늘 협상으로 해결하기 어려운 복합적 갈등이 표출되기 마련이므로, 가버넌스 모델을 실행하기란 쉽지 않다. 시민운동의 경우에도 국가 차원에서는 파트너십 못지 않게 저항과 투쟁의 차원을 폄하할 수 없는 맥락이 존재한다. 하지만 지역 차원에서는 이런저런 갈등들이 적대적 갈등으로 전화할 수 있는 개연성이 상대적으로 적고, 대체로 적대적 갈등들은 국가 차원의 갈등으로 외재화되는 경우가 많다. 따라서 가버넌스는 국가 차원이나 글로벌 차원보다는 지역 차원에서 상대적으로 쉽게 실현될 수 있다고 보아야 한다. 지역 나름의 특수한 농질적 정체성과 공동체 의식이 이런 가버넌스를 지원하는 문화적 배경으로 자리한다.

부산의 시방자지와 시민운동도 이러한 가버넌스를 향한 변화 과정을 보여주고 있다. 민선자치 시대에 들어와 지역사회 각 주체들간의 의사소통이 원활해졌고, 다원적 주체의 협력에 의한 공론 형성이 빈번해지고 있으며, 정책 결정에 다원적 주체들이 개입할 수 있도록 개방화되는 경향이 커졌으며, 시민 참여의 폭도 커지고 있다.

하지만 이것을 곧 가버넌스가 실현되고 있는 것으로 오인해서는 안 된다. 아직은 그 전제 조건을 만들어가는 과정이라고 보아야 하며, 아직 가버넌스 전략에 대한 인식의 깊이와 폭, 일정한 행동 기준, 효율적 산출을 위한 방법들에 관한 한 초보적 단계라고 해야 할 것이다. 이런 시점에서 시민운동이 이런 가버넌스 모델을 정착시키기 위해 주도적 역할을 하는 것은 매우 중요하다고 판단된다.

부산의 시민운동은 이제 새로운 분화가 필요한 시점을 맞고 있다. 한편으로 보다 전문화되고 시민 생활 속에서 시민 참여의 새로운 문화를 만들기 위해 둥지를 트는 생활밀착운동 및 NGO들이 활성화되어야 하며, 다른 한편으로 1990년대를 주도했던 정치적 시민운동은 로컬 가버넌스 실현을 위해 적극적인 역할을 수행하는 새로운 정치적 역할을 강화해야 한다. 전자는 '백화점식 운동' 또는 '시민없는 시민운동'이라는 비판에 대한 즉자적 반성에 토대를 두는 것이 아니라, 점점 더 넓어지고 있는 생활정치의 영역에 NGO의 뿌리를 강화시킨다는 장기적·전략적 관점에서 추진되어야 하며, 그를 위해서는 이미 조성되고 있는 물적 기반들, 예컨대 주민자치센터나 지역문화센터, 복지관, 여성회관 등과 적극적으로 활용하고 결합하려는 방향이 필요하다. 한편, 자기창조적 가버넌스의 실현을 위해 지역의 시민운동이 주도하여 지역사회의 특성에 기초한 가버넌스 모델 연구를 촉진하고, 사안 별로 지방정부나 시의회, 지역 경제계 등과 가버넌스의 실행양식을 제도화하고자 하는 '이니셔티브'를 취하는 것이 긴요하다. 현재의 쟁점과 관련해서는 지방분권 문제가 이런 가버넌스 모델을 실현하는 가장 좋은 소재가 될 것으로 보인다. 노무현 정부의 최대 국정 과제로 떠오르고 있는 지방 분권에 대해 지역사회의 다행동 주체들이 어떻게 자기창조적 상호작용의 시스템을 창출할 수 있는가, 다시 말해 전략적 비전을 공유하면서 각 행동 주체가 지니는 최적 자원을 시너지 효과를 극대화하는 방향으로 동원할 수 있는가, 그리하여 실질적인 지방분권을 쟁취하려는 목표를 얼마나 효율적으로 달성할 수 있는가를 실험하는 매우 좋은 계기이자 무대인 것이다.

참고문헌

강상욱. 2001. "우리나라 NGO의 성장에 관한 연구." 서울대학교 행정대학원 박사 논문.

김영래. 1999. "비정부조직(NGO)과 국가와의 상호작용 연구: 협력과 갈등."『국제정치논총』39(3).

김영래·김혁래. 2002. "한국 NGO의 공공재 추구행위와 민주화."『한국과 국제정치』.

김용민. 2000. "한국시민단체의 목적전치: 경실련과 참여연대를 중심으로." 연세대학교 석사 학위논문.

김혁래. 1997. "한국의 시민사회와 비정부단체(NGO)연구: 현황 및 발전전략."『동서연구』. 9(3).

김석준 외. 2000.『뉴 가버넌스 연구』. 대영문화사.

김호기. 2002.『시민사회론과 한국사회, 사회운동과 사회 변동』. 임희섭 교수 정년기념논문 집.

김석준 외. 2001.『뉴서버넌스와 사이버 거버넌스 연구』. 대영문화사.

박재율·노승조. 2002. "부산의 시민단체와 그 역할." 강의 발표문.

박형준. 2001.『성찰적 시민사회와 시빈운동』. 의암출판사.

______. 2002a. "전환기에 국가는 무엇을 해야 하는가."『김경동 교수 정년기념 논총』.

______. 2002b. "성찰의 사회학과 사회운동."『사회운동과 사회변동』. 임희섭 교수 정년기념논문집.

안소니 기든스 저·권기돈 역. 1999.『근대성과 자아 정체성』. 새물결.

양현모. 2000. "NGO의사결정 과정 : 경실련과 참여연대사례." 한국행정연구원.

옥원호. 2002. "지방자치, 지역 가버넌스, 지역 NGO."『지방지치연구』32.

이혜경. 1998. "민간 사회부문의 역사와 구조적 특성."『동서연구』10(2).

임승빈. 1999. "행정과 NGO간의 네트워크 구축에 관한 연구." 한국행정연구원.

전종섭. 2000. "시민사회의 뉴거버넌스." 김영섭 외,『위대한 사회를 향하여』. 법문사.

조희연. 1999.『한국 사회운동의 역사와 구조』. 한울.

주성수. 2001.『글로벌 가버넌스와 NGO』. 아르케.

______. 1999.『새 천년 한국시민사회의 비전』. 한양대 출판부.

차명제. 2001. "한국 시민운동의 평가와 과제." 시민사회포럼 제3차 주제발표 (2001.2.19.).

울리히 벡 저·정일준 역. 2000. 『적이 사라진 민주주의』. 새물결.

Gallup International. 1999. *Millennium Survey,* UK. www.gallupinternational.net.

Manor, J. 1999. "Civil Society and Governance: A Concept Paper." Institute of Development Studies, University of Sussex, UK. www.ids.ac.uk/ids/civsoc.

Marschall, M. 1999. "From States to People: Civil Society and Its Role in Governance." CIVICUS ed. *Civil Society at the Millennium.* West Hartford, Conn.: Kumarian Press.

Nye, J. 1999. "Information Technology and Democratic Governance." E. Kamarck and J. Nye eds. *democracy.com? Governance in a Networked World.* Hollis, N.H.: Hollis Publishing.

O'Connell. 1996. "B.A Major Transfer of Government Responsibility to Voluntary Organizations? Proceed with Caution." *Public Administration Review* 56(3).

Peters, B. Guy and Pierre, John. 1998. "Governance Without Government? Rethinking Public Administration." *Journal of Public Administration Research and Theory* 8(2).

Rodes, R. 1997. *Understanding Governance, Policy Networks, Governance, Reflexivity and Accountability.* Open University Press.

Salamon, L. et al. 1999. *Global Civil Society: Dimensions of the Nonprofit Sector.* Baltimore: Johns Hopkins Center for Civil Society Studies.

Strange, S. 1996. *The Retreat of the State.* Cambridge: Cambridge University Press.

Tandon, R. 1991. *NGO-Government Relations: A Source of Life or a Kiss of Death?* New Delhi: Society for Participatory Research in Asia.

Teisman, Geert R. and Eric-Hans Klijn. 2002. "Partnership Arrangements: Governmental Rhetoric or Governance Scheme?" *Public Administration Review* 62(2).

UNDP. "Global Governance Human Development." www.undp.org.

Van Til, Jon. 2000. *Growing Civil Society: From Nonprofit Sector to Third Space.* Bloomington: Indiana University Press.

사회운동 노조주의 :
일본의 사이키(佐伯) 조선소 노조 사례를 중심으로

신광영

Ⅰ. 들어가는 말

역사적으로 노조운동의 내용과 방식에 대한 인식은 여러 가지 형태로 나타났으며, 노조운동의 성격과 역할을 둘러싼 논쟁은 19세기부터 시작된 서구 좌파 논쟁의 핵심이었다. 노동조합을 노동계급조직으로 보고, 노조운동을 통한 혁명적인 사회변혁을 기대했던 맑스와 엥겔스의 논의에서부터 노조운동의 한계를 인식하고 전위집단에 의한 노조운동의 성격 변화를 주장했던 레닌에 이르기까지, 노조조직과 운동노선에 대한 이해와 평가는 매우 다양하게 때로 상반되게 이루어졌다(Marx and Engels 1976; Lenin 1970).[1] 이러한 논쟁에서 핵심적인 쟁점은 두 가지다. 하나는 노동조합이 노동계급 전체의 이해를 대변하는 조직인가 아니면 조합원들의 이해만을 대표하는 조직인가 하는 '노동조합의 계급성' 문제이다. 다른 하나는 노동조합이 체제 자체의 급진적인 변혁을 추구할 수 있는가 아니면 체제 내에 안주하는 이익집단인가 하는 '노동조합의 혁명성' 문제이다. 이것은 주로 노동조합의 이념이 사회주의를 내세우고 있는가 그리고 그것을 실현시키기 위하여 합당한

---

1) 맑스주의 내에서 이루어진 노동조합에 관한 논의는 Lozovsky(1935) 및 Hyman(1971)을 볼 것.

조직과 활동을 하고 있는가와 연관된 문제로 인식되었다.[2]

이러한 문제제기는 노동조합이 자발적인 조직이자, 특정한 목적을 지니는 운동조직이며, 또한 동시에 노동시장 조직이라는 복합적인 속성에서 기인한다. 특히 경제학에서는 노동조합을 노동시장 조직으로만 인식하는 것이 주된 흐름이다. 노동조합을 조합원들의 임금, 고용안정과 노동조건의 개선은 물론 노동력의 수요와 공급에도 영향을 미치는 노동시장 조직으로 본다. 시장 조직으로서의 노동조합은 노동조합의 정치적 성격이나 계급적 성격 대신에 노동시장에서의 역할에 초점을 맞추어왔다.[3] 경제학 내부에서 노동조합에 대한 이론적 이해에 큰 차이가 존재하지만, 노동시장 조직으로 인식하는 것은 일반화되어 있다.[4] 그러나 경제학적 시각들은 모두 노동조합의 경제적인 기능에만 초점을 맞추고 있어서, 노조운동이 지니는 정치적 성격을 간과하고 있다.

정치운동이나 노동시장 조직으로서의 노동조합과는 다른 노동조합 인식이 새롭게 등장하고 있다. 노동운동의 환경변화로 인하여 전통적인 노동조합의 정치적 성격이나 노동시장적 성격 자체가 노조운동의 발전을 가로막는 장애로 부각되기 시작하였다. 노동시장에서 주변적인 노동자층의 확산으로 인하여, 그리고 공공성을 내세운 시민운동의 발달로 인하여 전통적인 노동조합의 역할이 오히려 집단 이기주의적으로 인식되기도 하였다. 특히 미국과 같이 보수적인 정당체제에서 노동조합이 노동시장에서의 이익만을 추구하는 조직으로 인식되었다. 또한 배타적인 노동계급 성격만을 내세워 노동조합이 일반 대중으로부터 스스로 고립되는 경우도 많이 나타났다. 노조와 정당이 동일한 조직으로 간주되어 노조가 정당의 하위 조직으로 인식되는

---

2) 특히 레닌은 이러한 문제를 집중적으로 다루었다. Lenin(1970)을 볼 것.

3) 이러한 점은 Western(1997, 5)을 볼 것.

4) 예를 들어, 경제학의 주류인 신고전파를 대표한 노동조합을, 시장을 왜곡시키는 조직으로 보거나 혹은 경쟁력을 약화시키는 요인으로 본다(Fiedman 1980). 이러한 부정적인 견해를 비판하는 노동경제학자들도 노동조합의 긍정적인 기능을 강조하지만, 여전히 경제적인 기능만을 본다. 대표적으로 Freeman and Medoff(1984).

경우 노조는 독립적인 조직으로 인식되지 못한다. 이에 대한 대안으로 사회운동 노조주의(social movement unionism)가 새로운 노조운동의 이념으로 제시되었다.5) 노동운동에서 사회운동의 성격을 강조하는 것이 계급성과 시장성을 모두 초월하는 새로운 노조운동의 방향으로 제시되었다. 이것은 전통적으로 논의된 노조운동의 성격을 벗어나는 새로운 노동조합운동의 성격으로서 사회운동적인 속성을 지니는 노조운동을 지칭한다. 사회운동 노조주의는 최근 여러 노조운동의 경험에서 나타난 새로운 노조운동 노선이다. 사회운동 노조주의는 1990년대 들어서 남아프리카 공화국의 COSATU, 브라질의 CUT, 한국의 민주노총(KCTU), 필리핀의 KMU, 미국의 공공부문 노조, 캐나다 자동차(CAW) 노조 등지에서 나타난 노조운동 노선으로서 제도화된 틀 내에서 경제적인 요구를 중심으로 하는 전통적인 노동운동과는 달리 공장과 산업을 넘어서 지역사회 및 시민운동과 유기적으로 결합하여 전체 사회의 개혁을 목표로 하는 것이 특징이다.6) 노동조합이 지역사회와 결합하고, 새로운 사회운동이라고 불리는 다양한 사회운동과 결합하여 노동조합이 생산현장 밖의 사회로 진출하는 것이다.

이 논문은 일본 오이타현 사이키 조선소 노조운동을 중심으로 기업별 노조체제가 지니고 있는 경제주의 노조운동의 한계를 극복할 수 있는 대안으로 간주되는 사회운동 노조주의의 가능성을 분석하고자 한다. 사이키 조선소 노동운동은 일본의 소수파 노조운동의 하나로 오늘날 논의되고 있는 전형적인 "사회운동 노조주의"의 한 예로 분류될 수 있다. 1970년대 석유 파동으로 인한 세계적인 경제불황기에 사이키 노조는 조선산업의 구조조정으로 인한 정리해고에 대응해서 지역주민과 결합하여 8년간에 걸친 조선소 합

리화 반대 투쟁을 성공적으로 전개했다. 사이키 조선 노조운동이 사회운동 노조주의에 기초하여 발전했기 때문에, 조선산업 불황기에 공장폐쇄에 반대하는 노조의 투쟁이 지역주민과 지역 시민단체들의 지지에 힘입어 사이키 조선소 폐쇄를 성공적으로 막아 낼 수 있었다. 사이키 조선 사례는 일본의 기업별 노조와는 달리 사회와 통합된 노조활동 혹은 공공성을 지향하는 노조활동을 통하여 지역사회에 뿌리를 내린 사회운동의 하나로 볼 수 있다.

이 논문의 구성은 다음과 같다. 먼저, 사회운동 노조주의에 관한 논의를 논의의 등장배경과 핵심적인 내용을 중심으로 살펴본다. 사회운동 노조주의는 남아프리카 공화국의 COSATU와 브라질과 한국 등의 제3세계 노동운동의 이념으로 논의되고 있으나, 반드시 제3세계 노동운동에서만 나타난 이념이 아니라 이미 일본 총평의 노조운동 노선으로 등장했다는 점을 논의한다. 그 다음 노조운동의 환경으로서 1970년대와 1980년대 오이타 지역의 경제 상태, 오이타 지역에서 확산된 전통적 좌파 정치운동과 노동운동을 살펴본다. 그 다음, 1970년대 석유파동으로 인하여 불어닥친 일본 조선업 불황과 불황을 극복하기 위한 우스키 철공소(臼杵鐵工所)가 선택한 공장폐쇄 그리고 기업의 공장폐쇄에 반발하는 우스키 철공소의 한 공장 노조인 사이키 조선 노조 사이의 노사갈등을 살펴본다. 여기에서는 오이타 현노평과 사이키 조선소 노조의 활동을 1978년부터 1985년까지 개괄적으로 살펴보고, 오이타 지역의 사회주의 전통과 사이키 조선소 노동조합의 특성을 다룬다. 그 다음 1970년대 후반 조선산업 경기불황으로 인하여 발생한 공장폐쇄와 집단해고에 대한 노동조합의 투쟁 내용과 이 과정에서 나타난 지역 시민사회의 대응을 다룬다. 조직적으로는 기업별 노조체제이면서도 단위 노동조합의 울타리를 넘어서 이루어지는 노조의 합리화 반대 투쟁과 이에 대한 지역사회의 지원이 어떻게 이루어졌는가를 분석한다. 특히 지역 시민사회의 지지를 끌어들일 수 있었던 사이키 노동조합의 노선과 활동을 살펴본다. 마지막으로 경제 불황기에 정리해고를 막을 수 있었던 사이키 노조의 운동노선을 사회운동 노조주의라는 관점에서 정리하고 사이키 노조의 투쟁이 노조운동에 주는 함의를 논의한다.

II. 사회운동 노조주의 : 이론적 논의

　　최근 사회운동 노조주의 논의는 전통적인 노조운동의 위기에 대응하여 대안으로 제시된 노조운동의 새로운 이념 혹은 노선이기 때문에 논쟁거리가 되고 있는 논의이다. 사회운동 노조주의는 한국, 필리핀, 브라질이나 남아공과 같은 제3세계 노동운동의 사회개혁 지향의 노동운동 이념으로 1990년대부터 제시되기 시작했다.[7] 이러한 노조운동의 특징은 노조운동이 다양한 사회 개혁 집단과 연합하여 사회개혁을 추구하는 사회운동의 주축을 이루고 있다는 점이다. 구체적으로 노동조합이 공장 울타리를 넘어서 사회적 쟁점들에 개입하고, 시민, 여성, 수수인종, 장애자, 영세민 등 다양한 사회저 세력과 공동으로 사회문제를 해결하기 위한 조직활동을 주도하는 새로운 형태의 노조운동이 나타났다. 다른 한편, 미국에서처럼 세계화와 시장경쟁의 강화로 인해 기존의 비즈니스 노조주의가 위기에 처하게 되자 이를 극복하기 위한 대안으로 사회운동 노조주의가 제기되었다.[8] 경제주의 노조운동으로 호황기 경제적 안정을 누렸던 미국의 노조들은 신자유주의 세계화의 결과인 구조조정과 노동시장 유연화로 인하여 노조조직 자체의 유지도 불가능하며, 노조운동이 사회로부터 지지를 얻어내지 못하고 고립되는 극심한 노조운동의 위기를 경험하였다. 이를 극복하기 위하여 노조운동이 세계화로 인하여 피해를 받고 있는 실업자, 빈민, 소수자, 주변적인 인구 집단 등 다양한 사회 집단과 연대하는 것이 필요하다는 인식이 대두되면서, 노조운동이 세계화에

---

7) 사회운동 노조주의라는 용어 자체가 1990년대 초부터 사용되기 시작했다. 이에 대한 논의는 대
　표적으로 Scipes(1992, 81-101), Waterman(1993), Seidman(1994)을 참조.
8) Moody(1997, 52-72) 및 Johnston(1994)을 볼 것.

반대하는 보다 포괄적인 사회개혁의 주체가 되는 사회운동 노조주의가 제시되었다. 특히 무디(Moody)는 서구 노동계급 운동의 대안을 남아공의 COSATU, 브라질의 CWU, 한국의 민주노총 등에서 찾고 있다.

좌파 노조운동의 새로운 형태로 제시된 사회운동 노조주의는 20세기 후반 지구적 자본주의가 대두되면서 기존의 노조운동이 직면하고 있는 노동운동 환경의 질적 변화를 반영하고 있다. 오늘날 노동운동의 조건은 산업혁명기인 19세기나 포드주의적인 생산체제가 지배한 20세기와는 대단히 다른 모습을 보여주고 있다. 20세기 중반 이후 선진 산업사회들에서 제조업이 쇠퇴하기 시작하였고, 국가간 금융자본과 산업자본의 이동이 자유로워지면서 세계화로 인하여 노동시장과 고용구조에 큰 변화가 나타났다. 전통적인 제조업 공장 노동자들을 중심으로 하는 노동조합운동은 화이트칼라 노동자와 공공부문 피고용자들의 확대로 점차 과거와 같은 중심적인 역할을 담당하기가 어려워졌다. 또한 자본 투자와 이동이 용이해지면서, 노동시장 제도가 급격하게 변화하고 있다. 제2차 세계 대전 이후에 형성된 노사관계의 제도가 20세기 후반에 들어서 위협을 받는 상황이 나타난 것이다.

그러나 노동운동이 처한 환경 변화에도 불구하고 기존의 노동조합들은 운동노선이나 전략에서 큰 변화를 보이지 못했다. 노동시장 문제인 임금과 고용에 대한 관심이 노조운동의 핵심을 이루고 있다. 미국의 경우 전통적인 경제주의 노조운동은 임금과 작업환경 문제만을 노조활동의 대상으로 설정하고 정치적 참여나 사회적 개입을 거부했다.9) 서유럽의 경우 노동조합들이 정치조직인 정당들과 연계되어 정치적으로 강력한 영향력을 행사하고 있지만, 노조운동의 핵심은 생산현장에 기초한 경제적 이해와 고용보장을 골자로 하고 있다. 그 결과 현재 거시적인 수준에서 이루어지고 있는 변화에 적

---

9) 경제적 노조주의는 "AFL-CIO가 노동하는 사람들을 위해서 더 좋은 임금과 작업조건과는 아무런 관련이 없는 사회적·환경적 쟁점들로 빗나갔다"고 비난하며 AFL-CIO 탈퇴를 선언한 목공노조 사무총장 앤드리스 실린스의 주장에서 잘 나타난다(Labor Educator, 6, 12, 2001에서 재인용).

응하지 못하여, 기업수준 혹은 산업수준에서 정착된 노사관계 제도들이 크게 위협을 받기 시작했다. 임금수준과 고용상의 안정을 보장해준 노사관계 제도들이 흔들리면서 노조운동이 큰 위기를 맞고 있다.

1960년대부터 서구 사회에서 노동운동과는 다른 대규모 사회운동들이 나타나기 시작하였다. 작업장 문제와 직접적으로 관련이 없는 사회적·정치적 이슈들인 여성차별, 소수인종차별, 전쟁, 환경파괴 등 다양한 영역에서 제기되는 문제를 제기하는 다양한 운동이 등장하기 시작했다. 학생운동, 여성운동, 반전평화운동, 반핵운동, 환경운동, 인권운동 등의 사회운동들은 노동운동이 관심을 기울이지 않았던 문제들을 바탕으로 하고 있고, 전통적인 노조운동과는 다른 사회운동이라는 의미에서 "새로운 사회운동(new social movement)"이라고 불렀다(Offe 1987; Melucci 1997; Johnston, Larana and Gusfield 1994).[10] 산업혁명 이후 지속된 노동조합을 중심으로 하는 노동운동과는 달리 새로운 사회운동은 노동계급에 한정된 운동이 아니며, 집합적인 동원의 기반과 쟁점들이 소비자, 시민, 지역주민, 여성, 인종, 소수자 등 '계급적 정체성'이 아닌 '새로운 정체성'에 기반을 두고 있다. 그리하여 전통적인 노동운동이나 좌파 정치집단에서 새로운 사회운동은 중간계급운동으로 간주되기도 하였다.

그리하여 1960년대와 1970년대 새로운 사회운동들이 등장하는 시기에 노동조합은 민권운동이나 여성운동과 같은 새로운 요구를 내세우는 사회운동에 관심을 갖지 않았고, 때로 이들 운동집단에 대해서 대립적인 태도를 보여주기도 하였다.[11] 기존의 정치체제에 전통적으로 노동운동이 제기했던 쟁점들과는 다른 사회적·정치적 쟁점들을 새로운 사회운동들이 제기했기 때문에, 노동운동과 새로운 사회운동 사이에 적대적인 관계가 형성되기도

---

10) 구체적으로 새로운 사회운동으로 분류되는 집단적인 운동은 평화운동, 반핵운동, 인권운동, 자치운동, 여성운동, 동성애운동, 시민운동 등이다(Kriesi, Koopmans, Duyvendak and Guigni 1992, 219-244). 신사회운동이라는 용어는 주로 유럽에서 사용되고 있고, 미국에서는 신사회운동과 구사회운동을 구분하지 않는 차이를 보여준다.

11) 다음을 참조할 것. Draper(1994), Johnston(1994), Rose(2000, 37-55).

하였다.12) 이것은 드레이퍼의 주장대로 미국의 노동운동은 "민권운동을 활
성화시킨 도덕적 에너지를 평가할 수 없었다. …… 노동[운동]은 사회운동으
로서 노동의 본질을 이해하지 못했다. …… 민권운동은 사회운동으로의 과
거 노동운동을 닮았다"는 점에서 경제노조주의가 보여준 변질된 노조운동
의 단면을 드러내게 만들었다(Draper 1994, 5).

　　역사적으로 노동운동과 새로운 사회운동이 서로 대립적인 혹은 대체적
인 관계를 보여주기도 했지만, 노동조합의 정치적 관심과 역할에 따라서 이
들 운동은 서로 보완적인 관계를 지닐 수도 있다.13) 노동운동이 작업장을
넘어서 사회개혁과 진보를 추구하는 운동조직으로 기능하는 경우, 노동운동
은 다양한 개혁운동의 중심으로 사회개혁 역할을 담당할 수 있다. 대표적으
로 노동조합의 활동을 지역사회를 조직하고, 지배하는 것을 목표로 했던 일
본의 노동조합총평의회(日本勞動組合總評議會, 이하 總評)의 노선에서 부
분적으로 이러한 속성을 찾을 수 있다.14) 1990년대 들어서 사회운동 노조주
의가 정치적 변화와 사회개혁을 내세우면서 새로운 노조운동 이념으로 언급
되고 있지만, 과거 전통적인 좌파 노조운동에서도 그 속성을 발견할 수 있
다. 현대 노동조합들이 노사관계 제도 속에서 노동시장 조직으로 고착되면
서, 사회운동적인 속성을 잃어버렸고, 그 결과 신자유주의 시대 노조운동에
대한 새로운 대안으로 잃어버린 노동운동 노선이 새롭게 부각되고 있다고
볼 수 있다.

　　전략적이건 혹은 이념적이건 중요한 점은 사회운동 노조주의가 노조운
동의 위기를 극복하는 데 긍정적인 기능을 한다는 점이다. 직접적으로 노동

---

12) 예를 들어, 1963년 미국 워싱톤에서 이루어진 인종차별을 반대하는 대규모 시위에 AFL-CIO는
　　관심을 보이지 않았다(Draper 1994). 또한 미국에서 반전평화운동 단체들과 군수산업 노조들
　　간의 이해갈등이나 환경운동단체와 제조업 노조들 간의 이해 갈등도 첨예하게 나타났다.
13) 이러한 견해는 여러 학자들에 의해 제시되었다. 대표적으로 Laclau and Mouffe(1985),
　　Moody(2000), Rose(2000, 186-205).
14) 1989년 일본의 노동조합 조직이 렌고(연합)로 재조직되면서, 소효(총평)의 사회운동의 기능은
　　평화운동센터로 분리되어 렌고와 독립적으로 활동하고 있다.

운동과 사회운동의 결합은 사회개혁을 추구하는 경우뿐만 아니라 경제 불황기와 같이 노조조직 자체의 방어가 필요한 경우에도 긍정적인 효과를 낳는다. 일방적인 구조조정에 대한 노동자들의 저항이 사회적으로 지지를 받고 다른 사회운동 단체들과 저항을 위한 연대를 만들어 낼 수 있기 때문이다. 다양한 사회운동과 단절된 노동운동은 경제불황기와 같이 노조가 수세에 몰리게 되는 경우 미국의 경우처럼 노조는 작업장 내에서 조합원들의 임금과 고용을 보호하는 일도 할 수 없다. 노동조합이 배타적으로 임금과 작업환경과 같은 작업장 내의 이해관계에만 관심을 갖는 경우, 사회적인 차원에서 다양한 새로운 사회운동들의 등장은 노조운동의 대 사회적 영향력을 급격히 축소시키거나 노조 조직 자체가 사회에서 대단히 주변적인 조직으로 전락할 수도 있다. 이와는 반대로 노조가 사회운동을 주도하거나 사회운동과 결합되어 발전하는 경우, 불황으로 인하여 기업이 구조조정을 통하여 노동자들을 해고시키고자 했을 때, 이에 대한 노조의 대응 방식과 그 결과는 크게 달라졌다. 더 나아가 노조운동이 사회운동의 형태로 진전되어 생산현장의 문제뿐만 아니라 지역사회의 문제 해결을 위하여 지역사회와 결합되어 있는 경우, 노조운동 자체가 지역사회를 변화시킬 뿐만 아니라, 지역사회가 노조에 대한 경영의 공격을 막는 강력한 사회적 지지기반이 될 수도 있었다.

그러나 노조가 기존의 정치틀 내에서 정당과의 연계를 통해서 노조의 이해를 실현시키는 정치적 노조주의와는 달리 사회운동 노조주의는 주택, 양성평등, 사회복지, 교육, 교통 등을 포함한 노동계급 전체의 삶을 위해서 기존의 정치틀을 포함한 전반적인 사회적·경제적 개혁을 추구한다. 사회운동 노조주의는 공장과 지역사회의 결합, 기업뿐만 아니라 국가를 대상으로 한 투쟁을 통하여 변혁적 노조주의(transformative unionism)를 추구하였다.[15] 사회운동 노조주의에서 발견되는 새로운 점은 사회 변혁의 내용이 일상적인 지역사회 문제 해결을 포함하고 있다는 것이다. 노조가 작업장 문제

---

15) 변혁적 노조주의는 노동조합이 사회변혁의 선봉에 서고, 사회 여러 부문의 민주적 요구를 포괄하는 노동조합의 노선을 의미한다(COSATU 1997, ch. 11).

뿐만 아니라 지역사회의 문제를 계급적 관점에서 해결하는 주체가 되었다. 결과적으로 "작업장과 지역사회 조직 간의 연계가 노조에게 흔하지 않은 개방적인 속성을 가져다주고 대중 조직 내에서 계급 담론을 강화시키면서 노동운동의 "사회운동적" 속성을 분명히 보여주었다"(Seidman 1994, 39-40).

III. 사이키 노조 사례

사이키 노조는 일본 굴지의 선박, 항공기 제조회사인 이시카와와지마 중공(石川播磨重工, IHI, 이하 이시카와 중공업) 계열회사인 우스키 철공소 사이키 조선소의 노조로 일본 규슈(九州) 오이타현(大分縣) 남부 사이키시에 위치한 조선소 노조이다. 사이키시는 일본 규슈 광역경제권의 중핵도시로 제2차 대전 이후 일본 해군항공대가 이전하면서 그 지역에 외부 기업을 유치하면서 공업이 크게 성장하였다. 1956년에 개설된 우스키 철공소 사이키 조선소는 1970년대 석유파동 이전까지 오이타현 내에서 두 번째로 높은 공업출하액을 보여주었다(戶塚秀夫·兵藤釗 編 1995, 299). 우스키 철공소(臼杵鐵工所)의 공업출하액이 사이키시 공업출하액 전체의 25%를 차지하여 사이키시 지역경제에서 차지하는 비중이 대단히 높았다. 사이키시는 공업발달로 인하여 이미 1960년대 제2차 산업 종사자의 비율이 전체 경제활동인구의 20%를 넘었고, 1970년대에는 30%를 넘어서 공업도시로서의 성격을 띠었다.

정치적으로 사이키시가 속해있는 오이타현은 일본 내에서도 정치적으로 매우 독특한 성향을 보여주는 지역이다. 일찍 산업화가 시작되었음에도 불구하고, 농업사회가 오랜 동안 점진적으로 줄어들면서 농촌사회의 사회적 속성이 남아있어서 농촌사회에서 존재했던 공동체주의가 새로운 정치이데올로기인 사회주의 이념과 접목되면서 정치적으로 좌파의 영향력이 컸다. 전통적으로 오이타 지역은 일본의 다른 지역에 비해서 구좌파의 정치적 영향력이 매우 큰 지역으로 알려졌다. 대표적으로 1994년 자민당, 사회당, 신당사키가케 3당 연정을 구성하여 일본 정치사에서 최초의 사회민주당 총리가 된 무라야마 도미이치(村山富一)가 오이타 현의 중의원으로 오랫동안 활동했었다. 현재 일본 국회에서 오이타 지역 출신 중의원 4명 가운데 사민당 2명, 민주당 1명, 자민당 1명이다. 참의원의 경우도 사민당 1명 자민당 1명으로 자민당이 다수 의석을 차지하고 있는 일본 국회 의석을 고려할 때, 오이타 지역에서 사민당 후보의 당선 비율은 월등히 높다는 것을 확인할 수 있다.[16]

또한 지방자치 선거에서도 이러한 경향이 크게 두드러졌다. 1955년 오이타현 지사 선거에서 사회당계의 기시다 아사히(木下郁)가 당시 보수계 지사를 누르고 당선되어 이후 연속 4번의 지방자치단체장 선거에서 승리하였다. 그리고 1970년대 일본 전 지역에서 혁신계가 지방자치단체로 진출하기 시작하였을 때, 오이타시에서도 혁신계가 당선되어 전통적인 지방도시와는 다른 변화를 보이기 시작했다. 1975년 시장 선거에서 사민당과 공산당이 공동 추천한 혁신계 사또 마쓰미(佐藤益美) 후보가 오이타시 시장에 당선되면서, 오이타시가 혁신자치체로 전환되었다. 사이키시의 경우에도 1975년 사회당계에서 추천한 이께다 도시야끼(池田利明)가 무소속으로 출마하여 자민당이 추천하고 무소속으로 출마한 오오츠루 후미오(おおつる文雄)를 누르고 당선되었다. 그 이후 3번에 걸친 시장 선거에서도 자민당이 추천하는 후보가 낙선되어서 일본의 다른 지방 도시와는 정치적 성향에서 큰 차이를 보여주었다(戸塚秀夫·兵藤釗 編 1995, 316).

---

16) 2000년 1월 현재 사민당은 평화연합과 연합하여 중의원 14석, 호헌연합과 연합하여 참의원 14석을 차지하고 있다.

1. 1970년대 조선산업 불황과 공장폐쇄

1970년대 두 차례에 걸친 석유파동으로 인하여 일본의 조선업계는 크게 타격을 받았다. 1956년 세계 선박시장에서 가장 큰 시장 점유율을 보이기 시작한 일본의 조선산업은 1973년 3,380만 톤의 선박생산을 수주하여 전후 최대의 호황을 누렸다. 그러나 1973년 석유파동으로 인하여 선박수주량은 1978년 320만 톤으로 급격히 줄어서 제2차 석유파동이 일어난 1979년 이전 약 1/10정도로 선박생산이 줄어들었다.17) 더욱이 조선산업은 노동집약적 산업이기 때문에 한국과 브라질과 같은 신흥공업국들이 값싼 노동력을 이용하여 세계 선박시장에 진출하면서, 일본뿐만 아니라 유럽 여러 나라들의 조선업계도 크게 타격을 받았다. 그 당시 세계 선박 생산의 반 정도를 생산하고 있었던 일본 조선업계는 1975~1979년의 1차 조선업 불황에 직면하여 과잉설비와 엔고에 따른 국제경쟁력 약화로 심각한 위기를 맞았다.18)

사이키 조선소는 제트기와 원자로를 생산하는 대기업체인 이시카와 중공업의 계열회사로서 중형 선박을 만드는 우스키 철공소(臼杵鐵工所)에 소속된 조선소로 선박을 생산하였다. 사이키 조선소는 오이타시 남쪽의 해안도시인 사이키시에 위치하고 있으며, 우스키 철공소는 오이타현에 사이키 공장(720명)과 우스키 공장(550명)을 소유하고 있었다. 우스키 철공소는 일찍이 1919년에 세워져 1930년부터 조선소를 개설하여 선박을 생산해왔다. 1955년 수에즈 운하 사건으로 대형 유조선 수요가 증가하면서 우스키 철공소는 1956년에 사이키시에 조선소를 건설하여 우스키와 사이키 두 곳에서 선박을 생산하기 시작했다. 1966년 대기업인 이시카와 중공업과 기술제휴를

---

17) 일본 조선산업에 종사하는 노동력은 1974년에 최고에 달하여 34만 4천 명으로 늘어났으며, 그 이후 계속 줄어들어서 1988년 이후에는 12만 명 정도로 현재까지 유지되고 있다. 새로운 선박 건조에 종사하는 노동력은 1974년 18만 4천 명으로 가장 많았고, 1986년에는 1/3로 줄어들어 6만 9천 명으로 줄어들었다. 현재는 5만 5천 명 정도에 이르고 있다. http://www.jsc.org.uk/history/hstry02.htm.

18) 1971년 1달러 당 350엔이었던 엔화가 1970년대 후반 1달러 당 210원대로 오르면서 선박수출 경쟁력이 급격히 떨어지기 시작했다. 그리고 1985년 플라자 합의 이후 엔화의 환율이 급격히 높아져서 1990년대 중반 1달러 당 100원대에 달하였다.

맺으면서 우스키 철공소가 이시카와 중공업에 영향을 받기 시작하였고, 1971년 자본금 3억 엔을 증자할 때 이시카와 중공업이 40%의 지분으로 자본참가를 하면서, 우스키 철공소의 경영권에 영향을 미치기 시작하였다. 1974년 조선업계 최대 호황기를 거치면서 우스키 철공소도 최대 이윤을 올릴 수 있었다. 1977년 2월 우스키 철공소가 다시 증자하여 9억 원의 자본금 증가가 이루어졌으며, 이때 이시카와 중공업은 이 가운데 55%의 지분을 차지하여, 실질적으로 우스키 철공소의 경영권을 행사하기 시작했다(佐伯造船工場再建共鬪會議 1981, 5-8).

우스키 철공소는 일본 해상자위대에서 필요한 함정과 병기를 생산했기 때문에 일찍부터 노조조직에 대한 공격이 끊이지 않았다. 군수물자를 생산하는 산업체였기 때문에 급진적 노조운동에 대한 공격으로 인하여 우스키 공장은 보수적인 노동운동을 내세운 동맹(同盟)이 중심적인 노조조직이 되었다. 그러나 사이키 조선소 노조는 진보적인 노동운동을 내세운 총평(總評) 산하 노조였다. 이시카와 중공업 그룹 내에서 대부분이 동맹 산하노조였으나, 이시카와시마(石川島) 분회와 사이키 분회만이 총평(總評), 전조선(全造船), 현노평(縣勞評)에 가입하여 활동해왔다.[19] 이시카와 중공업은 이에 대응하여 사이키 조선소 노조를 파괴하기 위해 집요하게 파괴공작을 시도해왔다. 동맹이 경제 노조주의를 내세운 반면에, 총평은 사회운동 노조주의를 내세웠기 때문에, 총평 산하 노조들이 보다 정치적이고, 또한 전투적이었다.

1976년 10월 석유 파동으로 조선업 불황이 예상되자 이시카와 중공업의 부사장인 야노시즈오(矢野鎭雄)가 우스키 철공소 소장으로 부임하여 경영진을 이시카와 중공업의 직원으로 바꾸고, 경영권을 차지하였다. 1978년 2

---

19) 佐伯造船工場再建共鬪會議(1981, 6) 참조. 이시카와 중공업 그룹은 10개 기업을 소유하고 있다. 이 가운데 8개는 회사에 협조적인 노조단체인 조선총련(造船總連)에 속해있으며, 이시카와시마조선화공업(石川島造船化工業)과 사이키 조선소(佐伯造船所)만이 전투적이 산별노조인 전조선(全造船)에 속해 있었다. 1970년대 조선불황으로 전조선의 조합원 수는 크게 준 반면, 조선총련의 조합원수는 크게 증가하여, 전체적으로 기업에 협조적인 노조가 크게 증가하였다(戶塚秀夫·兵藤釗 編 1995, 269).

월 18일 회사중기경영계획안을 발표하였다. 신경영진의 이 안은 간접공을 직접공으로 배치 전환시키고, 직접공을 다능공화하고 배치 전환시키며, 이시카와 중공업 본사의 간접공을 사이키 조선소의 직접공으로 배치하고 원료비를 삭감하는 안을 포함하였다(戶塚秀夫·兵藤釗 編 1995, 221-222). 이는 기존의 노조를 무력화시키기 위한 신경영측의 의도를 밝히는 것이었기 때문에 3월 5일 오이타 현노평의장을 대표로 하는 사이키 조선소합리화반대공투회의(佐伯造船合理化反對共鬪會議, 造船反合共鬪)가 결성되었다. 조선반합공투에는 현단위 총평 조직인 현노평, 조선산업노조 전국조직인 전조선, 업종별공동투쟁 조직인 현금속공투(縣金屬共鬪)가 참여하였다.

1978년 4월 27일 우스키 철공소는 노조의 반발에도 불구하고 조선업 불황을 타개하기 위하여 사이키 조선소 공장 폐쇄를 공고하였다. "비상긴급조치"로 발표된 공장폐쇄 공고는 1978년 사이키 조선소 폐쇄, 우스키 철공소 1,270명 노동자 가운데 550명 인원정리, 1978~1979년 정기승급, 보너스 지급 유보, 임금 10% 삭감을 주요 내용으로 담고 있었다(大分〈縣評センター〉 編 1994, 195). 사이키 조선소 노조(全造船機械佐伯造船分會)는 이에 즉각 대응하여 4월 27일 임시대회를 개최하고, 합리화안을 전면적으로 거부할 것을 선언하였다. 노조는 기업의 합리화 문제를 지역의 문제로 전환시키기 위하여 "대기업의 횡포를 막고 지역경제를 지키자"는 구호를 내세우며, 궐기대회와 서명을 통하여 지역주민의 관심과 지지를 확대시켰다. 시에서 가장 큰 사업체인 사이키 조선소의 폐쇄가 노동자들뿐만 아니라 지역경제에 미치는 영향력이 대단히 컸기 때문에, 사이키 조선소 노조 조합원뿐만 아니라 일반 시민들이 이러한 구호에 적극 동참하였다. 5월 15일부터 16일까지 이틀 사이에 사이키시 전체 유권자의 78%에 해당하는 28,300명의 서명을 받음으로써 지방자치단체의 관심과 경영에 대한 압박을 가할 수 있게 되었다. 지방선거를 고려하지 않을 수 없는 시장이나 시의회 의원들은 압도적인 시민들의 노조 지지를 무시할 수 없었다.

이러한 반발에 직면하여 우스키 철공소는 6월 10일 노조와 사이키 조선소의 존속과 합리화 동결을 조인하고, 23일 자주재건협정에 조인하였다. 이러한 합의안에는 희망퇴직자를 모집하여 인원을 줄이는 것을 포함하였다. 7월 27일 희망퇴직자에 대한 퇴직금을 지불하고, 그 다음날 우스키 철공소는 오이타 지방법원에 회사갱생법(會社更生法) 적용을 신청하면서, 노조와의 합의를 깨고 사실상 일방적으로 회사의 도산을 선언해버렸다. 이후 법정 소송, 지방노동위원회 고발, 주민집회와 노동단체 시위와 동경의 이시카와 중공업 항의시위 등 7년 동안의 노동조합과 지역주민의 투쟁을 통하여 1985년 10월 25일 화해협정 조인을 이끌어 낼 수 있었다.

2. 노동조합과 지역사회

사이키 조신소 노동조합은 일본형 '기업별 노조체제'를 유지하는 조선중기노련(造船重機勞聯, 이하 조선총련)에 대항하여 산업별 노조체제를 중심으로 노동계급의 계급성을 강조하는 전조선기계(全造船機械, 이하 전조선)에 속했기 때문에 기업과의 관계는 보다 대립적인 형태를 띄었다. 그러나 1970년대 석유파동 이후 전조선의 노선 변화가 이루어져, 종래의 노조운동과는 다른 양상을 보이기 시작하였다. 이러한 변화는 크게 두 가지였다. 하나는 정치적인 차원에서 정부에 새로운 산업정책을 요구하는 것이었다. 이것은 기업을 대상으로 하는 운동이 아니라 정책을 만드는 국가를 대상으로 하는 운동이었다. 다른 하나는 지역시민과 함께 하는 노동운동을 내세워 지역사회와 연계를 강화하는 방향으로 나아갔다. 지역사회와의 연계는 노동조합이 공장의 울타리를 넘어서 지역사회로 나아가는 것을 의미하며, 이는 전통적인 일본의 기업별 노조와는 달리 기업 울타리를 넘어서 지역사회와 연대하는 새로운 형태의 노조운동이었다.[20] 노조운동이 기업 내의 이슈가 아

---

20) 이러한 운동은 임금투쟁 이외에 1970년대 교육의 국가주의화를 반대하는 교육운동(반장제 폐지), 방송민주화를 위한 매스컴·문화운동, 공해방지운동, 소수자 인권운동(부락구민 해방운동), 반전 평화운동 등과 1980년대 일반 소비세 도입을 반대하는 생활·제도운동, 반핵운동, 광주민

니라 사회 전체의 이슈를 제기하고 지역사회 단체들과 이러한 이슈들을 해결하기 위한 조직적인 활동을 노조운동의 주요 내용으로 하는 노선이었다. 이것은 오늘날 사회운동 노조주의라고 불리는 것으로서 새로운 노조운동이었다.

전조선은 조선산업의 불황과 관련하여 정부를 상대로 새로운 정책을 제시하였다. 제시된 새로운 정책은 기업을 중심으로 한 기존의 운수성 해운조선합리화심의위원회(海運造船合理化審議會議)를 개편하여 노동자와 경영자 대표가 같은 숫자로 참여해야 한다는 것을 제시하고, 대기업과 중소기업이 모두 발전할 수 있도록 선박 생산 분야를 조정할 것과 동시에 병렬적으로 선박을 만드는 것을 금지시키는 것 등을 주된 내용으로 하고 있었다. 그리고 구체적으로 조선산업의 특징인 주기적인 경기순환을 고려하여 일시적인 불황으로 조선산업을 사양산업이라고 규정하는 것을 비판하고, 과도한 경쟁을 막고, 기술과 시장의 결합을 통하여 틈새시장을 확대하는 데 주력할 것과 기술혁신에 따른 고용불안정을 극복할 수 있는 노동조건의 개선 등을 해운조선합리화심의위원회에 제시하였다(戸塚秀夫·兵藤釗 編 1995, 285-287).

전조선이 주장한 지역시민과 함께 하는 노동운동은 같은 지역 내 노동조합들 사이의 연계를 강화하는 동시에, 지역주민들과의 연계를 강화하는 방향으로 나타났다. 무엇보다도 일방적인 기업의 공장폐쇄로 대량해고가 발생하면, 지역경제에 미치는 영향이 크기 때문에, 노동자들의 이해와 지역주민들의 이해가 서로 다르지 않다는 점을 강조하였다. 이는 기업의 공장폐쇄에 대응하여 지역사회의 자원을 동원하는 방향으로 노동운동이 전환되었음을 보여주는 것이었다. 사이키 조선소 노조운동은 전형적으로 이러한 전조선의 새로운 노선을 대표하는 상징이 되었다.

사이키 조선소 노조는 기업별 동맹 소속 노조들과는 달리 전국적인 상급단체로서 총평, 조선산업 연맹인 전조선, 오이타현 지역의 조직인 현노동평

주화항쟁 지원운동, 반공해운동, 김대중 구명운동, 반전평화운동 등을 주도하여, 정치와 사회개혁을 추구하는 사회운동을 포함하였다.

의회(縣勞評)과 사이키 지역의 노조단체연합체인 지구노조(地區勞)와 연결
되어 있었다. 다른 한편으로 사이키 조선소 노조는 사이키시의 시민과 결합
되어 있는 이중적 결합 관계를 유지해왔다. 이러한 특성은 특히 현노평 활동
에 크게 영향을 받은 것으로 1965년 이후 1971년까지 오이타 현노동평의회
를 이끈 야마가메 겐조겐(山龜健藏元) 위원장은 "반전, 평화, 민주주의를 노
동계급 해방을 위한 연대의 주춧돌"로 삼는다는 노선을 제시했다(戶塚秀夫
·兵藤釗 編 1995, 305). 전후 오이타 노동평의회가 중소기업 노조를 지원하
기 위하여 지역 노조들의 공동활동을 강조한 결과로 중소기업 노조가 크게
발전하였고, 사이키 조선소의 노조도 이러한 배경에서 설립되었다. 오이타
지역에서는 전국적으로 우파 노조운동이 지배적이었던 우파 노동운동 황금
기에 전통적인 계급성을 강조한 전통적인 좌파 계열의 현노동평의회 활동이
활발하게 이루어졌던 것이다. 현노동평의회는 총평-사회당 블록의 핵을 이
루고 있었다. 현노동평의회는 노동자 가족의 역할을 특히 중시하여 현노평
가족협의회(縣勞評家族協議會)를 결성하여 가족과 가족을 매개로 한 시민
전체와의 관계를 중시하였다. 이것은 한편으로 전통적인 좌파의 운동노선이
라고 볼 수 있지만, 기업이 지배하는 지역사회를 노동조합이 지배하기 위한
노조의 대응이라는 점에서 매우 중요한 노조활동 전략이었다.

지역사회는 노동운동과 관련하여 두 가지 점에서 중요한 역할을 해왔다.
하나는 직접적인 지원으로 집회나 시위에 지역주민들이 참여하여 노조활동
을 지지하는 것이다. 노동조합이 지역사회와 밀접한 연계를 형성하면서 활
동해왔기 때문에 지역사회 단체들은 노동조합의 요구를 적극적으로 지지하
였다. 이러한 역할은 합리화반대 궐기대회나 서명 등에 주민이 참여하는 방
법으로 노조 활동을 지원하는 것이다. 이러한 지원은 직접적으로 기업과 정
부에 영향을 줄 수 있는 대중동원이라는 점에서 적은 규모의 노조가 지니는
한계를 극복하는 데 매우 긍정적인 역할을 담당했다. 다른 하나는 선거와
관련하여 지역사회가 노동운동과 밀접하게 연결되었다. 이러한 관계는 주로
근로협의회(勤勞協議會)를 통해서 이루어졌다. 노조활동이 생산현장에만 매

몰되는 경우, 선거 과정에서 노조가 행사할 수 있는 영향력이 제한되기 때문에 현노동평의회는 지역사회를 조직하여 선거과정에 영향력을 행사하기 위하여 근로협의회를 조직하였다. 근로협의회는 지역노동운동의 시야를 확대하여 지역주민의 복지와 생활향상을 도모하는 것을 목표로 하였으며, 이를 위하여 지구노의 조합원과, 노동조합이 없는 기업에서 근무하지만 지구노운동에 찬성하는 지역의 노동자들로 구성되었다. 근로협의회가 내세운 활동목표는 요구 사항들이 기업 차원의 문제가 아니기 때문에 기업에 압력을 가해서도 해결할 수 없는 문제들을 해결하는 것이었다.

그러므로 근로협의회의 활동은 매우 포괄적이어서, 다양한 시민운동 영역을 모두 포함하고 있다. 예를 들어 근로협의회 활동에는 PTA활동, 호헌운동(護憲運動), 비핵·평화운동, 교육운동, 환경운동 등을 포함하고 있다. 일본의 지역사회가 대부분 보수적이기 때문에 이를 내부로부터 변화시키기 위하여 지역노조가 지역사회로 들어간 것이다. 근로협의회 활동은 학교 교구를 단위로 조직되어 있으며, 사이키시의 경우 12개 교구에서 근로협의회가 조직되어 활동하고 있다.[21] 노동조합 활동이 작업장 문제를 넘어서 지역사회 문제를 다루고, 노조들이 선거철에만 특정 정당을 지지하는 활동으로 그치는 것이 아니라, 일상적으로 지역주민의 생활 속에서 노조운동이 이루어짐으로써 지역사회를 점진적으로 그러나 지속적으로 내부로부터 변화시킬 수 있었다. 장기적으로 이러한 활동의 결과는 지역 선거에서 좌파 정당의 후보들이 유권자들로부터 높은 지지를 받고 있다는 사실에서 잘 나타나고 있다.

지역사회와 노동조합 간의 유기적인 관계는 사이키 조선소 분규가 발생하였을 때, 사이키시의 근로협의회 활동에서 잘 드러났다. 1978년 2월 우스키 철공소가 중기 경영계획을 발표하였을 때, 사이키 조선소 노조는 공동투쟁위원회를 결성하였다. 그리고 곧바로 지구노에 속해있는 다른 조합원과 집

---

21) 오이타시의 경우는 22개 교구 가운데 20개 교구에서 근로자협의회가 조직되어 활동하고 있다.

행부 가족 집회가 이루어졌고, 교구별 가족집회가 열렸다. 사이키시에서 열린 많은 시위와 집회에 지역주민들이 적극적으로 참여하여 대규모 집회가 가능했고, 시민들의 노조투쟁에 보낸 지지는 사이키시에도 큰 압력으로 작용하여 시장이 사이키 조선노조에 호의적인 태도를 유지하게 하는 데 큰 기여를 하였다(戸塚秀夫·兵藤釗 編 1995, 320). 특히 우스키 철공소가 제출한 공장폐쇄안에 대한 반대 서명운동에서 사이키시 유권자들 가운데 90%가 이에 반대하는 서명에 참여하여 사이키 시의회 의원과 사이키 출신 오이타 현의회 의원들이 공장폐쇄 철회 대책을 적극적으로 모색하도록 만들었다. 그 결과 사이키 시의회와 오이타 현의회에서 사이키 조선소 공장폐쇄 반대 결의가 이루어졌다. 이러한 결의로 인하여 시장, 시의회, 현의회, 그리고 시민 모두가 조선소 공장폐쇄를 반대하는 노조의 투쟁을 지지하게 되었던 것이다.

사이키시 노조들은 일본적 기업체제 대신에 지역주민의 생활 논리를 내세우고, 예상되는 불황을 빌미로 공장폐쇄를 의도하고 있는 우스키 철공소의 행위를 위상노산이라고 비판하고 기업이 주민 생활을 파괴하고 있다는 점을 강조하였다. 일반적으로 기업의 논리가 지역사회를 지배하는 현상과는 반대로 노조의 논리가 지역을 지배할 수 있었던 근본적인 이유는 오랜 동안 노동조합이 근로협의회를 통하여 지역 주민들의 삶과 밀착된 노조활동을 전개해왔기 때문이었다. 기업이 단기적이고 이기적인 목적에서 공장폐쇄를 시도한 반면, 노조는 오랜 기간 동안 지역주민의 삶과 지역사회의 발전을 위한 활동을 해온 것이 매우 대조적으로 인식되었다.

사이키시의 101개 시민운동 단체들이 사이키 노조 투쟁에 적극적인 지지를 보이면서 시민단체가 여론 형성과 서명운동에 큰 기여를 하였다.[22] 이들 시민단체는 조직적으로 근로자협의회와 연결되어 있으며, 또한 인척관계

---

22) 여기에서 제시되는 수치는 사이키시청 사회교육과에 등록된 단체들이며 등록되지 않은 사회단체들은 포함하지 않았다. 사이키시 PTA연락회를 포함한 성인단체 21개, 사이키도모노카이(佐伯友の會)와 지구노가족협의회를 포함한 여성단체 44개, 사이키시연합청련단(佐伯市聯合青年團), 사이키즈타사크루(佐伯スターサクル―)를 포함한 청년단체 26개, 우스키문화애호소년단(臼坪文化愛好少年團)을 포함한 민족문화보존단체 14개가 이 단체에 소속되었다.

가 동창회 등으로 사이키 노조와 관련을 맺고 있는 것으로 나타났다. 전체적으로 노동조합이 생산현장 활동에 그치는 것이 아니라 지역사회 문제를 제기하고, 지역사회에 들어와서 지역사회와 결합됨으로써 사이키 조선소 노조의 공장폐쇄 반대 투쟁이 지역주민의 전폭적인 지지 속에서 정치적으로 또한 경제적으로 대기업의 부당노동행위에 대항하여 성공을 거둘 수 있었다. 사이키 조선소 노조 성공 사례는 전형적으로 규슈 오이타 지역에서 70년대부터 등장한 사회운동 노조주의 노선의 효과가 발휘된 결과였다. 지역사회와 연계된 노조활동 덕택에 노동자들의 삶을 중시하지 않는 기업에 대한 지역사회로부터의 거부와 저항이 쉽게 동원될 수 있었다.

IV. 맺는 말

이 글은 사회운동 노조주의 사례를 일본의 오이타현 사이키 조선소 노조를 중심으로 다루었다. 기업별 조노가 이미 상실한 사회운동적인 성격을 노조가 다시 회복해야 한다는 주장과 이러한 사례로서 남아프리카, 브라질, 한국의 노동운동이 많이 논의되고 있다. 경제 노조주의에 사로잡혀 사회개혁과 변혁을 주도하는 사회조직으로서의 기능을 상실한 미국의 노조나 일본의 주류 노조들과는 달리 이들 나라에서 새롭게 등장한 노조들은 여성, 환경, 평화, 교육, 주택, 교통 등과 관련된 다양한 사회문제에 적극적으로 개입하여 노조가 정치적 담론을 주도하고, 사회개혁의 중심을 차지하고 있다. 그러나 일본의 경우도 지역에 따라서 이러한 형태의 노조운동이 존재하였으며, 이러한 노조운동의 영향이 경제불황기 경영의 공장폐쇄에 대한 성공적인 저항으로 나타나기도 했다.

일본 규슈 오이타현 사이키시 사이키 조선소의 공장폐쇄 반대운동과 공장재건운동은 70년대 중반 이후 전세계 조선업의 극심한 불황기에 시작되어 성공을 거두었다는 점에서 매우 독특한 사례라고 볼 수 있다. 경제 불황으로 인한 구조조정의 한 형태로 공장의 도산과 폐쇄를 당연한 것으로 받아들이는 것이 일반적으로 나타나는 현상이지만, 이러한 조건에서는 노조운동이 위기를 겪을 수밖에 없다. 구조조정과 그에 따른 고용불안정을 노조가 해결할 수 없기 때문에 경기 불황기 노조운동은 더 어려움을 겪을 수밖에 없다. 그러나 이와는 달리 사이키시 사이키 조선소 노조는 7년간의 오랜 투쟁을 통해서 전세계 조선업 불황을 이유로 공장폐쇄를 결정한 경영의 결정의 번복시켰다. 합리화반대투쟁으로 알려진 노조의 투쟁은 지역사회의 시민, 지방자치체, 시의회, 시민단체와 지역 노조단체 등의 지원을 바탕으로 사이키 조선소 폐쇄를 막아내고, 기업을 재건시키는 데 성공할 수 있었다.

사이키 조선소 노조의 투쟁이 성공할 수 있었던 배경에는 오늘날 사회운동 노소주의라고 불리는 매우 독특한 사이키 조선소 노조의 노선이 자리를 잡고 있다. 전통적인 노조운동이 경제적인 이익 증진과 생산현장 중심의 문제를 해결하는 노조운동에서 크게 벗어나지 못했지만, 사이키 조선소 노조는 지역주민의 일상생활 속으로 노동운동을 확대하면서 노조가 지역사회의 보수성을 변화시키고, 나아가 지역주민들의 삶을 지킨다는 생활방위의 개념을 확산시켰다. 노조가 지역사회의 공공성을 가장 선도적으로 내세우고 이를 위해 활동하는 조직이 된 반면, 기업은 경제적인 이윤만을 중심으로 움직이는 조직으로 인식되면서 시민적 지지를 얻어내지 못했다.[23] 지역사회를 장악한 노조활동은 근로자협의회라는 지역에서 활동하는 노조조직을 통해서 가능했다. 작업장 울타리를 뛰어 넘어서 교육, 환경, 여성, 인종, 평화 등 다양한 영역에서 활동하는 근로자협의회를 통해서 노동조합이 지역의 공공성 담론을 주도하였으며, 한 걸음 더 나아가 이를 바탕으로 선거에서 보다 개혁적인 후보들을 시장과 시의회 의원으로 진출시킬 수 있었다. 강력한 시민의 지지에 기반을 둔 노조운동은 지역사회가 지니고 있는 보수 정치의 틀

---

23) 노동운동과 공공성에 관한 논의는 신광영(2002)을 참조.

을 바꾸었고, 이를 토대로 하여 경제불황시에 일방적으로 이루어진 공장폐쇄 결정에 대응하여 대기업의 일방적인 공세를 막아낼 수 있었다.

사회운동 노조주의는 전통적인 노동운동이 내세웠던 비계급적인 사회운동과의 차별성을 넘어서 오히려 사회운동을 주도하는 새로운 형태의 노조운동이라는 점을 잘 보여주고 있다. 노동조합이 생산현장의 문제에만 국한하여 활동하는 경우, 이러한 활동에 영향을 미치는 생산현장 외부의 다양한 환경변화로 인하여 노동운동이 쉽게 약화될 수도 있다. 지역사회에 뿌리를 내리고 있는 노조운동은 오히려 지역사회의 지지를 바탕으로 보다 강력하게 환경변화에도 대처해 나갈 수 있다는 점도 잘 보여주고 있다. 사회운동 노조주의가 환경 자체를 변화시킬 수도 있음을 보여준다.

일본 사이키 노조의 사례는 세계화 시대의 노조운동의 방향과 관련하여 많은 시사점을 주고 있다. 먼저 세계화의 진전으로 확대되는 빈곤층, 환경파괴, 불평등 심화, 인권 악화 등이 사회운동의 대상일 뿐만 아니라 노동운동의 대상이기도 하다는 점에서 노동운동이 보다 사회적인 차원을 고려할 필요가 있음을 보여준다. 그런 점에서 노동조합은 세계화로 인하여 나타나는 사회문제에 대한 조직적 저항의 출발점이 될 수 있다. 사회운동 노조주의가 바로 그러한 저항을 내세우는 새로운 노동조합의 노선으로 부각되었다. 그리고 사이키 조선소 노조 사례는 특히 사양산업이라고 불렸던 노동집약적인 조선산업에서 그리고 경제불황에 대응하는 상투적인 기업의 전략인 구조조정에 저항한 노조운동이었다는 점에서 더욱 중요한 함의를 지닌다. 이것은 구조조정의 문제가 단순히 경제적인 차원의 문제가 아니라 정치적인 차원의 문제라는 점을 잘 보여준다. 많은 경우 경제불황과 이에 따른 공장폐쇄나 구조조정이 불가피한 기업의 선택이라는 것을 인정하고 있지만, 이러한 기업의 선택은 불가피한 것도 아니고 또한 다른 선택도 가능하다는 것을 보여주기 때문이다.

그러나 전체적으로 일본 총평의 쇠퇴에서 볼 수 있는 것처럼, 사회운동 노조주의가 새로운 대안적인 노조운동 노선으로 성공할 수 있을 것이라고 보는 것은 지나치게 단순한 추정이다. 일본의 경우 총평의 영향력 쇠퇴 이유의 하나는 정당 차원에서 진보적인 정치세력이 국가권력을 장악하지 못하였기 때문이다. 보수적인 국가권력이 지속적으로 유지되면서 지역수준에서 이루어진 초기 노동운동의 형태는 어느 정도 영향력을 발휘했지만, 사회 전체 수준에서 큰 변혁을 이루어낼 수는 없었다. 이것은 먼크(Ronald Munck)가 주장하는 것처럼(Munck 1999), 정치적 차원과 사회적 차원의 이중적 변혁이 노조운동이 추구해야 할 과제임을 암시해준다.

(2003년 3월 탈고)

참고문헌

신광영. 2002. "노동운동과 공공성." 『문화과학』 여름호.

吉田孝美. 1979. "全造船佐伯 分會不屈の闘い獨占黑架にいどんで."
大分市史編さん委員會. 1988. 『大分市史』.
大分縣. 1990. 『大分縣勞動運動史 III』.
大分〈縣評センター〉編. 1994. 『大分縣勞評運動45年史』. 勞動旬報社.
木下敬之助. 1994. 『急性長元氣都市大分まちつくり』. 修學社.
日本統計協會. 각년도. 『國勢調査』.
佐伯造船工場再建共鬪會議. 1979a. "執行部ぐるみ." 8월.
__________. 1979b. "どす黑い潮流に抗して."
__________. 1981. "3年有余牛におたる佐伯鬪爭 中間總括(案)." 9월.
全造船機械勞動組合佐伯造船分會. 1983. "佐伯造船不當勞動行爲最終準備書面."
__________. 1989. 『全造船爭議經驗交流會議資料』. 6월 10~11일.
戶塚秀夫·兵藤釗 編. 1995. 『地域社會との勞動組合』. 日本經濟評論社.

Congress of South African Trade Unions. 1997. *Building Socialism Now On: Preparing for New Millenium.*

Draper, Alan. 1994. *Conflict of Interests.* Ithaca: Cornell University Press.

Fiedman, Milton. 1980. *Free to Choose.* New York: Harcourt Brace Janovitch.

Freeman, Richard and James L. Medoff. 1984. *What Do Unions Do?* New York: Basic Books.

Gindin, S. 1998. "Notes on Labor at the End of the Century: Starting Over?" E. M. Wood, P. Meiksins, M. Yates eds. *Rising From the Ashes? Labor in The Age of "Global" Capitalism.* Monthly Review Press.

Hyman, Richard. 1971. *Marxism and the Sociology of Trade Unionism.* London: Pluto.

Johnston, Paul. 1994. *Success While Others Fail: Social Movement Unionism and the Public Workplace.* ILR Press.

Johnston, Hank, Enrique Larana and Joseph R. Gusfield. 1994. "Ideitities, Grievance, and New Social Movement." Enrique Larana, Johnston, Hank, and Joseph R. Gusfield eds. *New Social Movements: From Ideology to Identity.* Philadelphia: Temple University Press.

Kriesi, Hanspeter, Ruud Koopmans, Jan Willen Duyvendak and Marco G. Guigni.

1992. "New Social Movements and Political Opportunities in Western Europe." *European Journal of Political Research* 22.

Laclau, Ernest and Chantal Mouffe. 1985. *Hegemony and Socialist Strategies.* London : Polity Press.

Lenin, V. I. 1902[1977]. "What is to be done?" *Lenin : Selected Works I.* Moscow : Progressive Publisher.

Lenin, V. I. 1970. *On Trade Unions.* Moscow : Progress Publisher.

Lozovsky, A. 1935. *Marx and Trade Unionism.* New York: International Publisher.

Marx, Karl and Friedrich Engels. 1976. *The Communist Menifesto.* Moscow: Progress Publisher.

Melucci, Alberto. 1997. "A Strange Kind of Newness : What's New." Enrique Larana, Johnston, Hank and Joseph R. Gusfield eds. *New Social Movements : From Ideology to Identity.* Philadelphia: Temple University Press.

Moody, Kim. 1997. "Towards an International Social-Movement Unionism." *New Left Review.*

________. 1997. *Workers in a lean world.* London : Verso.

Munck, Richard. 1999. "Labor Dilemmas and Labor Futures." R. Munck and P. Waterman eds. *Labour Worldwide in the Era of Globalization, Alternative Union Models in the New World Order.* London : MacMillan.

Offe, Claus. 1987. *Disorganized Capitalism.* Cambridge: MIT Press.

Rose, Fred. 2000. *Coalitions Across the Class Divide: Lessons from the Labor, Peace and Environmental Movements.* Ithaca: Cornell University Press.

Scipes, Kim. 1992. "Understanding the New Labor Movement in the 'Third World' : The Emergence of Social Movement Unionism." *Critical Sociology* 19(2).

Seidman, Gay. 1994. *Manufacturing Militance : Workers Movements in Brazil and South Africa, 1970~1985.* Berkeley : California University Press.

Waterman, Peter. 1993. "Social-Movement Unionism : A New Union Model for a New World Order?" *Review* XVI, 3.

________. 1997. "Conceiving An 'International Social Movement Unionims'." http://www.labournet.uk/oct97/waterman.html.

Western, Bruce. 1997. *Class and Market : Postwar Unionization in the Capitalist Democracies.* New Jersey: Princeton University Press.

Wood, Meiksins and Yates. 1997. *Rising from the Ashes? Labor in the Age of "Global," Capitalism.* New York: Monthly Review.

한국과 일본의 소비자운동 비교연구

김문조

I. 배경

개인주의 및 자유주의 사상을 근간으로 한 서구 근대사회는 경제활동에 대한 국가의 관여를 최소화하는 자유방임적 노선을 이상으로 삼아왔다. 그러나 공업화, 도시화, 관료제화 및 세속화와 같은 근대화 과정에 편승한 인간소외, 자원독과점, 권력편중 및 환경파괴 등의 문제점으로 자유방임 사상이 도전에 직면하게 되자 국민 개개인에 인간다운 삶을 부여하기 위한 국가의 관여를 용인하자는 케인즈주의적 경제원리가 대두되기에 이르렀다.

그 결과 현대사회에는 생존권, 재산권, 참정권, 결사권과 같은 원초적 기본권 외에 근로권, 교육권, 의료권, 환경권 등과 같은 새로운 권리들이 제정되어왔는데, 소비자권(consumer sovereignty)은 바로 그러한 시민권 확장의 일환으로 간주할 수 있다. 즉, 근대적 주권 개념의 외연이라고 할 수 있는 소비자권은 "자유경쟁을 원칙으로 하는 자유주의 경제체제에서 경제활동이나 산업구조를 결정하는 최종적 권한이 소비자에 귀속되어야 한다"는 소비자 우선주의 정신의 발로로서(이창범 2001), 이는 곧 경제적 민주주의의 기초이자 증좌로 이해되어 왔다.

일반적으로 소비는 경제활동의 최종 단계로서 생산의 궁극적 목표라고 이야기되고 있다. 이렇듯 경제활동의 마감자인 소비자는 구매행위의 결정권

을 행사하는 주체임에도 불구하고 사업자에 비해 열세에 놓인 채 경제과정
에서 소외되어 왔다. 사업자는 시장 장악력, 정보력 및 대(對) 정부 영향력
등에서 소비자보다 월등히 유리한 입장을 향유해 온 반면, 개별 소비자는
상품구매 행위에 스스로 책임져야 한다는 매주(買主) 위험부담원칙(caveat
emptor)에 의해 장기간 무방비 상태로 방치되어 왔다(김문조 외 1994).

이렇듯 소비자권은 시장상황의 양대 주체인 생산자–소비자 간의 상호작
용에서 소비자 쪽에 힘이 부여되어야 한다는 주장을 표방한 것이나, 그것은
조직화된 생산자 측보다 비조직화된 소비자 측을 우대해야 한다는 단순한
약자보호 논리를 넘어, 궁극적으로 소비자가 상품 구매 및 소비활동을 통해
사회경제체계의 건전화를 도모할 수 있도록 하자는 소비자의 역량강화
(empowerment)를 겨냥한 개념이라고 할 수 있다.

일찍이 아담 스미스는 『국부론』에서 "소비는 모든 생산의 유일무이한
목표로서, 생산자의 이익은 오직 소비자의 이익을 증진시키는 범위 내에서
만 성립된다"고 기술한 바 있으나, 상품의 거래량이나 나양싱 확대에 비례
해 불량·유해상품이 범람하고 또 가격조작이나 과대광고 등과 같은 유통상
비리가 증가함으로써 소비자들의 불만이나 불신은 최근 날로 누증되고 있
다. 더구나 상품시장의 복잡성이 증가해 소비자의 상품선택 능력이 나날이
퇴화되고 있는 이즈음, 소비자의 권익 신장을 목표로 한 소비자운동은 그러
한 경제질서 변화의 자연발생적 결과의 하나로서 받아들여지고 있다.

소비자 권리가 최초로 공식화된 것은 미국 대통령 케네디(J. F. Kennedy)가
1962년 3월 의회에 보낸 "소비자 이익보호에 관한 특별교서"에서였다. 그것은
삶의 질 향상을 위한 소비자의 권리를 천명함과 동시에 ① 안전을 요구할 권리
(right to safety), ② 정보를 제공받을 권리(right to be informed), ③ 선택할
권리(right to choose), ④ 의견을 개진 받을 권리(right to be heard)라는 4대
권리를 제시함으로써 오늘날까지 소비자 보호에 관한 "권리장전"으로서 높이
평가받고 있다(Aaker and Day 1971). 2차 세계대전 이후의 지속적 호황으로
아메리칸 드림의 실현에 관한 기대심리가 최고조에 달했던 당시 세계경제의 선

도국이자 세계 최대의 구매력을 구가하던 미국에서 형성된 이 같은 소비자 주권의식은 향후 세계 각처에서 전개된 소비자운동의 지침으로 활용되어 왔다.

따라서 1960년대 초 이후 유럽 선진제국에서도 소비자 보호에 관한 규정을 헌법 혹은 별도의 법률로서 명문화하게 되었으며, 향후 여타 국가들도 그에 대한 관심을 높여나가게 되었다. 그러자 국제소비자기구(IOCU)에서는 보상권(피해보상에 관한 권리), 교육권(소비자 교육을 받을 권리), 환경향유권(청결하고 쾌적한 환경에서 살 권리)라는 3개 항목을 신설해 소비자권의 내용을 확충한 바 있다(송보경·김재옥 1987).

소비자운동은 생산 및 유통체계의 확장하에 날로 주체적 역량을 상실해온 소비자들의 권익 향상을 도모하기 위한 집합적 노력의 총체로서 규정할 수 있는데, 그것은 부당한 경제적 불이익에 대항하자는 실익추구운동, 소비자권이라는 새로운 권리를 육성 개발하자는 인권신장운동, 불법부당한 사업자들의 행태에 대응하자는 사회개혁운동, 소비생활의 질을 제고하자는 생활개선운동, 생산자-소비자 간의 상호불신을 해소하자는 사회통합운동, 합리적 생활양식이나 생활윤리을 모색하자는 의식화운동, 사회경제적 활동 전반에 시민적 참여를 고취하자는 사회참여운동 등의 복합적 성격을 함유한다.

한편, 소비자운동의 형태는 소비자들의 구매력을 결집해 유통구조를 개선하여 공통의 물질적·정신적 이익실현을 꾀하자는 조합형 운동, 상품의 품질이나 가격에 관한 올바른 정보를 제공함으로써 소비자들의 합리적 선택을 도모하려는 정보제공형 운동, 위해 물품이나 불량 서비스를 고발하여 악덕기업이나 업자들에게 압력을 행사하자는 고발형 운동으로 대별된다(國民生活セソター 1988).

이 같은 유형론은 소비자운동을 바라보는 기본 시각이나 현실적 상황정의와 상관성을 지닌다. 즉, 조합형 소비자운동은 합의적 접근 혹은 협력모형, 정보제공형 소비자운동은 공리적 접근 혹은 계도모형, 고발형 소비자운동은 갈등적 접근 혹은 저항모형이라는 것과 연관된다. 협력모형이나 계도모형의 경우는 운동의 최종 목적이 시장 내에서 소비자의 손실을 최소화하는 데 역점을 두는

반면, 저항모형은 소비자의 불리한 사회경제적 지위 향상에 궁극적 목적을 둔
다(김재옥 1985). 따라서 때때로 전자는 실리적 정향으로서의 '소비자주의'
(consumerism), 후자는 역동적 뉘앙스를 풍기는 '소비자운동'(consumer
movement)이라는 용어로써 변별되기도 하나(김문조 외 1994), 본 논문에서는
양자 모두를 소비자운동이라는 광의의 개념으로 묶어 논의하고자 한다.

소비자운동의 주관자에는 소비자 조직, 지원단체, 소비자 관련 정부기구,
소비자 교육기관, 기업 및 노조의 소비자 관련 조직들 모두를 포함시킬 수
있다. 가장 극단적으로는 "스스로 소비자운동을 행하고 있다고 자처하는 모
든 개인이나 조직들"이 소비자운동의 주체로 간주되기도 하는데(Bloom
and Greyser 1981), 소비자운동은 통상적으로 개별 소비자-민간 소비자 단
체-정부기구의 3자 구도에 준거해 거론되는 경우가 많다. 개별 소비자들은
소비품목에 대한 불만이나 문제점을 제기하고, 소비자단체는 개별 소비자들
의 고충을 규합해 사업자에 압력을 행사하거나 제도적 개선을 요구하며, 정
부는 소비자들의 요구를 정책에 반영해 사업지 측에 대한 규제채을 강구한
다. 하지만 이들 모두는 소비자의 권익 증진이라는 목표를 공유하는 까닭에,
이번 연구에서는 3자 모두의 활동을 포괄적으로 논의하고자 한다.

II. 한국과 일본의 소비자운동 약사(略史)

1. 한국

한국의 초창기 소비자운동은 여성단체들에 의해 주도되었는데, 그 효시
로는 1955년 서울여자기독교청년회가 벌인 소비자 보호운동이 꼽혀진다. 한
편, 경제개발5개년계획이 착수된 1960년대에는 1964년에 한국부인회, 1965
년도에는 대한어머니회가 소비자 보호운동에 동참하였으나 특기할 만한 실
질적 성과를 거두지는 못했던 것으로 평가되고 있다. 그러나 1970년대 이후

일본을 위시한 선진제국으로부터 소비자 보호의식이 확산되면서 국내 소비자 보호운동도 활기를 띠게 되어, 주부교실중앙회(1972년), 주부클럽연합회(1972년), 한국여성단체협의회(1973년) 등의 여성단체들이 소비자 보호운동이나 소비절약운동과 같은 사회운동을 벌여나가기 시작했다. 한편 1968년도에는 한국소비자보호협회가 상공부에 소비자문제 전문단체로서 등록을 하고 활동을 개시하였으나 이듬해에 활동을 중단하였으며, 1970년대 초반에는 소비자연맹이 조직되었는데 이 역시 인적·재정적 문제로 인해 활동을 정지했다가 1978년 협동교육연구원 활동을 재개했다(송보경·김재옥 1987).

고도성장기로 규정되는 1960년대와 1970년대 한국 사회에서는 보다 적극적 소비자운동이 요구되었지만, 소비자단체에 대한 법적 지위, 재정적 지원, 이념적 지향, 지도력 등과 같은 미비점으로 소비자단체의 결성이나 유지가 여전히 난망한 실정이었다. 따라서 정부는 1978년 소비자활동을 지원하기 위해 여성단체협의회, 주부클럽, 주부교실중앙회, 대한YWCA의 4개 여성단체를 주축으로 소비자보호단체협의회를 조직하여 경제기획원을 통해 국고를 지원하였다. 이후 1979년에 소비자연맹, 1985년에는 소비자문제를 연구하는 시민의 모임이 소비자보호단체협의회에 가입하였으며, 같은 무렵 공익단체연구소, 소비자문제연구원 등의 소비자단체들도 출범하여 경제기획원에 사회단체로 등록되었다(김동기 1978).

한편 1980년 이후부터는 국제 학술회의나 실천가 모임과 같은 국제교류가 촉진되어 '모유권장운동', '유해약품 추방운동', '위해농약 추방운동' '원전 거부운동', '핵폐기물 처리시설 반대운동' 등 다국적 기업의 횡포나 환경 분쟁과 연관된 소비자운동이 성행하였다. 한편 1980년에는 소비자보호법이 제정되어 소비자 보호활동을 지원할 수 있는 법적 기틀도 마련되었다. 하지만 그것은 법률적 미비로 1986년에 개정되었는데, 개정된 소비자보호법은 소비자단체에 대한 업무 및 보조금 지급 조항을 명시함으로써 소비자 활동을 진작시키는 데 크게 기여한 것으로 평가되고 있다(최선경 1993).

한국 소비자운동사의 가장 획기적 단계는 한국소비자보호원의 설립이

다. 전액 정부출연의 형태로 권력과 준사법권이 부여된 특수 공익법인으로
1987년 7월 출범한 한국소비자보호원은 범국가적 입장에서 공정하고도 효
율적인 소비자보호 활동을 전개하기 위해 설립된 것으로서, 자동차와 같은
공산품에서 일상식품에 이르는 각종 상품에 대한 유해성이나 안전성을 실험
하고, 국내외 소비생활 현황에 관한 연구를 수행하며, 소비자 상담을 지속하
면서『소비자 시대』라는 월간지를 발간하는 등의 적극적 활동으로 민간사회
에서 호평받는 공공기구의 하나로 자리매김하고 있다.

　　1990년대 이후 한국의 소비자운동은 사회전반으로 확산되기 시작한 시
민운동의 활황과 더불어 전성기를 구가하게 된다. 특히, 1987년 노동자대투
쟁 사태 이후 사회운동의 관심사가 임금문제를 중심으로 한 경제주의적 측
면을 벗어나 일상적 삶의 질과 직결된 생활정치(life politics)로 이행하면서,
한국사회에서는 일면 고조되는 기업의 전횡에 대응하고 다른 일면 날로 퇴
화되는 소비자 의식이나 소비 행태를 진작시키려는 복합적 사회운동으로서
의 소비자운동의 기대가지나 역할에 관한 인식이 꾸준히 제고되어 왔다.

2. 일본

　　일본 소비자운동의 시원은 종전 직후인 1945년 8월에 결성된 전후대책
부인위원회 및 부인민주포럼 활동으로 소급할 수 있다. 식량난 및 고인플레
이션 등 대전 직후의 경제난 극복을 위해 시작된 일본 소비자운동은 1950년
대에 한국전쟁으로 인한 경기활황으로 대량생산-대량소비 체체가 구축되자
물자조달이나 물가문제를 넘어선 상품의 질이나 안정성 등으로 소재영역을
확대하였다(國民生活センター 1997).

　　한편, 1961년에는 미국의 선례에 따라 재단법인 일본소비자협회가 창설되
었는데, 동 협회는 발족과 함께 소비자에게 경제활동의 주권자로서의 자격과
권위를 부여한다는 '소비자선언'을 발표하였다. 또 1960년대 중반 이후 유례없
는 호경기 속에 연 실질성장률이 10%를 상회하는 고도성장기에 들어서면서 소

비자 피해사례가 고조하게 되자 1969년 4월 소비자연맹 창립위원회의 결성을 계기로 결함상품·위험상품에 대한 기업의 책임을 추궁하자는 고발형 소비자운동이 본격화하였다. 더불어 1968년 4월 9일 "소비자의 이익 옹호 및 증진에 관한 국가, 지방 공공단체 및 사업자의 책무 및 소비자의 역할을 밝히고 정책적 개요에 관한 종합적 대책을 도모함으로써 국민생활 안정 및 향상을 확보할 것을 목적으로 하는" 소비자보호기본법의 제정된 데 이어, 경제기획청이 자치청과 공동으로 소비생활 모니터, 소비자 계발, 소비자 조직, 고충처리 등 소비자 행정처리에 관한 지침이 각급 지방행정기구에 통달됨으로써 소비자 행정체계의 내실화가 촉진되었다(國民生活センター 1988).

1970년대에 들어서서는 불량상품, 부당가격, 허위광고 등 상품 자체에 대한 문제제기에 그치지 않고, 소비자 권리를 침해하는 기업에 대한 비판을 강화하고, 안정성 문제에 관한 과학적 분석을 추구하며, 소비자 입법이나 소성에 적극적으로 관여하는 등 운동 영역이나 운동 방법이 다각화되었는데, 여기에는 1973년 석유파동 이후 국민 경제생활에 관심을 갖게 된 전문지식인들의 기여도가 결정적인 것으로 알려지고 있다(經濟企劃廳 國民生活局 1999).

1980년대에는 무역자유화나 규제완화가 본격화함으로써 생활양식이나 소비행태가 크게 변모하게 된다. 이에 따라 소비자운동은 급속히 변화하는 현실을 뒤따르지 못하는 법적·제도적 지체현상의 극복에 주력하는 한편, 수입식품 및 공산품의 안정성 문제, 농업 지원문제, 환경문제 등과 같은 국제적 사안에도 관심을 기울이게 되었다. 특히 1990년 4월 22일 '지구의 날' 행사가 범세계적으로 개최되어 환경문제가 크게 부각되고 이듬해 GOTT/우루과이라운드가 진행되어 농산물 유통을 둘러싼 무역자유화가 본격화되면서, 일본 소비자운동은 WTO체제가 주도하는 세계화에 대한 폐해나 다국적 기업의 횡포에 따른 소비자 권익 훼손 등과 같은 글로벌 이슈들로 활동범역을 넓혀 왔다(國民生活センター 1997).

III. 현황

사회운동으로서 소비자운동은 무엇보다 소비자 권익향상이라는 기본목표의 달성 여부로서 운동효과를 판정할 수 있는데, 그 가장 직접적 결정 요인은 운동의 기원이나 이념보다 재정 상황을 포함한 일련의 조직적 특성이라고 여겨진다. 따라서 본 절에서는 주로 한국소비자보호원에서 발간된 연구보고서 "소비자단체의 발전방안에 관한 연구"(최선경 1993) 및 동 보고서에 인용된 일본 소비자단체 현황자료에 의거해 양국 소비자단체의 조직현황 및 활동상황을 간략히 비교해 보고자 한다.

1. 조직현황

(1) 2003년 현재 한국에는 소비자연맹을 위시한 11개 중앙단체와 약 160여 개의 지방단체 및 지방지부가 존속하고 있는 것으로 알려지고 있다(한국소비자단체협의회 2003). 1990년 자료에 근거한 활동지역별 분포는, 대도시 소재 단체가 26.1%, 중소도시에 소속된 단체가 59.1%, 군·읍·면지역에서 활동하는 단체가 14.8%였다.

반면 2000년도에 총 4,794개로 집계되고 있는(內閣府調査 2000) 일본의 소비자 단체 중에는 중앙단체(전국에 걸쳐 활동하는 단체)가 1% 미만, 현역단체(도·도·부·현 지역에 걸쳐 활동하는 단체)가 9% 내외, 지역단체(군·시·정·촌을 단위로 활동하는 단체)가 90% 이상을 차지한다고 알려지고 있다.

이처럼 일본과 비교해볼 때 한국에는 지역중심의 소비자 단체 수효가 매우 적은데, 향후 국가가 아닌 지역단위의 생활공간이 중요성을 배가하는 지방화시대의 도래가 전망되고 있음을 감안할 때, 지역 소비자기구의 약세야말로 한국 소비자운동의 구조적 취약성을 야기하는 결정적 요소의 하나로 간주하지 않을 수 없다.

(2) 1990년도의 조사자료에 의하면 한국 소비자 단체의 가입회원 수는 총 632만 명에 달한다. 소속단체 규모별로는 100명 미만의 단체가 27개 단체 36.5%, 100명 이상~1,000명 미만 22개 단체 29.7%, 1,000명 이상~10,000명 미만이 19개 단체 25.7%, 10,000명 이상이 6개 단체 8.1%로 나타나고 있다. 반면 일본 소비자단체의 회원 수는 1990년도에 중앙단체 1,126만 명, 현역단체 및 지역단체가 885만 명으로 도합 2,011만 명이며, 규모별 단체수는 99명 이하인 단체가 1,786개 단체 39.2%로 가장 많고, 100~999명이 1,564개(34.3%), 1,000~9,999명이 683개(15.0%), 10,000명 이상이 143개(3.1%)로 알려져 있다.

따라서 한국과 일본의 소비자단체 회원분포를 비교해 보면, 그 전반적 양상은 유사하다고 할 수 있겠으나, 한국이 일본보다 1,000명 미만 규모 단체의 비중이 적은 반면, 1,000명 이상 규모의 대형단체의 비중은 보다 높은 것으로 나타나고 있다.

(3) 단체의 성격을 살펴보면, 한국에서는 소비자 문제를 위주로 활동하는 단체가 18개 단체(20.9%), 소비자문제와 타 분야의 활동을 병행하는 단체가 68개 단체 79.1%인데, 소비자문제는 주부단체 및 여성단체에서 여성문제와 함께 다루어지는 경우가 일반적이었다.

일본의 경우는 중앙단체를 제외하면 소비자운동을 주목적으로 설립된 단체가 40.9%에 육박하는 높은 비율에 이르고 있으며, 나머지는 부인회활동이나 생활개선활동 등을 병행하는 경우가 많았다. 한마디로 일본과 비교해 볼 때, 한국에서는 소비자문제만을 집중적으로 다루는 전문 단체의 수가 적다고 할 수 있다.

(4) 소비자단체의 설립연대는 1960년대 이전이 24개 단체(28.6%), 1970년대 21개 단체(25.0%), 1980년대 27개 단체(32.1%), 1990년대가 12개 단체(14.3%)로 나타났다. 또 소비자운동 활동개시 시기는 1970년대 이전이 6개

단체(7.7%), 1970년대 11개 단체(14.1%), 1980년대 36개 단체(46.2%), 1990년대 25개 단체(32.1%)로 나타나 한국의 소비자단체는 주로 1980년대 이후부터 활성화하기 시작했다고 추정할 수 있다.

일본의 소비자단체 설립에는 두 차례의 절정기가 있었는데, 첫 번째는 종전 직후인 1945년도였고, 두 번째는 73~75년의 오일쇼크 직후였다. 즉, 2차대전 이전 50여 개를 헤아리던 소비자단체가 1955년 무렵 700여 개에 이르게 되었으며, 또 향후 72년까지 연 150개 미만이던 신설 단체 수가 74~75년도에는 각기 200여 개에 달하게 되었다.

(5) 단체의 결성계기는 중앙단체의 조직유도에 의해 조직된 단체가 가장 많았고, 다음은 지역주민들의 자발적 단체, 행정기관의 유도단체, 전문집단에 의해 조직된 단체의 순이었다. 구체적으로 YMCA 산하단체의 경우에는 지역주민들의 자발적인 참여에 의해 조직된 단체가 가장 많았으나, 주부교실이나 한국부인회의 경우는 중앙난제의 유도에 의해 결성된 딘체가 많았으며, 행정기관의 유도에 의해 결성된 단체는 여성단체협의회의 경우가 가장 많았다.

(6) 단체회원 연령층을 살펴보면 40대가 가장 많고 다음이 30대-50대-20대 순이어서 20, 30대보다는 40, 50대를 소비자운동의 중심세력으로 간주해도 무방할 것 같다.

(7) 연간 수입규모를 살펴보면 500만 원 미만이 21개 단체 25.9%로 가장 많았고, 500만 원 이상~1,000만 원 미만, 1,000만 원 이상~1억 원 미만이 각각 19개 단체로 23.5%, 1억 원 이상은 22개 단체 27.2%의 순이었다. 단체의 총예산은 전부가 소비자문제와 관련된 사업에 사용되는 것이 아니라 총예산의 39.4% 정도만이 소비자 관련사업에 사용되는 것으로 나타났다. 한편 예산규모별로는, 예산이 1,000만 원 미만인 단체가 50% 정도, 1,000만 원~1

억 원 미만이 42.0%정도, 1억 원 이상은 18.4%로서 예산규모가 작은 단체가 여타 경우보다 소비자운동이라는 단일 활동에 주력하고 있음이 밝혀졌다.

(8) 수입구성내용을 살펴보면 회비, 정부보조, 사업수입이 주요 내용으로, 회비 수입이 있는 단체는 73개 단체로 85.9%, 정부보조를 받고 있는 단체가 59개 단체로 69.4%, 사업수입이 있는 단체가 55개 단체 64.7%로 나났다. 정부보조를 받는 단체를 지역별로 살펴보면, 중소도시, 군·읍·면 지역의 단체가 대도시 지역보다 정부보조를 덜 받고 있다는 점이 확인되었다.

(9) 소비자단체의 재정현황은 정부보조 35.0%, 회비 29.6%, 사업수입 25.3%, 민간 후원금 5.0%, 국제공익기관 지원금 3.2%, 기타 8.7% 순서로 나타나, 정부보조, 회비, 사업수입이 중요한 재정자원임을 알 수 있다. 재정자원 중에는 정부보조의 비율이 가장 큰 것으로 나타났는데, 이는 소규모단체들이 정부보조에 의존하는 비율이 높기 때문인 것으로 보인다.
회원규모별로 재정기반의 특징을 살펴보면 회원이 100명 이하인 단체는 정부보조의 비율이 55.2%로 매우 높았으며, 100~1,000명 미만인 단체는 사업수입(31.8%), 회비(28.5%), 정부보조(28.3%)의 비율이 비교적 골고루 분포되었고, 1,000~10,000명 미만의 단체는 사업수입(40.4%), 회비(33.0%)의 비율이 높은 것으로 나타났으며, 10,000명 이상의 단체는 회비(50.0%)의 비율이 높은 것으로 나타났다.
반면, 일본 소비자단체의 수입현황을 살펴보면, 중앙단체는 회비수입의 비중(44.6%)이 크고, 현역단체와 지역단체는 사업수입의 비중이 큰 것으로 나타나, 도시지역보다 군·읍·면에 소재한 소비자단체가 사업수입의 비중이 낮은 한국의 경우와는 대비되는 것으로 나타났다.
운동단체의 재정은 정부 보조에 의존하기보다는 독립적인 것이 바람직하다는 점을 상기할 때, 소규모 소비자 단체의 열악한 재정상태는 지극히 우려스러운 현상임을 지적하지 않을 수 없다. 물론 소규모 단체들의 지역적 기반이나 그 구성원들의 특성을 고려할 때 아직은 정부보조가 불가피하다는 점이 십분 인정되나, 재정적 자립이 자율적 활동의 선결조건임을 감안한다면 향후 사업수입이나 회비를 통한 재정기반의 확충이 절실하다고 여겨진다.

(10) 소비자단체 대표자들과 관련된 사항을 살펴보면, 먼저 대표자의 연령은 50대 이상이 6.0%, 40대가 25.3%, 30대가 16.1%로 나타나 50대 이상이 가장 많음을 알 수 있다. 단체장의 재임기간은 1~3년이 51.2%로 가장 많았으며, 4~6년이 21.4%, 7~9년 8.3%, 10년 이상이 8.3%, 1년 미만이 10.7%로 나타났다. 전 대표의 재임 기간도 비슷한 양상이다. 단체장의 학력은 전문대졸 이상이 76.8%로 학력수준은 대체적으로 높았으며, 경력면에서도 사회운동 단체활동 유경험자가 많은 것으로 나타났다. 단체장의 선출방식은 총회에서 선출되는 경우가 64.7%로 가장 많았고, 임원회의 22.4%, 기타 12.9%의 순이었다.

2. 활동상황

(1) 한국 소비자단체들이 역점을 두어 실시해온 활동은 소비자상담, 경제활동, 학습활동, 조사활동들이었으며 이들은 차후에도 여전히 중점사업으로 존속될 전망이다. 그러나 소비자상담 활동을 핵심사업으로 삼고자 하는 단체는 향후 줄어들 것으로 보이는데, 지역별로는 특히 군·읍·면 지역에 소재한 단체들의 소비자 상담활동이 격감할 것으로 예상된다. 반면 앞으로는 상품테스트, 정부 및 기업에 대한 제안, 기관지 발행, 국제활동 등의 사업이 보다 활성화될 것으로 예상된다.

일본 소비자 단체들도 소비자 학습 등의 소비자 계발활동을 단체별로 활발히 추진하고 있으나 그 못지 않게 생협활동이 대단히 활발히 이루어지고 있다. 더구나 한국 소비자단체의 90.7%가 상담활동에 주력하고 있는 데 반해, 일본은 소비자단체의 10% 정도만이 상담활동을 중시하고 있는 것으로 보고되어, 한국의 소비자단체는 상담활동에 이례적 노력을 기울이고 있음을 짐작할 수 있다.

또 조사활동은 일본 소비자단체의 43.6%가 시행했는 데 반해 한국의 경우는 61.6%가 중점사업으로 실시해 온 바, 한국 소비자단체는 지금까지 상담사업이나 조사사업과 같은 책상머리 작업에 보다 천착해 왔음을 확인할 수 있다. 이같은 결과는 한국 소비자단체가 이런저런 과업들에 동시다발적으로 관여해 왔음에도 부분적 이유를 찾을 수 있지만, 보다 결정적으로는 실무진보다도 간부진이 더 많은 가분수적 조직구성에 기인하는 바 크다고 판단된다.

(2) 한국 소비자단체의 관심영역을 살펴보면, 과거에는 소비자 계발 및 교육, 소비자 안전, 상품에 관한 사항이 가장 주요한 관심사로 나타났다. 현재에도 소비자 계발 및 교육에 관한 사항은 여전히 중요한 관심영역에 속하나, 그와 더불어 환경문제나 방문판매 피해와 같은 일상적 사안들이 새로운 쟁점으로 부상하고 있다. 향후 환경문제가 소비자운동의 첨예한 쟁점의 하나로 등장했으나 노인문제나 우리 농산물 살리기 등의 새로운 과제들이 부가되면서 소비자운동의 관심영역은 지속적으로 확장될 전망이다.

소비자단체의 관심사항을 지역별로 나누어 살펴보면, 대도시지역에서는 예상대로 환경문제가 가장 큰 관심사로 나타났고, 중소도시 지역에서는 할부 방문판매 등의 거래에 관한 문제가 최대 관심사임이 드러났다. 환경오염의 확산과 함께 환경문제는 중소도시에서도 주요 관심사항으로 대두될 전망이나, 대도시지역에서는 그와 더불어 제조물 책임법 등과 같은 새로운 쟁점이 주목받게 될 것으로 전망된다.

한편, 일본 소비자단체의 관심영역의 경우, 환경문제나 노인문제가 주요 관심사항이 되어가고 있다는 점은 한국과 동일하나, 식품관련 쟁점(일본 소비자단체의 74.0%)에 대한 관심이 이례적으로 높다는 점이 특기할 만하다 (Thirty-fourth Consumer Protection Council 2001).

(3) 연대활동에 대해서는 소비자단체의 94.2%가 연대활동의 필요성을 자각하고 있으나, 실제로 연대활동은 1년에 1회 정도 실시하는 단체가 많아 생각만큼은 활발하지 않은 것으로 드러났다. 이를 지역별로 살펴보면 중소도시나 군·읍·면 지역에 비해 대도시 지역에서 연대활동이 보다 활발한 것으로 나타났다. 대도시지역의 단체들은 1개월에 1회 이상 연대활동하는 단체가 60.9%에 달하였으나 중소도시는 32.0%, 군·읍·면지역의 단체는 23.1%에 불과하다.

연대활동으로는 집회(캠페인)활동이 가장 적극적으로 이루어져 조사단체의 72.6%가 참가 경험이 있는 것으로 나타났다. 또한 세미나 및 토론회, 소비자교육, 지도자교육 등에 관한 연대활동도 활발히 진행되어 조사단체의 50% 이상이 동참한 경험이 있다고 보고되고 있다. 반면, 불용품교환회, 공동구입 등의 연대활동에 참가한 경험이 있는 단체는 비교적 적게 나타났다. 연대활동의 방법은 1회적이기보다는 정례적인 경우가 많은 것으로 나타났다. 연대활동의 주제로는 환경문제에 관한 사항이 가장 빈번한 것으로 나타났고, 소비자 계발교육, 우리농산물 살리기 운동, 상품의 품질 및 안정성 등도 연대활동의 대상으로 꼽혀졌다.

일본 소비자단체의 연대활동은 소비자단체협의회 등의 연락회를 중심으로 활발히 전개되어 왔는데, 그 주요 이슈는 유가문제, 환경문제, 물가문제 등이었다. 특히 일본은 연대활동을 위한 연락회가 잘 조직되어 있는데 1990년도에 전국적으로 200여 개에 달하는 연락회는 소비자단체 사이뿐 아니라 여타 지역 시민단체와의 협력을 통한 외부적 연대활동에도 적극적으로 관여해 왔다. 이같은 실천적 연대활동의 필요성은 한국 소비자단체 참여자들에게도 깊이 각인되어 있으나 조직적·자원적 한계로 아직은 그 실현이 요원한 상태에 있다.

IV. 운동의 경과 및 성과

소비자운동은 경제활동의 동반자여야 할 생산자 측의 횡포나 압력에 대한 집단적 저항의 일환으로서, 그것은 "소비자는 왕"이라는 문구로부터 직감할 수 있듯 상품의 최종 사용자인 소비자에 대한 배려가 우선시되어야 한다는 소비자 보호의식의 발현이라고 할 수 있다. 소비자 보호의식은 소비자가 소비생활 과정에서 겪는 각종 고충처리로 실현되는 것으로서, 그러한 목적을 향한 집합적 반응이 곧 소비자운동인 것이다. 그런데 소비자 권익 증진을 위한 소비자운동의 대상은 사업자이되 그 궁극적 목표는 소비자 권리의 법적·제도적 확립이라고 할 수 있는 바, 법적·제도적 차원을 중심으로 한 한국과 일본 소비자운동의 경과와 주요 성과들을 시기별로 살펴보도록 하자.

1. 한국 소비자운동의 경우

1960년대 초 제1차 경제개발 5개년계획과 더불어 본격화된 한국 소비자운동은 소비자 보호의 기본 방향을 지시한 소비자보호법이 제정된 1960년 이후 급속히 진전되어 왔는데, 법과 제도의 측면에서 바라본 한국의 소비자운동사는 ① 경제개발계획이 개시된 1960년대 초 이후에서 1980년 소비자보호법 제정까지의 형성기, ② 소비자보호법 제정 이후 1988년까지의 성장기, ③ 1988년 백화점 사기세일 사건 이후의 전환기로 대별할 수 있다.

(1) 형성기 (1960년대 초~1980)

이 시기는 자립경제의 기반확충을 위한 성장위주의 경제개발계획에 기초한 종합적이고도 계획적인 경제개발이 추진되기 시작한 기간이었기 때문에, 소비자 관련 법령들은 대체적으로 소비자 보호를 위해서보다 건전 기업

활동을 보장하자는 취지하에서 추진되었다.

즉, 소비자 보호정책이나 소비자 보호입법이라는 용어조차 생소했던 이 시기에는 경제적 평등보다 경제적 자유를 중시하는 시장경제를 본령으로 하되 사회정의의 실현과 균형적 국가경제의 발전을 위해 국가가 제반 경제활동을 적절히 규제·조정하는 이른바 혼합경제체제를 지향함으로써 소비자 권익은 경제성장이라는 국정목표의 대요 안에서만 거론되었다. 즉, 당시의 소비자 보호입법은 1960년대 초 박정희 정부의 강력한 경제드라이브하에 정책적 특혜를 받아 급성장한 기업의 독과점 폐해와 직결된 독과점 규제책을 중심으로 진행되었다.

따라서 1960년대의 소비자 보호입법은 1961년 제정된 부당경쟁방지법에서 시작된다. 연이어 같은 해의 계량법, 공업표준화법, 상품권법, 증권거래법, 보험업법, 식품위생법, 자동차운수사업법, 그리고 1963년의 약사법 등도 제정되었으나, 그들 일부는 훗날 소비자 보호를 강화하자는 목적하에 개정되었다. 그 대표적 예가 1976년의 증권거래법이나 1977년이 보험업법이라고 할 수 있다(김영철 1992).

향후 경제개발 정책이 소수 기업에 대한 경제적 경제력 집중뿐 아니라 농업과 공업, 수출산업과 내수산업, 중소기업과 대기업간의 불균형을 심화시켜 시장기능의 위축, 자본배분의 왜곡, 경제의 탄력성 상실 등과 같은 부정적 효과를 산출하면서 소비자문제가 보다 첨예화하기 시작한다. 일례로 1968년 국회의 외자도입 특별국정감사 과정에서 차관업체의 폭리문제가 거론되었는데, 특히 신진자동차공업주식회사의 코로나 승용차를 둘러싼 독과점 폭에 관한 논쟁을 계기로 정부는 동년 11월 소비자 보호요강을 상정하였던 바, 이것이 소비자 보호를 위한 최초의 공식적 반응인 소비자 보호정책의 단초라고 할 수 있다.

이후 소비자 보호입법은 1975년의 물가안정 및 공정거래에 관한 법률(물가안정법) 및 1976년의 농수산물유통 및 가격안정에 관한 법률이 제정되면서 소비자의 이익확보를 목표로 한 법령정비의 방향으로 전환되었다. 이러한 상황에서 그간 소비자 보호운동을 주도하여 온 여성단체들이 소비자 보호를 목적으로 한 종합적이고도 포괄적인 소비자보호법의 필요성을 거론하기 시작했다. 더불어 사회 각계에서도 소비자 보호라는 기치하에 소비자 보호정책을 효율적으로 추진해 소비자의 기본권익을 확보하고, 기업과 소비자 간의 비대칭적 거래 관행을 해소하여 소비자가 입은 피해를 신속하고 적절하게 구제할 수 있는 제도를 마련하며, 또 소비자단체의 보다 적극적 활동을 담보할 수 있는 소비자 보호법안을 제정해야 한다는 요구가 제기되었다(김영철 1992).

이에 정부도 그 타당성을 인정하여 경제기획원으로 하여금 소비자 보호 기본방안을 입안하도록 하였으며, 또 소비자단체와의 공통된 인식에 근거해 당시 여당인 공화당 정책연구실을 통해 입안을 추진하도록 하였다. 아울러 경제단체와 관련 행정부처 간의 의견을 조율하고 공청회를 열어 일반 소비자들의 견해도 취합하는 단계를 거쳐 1979년 12월 제103회 정기국회에 상정함으로써 명실상부한 소비자법인 소비자보호법을 1980년 1월 4일 의원입법으로 제정 공포하였다(한미화 2001).

따라서 태동기의 소비자 보호입법은 애당초 생산자 위주의 시책에 의해 생산우위적 경제모형에 근거해 입법이 진행되었다가, 차후에 소비자 보호 문제가 주요한 국책과제의 하나로서 인식되면서 소비자 보호 자체를 목표로 한 소비자보호법의 제정으로 귀결되었다고 요약할 수 있다.

(2) 성장기 (1980~1988)

정부주도형 경제성장정책은 경제 규모가 작고 해외 경제여건이 비교적 안정적이었던 1970년대 초반까지는 상당한 성과를 거두었다. 그 후 경제규모가 확대되고 경제구조가 복잡해진 반면 해외 경제여건이 불안해짐에 따라, 인플레 심리의 만연, 시장기능의 왜곡, 독과점의 심화, 상품 구매상의 피해와 같은 문제점이 드러나, 건전 소비질서를 위한 일련의 정책방안이 강구되기에 이른다.

우선 1980년에 개정된 제5공화국 헌법에서는 경제질서의 기본원칙은 그대로 유지하되 독과점의 폐해를 규제·조정하고(제120조 제3항), 중소기업의 사업활동을 보호·육성하며(제124조 제2항), 농·어촌과 중소기업의 자조조직을 육성하되 그 정치적 중립성을 보장하며(제124조 제3항), 건전한 소비행위를 계도하고 생산품의 품질향상을 촉구하기 위한 소비자 보호운동을 보장한다고(제125조) 명시하였다. 이러한 헌법정신은 소비자의 이익을 증진시키는 법률의 제정 및 개정 등의 소비자보호법으로 구체화하여 1982년 실시된 제5차 경제사회개발에 반영되었다.

또한 1980년 제정·공포된 소비자보호법에 이어 동년 12월 31일 독점규제 및 공정거래에 관한 법률(공정거래법)이 제정됨으로써 소비자 보호입법에 새로운 장이 열려 소비자 보호 강화가 경제입법에 보다 적극적으로 반영되었다. 소비자보호법은 직접 소비자 보호를 목적으로 하여 제정된 법이며, 공정거래법은 사업자의 시장지배적 지위의 남용과 과도한 경제력의 집중을 방지하고, 부당한 공동행위와 불공정 거래행위를 규제하여, 공정하고 자유로운 경쟁을 유지함을 목적으로 제정된 것이다.

하지만 소비자보호법과 공정거래법은 제정 당시부터 문제점을 노정하여 시행과정에서 소비자 보호는 물론 독과점의 폐해방지 또는 경제집중의 억제에 크게 기여하지 못했다. 특히 소비자보호법의 경우, 추진 주체들은 법이 소비자에게 미칠 영향보다 정치적 고려를 앞세운 나머지 법의 실질적 내용에 관한 사항을 소홀히 했을 뿐 아니라, 제정된 지 1년 8개월이 지난 1982년 9월에 와서야 시행령을 제정, 집행하기에 이르렀다. 향후 증대된 소비자욕구에 보다 능동적으로 대처하고 소비자보호사업을 보다 체계적이고도 효율적으로 추진하기 위해 1986년 연말 개정 소비자보호법이 제정, 공포되었으며, 1987년 4월 1일자로 시행령이 개정되어 개정 소비자보호법(법률 제3921호)이 효력을 발생하게 되었다(한미화 2001).

이처럼 1970년대 초에서 20년 가량에 걸친 정비기의 소비자 보호입법은 실효성 있는 소비자 보호를 위해 소비자보호법의 개정 및 약관규제법의 제정은 물론 소비자보호관계법의 제·개정을 통해 착실하게 진전되었으며 내용적으로도 보완되었으므로, 이 시기의 소비자보호법은 "생산과 소비를 이원적으로 본" 소비자 보호 의식의 소산으로 규정할 수 있다.

(3) 전환기 (1988년 이후)

점진적으로 개선되어 오던 소비자 보호 법제는 1988년 백화점 사기세일 사건을 계기로 소비자 선택권 확보라는 새로운 쟁점을 기치로 한 극적 전환점을 맞이하게 된다. 이 사건을 촉발한 유수 백화점들의 할인특매 상품의 부당표시 및 허위과장광고 행위는 소비자 및 민간소비자단체의 강력한 반발을 유발해 1990년도에 소비자 보호를 강화하는 방향으로 공정거래법이 개정되었고, 이와 관련한 고시도 개정되었다. 또한 이듬해 7월에는 도·소매업진흥법도 소비자 보호를 보강하는 방향으로 개정되었다.

그 후 상공부의 발의로 방문판매 등에 관한 법률(방문판매법)과 할부거래에 관한 법률(할부거래법)이 국회에서 의결통과하여 1991년 1월에 제정 공포되었다. 이 법률들의 제정은 한국 소비자 보호 입법사의 획기적 사건으로 기록될 만하다. 해당 법률들은 소비자보호법 및 약관규제법과 더불어 본원적 소비자법에 해당하는 것으로서 만시지탄이기는 해도 한국 소비자 보호 정책에 상당한 진전을 초래한 것으로 평가되고 있다.

방문판매법과 할부거래법은 절박한 당시의 사회경제적 필요성에 따라 제정된 법률이라고 할 수 있다. 방문판매법과 할부거래법의 제정배경은 1980년 말부터 한국소비자보호원과 기타 민간소비자단체에서 방문판매와 할부거래로 인한 고발과 피해가 급증하고, 특히 1991년 미국과 일본의 다국적기업이 진출하여 다단계판매(피라미드 판매방식)를 유포하면서 피해가 격증해 사회문제화되면서 소비자는 물론 정부에서도 법적 제제의 필요성을 공감한 데에 있었다.

정부는 당시 성행하기 시작하던 다단계 판매의 확산을 저지하기 위한 법
제정을 1991년 하반기부터 적극 추진키로 결정하였고, 아울러 소비자신용과
결합하여 그 이용도가 비약적으로 증가하고 있는 할부거래제도를 규율하기
위한 조속한 입법도 필요하다는 판단에서 동년 8월 31일 방문판매거래안과
할부거래법안을 입법 예고하였다.

방문판매법과 할부거래법이 제정되기 이전에는 1991년 7월 개정된 도·
소매업진흥법에서 할부판매, 방문판매, 통신판매를 소비자 보호 측면에서
규율하였지만, 도·소매업진흥법이라는 법률의 성격상 할부판매, 방문판매,
통신판매상의 규제에는 한계가 있어 1992년부터 방문판매법과 할부거래법
을 특별법으로 제정하여 방문판매는 물론 할부거래의 규제를 강화하였다.

즉, 전환기에는 지방화, 개방화 등 1990년대의 새로운 여건변화에 신축
적으로 대응하기 위한 실효성 있는 소비자 보호정책의 수립과 운용이 필요
하게 되어, 민간 소비사난제들과 한국소비자보호원을 중심으로 한 공공단체
들이 적극적으로 협력해 정부의 소비자 보호정책이 획기적으로 바뀌었다고
말할 수 있다. 이에 1992~1996년의 제7차 경제사회발전 5개년계획에서는
소비자 보호 부문 계획을 하나의 부문계획으로 독립시켜, ① 소비자 보호 관
련 법령 및 제도의 정비, ② 소비자 보호기관간 역할재정립과 기능 강화, ③
소비자안전시책의 강화, ④ 거래의 적정화, ⑤ 소비자교육 및 정보 제공기
능의 강화, ⑥ 소비자피해구제의 실효성 확보 등과 같은 정책과제별 세부계
획이 제시되었다(김영철 1992).

2. 일본 소비자운동의 경우

일본의 소비자운동사는 크게 쇼와 43년(1968년) 제정된 소비자보호기본
법을 전후한 양대 시기로 구분할 수 있다. 고도 경제성장에 의한 대량소비와
더불어 각종 상품에 의한 소비자 피해가 고조된 시점에서 제안된 동 법의
제정과 더불어 소비자 행정체제나 소비자 보호관련 법제의 정비가 본격화되

었기 때문이다(經濟企劃廳 國民生活局 1996). 그러나 1980년대 후반 이후 정보화·세계화·친환경화 등 사회환경의 급속한 변화와 더불어 소비생활이 보다 복잡다단해지면서 소비자의 자율성이 오히려 위축되자 일본의 소비자 운동은 새로운 응전체제를 모색하는 단계로 접어들게 된다.

(1) 형성기 (1945~1968)

주부단체가 주축이었던 전후의 일본 소비자운동은 극심한 물자부족 상황에서 공정 소비가격을 벗어난 고가요구나 암거래 등을 극복하기 위한 자구적 조합운동으로 출범하였다. 특히 1946, 47년도의 식량난을 겪으면서 공동구매(카이다시) 조합은 조합원 300만 명을 헤아리는 1,500개 소로 폭발적으로 증가하였는데, 이들 가운데는 지역생협이 압도적이었다. 그러나 1948년 7월 구역 내 설립조항, 비관세원칙의 철폐, 원외이용 금지 등 생협의 활성화를 저해하는 조항을 포함한 '소비생활협동조합법'이 시행되면서 생협 활동이 크게 위축, 1950년 10월에는 1/6인 1,130개 조합으로 격감하였다.

반면, 1950년대 초 한국전쟁으로 인한 경제특수로 대량생산-대량소비 시대가 도래하자 결함제품 및 악성 판매전략 등을 특징으로 한 소비자 피해가 격증하였다. 이에 따라 소비자운동은 종전의 물가문제에 더해 상품의 질이나 안정성을 요구하는 방향으로 전환하게 되었는데, 그 구체적 사례로는 1955년 발족한 재단법인 일본생산성본부 산하의 '소비자교실'(1961년 일본소비자협회로 등록)을 들 수 있다. 생협운동 역시 그같은 시대변화에 부응해 1951년 3월 '일본생활협동조합회'을 창립, 기업계에서의 생협 반대운동이나 자민당 내의 반소비자 연대 움직임에 대응하기 위한 '전국소비자대회'를 1957년도에 개최해 "경제 주권자인 소비자 대중의 권리를 지키고 유통과정의 합리화를 꾀함"을 목적으로 하는 '소비자 선언'을 채택하였다(經濟企劃廳 國民生活局 1994).

더구나 1955년 사망 115명, 중독환자 1만 2천 명에 달하는 모리나가 비소

우유 사건을 계기로 전국 각지에서 소비자 주권을 위한 운동이 광범하게 전개되자 정부는 1961년 국민생활향상 대책심의회를 설치하고, 1962년 가정용품 품질표시법을 제정했으며, 1965년 경제기획청 내에 국민생활국을 신설하고, 1968년 소비자의 이익 옹호 및 증진에 관한 국가, 지방 공공단체 및 사업자의 책무 및 소비자의 역할을 명시한 종합대책을 추진함으로써 국민 소비생활의 안정화를 기하고자 했는데, 그 구체적이고도 종합적인 결실이 1968년 5월 공포시행된 소비자보호 기본법이었다(國民生活セソター 1997).

(2) 성장기 (1968~1980년대 중반)

1960년대 중반 이후부터 지속된 고도 경제성장으로 산업구조가 개편되고 고용기회가 확장됨으로써 국민 소득수준이 대폭적으로 향상되었으나, 그에 편승해 물가상승이나 생활환경의 악화가 초래되어 소비자 피해사례가 증가하였다. 소비자보호 기본법은 바로 그러한 시대변화이 산물이라고 할 수 있는데, 동 법 제정에 즈음해 민간부문에서는 기업의 사회적 책임을 따지는 '영리한 소비자'를 육성하자는 고발형 소비자운동이 활성화되었다(經濟企劃廳 國民生活局 1999).

민간 소비자운동의 선도역은 1969년 4월에 결성된 '일본소비자연맹 창립위원회'였다. 동 위원회는 1972년 공포한 '소비자 선언'에서 소비자 주권선언, 인간성 회복운동, 인간성 보전운동 등의 활동목표를 제시한 바 있다. 이러한 과정을 거쳐 1974년 5월 '일본소비자보호연맹'이 정식 발족하였는데, 그것은 풀뿌리 소비자운동의 선구로서 평가되고 있다(國民生活セソター 1997).

이처럼 1970년대 일본의 소비자운동에서는 고도 산업화 과정의 대량소비에서 발생하는 다양한 소비자 피해에 대한 시민적 공감대가 형성되어 특정 이데올로기의 도움 없이도 운동 역량을 보강할 수 있었을 뿐 아니라 운동목표 및 운동영역도 크게 확장시켜 운동의 형태 및 방법이 다양화되었다.

이 같은 여건하에 소비자 소송도 증가하여 법의 제정 및 개정 작업이 가속화하였다. 농림물자규격법, 농약단속법, 택지건물거래입법, 경품표시법, 할부판매법, 식품위생법이 소비자 보호의 관점에서 개정되었고, 1973년도에는 이른바 '안전3법'(소비생활용 제품안전법/화학물질의 심사와 제조 등의 규제에 관한 법률/유해물질을 함유한 가정용품의 규제에 관한 법률)이 제정되었다.

한편, 1973년 제1차 석유위기가 발생해 급속한 물가상승과 함께 사재기로 인한 합성세제나 화장지 등의 물품부족이 야기되고 계약에 대한 분쟁도 증가함에 따라 상품거래상의 문제점들에 관한 법제가 재정비되어 1976년 '방문판매 등에 관한 법률'이 제정되고 '택지건물 거래업법', '대출업무규제2법' 등이 도입되었으며, 또 그 효과적 실천을 위한 '가족소비생활 상담원협회'가 결성되었다(經濟企劃廳 國民生活局 1999).

(3) 전환기 (1980년대 중반 이후)

1980년대 일본사회는 규제완화 및 무역자유화의 영향으로 생활양식이나 소비행태가 크게 변모하였다. 특히 1985년 플라자 합의 이후의 엔화 가치의 급등을 계기로 일본 경제는 수출주도형에서 내수주도형으로 전환하여 소비자들은 가격 면에서는 약간의 반사이익을 향유할 수 있었으나, 정보화·세계화라는 새로운 변화에 따른 법적·제도적 지체현상이 드러나면서 소비자운동은 크나큰 변혁을 요구받게 되었다.

우선, 사회 정보화의 진전과 더불어 개인정보의 활용이 급증하여 그 부정적 이용관리에 관한 소비자의 불만이 고조되자, 국민생활심의회 소비자정책부회에서는 1985년 4월에 '정보화시대의 소비자정책에 대해'라는 보고서를 통해 실천적 대안을 제시하였다. 그에 준해 1987년 심의회 산하에 개인정보보호위원회를 설치하고 소비자 거래상에서의 개인정보 보호 문제에 대한 검토를 시작하여 이듬해에 그 첫 보고서를 완료하였다.

뿐만 아니라, 1991년 GATT 우루과이라운드가 열려 농산물 유통을 위시한 무역자유화 문제가 본격화하자 세계화가 일본 소비자운동에 실질적 영향을 끼쳐 쌀 수입개방에 따른 자급률 저하에 대한 문제, 식품 날짜표시에 관한 문제, 유전자변형 농산물의 수입에 관한 문제 등 WTO체제하의 세계시장 재편에 따른 다국적 기업에 대한 소비자 권익문제가 소비자운동의 새로운 주제로서 첨가되었다.

한편, 1990년 UN이 주도한 "세계의 날" 행사를 전후해 지구 온난화 문제를 비롯한 환경파괴 문제가 사회 전면적으로 대두하자 정부 관련 부처와 제휴한 친환경적 소비자운동이 본격화하여, 1995년도부터 에너지절약 마크 사업이 개시되었으며, 같은 해 6월에는 사업자·소비자로서의 환경 보전 솔선 수행을 위한 행동계획들이 확정되어 공공단체·민간사업자·시민단체들에 의한 주체별 실천활동들도 활발히 전개되었다. 또 1996년 8월에 발족한 그린 구입네트워크를 통해서는 환경 보전형 제품의 보급을 향한 적극적 노력이 경주되는 동시에 환경 가계부의 보급과 같은 환경 보전형 소비생활의 촉진활동도 병행되어 왔다(國民生活センター 1997).

그러나 전환기 일본 소비자운동의 가장 가시적인 성과로는 제조물 책임법을 꼽을 수 있다. 다양한 상품의 대량 유통을 특징으로 하는 현대적 소비 상황은 소비자의 주체적이고도 적극적인 소비행동을 요청하나, 사업자나 소비자 사이에는 정보나 교섭력의 격차가 오히려 증폭되어 소비생활에 있어서의 분쟁이 오히려 늘어가고 있는 것이 작금의 실정이다. 이러한 정황에서 소비자의 피해입증 부담을 경감하자는 취지에서 발의된 것이 제조물 책임법안이다. 그것은 30년 전인 1972년부터 검토되기 시작한 것으로서, 1975년 제조물책임 연구회에서 요강시안을 마련한 이후 지속적으로 입법화가 진전, 1990년 이후에 국민생활심의회, 산업구조심의회, 법제심의회 등에 의한 최종 검토를 거쳐 1994년 6월에 공포되고 이듬해부터 시행되었다(經濟企劃廳 國民生活局 1999).

Ⅴ. 결론 : 한·일 소비자운동의 비교와 전망

이상과 같이 과거 약 반세기간에 걸친 한국과 일본의 소비자운동을 형성기-성장기-전환기라는 일률적 도식에 준거해 살펴보았는데, 대체로 전자가 소정의 시차를 두고 후자의 양상을 답습해 왔음에도 불구하고 양자는 다음 여러 점에서 차별적 단면을 드러내고 있다고 여겨진다.

첫째, 동기나 기원에 있어, 일본 소비자운동은 전후 경제질서 회복기에 출범한 자생적 집합운동이었던 반면, 한국사회의 그것은 고도 경제성장기의 선도역을 자임한 강성 국가기구의 영향하에 놓여있던 주부단체들에 의해 추동된 관제성 활동이었다는 점이다. 즉, 양자는 종전 직후의 생활고나 성장경제 이전의 결핍 상태에서 출현했다는 배경을 공유하고는 있으나, 일본의 소비자운동은 개별 소비자들의 내발적 욕구에 의한 상향적 운동이었다는 점에서 관 주도의 하향적 운동이 주축이었던 한국의 소비자운동과 운동방향상의 차이점을 드러낸다.

둘째, 생필품을 중심으로 한 물자난 해소에서 촉발된 일본의 소비자운동에는 차후로도 일상적 문제점 해결이라는 실용정신의 유제가 잔존했던 반면, 국가기구와의 관계 설정을 놓고 격렬한 논쟁과 반목을 거듭하여온 한국의 소비자운동은 조직내부적으로나 조직 상호간에 헤게모니 쟁취라는 대결적 입장을 고수한 경향이 크다. 특히 한국의 민간 소비자운동은 시민운동이 활황기에 돌입한 1990년대 이후 이념적으로는 사회경제적 정의를 표방했으나 실제로는 개별 소비자들의 불만해소에 천착함으로써, 종전의 관변운동론적 굴레가 제거된 이후에도 목표의식을 공유한 생산적 관민 협조체제를 구축하려는 노력을 소홀히 해왔다.

셋째, 각기 개량화 및 세력화에 천착해온 일본과 한국의 소비자운동은 소비자 주권에 대한 인식에 있어서도 실리와 명분을 중요시하는 경제주의 및 정치주의로 시각을 달리해 왔을 뿐 아니라, 소재나 쟁점의 범역에 있어서도 구체적 문제해결에 주력하려는 특정성 및 다변적 관심사를 포괄하려는 총체성이라는 상이한 경향을 노정해왔다. 따라서 일본 소비자운동의 경우에는 그 성과가 구체적 결실이나 실적으로 산정될 수 있는 반면, 한국 소비자운동의 경우에 있어서는 운동지도자나 운동단체의 정치적 영향력, 이념적 선명성, 매스컴 동원력 등이 성과를 좌우하는 요인으로 작용해 왔다.

넷째, 공동구입·공동대응의 생협 정신에 근거한 일본의 소비자운동에는 기본적으로 집단적 복리를 우선시하는 조합주의적 전통이 관류해 왔다. 반면, 피해자 구제라는 명목으로 점철되어온 한국의 소비자운동은 전통적으로 개별 소비자들의 고충처리에 주력해온 까닭에, 강고한 집단주의적 연고문화의 유제에도 불구하고 소비자 문제에 관한 한 소비자 개개인의 복리향상을 우선시하는 개체주의적 전통이 강조되어 왔다. 이같은 공동선 의식의 차이로 인해 일본의 소비자운동은 집단적 결속력에 근거한 일상적 생활운동으로 정착될 수 있었던 반면, 한국의 그것은 개인 소비자의 불만해소 창구 역할을 담당하다가 백화점 사기세일 사건과 같은 계기를 맞이해서야 간헐적으로 집단적 응집력이 분출되는 불안정한 양태를 보여왔다.

다섯째, 전술한 협업 정신의 유무 여부는 소비자 문제에 대한 공공-민간 부문 연계활동의 실현가능성, 나아가 생산자-소비자 협의체제의 구축과도 상관성을 지닌다. 견실한 연대의식은 모든 사회운동의 외연적 확장을 위한 전제조건이라고 할 수 있기 때문이다. 실제적으로 지역사회라는 생활근거지를 중심으로 한 자활공동체 의식에 기반한 일본의 소비자운동에서는 위해정보 전달체계나 구제제도에 관한 관민 협동체제가 기초 행정단위에서부터 전국 규모의 그것에 이르기까지 유기적으로 구축되어 있다. 뿐만 아니라 쇼와 55년(1980년) 이후 기업 내에 소비자문제 전문가회의가 설립되어 소비자-기업-정부 3자간의 상호 이해 및 신뢰가 증진됨으로써 상품 및 서비스의 개선이 견실히 이루어졌고 또 그 같은 역할을 전담하기 위한 소비생활 어드바이저 자격시험제도가 확립되면서 일본 소비자운동은 외연적 확대발전을 위한 초석을 마련할 수 있었다. 반면, 취약한 조직체계로 산적한 개별 소비자들의 불만해소에 급급해 왔던 한국의 소비자운동은 협조체제의 외연화 작업이전에 자체결속을 위한 운동 자원이나 정체성조차 확보하지 못함으로써, "소리만 크되 실속이 없는" 비효율적 사회운동으로 전락하고 있다고 여겨진다. 자동차 급발진 사고나 학교급식에 관한 소비자들의 거듭된 문제제기에 관한 소비자 단체의 무력성이 바로 그 단적 증거라고 하겠다.

끝으로, 통상적으로 경제력이나 경제적 성장과정과 직결된 시차의 문제는 도외시하더라도, 모종의 질적 전환이 관측되는 일본의 그것에 비한 한국 소비자운동의 정체적 상황은 자기발전적 동력을 예비하지 못한 채 여전히 단순반복적 순환과정을 답습하여온 성장기 활동상황에서도 여실히 감지할 수 있다. 소비자 불평 상담처리를 위한 기구개발이나 법령 제정과 같은 제도개혁은 소비자운동의 본령임에 틀림없으나, 의식개혁이 동반되지 않는 제도개혁만으로는 결코 지속적 성과를 담보할 수 없다. 특히 생산활동에 비해 개개인의 자율적 판단이 보다 크게 작용되는 계도적 소비자운동에서는 소비생활의 합리화를 위한 소비자 교육은 제도개혁 이상의 중요한 과업이라고 아니할 수 없다.

일본의 경우, 헤이세이 원년(1989년)에 발표된 학습지도지침에 사회환경의 변화에 적절히 대응하기 위한 소비자 교육의 보완책이 제안된 바 있다. 이에 따라 동년 9월 소비자 교육 지원사업을 위한 다양한 방안들이 제기되었으며, 그러한 논의과정 끝에 이듬해 2월 종합적이고도 집중적인 소비자 교육의 추진을 위한 소비자교육 지원센터가 설립되어 조사연구, 연수회·심포지엄 개최, 교재개발 등의 사업이 착수되었다. 향후 교육대상은 청소년으로부터 고령자에 이르기까지 확대되었고, 교육기회도 학교교육에서 각종 사회교육으로 확산되었을 뿐 아니라 기존의 국민생활센터, 각지의 소비생활센터 및 소비자협회에서도 다양한 소비자 교육강좌가 개설되었다. 이들 교육과정에서는 단순 상품정보나 물품거래 요령 등을 넘어 소비생활의 적정화를 위한 기초교육이 병행됨으로써, 일본 소비자운동에서는 기존의 제도개혁에 폭넓은 소비자 교육을 통한 의식개혁 작업이 부가되어 자기목적성(self-purposiveness)이나 자기준거성(self-reference)을 지향하는 소비자운동의 질적 도약이 감지되고 있다

(Thirty-fourth Consumer Protection Council 2001). 반면, 의식변화를 야기할 수 있는 소비자 기초교육의 중요성을 간과한 채 고발에서 피해보상에 이르는 일련의 대처과정에서 제기되는 문제점 개선에 천착해온 한국의 소비자운동은 성장기에 들어선 오늘날에 이르기까지 국민 소비생활의 질적 전환을 담보할 수 있는 자기성장적 역량을 온축하지 못하고 있다고 판단된다. 물론 앞서 "활동상황"에 관한 부분에서 소비자 계발이나 교육이 한국 소비자단체의 주요 활동으로 꼽혀져 왔음이 확인된 바 있으나, 그것은 분별력 있는 '현명적 소비자' 양성을 위한 기초교육이 아니라 당하거나 밑지지 않으려는 '영악한 소비자' 양성을 겨냥한 단순 정보교육에 주안점을 둠으로써 결과적으로 소비자 의식의 제고에 크게 기여하지 못했다고 여겨진다.

요컨대, 표면적으로는 가격, 제품결함, 함량, 안정성, 불량 서비스, 환경피해, 부정약관 등 유사한 쟁점들을 거론해 왔다고 여겨지는 것이 한·일 양국의 소비자운동이선반, 실질적 성과의 측면에서는 적지 않은 차이가 내재하고 있다고 결론지을 수 있다. 자생적 자활의지에서 출원한 실리위주의 일본 소비자운동은 전환기에 들어서면서 추진기구의 확충이나 법령 정비 등과 같은 제도 개선과 더불어 소비자 의식수준의 향상을 위한 소비자 기초교육에 힘을 기울임으로써 소비자운동의 자기혁신적 전기를 마련할 수 있었다고 본다. 반면, 폭증하는 거래 당사자들의 제로섭적 이해조정에 천착하여온 한국의 소비자운동은 아직은 외적 성장세에 버금한 질적 성숙단계에 들어서지 못하고 있다고 여겨지는 바, 이는 인력이나 추진단체의 수효 혹은 재정상황이나 구조적 한계와 같은 조직적 취약성만에 귀책할 것이 아니라, 소비생활에 관한 비판적 성찰을 통해 자기성장적 역동성을 부가할 수 있는 소비자교육의 불비를 보다 크게 문제 삼아야 할 것 같다.

이 같은 여러 취약성에도 불구하고, 일본의 그것과 비교한 한국 소비자운동에서 관측할 수 있는 한 가지 긍정적 단면은 계기에 따라 전국적 관심이나 지지를 불러일으킬 수 있는 폭발적 역동성을 내장하고 있다는 점이다. 아직은 온전히 척결되지 못한 관제적 유산, 빈약한 자원조달력, 기층조직이

박약한 가분수적 구성체계, 생활밀착적인 상시적 활동의 결여, 과도한 매스컴 의존성 등 실로 적지 않은 약점을 떠안고 있음에도 불구하고, "약자 보호"라는 대의명분에서 출발한 한국의 소비자운동은 1970년대 중반에서 작금에 이르기까지 한국사회 전반을 풍미한 정치민주화-경제민주화-사회민주화라는 일련의 민주화 과정에서 거대 자본이나 조직체의 전횡에 시달려온 소비자들의 권익을 옹호하거나 애환을 대변하는 데 지대한 역할을 수행해왔다. 피해구제라는 실리적 동기에서 출원했으되 그러한 목표 달성에 이르지 못한 한국 소비자운동에 잔존하는 두터운 국민적 기대감은 아직은 취약한 사회안전망하에서 날로 조직화·대형화·세계화 되어가는 생산유통업체나 서비스기구들을 상대해야 하는 대중적 무력감(massive powerlessness)이나 위기의식의 발로로서 간주하지 않을 수 없다.

근자의 사회경제적 변화상으로 미루어 볼 때 소비에 대한 대중적 관심은 지속적으로 증폭될 전망인데, 이는 주로 다음과 같은 여섯 가지 이유 때문일 것으로 추정된다. 첫째는 여가시간·여가욕구의 확장에 비례한 소비활동의 증가 때문이요, 둘째는 노동(생산)에서 비(非)노동(소비)으로의 중심적 생활관심(central life-interest)의 이동 때문이요, 셋째는 대량생산으로 야기된 잉여 흡수를 위한 상품화 경향이 강화되고 있기 때문이요, 넷째는 시장 규모의 확대로 제품에 대한 판별이 모호해지고 있기 때문이요, 다섯째는 유통기간의 단축으로 심사숙고할 시간적 여유가 축소되고 있기 때문이요, 여섯째는 신용거래의 확산으로 불완전 상거래가 성행하고 있기 때문이다.

여기에 최근 세계 전역으로 확산되고 있는 정치적 참여주의, 경제적 형평주의, 사회적 개방주의, 문화적 표출주의 경향까지를 고려한다면, 관리사회의 도래와 함께 날로 그 위용을 더해 가는 조직적·지능적 기업군을 상대로 한 소비자운동은 더더욱 활성화할 것으로 예측된다.

하지만 환경운동, 여성운동, 민권운동 등 이른바 '새로운 사회운동'(new social movement)의 전형들과 변별되는 기존 소비자운동의 가장 두드러진 특성은 사회운동의 정신적 자원이라고 할 수 있는 정당화된 관념체계를 완비하지 못하고 있다는 점이 아닐까 한다. 따라서 오늘날의 소비자운동은 현상적으로는 새로운 운동으로 보일는지 몰라도, 개념적으로는 아직 새로운 사회운동의 반열에 이르지 못한 이해지향적 운동(interest-oriented movement)으로 간주함이 옳을 듯하다. 소비자운동의 선도국인 미국에서조차 지금까지의 소비자운동을 "아직은 걸음마 상태인"(still in its infancy), "지속적이되 취약한"(enduring but fragile) 혹은 "미래를 향한 서장이되 과거에 관한 종장에 이르지 못한"(prologue to the future, not epilogue to the past) 불완전한 사회운동으로 폄하하고 있음이 바로 그 점을 실증한다(Schrag 1976; Mayer 1989; Bloom and Smith 1986).

사회운동을 "제도화된 기구의 영역 밖에서 집합적 행동을 통해 공동의 이익을 증진하거나 공동 목표를 성취하려는 집합적 시도"로 정의하는 기든스는 그 유형을 전환적 운동(transformative movement), 개량적 운동(reformative movement), 속죄적 운동(redemptive movement), 개조적 운동(alterative movement)으로 구분하는데(Giddens 1991), 그 같은 분류법에 의하면, 일본의 소비자운동은 전환기를 고비로 개량적 단계에서 개조적 단계으로 이행하고 있다고 이야기할 수 있는 반면, 한국의 소비자운동은 출발부터 지금까지 공리적 욕구에 근거한 개량·전환적 성격을 고수한 채 새로운 운동유형으로 발돋움하지 못한 답보상황에 놓여 있었다고 진단할 수 있다. 따라서 질적 도약이 초래되었다기보다 소비자 보호 규제가 강화되거나 범역이 확장되는 등의 정도 변화만을 전환기적 특성으로 꼽을 수 있는 한국의 소비자운동은 소비자 기초교육의 강화와 함께 자기성장적 동력을 비축해가고 있는 일본의 그것에 비해 상징적 생활세계(life-world)의 변혁에 크게 기여하지 못해왔다고 평가할 수 있다.

참고문헌

김동기. 1978. "우리나라 소비자보호에 관한 연구." 『경영논총』 23.

김문조 외. 1994. "미국의 소비자운동." 『지역연구』 3-3.

김영철. 1992. "제7차 경제사회발전5개년계획 : 소비자보호부문』. 대한민국정부.

김재옥. 1985. "소비자운동의 현황과 소비자 의식에 관한 연구." 이화여자대학교 석사학위논문.

송보경·김재옥. 1987. 『소비자운동 : 저항인가 협력인가』, 소비자문제를 연구하는 시민의 모임.

이창범. 2001. "소비자권리의 기본권성에 관한 연구." 『소비생활연구』 11호.

한국소비자단체협의회. 2003. http://www.consumernet.or.kr.

최선경. 1993. "소비자단체의 발전방향에 관한 연구." 한국소비자보호원 연구보고서.

한미화. 1989. "90년대 소비자보호운동의 방향." 『소비생활연구』 창간호.

經濟企劃廳. 1991. 『消費者團體の槪要』.

經濟企劃廳 國民生活局. 1994. 『道都付縣等の消費者行政の現況』.

經濟企劃廳 國民生活局. 1996. 『地方公共團體の消費者行政の推進について』.

經濟企劃廳 國民生活局. 1999. 平成11年度 『國民生活白書』.

國民生活セソター. 1988. 『消費者運動の現狀と課題』. 勁草書房.

國民生活セソター 編. 1997. 『戰後消費者運動史』. 大藏省印刷局.

內閣府調査. 2000. http://www.festokyo.com/shohisha02.doc.

Aaker, D. and G. Day. 1971. *Consumerism: Search for the Consumer Interest*. Free Press: Introduction.

Bloom, P. and S. Greyser. 1981. "The Manufacturing of Consumerism." *Harvard Business Review* 59.

Bloom, P. and R. Smith. 1986. *The Future of Consumerism*. Lexington Books.

Giddens, A. 1991. *Introduction to Sociology*. Norton.

Mayer, R. 1989. *The Consumer Movement : Guardians of the Marketplace*. Twayne Publishers.

Schrag, P. 1976. "Consumerism Today." M. Jones and D. Gardner eds. *Consumerism : A New Force in Society*. Lexington Books.

Thirty-forth Consumer Protection Council. 2001. "Promotion of Consumer Administration," 內閣府 國民生活局 "消費者の窓." http://www.consumer.go.jp/e/consumer/maebun2001.pdf.

동북아시아 환경정책협력의
새로운 모델 모색

이시재

I. 동북아시아의 경제통합과 환경문제의 국제화

1990년대 초 동서 냉전체제의 붕괴, 2001년 중국의 세계무역기구(WTO) 기입으로 중국, 한국, 일본은 하나의 시상경제로 통합되기 시작하였다. 중국의 수출입은 연간 7,800억 달러(2003년)로서 미국, 독일, 일본에 이어 세계 4대 무역대국이 되었다. 2003년 중국은 미국, 독일에 이어 세계 3위의 수입국이 되었다. 중국은 세계의 공장일 뿐만 아니라, 세계의 시장으로서의 중요성도 점차 커지고 있다. 동북아시아 내부의 경제통합도 급격하게 진행되고 있다. 2002년 한국은 일본과 쌍무투자협정을 체결하였고, 양국간에는 자유무역협정(FTA)연구회를 결성하였다. 일본은 싱가포르와 FTA를 체결하였고, ASEAN 국가 사이에는 FTA가 체결된 가운데, 중국은 2001년 ASEAN과 FTA를 체결을 제안해 놓고 있다. 한국은 2003년 칠레와의 FTA체결을 하고 국회의 비준을 기다리고 있으며 싱가포르와도 FTA를 협상중이다. 이러한 FTA붐은 북미자유무역협정(NAFTA) 이후 전 세계적인 경향을 보이고 있어서 전 세계에는 약 170개의 FTA가 체결되어 있다. 동북아시아에도 FTA를 매개로 시장경제의 통합이 급속하게 진행되고 있다.[1]

중국은 2001년에는 일본을 제치고 한국의 제2위 수출 대상국이 되었으며, 2003년에는 미국마저 추월하여 한국의 최대 수출국이 되었다. 한국의 대중 수출의 85% 이상은 공업용 원자재, 중간재로 구성되어 있다. 한편 중국은 한국으로부터 중간재, 원자재를 수입하여 이를 가공한 후 선진국으로 수출하는 가공무역의 비중이 높다. 중국의 대외수출과 일본의 대중수출 사이에는 상관관계가 매우 높다. 또한 한국과 일본 사이에서도 한국의 수출품의 핵심부품은 일본에서 대량으로 수입하여 한국의 수출이 증가하면 할수록 대일무역 적자는 늘어나고 있다. 말하자면 일본의 핵심기술, 한국의 중간재, 그리고 중국의 가공공업화가 하나의 고리를 이루면서 세계 공업화의 중추를 이루고 있다. 한국과 중국, 그리고 일본은 하나의 수직적 분업체계를 형성하고 있다. 또한 한국의 해외직접투자도 중국에 집중하고 있다. 2002년 말 현재 중국에 투자된 한국의 자본은 152억 달러에 이르고 있으며, 홍콩, 미국, 일본, 대만, 싱가포르 다음으로 많다. 한국, 중국, 일본은 자본투자면에서도 하나의 지역경제로서 그 결합도가 점차 높아지고 있다.

한국과 일본, 그리고 중국의 최고지도자들은 1997년 이래, ASEAN＋3회의에서 정기적으로 만나고, 아시아태평양경제협의회(APEC)의 틀 속에서도 경제협력을 다짐하고 있다. 1997년 아시아의 금융위기가 고조되었을 때 일본은 아시아금융기금(Asian Monetary Fund : AMF)의 창설을 제안하였으나 미국과 중국의 반대로 무산된 바가 있다. 이러한 경향은 국민국가를 넘어선 경제통합의 경향을 뚜렷하게 보여주고 있다.

동북아시아에는 지금 노동력의 국제적인 이동을 비롯하여 인적 교류가 활발하다. 한국과 일본의 외국인 노동자 가운데 중국인들이 대단히 많고, 일본의 중국출신 유학생 수는 다른 어떤 나라의 출신보다 많으며 그 숫자는 빠른 속도로 증가하고 있다. 또 한국에서의 중국 열풍과 중국에서의 '한류' 등은 사람들의 교류뿐만 아니라, 시민들의 의식과 기호 면에서도 점차 동조화가 일어나고 있다는 것을 말해주고 있다. 정보통신의 발전으로 한일간에

---

1) FTA관련 자료는 대외경제정책연구원의 홈페이지(www.kiep.go.kr)에서 '한국자유무역협정정책 자료센터'의 자료를 참조할 것.

는 정보공간의 벽이 거의 없어졌다고 말할 수 있을 정도이다. 일본의 웹을 한국에서 한국어로 읽을 수 있으며 그 반대도 가능하다. 한국과 일본 사이에는 웹공간에서는 자국어로 타자와 대화할 수 있다.

또 한편 정치적으로도 지금 동북아시아에는 급격한 변화가 일어나고 있다. 동북아시아의 3국에서는 지난 몇 년 사이에 정치지도자들의 세대교체가 일어났다. 일본의 고이즈미(小泉純一郎) 총리는 일본을 경제대국에 이어 정치대국으로서의 발전을 도모하고 있으며, 중국의 후진타오(胡錦濤) 공산당 총서기장은 시장경제를 과감하게 도입하여 세계적 경제대국이 되기 위해 총력을 기울이고 있다. 또한 한국의 노무현 대통령은 동북아시아의 새로운 기축국가로서의 발돋움을 추구하고 있다. 중국의 정치체제는 한국이나 일본과 근본적으로 차이가 있으나, 이들 3국이 모두 세계화의 추세 가운데 국가체제를 강화하여 지역통합에 있어서 우위를 차지하려 하고 있다.

한편 동아시아는 정치적으로 이실석이며 경제생활수준도 다르기 때문에 국가간, 혹은 시민들간의 상호교류와 협력을 하기에는 조건이 좋은 것만은 아니다. 시장경제가 상호침투하고 있다고 하더라도 국가간의 정치체제는 아직 상당한 차이가 있다. 일본과 한국은 정치체제나 경제체제면에서는 유사하지만, 중국은 시장경제를 지향하면서도 정치체제면에서는 공산당우위의 사회주의체제를 유지하고 있다. 한국과 중국, 그리고 일본은 식민지지배관계를 가졌으나 역사는 아직 청산되지 못하고, 또 최근세사에 대한 역사의식을 공유하고 있지 못하다. 그리고 아시아 각 국간에는 경제적인 생활수준에 큰 차이가 있어서 상호 노동력의 이동과, 자본 상품의 이동이 활발하지만 경제수준의 차이가 대등한 상호협력을 가로막는 요인이 되기도 하였다. 냉전체제가 서구에서는 이미 무너졌지만, 동아시아에서는 아직도 냉전체제의 유산이 남아 있고, 국가가 중심이 되어 공업화를 추진하는 모델이 지배적이어서 국가주의적인 의식과 체제가 강고하다.

동북아시아는 하나의 환경권으로 발전하고 있다. 동북아시아에서는 대기오염, 사막화, 지구온난화, 철새, 해양자원의 보전 등 하나의 서로 연결된 환경을 이루고 있다. 현실의 어려운 조건을 극복하면서 동북아시아에는 1990년대 초부터 국가간의 환경교류와 NGO의 교류가 나타나기 시작하였다. 정부간의 교류와 NGO의 교류는 큰 테두리에서는 환경 보전을 위한 새로운 질서 형성을 지향하고 있지만, 그 내용과 지향은 상당히 다르다. NGO가 할 수 없으나 정부간의 협력으로 해결가능한 것들도 있으며, 정부간 협력이 할 수 없으나 NGO의 협력을 통해서 가능한 일들도 있다. NGO는 사적인 이해관계나 국가 이익에 매달리지 않고, 지역적 혹은 지구적 환경문제에 대응하려고 하기 때문이다. 이러한 환경협력이 개별국가의 행동을 제어하는 하나의 새로운 질서형성으로 발전해 갈 수 있을지 주목해 볼 필요가 있다.

이 글에서는 동아시아에 있어서 여러 가지 어려운 조건을 넘어서 국제적인 환경협력이 어떻게 가능하며, 그리고 그것이 이 지역의 환경문제 해결에 어떤 기여를 할 수 있는지 논하고자 한다. 이 논문에서는 특히 환경협력에 있어서 NGO, 지방정부 혹은 중앙정부, 기업이 어떻게 환경협력을 위해 결합할 수 있는지 사례분석을 통해서 그 가능성을 제시하고자 한다.

II. 지구화와 환경협력 : 몇 가지 이론적 검토

1. 시간과 공간의 분리

동북아시아의 환경문제는 상품, 노동력, 정보, 그리고 금융의 지구화현상과 밀접한 관련이 있다. 환경과 생태문제는 인위적인 국민국가의 범위를 넘어서 지역적·지구적으로 전개한다. 철새의 이동에 국경이 없듯이, 황사의 이동에도 국경이 없다. 동북아시아가 세계 시장의 일원이 된 이상, 시장원리는 쉽사리 국경을 넘어선다. 1960년대 일본의 공해기업이 한국에 진출하였으나 1990년대 이후 한국의 공해기업이 다시 중국으로 진출하는 상황이 전개되고 있다.

안토니 기든스가 주장하는 바와 같이 근대화는 다양한 속성을 가진 '공간'을 창출함으로써 장소로부터 공간의 이탈, 그리고 시간과 공간의 분리현상(time-space distanciation)을 야기하고 있다(Giddens 1991; 1990). 시간과 공간의 분리, 공간의 장소로부터의 이탈은 바꾸어 말하면 다른 시간과 다른 공간에 살고 있는 사람들과 물적인 대상을 서로 연결시켜주고 있다는 말도 된다. 오늘날 우리의 삶의 존재방식이 시간의 거리화를 통해서 미래의 누군가에게도 그 영향을 미치고, 또 공간의 거리화를 통해서 다른 지역의 누군가의 생활에도 영향을 미치고 있다는 것이다. 그렇기 때문에 사람들은 영향과 충격의 네트워크 속에서 살아가야 한다. 동북아시아는 1990년대 초 냉전체제가 무너진 다음, 하나의 시장기구로 통합되어 가고 있다. 그런 가운데, 시장유발적인 환경문제도 국경을 넘어 서로 영향을 주고받고 있는 것이다.

체르노빌 핵발전소의 폭발사건은 유럽 선역에 방사능 오염의 위험을 가져다 주었다. 이런 사태가 동북아시아에서 발생하지 않는다고 말할 수 없다. 일본의 주요 핵시설은 동해(일본해)에 면하고 있으며, 한국의 핵시설도 해안선에 따라 설치되어 있다. 중국은 지금 핵발전소 건설에 대한 야심찬 계획을 갖고 있다. 만약 일본이나 한국의 핵시설에서 사고가 난다면 동북아시아전체가 피해권에 들어갈 것이다. 우리는 각기 다른 정치체제, 국가에 살고 있지만 핵시설의 위험이라는 차원에서는 동일한 재해권에 살고 있는 것이다. 그럼에도 불구하고 일본, 한국, 중국은 각각 국민국가로서 타의 간섭을 받지 않고, 핵발전소를 건설할 수 있다. 사람들의 생활세계의 명운은 그 '소원한 무엇'에 의해 결정되기 때문에 사람들은 언제 어디에서 어떤 결정이 내려질지 불안하고 예측 불가능한 상태에 빠지는 것이다.

이것은 분명 근대성의 특징이다. 이것은 또한 위험사회의 특징이기도 하다(울리히 벡 1997). 기든스는 장소귀속탈피(脫床化, disembedding) 현상을 촉진한 것은 화폐로 대표되는 상징표시(symbolic token)와 전문가시스템이라는 것이다. 화폐는 지역적 주관적 가치를 객관화하고 교환의 수단으로 사용되는 보편적 교환수단이 되었다. 지역의 특수한 가치는 일반적·균질적 교환가치로 번역되어 시간과 공간을 넘어서 통용된 것이다. 그래서 지역의 교환수단은 국민국가의 등장으로 국가화폐로 통합되고, 국가화폐는 국제적인 화폐(유로, 크레디트 카드)로 다시 통합되어 전 세계에 하나의 화폐시스템으로 확장된 것이다. 이 화폐미디어는 세계의 다양한 장소를 하나의 공간으로 매개하는 매개체이다.

특히 인터넷을 통한 가상공간의 확대로 사람들은 세계 각처에서 각기 다른 장소성을 지니고 있으나 가상공간에서는 하나의 사회공간을 형성하고 있다. 장소성의 의미가 크게 축소되어 가고 있다는 것을 말해준다. 또 가상공간에서는 시간질서마저 시계적 질서에서 벗어나고 있다. 대화 창을 열어서 사람이 없으면 메일을 남긴다든지, 전화를 걸어 부재중이면 메시지를 남기는 방식으로 시간의 장벽도 쉽사리 뛰어 넘는 것이다.

2. 시장, 국가, 시민사회

동북아시아의 환경협력과 관련하여 국가, 시장, 시민사회의 관계를 검토할 필요가 있다. 동북아시아에는 국가영역이 매우 강고하다. 일본은 메이지 유신 이래 부국강병정책을 써서 국가기구를 강고하게 만들었고, 한국도 지난 100년 동안 국민국가 형성에 온힘을 기울여 왔다. 식민지 지배하에서 국민국가의 실현은 한국의 염원이었고, 냉전체제하에서도 경제발전은 국민국가의 강화를 위한 방편이었다. 중국도 계급혁명과 민족혁명을 동시에 수행하여 지금도 국가영역이 가장 강력한 정치·경제기구이다.

국가는 공익을 대표하는 기구이다. 또한 국가는 물질적·권력적 자원을 대부분 점유하고 있어서 자원의 분배에 영향을 미친다. 현실의 국가기구는 공익을 대표하고 있다고 표방하지만 관료제에 기초한 기득권의 유지·재생산하는 메커니즘을 내장하고 있다. 또 현대의 국가는 자본축적의 일익을 담당하고 있어서 자본축적을 위한 경제의 하부구조 건설을 추진해야 한다. 일본, 중국, 한국은 다같이 개발국가 모델로서 국가가 중요한 경제주체가 되어 금융을 통제하고, 건설과 수출을 촉진하고 있다. 대형 개발사업들은 대체로 국가의 자본축적을 위해, 혹은 국가기구의 재생산을 위해 계획되고 추진되고 있다. 최근의 대형 국책사업들 가운데는 경제성이나 환경적으로 문제가 많은 것으로 판명되었음에도 불구하고 맹목적으로 추진되는 경우가 허다하다. 공익을 대표하는 국가라고 하더라도 환경과 생태를 지켜줄 수 있다는 보장은 없다.

국민국가의 영역을 일부 완화시키고 국가주권조차 어느 정도 허물기 시작한 것은 시장경제였다. WTO에 가입함으로써 일본, 중국, 한국이 다같이 국제시장의 틀에 순응하지 않으면 안 되었다. 중국은 개방정책을 통해서 해외의 시장을 개척하고 외국자본을 끌어들여야 하는 입장에서 적극적으로 시장의 영역을 확대해 왔다.

시장을 움직이는 것은 사적 이해관계이다. 시장행위는 이윤을 낼 수 있을 때 유효한 것이며, 어떤 대상이든 — 사람이든 자연이든 — 이윤을 가져올 수 있다면 시장원리가 적용될 수가 있다. 시장은 자연을 시장화하여 화폐화하는 경향성을 갖고 있다. 그러나 환경오염과 공해의 발생은 시장 실패의 결과이다(미야모토 켄이치 1994). 대기나 물은 시장적인 가치와 정확하게 대응하는 것은 아니다. 시장가치는 그것을 요구하는 수요의 과다와 공급의 희소성에 의해 결정되는 것이지만, 환경자원에는 반드시 그런 것은 아니기 때문이다.

시장메카니즘은 오히려 환경을 파괴하고 있다. 시장은 값싼 환경재를 이용하여 생산에 투입하고 있으며, 그 폐기물의 처리에는 비용을 지불하려고 하지 않는다. 시장은 외부불경제, 혹은 사회적 비용을 증대하는 것을 통해서 자본을 축적하고 재생산을 반복하고 있다. 그런 의미에서 시장원리만으로는 환경과 생태를 지켜나갈 수가 없다.

동북아시아에서 시장과 국가영역에 대해 견제와 균형의 기능을 할 수 있는 것은 시민사회이다. 시민사회라는 용어는 서구의 사회과학에서 헤겔 이래 사용되어 왔지만, 그 내용에 있어서 많은 변화가 있었다. 헤겔은 경제적 분업에 입각한 경제사회인 시민사회와 정치적인 공동체로서의 '국가로 2분하여, 국가 vs. 시민사회의 대립항으로 개념을 정리하였다. 헤겔은 가족, 국가, 시민사회 간의 변증법적 관계를 상정하여, 시민사회는 인류가 가족에서 국가로 전개하기 위한 중간단계로 파악하였다. 마르크스는 헤겔의 국가론을 비판하여 인류사적인 전개의 종점으로서의 국가의 우위를 인정하지 않았고 오히려 시민사회야말로 역사의 '용광로'이며, 국가는 시민사회의 상부구조에 지나지 않는다는 것을 강조하였다. 마르크스의 시민사회론은 주로 경제적인 차원에서의 계급관계를 중심으로 논의되었고 따라서 시민사회는 '자본가의 사회'라는 계급개념에 의해 채색되고 있는 것이다(Arato and Cohen 1992).

한편, 사회학에서도 시민사회의 개념을 재정의하고 있다. 맥키버와 같은 사회학자는 헤겔이 말하는 국가와 가족은 커뮤니티(공동체)에 속하는 것으로, 다른 한편 시민사회를 다원적인 결사체의 연합으로서 파악하고 있다. 맥키버는 시민사회를 Association으로 개념화함으로써 가시적인 사회집단을 중심으로 시민사회이론을 사회학화했다고 말할 수 있다. 그러나 시민사회가 Association으로 환원될 수 있는가에 대해서는 의문이 제기될 수 있다(이시재 1996).

시민사회 개념에 대한 새로운 해석은 1990년대 초 동유럽 사회주의국가의 몰락을 배경으로 등장하였다. 아라토와 코헨은 하버마스의 이론틀에 맞추어 전체 사회를 공적부문과 사적부문으로 나누고, 그것을 다시 체계수준과 생활세계수준으로 나누어, 이 두개의 축이 형성하는 네 개의 공간을 정치적 하위체계, 경제적 하위체계, 공공영역, 사적인 영역으로 나누었다. 이것을 좀더 구체적으로 정리하면 다음과 같은 개념도를 만들 수 있다. 말하자면 각 영역에서 지배적인 제도 즉 국가, 시장, 지역공동체, 그리고 가족을 각각의 공간에 배치할 수 있을 것이다.

<그림 1> 시민사회의 개념

	공공부문	사적부문
체계수준	정치체계(국가)	경제체계(시장)
생활세계수준	공공영역, 공동사회 (시민사회)	사생활, 가족

　아라토와 코헨의 도식에 따르면 시민사회는 국가와 시장영역을 개념적으로 제외한 잔여개념이며, 그것은 생활세계 수준의 공공영역과 사생활을 포함한다는 것이다. 시민사회를 국가와 시장과 분리하여 생각한다는 것은 지금까지의 논의로 보아 당연한 것이지만, 시민사회를 생활세계만으로 포섭하는 것은 아무래도 궁색한 면이 없지 않다. 가령, 매스컴이나, 여론기구 등 생활세계를 넘어선 비국가적·비시장적인 영역이 전혀 없는 것은 아니기 때문이다(Arato and Cohen 1992).

　그렇다면 시민사회는 어떤가? 위의 그림에 따라 삶의 세계의 전체로부터 국가(정부)의 영역과 경제(시장)의 영역을 제외한 잔여 부분을 '개념적으로' 시민사회라고 부른다면, 시민사회가 포함하는 현실태는 매우 복잡하다. 시민사회는 경제영역의 강력한 영향하에서 계급적 속성을 가진 사회관계와 문화가 지배하고 있으며, 국가의 강력한 영향하에서 지배관계가 강하게 투영되는 공간이기도 하다. 그럼에도 시민사회의 공공부분은 다양성, 민주성, 공공성, 상호의존 그리고 자기성찰성을 내용으로 하고 있다.

　이렇게 보면 동북아시아에서는 시민사회의 영역은 매우 그 자리가 협소하다. 국민국가 건설이 근대화의 기조이었으며, 시장메카니즘을 국민국가 건설의 보조적인 역할로 본다면, 시국가적·비시장적 영역, 즉 시민사회의 영역은 매우 허약한 상태이다. 현재 중국에는 약간의 비정부조직이 있지만 대체로 국가기구나 공산당의 하부조직으로 남아 있기 때문에, 자율적인 시민사회를 이루고 있지 못하다. 일본의 경우에는 1965년경부터 월남전 반전운동, 학생운동 등 시민운동이 활발하였지만, 수많은 작은 시민단체들이 생활세계의 여러 가지 문제를 해결하기 위해 활동하고 있다. 일본의 시민단체들은 사회변동을 이끌어 낼 만큼의 힘을 갖고 있지 못하다. 한국은 대체로 1987년 민주화이행 이후 다수의 전국적인 시민단체가 만들어져 환경, 여성, 문화, 인권 등 다양한 영역에서 정치적인 영향력을 발휘하고 있다.

　동북아시아에는 시민사회가 이상과 같이 크게 발전하지 못하였지만, 환경문제 해결을 위해 시민사회가 갖는 전략적 지위는 매우 중요하다고 말할 수 있다. 동북아시아의 환경문제를 해결하는 데 국가나 시장의 한계가 명백한 가운데 시민사회는 지역적, 혹은 지구적 환경문제 해결을 위해 그 방향과 방안을 제시할 수 있기 때문이다.

3. 정책협력의 모델

　동북아시아의 환경문제를 해결하기 위해서는 환경NGO만으로는 해결이 어렵다. 특히 국경을 넘어선 환경문제 해결을 위해서는 NGO, 기업, 정부가 일정한 틀 속에서 협력체제를 구축할 필요가 있다. 서로 이질적인 주체간의 협력을 설명하는 이론으로서 지지연합틀(Advocacy Coalition Framework : ACF)이론이 유용하다. 동북아시아의 환경협력을 설명하기 위해서는 정책영역(policy domain) 개념에서 출발할 필요가 있다. 정책영역이란 정책형성에 참가하고 있는 사람들이 서로 경쟁하고 타협하는 실질적인 영역을 말한다. 가령 환경협력정책영역은 국제환경문제를 다루는 전 영역이 이에 포함된다. 철새의 이동, 지구온난화, 사막화 방지, 물문제, 해양오염 등의 영역이 다같이 환경협력영역이 될 수 있다. 정책영역에는 특정한 영역과 관련을 가진 사람들로 구성된 정책커뮤니티(policy community)가 포함되어 있다 (Birkland 2001). 정책커뮤니티는 국가와 시장의 질서에 따라 구성되는 것은 아니다. 국가조직을 교차하여 특정한 영역에 대해 관심을 공유하는 사람들이 모여서 정책커뮤니티를 구성하는 것이다. 환경협력의 정책커뮤니티에는 국가기관, NGO, 기업, 지방자치단체 등이 포함될 수 있다. 정책커뮤니티 가운데 어떤 특정 이슈에 대해 네트워크를 구성할 때 이슈네트워크라고 말할 수 있다. 동아시아 반핵네트워크는 핵문제를 다루는 네트워크이다. 습지 네트워크도 이에 속한다.

사바티르와 젠킨스-스미스(Sabatier와 Jenkins-Smith)는 이러한 정책네트워크, 정책커뮤니티, 그리고 정책영역을 모두 하나로 통합할 수 있는 모델로서 지지정책연합틀(advocacy coalition framework : ACF)의 이론을 제창하고 있다(Sabatier and Jenkins-Smith 1993). 사바티르와 젠킨스-스미스의 ACF는 두 개의 대립되는 정책대안의 존재와 그것을 뒷받침하는 사회적 집단이 존재한다는 것을 전제로 하고 있으나, 이 논문에서 다루는 환경협력모델은 추진주체가 이에 대한 대안적 정책커뮤니티로서 의미를 찾을 수 있다.

지지정책연합틀은 외부조건으로서 ① 상대적인 안정적인 파라미터들 — 즉 환경문제의 공유, ② 외부적인 변수들 — 사회경제적·정치적 조건, 여론의 향배, 협력시스템의 존재, 그리고 ③ 행위주체, ④ 행위자들의 중심 동기부여, ⑤ 행위주체들의 자원 등에 의해 결정된다(Birkland 2001, 226).

지지정책연합틀은 다양한 행위주체들이 하나의 공동사업을 추진할 때, 좋은 설명방법이 된다. 동북아시아의 환경문제와 관련하여, NGO, 지방자치단체, 중앙정부는 각각 다른 자원을 갖고 있어서, 이러한 자원의 결합은 지지정책연합의 틀로서 설명할 수가 있기 때문이다.

지지정책연합틀과 함께 정책협력이 어느 수준에서 이루어지는가도 매우 중요한 요소이다. 류하이보(劉海波 2003)는 정책협력 가운데는 구속력이 전혀 없는 선언적인 것도 있으며 상대방을 상호 구속하는 정책협력도 있다고 주장하여, 한중일간에는 경제협력에 있어서 구속력 있는 정책협력기구를 갖고 있지 못하다는 점을 지적하였다. 교토의정서와 같은 기후협약은 당사자들의 의무규정을 두고, 이행을 하지 못할 때는 벌칙을 적용하는 경우도 있어서 이러한 경우에는 상당한 구속력을 갖고 있다. 그러나 한국과 중국, 혹은 일본과 중국 간에 체결된 환경협력협정은 선언적인 의미를 갖고 있을 뿐 구속력이 없다. 그러나, 비구속적 환경협정의 경우에도 아이디어와 개념을 제공하고 지원을 약속함으로써 서로 환경협력의 결실을 거둘 수가 있다.

동북아시아에서는 국가간의 수준에서는 환경협력과 관련하여 구속력있는 정책협력기구가 존재하지 않는다. 권력과 부의 이동과 관련된 국가간의 환경협력은 미약하지만, 기술이전, 정보제공, 공동연구 등 지식을 기반으로 하는 협력관계는 지속적으로 형성되고 있다.

III. 동북아시아 환경문제의 국제적 성격

1. 동북아 환경협력의 조건들

동북아시아는 하나의 환경권에 속해 있다. 첫째, 이 지역에서는 국경을 넘어선 오염물질의 이동을 포함하여 여러 나라에서 공동으로 혹은 협력하여 대처해야 하는 환경문제가 다수 발생하고 있다. 국경을 넘어서 이동하는 철새, 사막화에 따른 황사의 발생, 공업화와 관련된 산성비, 그리고 광역대기오염과 해양오염 등 동북아시아의 여러 나라에 걸친 공통의, 혹은 공동의 문제가 많이 있다. 예컨대, 한국은 시베리아와 남태평양 사이를 이동하는 철새의 중간기지이다. 한국의 서해안 갯벌은 이러한 철새이동의 중간보급기지 역할을 하고 있다. 그런데 한국에서 서해안 갯벌을 대거 파괴하고 있는데 이는 당연히 철새이동을 가로막고 서식지를 파괴하는 결과를 가져온다. 중국과 몽고지역에서 발생한 황사가 한국과 일본에 적지 않은 영향을 미치고 있다는 것은 이제 의심할 여지가 없다.

둘째, 동북아시아의 공업화가 계기적으로 전개되고 있으며, 불균형 발전을 지렛대로 일본, 한국, 중국이 경제성장을 이루고 있다. 동북아시아의 계기적 발전의 시간차로 인하여 상품, 중간재, 노동력, 공해물질이 국가간에 이동하고 있다. '공해수출'은 공해기업의 생산기지 이전에 의해서 이루어지기도 한다. 일본의 제철소가 필리핀에서 소결과정을 거치게 한다든지, 공해

유발기업을 한국으로 이전하는 등 1970년대부터 직접투자에 의한 공해수출이 지적되어 왔다. 그러나 지금 중국은 세계의 공장과 같은 역할을 하고 있으며 공해유발적인 제조업이 집중하고 있다. 다른 나라에서는 중국의 공해유발생산공정을 거친 상품을 수입함으로써 중국에 공해를 남기고 자국에서 발생할 공해를 간접적으로 '이전'하고 있다.

세 번째는 동아시아의 환경협력을 위한 국제간의 환경협력기구가 형성되고 있다는 것이다. 1992년의 유엔환경개발회의에서 결정된 기후협약, 생물종다양성협약 등은 세계의 모든 나라에게 일정한 도덕적 의무를 부여하고 있다. 특히 1997년 교토에서 열린 지구온난화방지를 위한 교토협정은 전세계적으로 그 실효성을 갖게 될 환경레짐의 출발점이다. 람사협약, 몬트리올의정서, 바젤협약 등 환경관련국제협약은 매우 그 폭이 확대되고 강제성도 강화되었다. 세계적인 환경 레짐의 등장에 대해 동북아시아는 공동으로 대응하고 상호협력할 필요가 있는 것이다.

동북아시아의 환경협력은 냉전체제가 유럽에서 붕괴하고 동아시아에서 노 일성한 정도 그 영향이 나타나 탈냉전 기운과 맥을 같이하고 있다.

네 번째, 일본은 1990년대 이후 중앙정부, 지방정부, 그리고 NGO 등이 나서서 국제화운동에 나서고 있다. ODA 확충, 민간의 해외자원봉사활동의 지원, 지방정부의 국제협력의 강화 등으로 아시아에서의 환경협력을 위한 자원을 많이 제공하고 있다. 일본은 개발원조와 함께 환경원조를 강화하여 아시아제국의 환경 보전을 위한 공헌에 노력하고 있다.

중국은 동아시아 환경문제의 개선에 있어서 관건이 되는 나라이다. 사막화, 공업화에 따른 폐기물(고체, 기체, 액체)의 문제, 도시화와 인구문제 등 해결해야 할 문제가 많다. 그런 가운데 환경파괴를 고발하고 이를 저지하기 위한 시민적 자유는 제한적이다. 한편에서는 중국정부에서도 환경문제의 중요성을 인식하고, 2008년의 올림픽을 앞두고 환경개선을 위해 많은 노력을 하고 있다고 한다. 중국의 환경문제는 그것이 대기, 해양, 폐기물 등의 형태로 장거리 이동을 할 수 있기 때문에 동북아시아의 환경문제라는 점에는 이론이 없다.

2. 중국의 환경문제

우리가 중국의 환경문제에 주목하는 이유는 한국에 가까이 있기 때문만은 아니다. 물론 중국의 해양오염이 우리의 해양에 영향을 주고, 중국의 대기오염이 우리의 대기에 영향을 주며, 중국의 사막화가 우리 기후의 변화와 황사현상으로 나타날 수 있다. 그러나 그것만으로 중국의 환경문제에 관심을 갖는 것은 아니다.

중국의 환경문제가 우리들에게 중요한 까닭은 그것이 지구환경문제와 직결되어 있기 때문이다. 중국은 지금 세계 제조업의 중심지이며, 막대한 원료와 에너지를 사용하여 제품을 가공하고 폐수와 폐가스 등 공해를 배출하고 있다. 또 중국은 이제 세계의 시장으로서 막대한 소비욕구를 충족시키기 위해 많은 자원과 에너지를 소비해야 한다. 따라서 중국이 그야말로 '지속가능한' 발전을 할 것인지 아닌지가 세계의 지속가능성 여부와 직결되어 있는 것이다.

중국의 환경문제는 식량, 에너지, 물문제 환경공해로 요약된다. 중국은 2차 세계대전 이후 식량자급을 달성한 거대 국가 중의 하나이다. 중국은 근대화 과정을 통해서 경작지를 확대하고 노동력, 비료, 농약 등 생산요소를 다량으로 투하하여 식량자급을 달성하였다. 그러나 식량자급의 노력이 동시에 종래의 초지와 산림을 농지화하고 생태계의 붕괴를 가져와 사막화를 야기하였다. 중국 정부는 뒤늦게나마 '퇴경환림' 정책을 써서 생태계의 복원에 힘쓰고 있다. 동시에 중국은 2001년 이후 WTO에 가입하여 값싼 외국 농산물의 유입으로 일부 주요 곡물을 외국에서 수입하기 시작하였다. 또 근년에는 중국의 육류소비가 증대하여 사료곡물을 다량으로 소비하게 됨으로써 식량자급의 전망에 경고를 발하는 사람도 있다(Lester Brown). 중국은 농업의 구조조정, 산업의 고도화를 위해, 외압(WTO)을 이용하여, 또 시장의 힘을 빌어 내부개혁을 추진하고 있다.

중국의 에너지 문제는 중국의 근대화, 공업화의 큰 장애물이 될 가능성이 있다. 중국은 현재 필요한 에너지의 약 30% 정도를 외국에서 수입하고 있다. 중국은 자국의 에너지 개발뿐만 아니라, 세계 도처에서 에너지원 개발에 혈안이 되어 있다. 중동의 석유개발, 소련의 가스유전의 개발과 송유관의 부설 등은 그러한 움직임의 일환이다. 중국이 막대한 자원보유국임에도 불구하고 중국의 증가하는 에너지 수요를 따를 수 없으며 이러한 에너지 부족 현상은 더욱 심각해질 것으로 보인다. 중국의 거대한 소비시장, 자동차문화의 보급, 생활양식의 고도화로 에너지 수요는 급증할 것이다. 중국이 이러한 에너지 다소비국의 방향으로 나아간다면 중국의 에너지위기는 바로 세계의 에너지위기로 이어질 것이다.

물의 공급은 중국 근대화의 생명선이다. 중국의 농지감소는 근본적으로 물의 부족에서 오는 것이다 중국의 황하가 말라서 물이 흐르지 않는 날이 많아지고 있으며, 황토 고원쪽에는 마실 물조차 부족하여 사람이 살 수 없는 땅이 점차 넓어지고 있다고 한다. 황하의 하구역에서는 유량이 극히 부족하여 물부족 문제가 있다. 1991년에는 단류가 관측되었나. 그 후도 단류는 매년 장기화하여 1997년에는 황하의 단류는 일년에 226일에 달하였다. 하천의 유량감소는 황화의 수질 오염을 더욱 가중하였다.

베이징에서는 2000년 한 해 동안 12회의 황사가 관측되었다. 산림파괴와 과방목에 의해 매년 3,000평방 킬로미터가 사막화되고 있다. 2001년에는 보호구의 설치를 포함한 '사막화방지법'이 채택되었다(Kourogi 2002, 105-108).

중국의 퇴경환림정책은 숲의 복원, 초지의 복원, 호수의 복원을 도모하고자 하는 것으로 결국 물의 공급을 위한 장기적인 생태복원사업이라고 말할 수 있다. 사막화와 물부족이라는 생태계의 위기가 바로 경제발전에 저해가 된다는 것을 중국정부는 잘 알고 있는 것 같다. 현재 중국에서는 산림면적이 국토면적에서 점하는 비율은 17.5%에 불과하고, 세계 평균을 훨씬 하회하고 있다.

중국은 환경오염물질의 배출량에 있어서 세계 최대이다. 중국의 전체 에너지 소비량은 미국에 이어 세계 2위이며, 지구온난화 원인물질인 이산화탄소에서도 중국은 전 세계 총배출량의 14%를 차지하고 있다. 물론 인구 일

인당 온실가스의 배출은 많지 않지만 오염물질의 총 배출은 전 세계에서 가장 많은 나라 중의 하나이다. 중국은 아황산가스의 배출에 있어서도 세계 제1위이며, 이것은 대기오염에 의한 호흡기계의 장애를 불러일으킬 뿐만 아니라, 산성비의 원인이 되기도 한다. 중국에서 발생원으로 하는 산성비는 중국뿐만 아니라, 한국이나 일본에도 영향을 미치고 있다. 생활환경오염도 심각하다. 대기오염을 나타내는 총입자상물질(TSP) 농도에서는 대부분의 도시가 세계보건기구의 기준을 넘어서고 있다. 특히 베이징, 텐진(天津), 충칭(重京), 선양(瀋陽), 광저우(廣州) 등에서는 국제기준의 3배를 넘으며, 자동차의 보급에 따라 더욱 그 오염정도가 커질 것이라고 보인다. 비닐봉지 등에 의한 '백색오염'도 도시형 오염의 하나이다(Watanabe 2003, 198-200).

그래서 중국의 식량, 에너지, 물과 같은 환경문제는 이제 중국인들만의 문제가 아니며, 세계적인 환경문제의 하나로 보아야 한다.

중국의 환경문제는 그 규모에 있어서 가히 지구적이라고 말할 수 있다. 중국의 에너지 소비, 사막화현상, 물부족, 환경오염문제 등은 중국만의 문제가 아니며 인접국가는 물론 지구적인 차원의 문제이다.

중국의 환경오염을 가중시키는 원인 가운데 하나는 에너지의 소비에 있어서 석탄에 의존하는 정도가 매우 높다는 것이다. 1980년 이래 20년간 중국의 에너지 소비는 약 2배 증가했으며, 석탄은 전체 에너지 소비의 68%나 되고 있다.

3. 한중일의 환경협력의 실태

(1) 국가간 협력

한국은 1991년 중국과 국교를 맺고 1993년에는 한중 환경협력협정을 맺었다. 같은 해 6월 한국과 일본은 한일환경협력협정을 체결하였고, 한국은 뒤이어 1994년에 러시아와 한러환경협력협정을 체결하였다. 일본을 중심으

로 한국, 중국, 러시아가 환경협력의 파트너가 되어 있고, 한국도 같은 형태
로 중국, 일본, 러시아와 협정을 맺고 있다. 일본은 이 지역에서 가장 적극적
인 의사를 가진 국가이다.

한중환경협력협정에서는 공동위원회를 구성하여 산성비 및 대기, 수질
오염 등의 방지, 폐기물처리기술연구소 설립 등 18개 우선사업 실시를 합의
하였다. 1995년에 열린 제2차 공동위원회에서는 황해오염 공동조사와 환경
부 공무원들의 인사교류를 협의하였다. 중국측에서는 한중환경센터의 설립
을 요구하였으나 예산 확보가 어렵다는 이유로 실현되지 못하였다. 한일환
경협력협정에서도 제1차 공동위원회(1994)에서 대기, 수질, 폐기물 분야 등
17개 협력과제를 채택하고, 기술자 교류를 협의하였다. 일본은 한일환경협
력협정에 의거하여 일본의 물처리 기술자들을 한국에 파견하였고, 한국으로
부터 연수생을 받아 들였다. 한편, 중일환경보호협정(1994)에서는 대기오염,
산성비, 수질오염 방지, 유해폐기물 치리 등의 협력을 협의하였으며, 중일우
호환경보전센터를 건립할 것을 약속하였다. 베이징에는 ODA자금에 의한
중일우호환경보전센터가 건립되었다(문태훈 1998).

중국에 대한 일본의 환경협력은 실로 그 내용이 다양하고 발전적이다.
철새보호, 환경개발모델도시, 환경정보네트워크, 녹화협력, 무상자금협력,
기술협력, 그린에이드 플랜, 국제볼런티어 저금 등 여러 분야에서 협력이 이
루어지고 있다. 또 중일(일중)우호환경보전센터(ODA사업) 등을 거점으로.
자금과 기술협력, 인재육성협력, 기술이전, 거주환경 개선(상하수도정비, 수
자원개발, 폐기물처리), 공해대책(수질, 대기 및 에너지절약), 자연자원 관리
(삼림보전, 자연보호), ODA지원사업 등이 포함된다.[2]

일본의 대중국 환경협력은 중앙정부, 지방정부, 혹은 민간단체가 서로
협력하여 추진한다는 특징을 갖고 있다. 기타큐슈시는 다롄시에 환경계획을
지원하고 환경담당자들의 연수를 실시하였다. 그 밖에 일본의 지방자치체가

---

2) 일본환경성 홈페이지(http://www.env.go.jp/earth/coop/jcec/2000/datasheet)에 중일협력사업
   의 개요를 참조할 수 있다.

운데 히로시마, 토야마현, 니가타현도 대 중국협력에 나서고 있다.

동북아시아에는 국가간 다자협력체제가 형성되고 있다. 동북아 환경 협력 회의(Northeast Asian Conference on Environmental Cooperation : NEAC) 는 1992년 10월 일본 니가타회의 이후 10차례 이상의 회의를 거듭하였다. 참 가국은 일본, 중국, 러시아, 몽골, 한국 등 5개국이었으며 이 회의는 환경부와 지방자치단체가 중심이 되어 구성되어 있었으나 2000년도의 울란바토르회의 에서부터 환경NGO의 참가도 허용하였다. 또 2001년 회의부터 NGO포럼을 별도로 만들어 NGO도 국가간 환경협력에 기여하도록 유도하고 있다.

이 회의에서는 월경성 오염, 폐기물 재활용 네트워크, 유엔지속가능위원 회(CSD)의 후속조치, 산성비, 의제21, 유해폐기물 국가간 이동, 이동성 조 류, 지하수 보전, 지방정부간 환경협력, 기후변화대책 등을 논의하고 있다.

또 아시아태평양 경제사회위원회(ESCAP)가 주관하는 동북아 환경협력 고위급회의(Meeting of Senior Officials on Environmental Cooperation on Northeast Asia: NEAREP)도 동북아시아의 국가간 환경협력체제를 구성하 고 있다. 이 회의는 1992년부터 시작하였으며 참가국은 한국, 일본, 중국, 몽골, 러시아, 북한 등 6개국으로 회원국가들의 환경능력 형성(정보교환, 연 수, 훈련, 공동연구)을 목적으로 개최되었다.

그 밖에도 1985년부터 시작한 ESCAP 환경과 개발각료회의가 열렸고, 제4차 회의가 2000년 9월 기타큐슈시에서 열렸다. 여기에는 동북아에 한정 하지 않고, 아시아태평양지역 47개 회원국의 환경장관이 참석한다.

또 일본환경청이 주관하는 아시아태평양환경회의(Environmental Congress for Asia and the Pacific: Eco-Asia)가 있다. 또 한국, 북한, 일본, 중국, 러시아 5개국이 참가하는 북서태평양보전 실천계획(Northwest Pacific Action Plan: NOWPAP)이 구성되어 주로 동북아의 해양오염을 방지하는 것을 목적으로 하고 있다.

한국, 중국, 일본 3국의 환경장관회의(TEMM)가 최근 활발하다. 2000년 제3차 회의까지 열린 이 회의에서는 산성비 등 장거리이동대기오염물질 조사, 동북아 환경데이터센터 발족, 동북아 에코커뮤니티 공동 프로그램 실시, 환경교육협력 등을 결의하였고, 일부는 실천하고 있다.

또 UNDP가 제안하여 추진하고 있는 두만강유역 프로그램들이 있다. 두만강지역 개발계획(Tumin Regional Development Plan)의 추진과정에서 예상되는 생태계 파괴를 방지하기 위하여 UNDP 주관으로 TRADP 환경양해각서를 만들었다. 이를 실천하기 위해 두만강지역에 인접하고 있는 중국, 몽골, 러시아, 한국 등이 참여하는 환경협력사업을 한다는 것이다. 2001년에 열린 이 회의에는 환경부 등 정부기관 대표 이외에 NGO 대표자들도 참여하였다.[3]

동북아시아의 국가간 환경협력은 1990년대 초부터 일대 붐을 이루고 있다. 국가간 협력이기 때문에 실질적으로 환경협력이 이루어진 경우도 없지 않다. 한국, 중국, 일본의 3국의 장관회의에서 결정된 환경교육 프로그램과 환경정보의 공유는 실질적으로 결실을 보고 있다고 할 수 있으며, 일본 정부가 일중우호 환경보호센터 등을 통해서 이루어지는 실질적인 환경협력노 승요한 성과 중 하나이다.

그러나 동북아시아에는 환경협력을 위한 구속력 있는 기구가 존재하지 않고 있다. 중국에 대한 일본의 환경협력은 쌍무적이라기보다는 일본의 일방적인 협력에 기초하고 있다. 아직까지는 지식과 정보의 공유, 기술이전 등 아이디어와 개념의 공유를 넘어서지 못하고 있는 경우가 많다. 특히 동북아시아의 다자간 협의체제의 경우에는 더욱 이런 경향이 강하다. 동북아시아에서 환경협력이 지식과 정보의 공유를 넘어서서, 얼마만큼 실질적인 협력과 지원이 이루어지느냐, 그리고 나아가 상호 구속력이 있고 쌍무적인 환경레짐으로 발전하느냐는 것이 앞으로 주목해 볼 필요가 있는 대목이다.

---

3) 두만강환경협력사업에 대해서는 환경운동연합 홈페이지 참조. www.kfem.or.kr.

(2) 동북아시아 민간단체간의 환경협력

한편, 동북아지역 환경단체간의 교류는 1980년대 중반부터 있었다. 일본의 반핵운동단체들은 1980년대 후반부터 한국의 환경단체를 반핵평화행사에 초청하였고, 한국의 공해문제를 일본의 학자들이 조사하기 위해 한국을 방문하여 상호 교류하는 계기가 되었다. 일본의 인권단체는 한국의 민주화운동에 투신한 환경운동가에게 환경관련 도서를 보내어 그들이 환경운동가로 성장하는 데 큰 도움을 주었다.

반핵 아시아포럼(Anti-Nuke Asia Forum)은 1993년 일본에서 결성되어 한국, 일본, 대만, 필리핀, 인도네시아, 말레이지아, 인도, 태국 등의 반핵단체들이 참가하고 있다. 2002년에는 한국에서 제10차 반핵 아시아포럼이 열렸다. 반핵 아시아포럼은 각국의 핵발전소가 갖고 있는 문제점을 토론하고 지역주민들을 지원하고 있다. 1997년 타이완에서 북한으로 핵폐기물을 이송하겠다는 것을 발표하자, 한국과 타이완의 환경단체들이 공동으로 이를 저지하는 운동을 전개하였다. 이는 반핵 아시아포럼이 공동운동의 기초가 되고 있다는 것을 말해주고 있다.

동아시아 대기행동 네트워크(AANEA: Atmosphere Action Network East Asia)는 1995년 서울에서 결성되어, 한국, 일본, 몽골, 중국 등 동아시아 국가들이 참가하여 월경성 대기오염문제를 다루고 있다. 이 회의는 지구온난화 방지를 위한 유엔 기후변화협약 당사자회의 등을 이용하여 아시아인들의 모임을 갖고 있으며, 중국, 한국, 일본에서 번갈아 가며 국제회의를 진행하고 있다.

아시아태평양 환경NGO회의(Asian Pacific NGO Environmental Conference : APNEC)는 일본환경회의(JEC)를 중심으로 1993년 결성되어, 2년에 한번씩 대회를 열고 있다. 2002년 10월 제6차 회의가 타이완에서 열렸다. 아시아태평양 환경NGO회의는 사무국을 서울에 두기로 하고 일본어로 아시아환경백서(1997, 이후 영문판, 한글판 출판)를 발간했다. 이 회의에는 일본, 한국, 태국, 싱가포르, 중국, 인도 등이 참가하고 있으며, 일본의 공해수출에 대한 일본의 책임문제와 동시에 일본의 교훈을 아시아 여러 나라에서 배우기를 바라고 있다. 일본환경회의는 한국환경전문가회의와도 교류를 활발하게 전개하고 있으며, 아시아 여러 나라들의 환경문제를 현장을 방문하여 조사하고 있다.

1997년 교토에서 열린 기후변화협력 당사자회의(COP3)가 열렸을 때 일본의 환경단체들은 키코 포럼(Kiko Forum)을 구성하여 NGO간의 교류를 추진하였다. 또 아르헨티나에서 열린 제4차 당사자회의에는 일본의 시민모금에 의해 아시아NGO대표들의 회의참가를 위해 비용을 마련하고 이들을 초청하였다.

한국의 UNESCO는 2000년 7월 환경과 평화를 위한 NGO회의를 열고 동북아시아 생태평화 네트워크(Eco-Peace Network for Northeast Asia)를 구성하였다. 이 회의는 2001년 7월 중국 연변에서 제2차 회의를 개최하였다.

한국과 일본 사이이 NGO교류는 비교적 휠빌하다. 1970년대 조 일본의 공해물질을 다량 배출하는 화학공장이 조업을 한국으로 옮기게 되자 일본의 환경활동가들은 "공해수출 반대"를 내걸고 맹렬한 운동을 전개하였다. 1960년대 말 일본의 공업지역이 대부분 주민들의 반공해운동에 의해 비판을 받았고, 공해에 대한 규제가 엄격해지자 일본의 공장들이 저임금, 값싼 생산비, 그리고 공해비용 등의 이유로 아시아 여러 나라로 이전을 하였기 때문이었다.

1980년대 중반에는 한국의 온산지역에서 공해병이 발생하자 일본의 학자들이 한국을 방문하여 한국의 환경운동가들과 함께 '온산병'을 검증하였다. 일본의 환경사회학자들은 1990년대 중반부터 한국의 공해지역을 방문하여 조사를 진행하였고, 한국, 일본, 중국, 인도네시아 등 아시아 4개국 공동연구를 추진하였다. 일본의 아마가사키 대기오염 피해자는 한국의 대기오염 피해자들과 연대회의와 교류를 지속하였다.

한국의 습지연대와 일본의 습지연대(JAWAN)는 동아시아의 철새이동의 중개지로서 한국의 습지, 갯벌의 중요성을 인식하고 1999년 이래 지속적으로 공동조사를 전개하였다. 코스타리카에서 열린 제7차 람사회의에서는 한일간의 습지연대 활동가들의 공동워크샵, 결의안이 채택되었다. 일본습지연대는 한국의 새만금갯벌을 비롯하여 한국의 갯벌을 지속적으로 모니터링하였다.

대기와 지구를 구하기 위한 시민연대(Citizens' Alliance to Save the Atmosphere and the Earth: CASA)는 오사카지역의 대기오염 피해자를 지원하기 위해 결성된 조직으로서 제3차 기후변화당사국회의(교토회의)에서 탄산가스배출 삭감을 위해 대안을 제시하였다. CASA는 한국의 환경운동연합과 기후회의에 대한 공동대응, 공동연구성과의 공유, 세미나 등을 하였다. 1999년 한국에서 열린 국제댐회의에는 일본의 댐건설 반대운동 관계자들이 참여하여 공동행동을 하였다.

1998년부터 한국에는 평화의 숲 운동이 일어나 5차례에 걸쳐 분무기, 비료 등을 북한의 산림복구를 위해 지원사업을 전개하였다. 또 동북아산림포럼(NEAFF)은 1998년에 창립하여 동북아지역의 사막화를 막기 위한 노력의 일환으로 2000년 4월 중국에 한중우의림을 조성하였다.

한국의 환경운동연합은 이와 같이 중국 및 북한에 숲살리기 운동을 전개하는 한편, 몽골, 인도네시아의 환경운동가를 한국에 초청하여 교류를 하였다. 또 1997년에는 대만의 핵폐기물을 북한에 반입하겠다는 발표가 있자 타이완 환경보호연맹(Taiwan Environmental Protection Union)과 한국의 환경운동연합, 녹색연합은 연대하여 이를 저지하는 운동을 전개하였다. 한국의 환경운동연합은 중국의 길림성과 함께 사막화 방지를 위해 2003년부터 초지조성사업을 공동으로 진행하고 있다.[4]

일본 민간단체들의 대중국 환경협력도 매우 활발한데, 이는 식림사업이 가장 많으며, 대기오염방지, 청정발전메카니즘, 공동이행 등 기후온난화와 관련된 사업 등이다. 그 밖에도 공동조사, 연구, 심포지엄 등 학술적인 행사도 포함된다. 그리고 재원별로 보면, 일본 정부가 중심이 되는 지구환경기금(GEF), 경제단체연합회, 이온그룹환경재단 등 기업조직, 그리고 시민들의

---

4) 환경운동연합 홈페이지 자료실 참조(www.kfem.or.kr).

회비, 모금에 의한 사업으로 나누어진다. 일본 NGO활동의 특징은 지구환경
기금이나 이온그룹환경재단의 지원을 받아서 중국의 식림사업을 한다는 것
이다. 한편, 중국측은 정부기관 혹은 준정부적인 사회단체가 협력의 파트너
가 되고 있다.

〈표 1〉 중일환경협력 (주요 사업)

사업명	일본측사업자	중국측 파트너	사업내용	재원
중일환경 협력프로그램	이온그룹환경재단 환경정부고븍센터	중국환경과학학회 중국사회과학원 일본법연구센터	심포지엄 대기오염조사 중국관계자 연수	기업출자
지구환경기금	환경사업단 지구환경기금부		중국의 환경 보전을 위한 일본 및 해외NGO 지원	민간과 정부의 공동출자
만리장성 숲재생 프로젝트	이온그룹환경재단	북경시	98~2000년 식림 4,200인 자원봉사자 참가	기업출자
지구온난화 CDM사업조사	지구환경센터	대동시 청년연합회	CDM, JI 가능성조사 식림프로젝트	환경성
경제단체연합회 환경식림 협력프로젝트	경단련 중국위원회	중화전국 청년연합회	식림	경단련
중국환경보전 지원위원회	중국의 환경보전지원위원회			지구환경기금 이온그룹, 등
중국내몽고 홀친사막 사막화방지사업	일본 바이오빌리지협회	울슨생태촌협회	식림, 주환경, 농업, 임업, 축산업 지역종합계획	지구환경기금 이온그룹 환경재단
황토고원 녹화협력사업	그린지구네트워크	대동시 청년연합회	식림	회비, 기부금, 조성금

자료 : 일본환경성 홈페이지에서 발췌정리. http://www.env.go.jp/earth/coop/jcec/2000/datasheet.

　　일본의 환경NGO 가운데는 CASA나 키코포럼 같이 정부와는 독립적으
로 활동하는 단체도 있지만, 대중국 환경협력에는 사회운동적인 성격보다는
각종 재단법인 등이 활약하고 있다. 이 법인들은 정부의 재원으로 운영되는

것도 있으며, 또한 기업모금에 의한 환경재단도 포함되어 있다. 그런 의미에서 종래 한국과 일본 환경NGO 사이의 협력과는 성격이 다르다. 그리고 중국 측도 아직 시민단체가 많지 않기 때문에 지방정부, 연구소, 대학 등 정부와 관련있는 기관과의 협력이 활발하다는 특징을 갖고 있다.

IV. 두 개의 모델사업

1. 기타큐슈시와 다롄시의 협력

기타큐슈시와 중국의 다롄시와의 환경협력은 대단히 의미있는 사례이다.[5] 기타큐슈시의 다롄시와의 환경협력은 지방자치단체, 민간단체, 중앙정부가 상호 자원을 동원하여 실현한 사업이다. 기타큐슈시는 일본의 대표적인 공업도시이자 공해도시로 알려져 있었지만 지방자치단체와 시민, 기업이 협력하여 1980년대 이후 획기적인 환경모범도시가 되었다. 기타큐슈시는 야하타제철소가 소재했던 곳으로서 제철을 비롯하여 중화학공업의 중심지였다. 공장에서 내뿜는 대기오염, 폐수의 방류에 따른 해양오염 등으로 지역주민들은 공해방지를 위해서 대대적인 시민운동을 전개한 도시이다. 키타규수시는 주민들의 운동을 배경으로 산업구조의 변경을 시도하여 모범적인 환경도시가 되었다.

기타큐슈시는 관내의 민간단체, 기타큐슈국제기술협력협회(KITA)와 함께 중국정부에 대해서 1979년부터 우호도시로 교류해 오고 있던 다롄시의

---

5) 기타큐슈시와 다롄시와의 관계에 대해서는 2002년 10월 다롄시를 직접 방문하여 다롄시 관계자들과 인터뷰하였고, 기타큐슈시는 2003년 8월과 10월에 방문하여 다롄시와의 협력상황을 청취할 수 있었다. 기타큐슈시에서는 『환경우정이야기』라는 타이틀의 팜프렛트를 만들어 기타큐슈시와 다롄시와의 환경국제협력의 경과를 설명하고 있다.

환경개선을 위해 "다롄환경모델지구계획"을 제안하였다. 중국정부는 기타큐슈시의 제안을 받아들여 다롄시 환경모델지구계획을 국가중점 프로젝트로 결정하여 대대적인 환경개선사업에 재원을 투입하였다. 한편, 기타큐슈시는 일본 중앙정부의 해외개발원조(ODA)를 받아서, 일본국제협력재단(JICA)과 협력을 통해서, 다롄시의 환경모델사업에 착수하였다. 모델지구는 다롄시의 중심부 217㎢, 인구 170만 명의 거주지역으로서 대기오염, 수질오염, 폐기물 등 공해대책을 포함한 종합적인 도시계획을 통한 환경개선사업을 집중적으로 전개하였다. 일본 정부는 ODA자금에서 5건 85억 엔의 엔차관을 공여하여 다롄시의 환경개선을 지원하였다. 그 결과 대기오염이 크게 줄어들고, 해양오염이 크게 개선되었다. 또 기타큐슈시는 다롄시로부터 환경공무원 등 전문가들을 일본으로 초청하여 환경기술과 관리에 관련된 훈련을 시켰으며, 또 기타큐슈시의 퇴직공무원, 회사원 등 환경기술자들을 모아서 다롄시에 보내 사원봉사를 하도록 하였다.

기타큐슈시는 1990년에 환경개선을 내세워 유엔환경상 "글로벌500"을 수상하였고, 다롄시도 기타큐슈시의 추천으로 2001년에는 글로벌500을 수상하였다. 또 기타큐슈시의 시장은 중국정부로부터 "국가우의상"을 수상하였다. 다롄시는 중국에서도 대표적인 환경도시로 중국의 다른 도시에 미치는 영향이 대단히 크다.

기타큐슈시와 다롄시의 사례는 지방자치단체의 주도하에 중앙정부와 민간에서 재원과 인력을 제공한 경우다. 또 지방자치단체가 갖고 있는 고유의 기술(도시환경 개선)을 개발도상국에 이전하고, 유휴인력을 해외에 봉사할 수 있도록 한 사례로 평가받아야 한다.

기타큐슈시의 다롄시의 환경협력사업은 다음과 같은 특징을 갖고 있다. 첫째, 양 도시간의 환경협력은 자매도시간의 사업이다. 지방자치단체가 중앙정부를 거치지 않고 직접 국경을 넘어 공동의 환경의제를 개발하고 서로 협력하였다. 그리고 두 번째는 이러한 협력을 촉발시킨 것은 기타큐슈시의 민간단체, 기타큐슈국제기술협력협회(KITA)였다는 점이다. 이 단체는 퇴직공무원, 기업은퇴자들, 기타 기술자들의 모임으로서 해외에 나가서 기술을 전수하고자 하는 자원봉사집단이다. 이 자원봉사를 위한 민간단체가 아젠다 설정에 앞장서고 기타큐슈시를 동원하여 다롄시와의 환경협력을 실현한 것이다. 이 단체가 기여한 점은 아젠다 — 사업의 개념 — 를 제시한 것이며, 그들의 기술력을 바탕으로 자원봉사에 나섰다는 것이다.

세 번째는 그들이 동원한 재정자원은 중국 중앙정부의 투자자금, 그리고 일본 정부로부터의 해외지원자금이었다는 점이다. 일본의 해외원조가 일본 시민들의 비판의 대상이 되었기 때문에 일본 정부는 해외원조에 있어서도 NGO의 참가를 환영하였다.

이상과 같이 기타큐슈시와 다롄시와의 협력은 민간단체, 지방자치단체, 그리고 중앙정부가 각기 동원가능한 자원을 활용하여 성공적인 환경협력을 실현한 사례이다. 이것은 종래 국가간의 환경협력이 국익우선에 치우치기 쉽고, 기업의 환경협력이 개발사업으로 뒤바뀌기 쉬운 경우와는 매우 대조적이다. 민간단체의 기여는 좋은 프로젝트를 구상하고 이를 정책으로 받아들일 수 있도록 지방자치단체에 촉구한 것이다. 그리고 지방자치단체는 자매관계에 있는 외국도시에 대해 국익을 넘어서서 선의의 환경협력을 자원하게 되었다. 그리고 중앙정부에서 해외협력사업으로 사용될 재원을 동원할 수가 있었다.

2. 한중 사막화 방지사업의 사례

환경운동연합은 2003년 10월 중국의 길림성 임업청 산하 황막화방지재단과 사막화 방지사업에 참여하고 있는 기업 홍르그룹(宏日集團)과의 3자간의 협력에 의해 중국 동북지방의 사막화 방지사업을 개시하였다.[6] 사막화

---

6) 한중 사막화 방지사업은 필자가 이사 가운데 한 사람으로서 중국의 길림성, 홍르그룹과 직접 교섭하여 환경협력사업을 추진해 왔다.

방지사업은 향후 5년간 2,000헥타르의 토지에 초지를 조성하는 일이다. 초지조성 시범지역은 알카리토양으로서 사막화가 진행 중인 곳으로 강우량이나 기후조건으로 보아서 나무를 심는 것보다는 알칼리 토양에 성장할 수 있는 풀을 심어야 하는 지역이다. 2003년분으로 공동사업은 100헥타르를 시범지구로 선정하여 파종을 하였다. 이 공동사업은 사막화 방지의 연구, 지역주민의 교육과 홍보사업도 포함되어 있다.

이 시범지구는 길림성이 토지를 무상으로 30년간 제공하고 길림성(임업청), 환경운동연합, 홍르그룹이 각각 45%, 45%, 10%의 비율로 출자하여 사업을 진행하고 있다. 홍르그룹은 생태복원과 풀심기를 전문으로 하는 회사로서 한중 사막화 방지사업의 사무국을 운영하고 현장관리를 맡고 있다. 환경운동연합은 한국정부의 산림청의 재정지원을 받아서 동북아 사막화 방지사업에 참여하고 있다.

동북아 사막화 방지사업은 NGO(환경운동연합), 기업(홍르그룹), 그리고 지방정부(길림성)의 황막화방지재단이 주체가 되어 추진하고 있으며 한국의 중앙정부도 간접적으로 지원하고 있다는 특징을 갖고 있다. 또 길림대학은 사막화 방지의 기술적인 지식과 정보를 제공하고 있다. 사업 아젠다의 설정과 실행을 비정부조직과 기업이 담당하고 지방정부와 중앙정부가 지원하는 방식을 취하고 있는 것이다.

환경운동연합은 중국 현지에서 환경교육을 실시하고 전문가들을 국내에 초청하여 환경관련 시설을 견학하여 상호이해와 협력을 증진시키고 있다. 중국의 사막화문제는 환경운동연합과 같은 비정부조직의 힘만으로 해결될 수가 없다. 중국의 사막화문제는 중국정부가 일차적으로 그 해결을 도모해야 하며, 국제적인 협력의 네트워크를 동원하여 지원할 필요가 있다. 환경운동연합과 같은 NGO는 이러한 협력체제의 동원을 위한 촉매 역할을 할 수 있을 뿐이다.

중국 지방정부는 지역의 환경문제를 해결해야 하는 의무를 갖고 있다. 이들은 국익이나 개인적인 이익을 위해서보다는 지역의 경제와 환경을 살려야 하는 책무를 지고 있다. 홍르그룹은 초지 조성을 전문으로 하는 사기업이다. 이 기업의 특징은 그 전문성, 기업적 합리성을 갖고 있어서 이들의 능력과 사고방식은 한중 사막화 방지 공동사업에 중요한 활력을 가져왔다. 이러한 점에서 한중 사막화 방지사업은 재정적 재원은 한국정부와 길림성 정부에서 담당하고 환경운동연합, 황막화방지재단과 같은 비정부조직이 사업을 결정하여, 기업적 효율성을 살려서 이를 수행한다는 '좋은 요소들의 결합'으로 이루어진 사업이라고 할 수 있다.

V. 환경정책협력의 모델의 모색

지금까지 국가, 기업, 시민은 환경협력을 위한 파트너십을 적극적으로 발휘하기 어려웠다. 국가, 기업, 시민은 다같이 기능과 경향성에 있어서 양면성을 갖고 있다. 기업은 사적 이익을 추구하고 있지만 사회적 책임을 면할 수 없으며, 시민도 사적인 이익과 사회의식을 다같이 갖고 있다. 국가도 물론 국익을 우선하고 있지만 국제사회에서 고립되어 살 수 없기 때문에 국제적인 공익의무를 지고 있다. 이러한 양면성 가운데 나쁜 요소들만 결합하면 미래 세계는 희망을 찾을 수 없을 것이다

지금까지 국가는 국익을 우선하여 지구환경문제를 외면하고, 해외원조도 자국 이익을 극대화하는 방향에서 이를 추진하는 경향을 보여왔다. 한국은 해외로부터 자원과 정보, 그리고 기술, 그리고 시장을 얻지 못하면 지속가능성을 담보할 수 없는 물적 조건을 갖고 있다. 그 점에서는 일본도 마찬가지이다. 자원과 시장을 해외에 의존하고 있는 국가로서 보다 유리한 국제질서를 유지하기 위해서는 자국의 이익이라는 좁은 시야에서 벗어나야 한다. 일국 수준에서는 지속가능성이 없지만 지역수준에서 지속가능한 경제와 환경을 추구해야 하며, 글로벌한 수준에서 이를 실현하도록 노력해야 한다.

그리하여 타인과 더불어 공동으로 번영하고 잘 살 수 있는 세상을 만드는 윤리와 논리를 개발하고 선전해야 한다.

기업도 마찬가지다. 중국은 한국 기업의 중요한 생산기지이며 소비시장이다. 기업은 중국에서 이윤을 얻는 것에만 몰두할 것이 아니라 중국의 발전을 위해서 무슨 공헌을 해야 할지도 고려해야 한다. 기업이 생산요소이외에 투자를 하지 않고 공해와 같은 외부불경제를 방치한다면 윤리적으로 정당하지 못할 뿐더러 중국의 지속가능한 발전을 위해서도 기여하지 못하게 될 것이다.

또 한국의 소비자들이 값싼 중국 상품을 소비하여 이익을 얻고 있으나, 이러한 상품들이 어떠한 노동력과 자연의 피해를 안겨주면서 생산되었는지 전혀 고려하지 못한다면 그것도 또한 지속가능한 발전을 외면하는 것이 된다.

이상과 같이 국가, 기업, 시민의 '나쁜 요소들의 결합'에 의해 동북아시아의 문제를 바라본다면 이 지역의 환경은 더욱 파괴될 것이며, 궁극적으로 우리도 그 피해에서 벗어날 길이 없을 것이다.

그 반대로 정부의 자원, 기업의 합리성, 그리고 비정부조직의 지구환경 아젠다를 적절하게 결합한다면 정반대의 효과가 나타날 것이다.

그러나 기타큐슈시와 다롄시, 그리고 환경운동연합과 길림성, 그리고 홍르그룹과의 협력사업은 이러한 국가 혹은 지방자치단체, 비정부조직, 기업의 '좋은 요소들의 결합' 사례라고 볼 수 있다. 이러한 시범적 사례들이 확산되어야 중국의 환경문제뿐만 아니라, 우리가 사는 길이며 지구환경문제 해결의 출발점이 될 것이다.

VI. 결론

동북아시아에는 아직 구속력을 갖는 환경협력기구가 없다. 몬트리올의 정서나 교토의정서와 같은 지구적인 환경협력기구에 모두 참여하고 있지만,

동북아시아의 환경을 지키기 위한 어떠한 레짐도 만들어져 있지 않다. 동북아시아의 환경협력은 어떤 레짐에 의해 수행되기보다는 자원성(自願性)에 기초하고 있다. 그리고 국가간의 환경협정은 정보, 기술, 지식의 교류를 중심 내용으로 하고 있다. 또한 민간환경단체들의 환경협력은 주로 연대성에 기초하고 있다.

우리의 결론은 비정부조직은 국익과 시장적 이해관계를 떠나서 동북아시아의 환경아젠다를 설정할 수 있는 특권적 지위를 갖고 있다. 그러나 비정부조직은 이를 실현할 수 있는 충분한 자원을 동원할 수가 없다. 그래서 이들은 지방정부나 중앙정부의 자원을 동원하여 그들이 제시한 환경아젠다를 실현하도록 해야 한다. 지방정부나 중앙정부도 환경협력이 불가능한 것은 아니지만, 환경NGO들이 갖고 있는 지구환경에 대한 감수성, 그리고 자원성을 기대하기는 어렵다. 또 일본에서는 많은 기업과 기업관련 환경재단에서 해외원조 재원을 제공하고 있으며, 이들을 일본의 NGO가 활용하고 있다. 여기에서도 NGO는 환경아젠다를 제시하고 기업이 재정을 지원하는 경우가 허다하다.

이상의 검토에서 알 수 있듯이 동북아시아 환경협력의 미래는 자명해진다. 정부나 기업만으로는 환경협력에 한계가 있다는 점이며, 환경NGO, 정부 혹은 지방정부, 그리고 기업이 '좋은 결합', 즉 지지정책연합의 틀을 구성할 때 효과적인 환경협력이 가능하다는 것이다. 그러한 의미에서 기타큐슈시와 다롄시와의 환경협력, 그리고 한국의 환경운동연합과 길림성 황막사방지재단과의 환경협력은 매우 중요한 지지정책연합 틀의 사례라고 말할 수 있다.

(2004년 1월 탈고)

참고문헌

류하이보. 2003. "중한일합작 : 정책협력의 관점"(http://kiep.go.kr 자료실).
문태훈. 1998. "동북아 환경오염확산 방지를 위한 협력체제 구축방향."『한양도시
　　포럼 논문집』(http://post.cau.ac.kr/~thmoon/paper/Network1.htm).
미야모토 켄이치 저·주민자치연구모임 역. 1994.『환경경제학』. 주민자치사.
울리히 벡 저·홍성태 역. 1997.『위험사회 : 새로운 근대(성)을 향해』. 새물결.
이시재. 1996.『지방자치시대에 있어서 한국시민운동의 과제와 방향』. 크리스챤
　　아카데미 한국사회교육원 편.『일본의 시민운동과 지방자치』. 한울.

北九州市. 2003.『環境友情物語―北九州市と大連市の環境國際協力の步み』.
興梠一郎. 2002.『現代中國―グローバル化のなかで―』. 岩波新書.
渡辺利生 編. 2003.『図說現代中國―環境問題から日中關係まで』. PHP 연구소.

Arato, Jean L. and Andrew Cohen. 1992. *Civil Society and Political Theory*. The
　　MIT Press.
Birkland, Thomas A. 2001. *An Introduction to the Policy Process: Theories,
　　Concepts, and Models of Public Policy Making*. M.E. Sharpe.
Giddens, Anthony. 1990. *The Consequences of Modernity*. Stanford, Standford
　　University Press(번역판).
Habermas, Juergen. 1984, 1987. *The Theory of Communicative Action* Vol.1
　　and II, Boston : Beacon Press.
Sabatier, Paul A. and C. Hank. Jenkins-Smith. 1993. *Policy Change and
　　Learning : An Advocacy Coalition Approach*. Boulder, Colo: Westview.

일본 환경청 행정의 총괄·서설 :

한국과의 비교를 위해서

히사노 다케시

I. 서론

일본에서 1971년에 탄생한 환경청은 2001년 중앙성청의 통폐합에 의해 그 모습을 감추었다. 새로이 발족한 환경성은 환경청이 담당하고 있던 업무에다가 후생성(현 후생노동성)이 담당하고 있던 폐기물 행정업무 및 총리부가 담당하고 있던 동물 관리업무도 담당하게 되었다.

한편, 한국에서는 1977년에 환경보전법이 제정되었고, 1980년에 환경청[보건사회부의 외국(外局)]이 설립, 이것이 1990년에 국무장관을 장으로 둔 환경처(일본의 환경청에 해당)로 승격, 1994년에는 환경부(일본의 환경성에 해당)로 승격했다. 담당범위에 당초부터 폐기물 행정이 포함되어 있었지만 자연보호·자연공원 행정은 일본의 환경청과 달리 1998년에 건설성에서 환경부로 소관이 바뀌었다.

일본과 한국의 환경 행정의 발전과정에 대해서 이 진, 하라지마 요우헤이는 "일본과 한국의 환경정책 발전과정의 비교 분석"(李進·原嶋洋平 1995, 181-192)에서 "공통의 성질을 가진 사상(事象)을 거의 동일한 순서로 경험해왔기 때문에 시간차는 경제지표에 의한 추이(推移) 시간차와 대응한다"라고 간추리고 있지만, 오늘날의 환경 행정에 대해서 말하자면, 일본 환경성의 발족에 따라 한일 양국은 행정조직뿐만 아니라 법제도 거의 비슷해졌다.

일본의 환경청은 발족시 4국 1부 체제로 구성되어 있었다. 즉, 기획조정국, 보건환경부, 자연보호국, 대기보전국, 수질보전국이다. 그 이후 1990년대에 들어와 지구 환경부가 생겨났고 4국 2부 체제가 확립되었다.

필자는 30년 가까이 다양한 환경 행정 분야의 행정관으로 종사해 온 경험을 가지고 있다. 본 연구는 이런 경험을 근거로 일본 환경청의 행정 가운데 우선 상대적으로 독립해 있던 자연보호국의 자연보호 행정(자연보호국 행정이라고 부른다), 이어서 대기보전국, 수질보전국이 담당하던 공해 행정과 기획조정국이 담당하던 환경관리 행정의 역사적 흐름을 대략 살펴보기로 하겠다. 이어서 부서를 횡단적인 몇 개의 관점에서 환경청 행정의 주요한 흐름에 대해 논하고, 환경청 행정의 전체상을 공인된 '환경청 ○○년사'와는 다른 관점에서 비추어 보려고 한다.

더구나, 여기에서 말하는 일본의 환경청 행정에는 환경청 계열 지방자치체의 환경 행성 조직이 소장하는 행정을 포함한다.

본 연구가 한국 환경부의 행정 고찰시 참고가 되기를 기대한다.

II. 자연보호국 행정의 발전 과정

환경청이 발족함에 따라 자연보호국이 새로이 설치되고 후생성 국립공원부가 담당하던 자연공원 행정 및 임야청(林野廳)이 담당하던 조수보호, 수렵행정을 담당하게 되었다.

환경청이 발족할 당시 주요 정책과제는 '공해를 미연에 방지'하는 것과 '뛰어난 자연을 보호'하는 것으로 집약되었다. 후자를 주로 담당했던 것이 자연공원 행정이었다.

또한 그 때까지 자연보호를 전체적으로 책임지는 관청은 존재하지 않았지만, 환경청은 환경청 설치법 및 1972년에 제정된 자연환경 보전법에 따라 이념적으로는 일본의 자연보호, 자연환경 보전 전체의 책임 관청이 되었다. 그러나 그것은 어디까지나 이념일 뿐, 법이 제정되고 나서도 종래와 마찬가지로 여전히 자연공원 등의 보호지역(Protected area) 정책이 주요한 업무이며, 타 성청(省廳)의 보호지역의 정책에는 관여할 수 없었으며 조수보호, 수렵행정(본 행정의 주요한 부분을 차지하는 조수보호구도 보호지역이라고 본다) 이외에 소위 백지지역(白地地域: 도시계획법상 구체적으로 토지이용 계획이 정해져 있지 않은 지역)의 자연환경 보전에 대한 권능은 전혀 없었다.

본 단락에서는 ① 보호지역의 대표격인 자연공원에 대해 후생성시대 이전부터 지금까지의 흐름을 좇고, ② 이어서 자연환경보전법에 근거한 새로운 보호지역 행정의 변천에 대해 거론하며, ③ 마지막으로 보호지역 이외의 자연보호 정책에 대해서 고찰해 보겠다.

또한 자연보호국이 담당하는 조수보호법 행정과 온천법 행정 등에 대해서는 기본적으로 생략한다.

1. 자연공원 행정

1) 자연공원과 보호지역

'뛰어난 자연 보호'에 관해 말하자면, 자연공원 시스템은 제2차 세계대전 이전부터 존재했으나, 자연공원 시스템이 관광개발에 의한 과도한 자연 파괴를 초래하지 않고 '뛰어난 자연풍경 보호'의 기능이 정착된 것은 역시 1970년대 전반이었다.

뛰어난 자연 보호를 위해서는 우선 '뛰어난 자연'을 보호지역으로 명시해야 한다. 보호지역은 토지의 소유·관리권에 기초를 둔 '영조물제'(營造物

制)와 공공의 복지를 위해 토지소유의 여하에 관계없이 일정 지역에 대해서 공적 규제를 행하는 것이 있는데, 후자는 일반적으로 '지역제'라고 부르고, 국제적으로는 영조물제가 주류이다.

일본의 보호지역은 기본적으로 지역제를 채용하고 있다. 엄격한 보호관리라는 관점에서 영조물제가 바람직하다는 것은 말할 필요도 없지만, 지역제의 보호지역은 목적과 효과의 괴리가 크다는 점(때로는 지역 지정이 오히려 자연파괴를 초래했다고 혹평받은 적도 있다) 등 많은 결함과 한계를 갖고 있었다. 그러나 일반적으로 좁은 국토에 많은 인구를 가진 나라에서 광역적인 자연환경 보전을 꾀하기에는 유효한 방법이며, 특히 국토 이용계획이 확립되어 있지 않은 경우, 그 자체가 국토 이용계획의 부분적인 대체가 가능하다.

풍경 보호, 학술상 귀중한 지물(地物) 보호, 야생생물 보호 등 여러 가지 다른 목적의 보호지역 시스템이 있지만, '뛰어난 자연 풍경'은 대개 '학술상으로도 중요한 자연'이며 '중요한 야생 조수의 생식지'인 것이 일반적이기 때문이다. 이런 각종 세노의 경합과 중복은 피할 수 없다. 중복을 피하도록 법률상 또는 운영상 정해져 있는 것도 있다. 예를 들어 일본에서는 자연공원법에 근거한 자연공원(환경성)의 대부분은 삼림법상의 보안림(임야청, 완전한 의미로 보호지역이라고는 정의할 수 없지만 같은 기능을 결과적으로는 일부 수행하고 있다)이며 조수보호 및 수렵에 관한 법률의 조수보호구(환경성)와 문화재 보호법의 천연기념물(문화청) 등을 구역 내에 포함하는 경우가 많다.

또한 지역제의 경우 보호지역 지정에 관해서는 개발부국(部局)과 지권자(地權者)의 지정에 대한 저항이 강해 타협하지 않을 수 없는 경우도 많으며 지정 후에도 각종 개발과의 조정이 끊이지 않아, 결과적으로 대부분의 경우 다목적 이용을 허용하지 않을 수 없다. 일본의 자연공원은 조림지나 농지, 촌락도 포함하고 있는 경우가 적지 않다. 또한, 지역제의 경우 중요성에 따라 서브존(sub-zone)을 설정해 규제의 강약을 정하는 일도 가끔 있다.

한국에서도 일본과 마찬가지로 지역제 시스템에 의한 각종 보호지역이 있다. 일본의 자연공원과 비교할 수 있는 것으로 역시 자연공원(Natural Park)이, 일본의 자연환경 보전법에 근거한 보호지역에 대응하는 것으로는 생태계 보호지역(Ecosystem Conservation Area)이, 일본의 조수보호구에 대응하는 것으로는 조류·포유류의 보호지역(Bird/Mammal Protection Area)이 있다. 한국에서는 1997년에 섬의 생태계보호법을 제정하고, 나아가 1999년에 습지보전법을 제정, 습지보전지역제도를 마련하는 등 일본보다 앞선 사례도 있다. 한편으로 일본에서는 1993년에 "종(種)의 보전법"에 따른 보호지역이 탄생하는 등 한국과 차이는 있지만, 한일 양국의 환경청과 환경부가 소관하는 보호지역 시스템은 거의 상응한다. 여기에서 언급하지는 않겠지만 타 성청이 소관하는 각종 보호지역도 한일 양국에서는 거의 같은 상황에 있다.

2) 자연공원의 기본적인 시스템과 지정현상

일본에서 보호지역으로서 실질적으로 넓은 지역을 지정할 수 있었던 대표적인 시스템은 자연공원법에 따른 세 종류의 자연공원이고, 다른 시스템은 보호관리 규제에 있어서 실질성이 부족하거나 협소한 면적밖에 지정할 수 없었다. 그리고 다른 시스템의 지정과 규제의 구조는 자연공원과 유사하기 때문에 그런 의미에서 대표적인 시스템으로 자연공원 시스템을 대략적으로 설명하고자 한다.

일본에서는 자연공원법에 근거해 지정된 국립공원(國立公園)과 국정공원(國定公園) 그리고 도도부현립[都道府縣: 도쿄도(東京都), 홋카이도(北海道), 오사카부(大阪府), 교토부(京都府), 43현(縣)을 말함] 자연공원의 세 종류가 있다. 국립공원은 일본을 대표하는 데 부족함이 없는 뛰어난 자연 풍경지로, 환경청 장관(현 환경대신, 이하 같음)이 지정하고 관리하는 것으로 되어 있다. 국정공원은 이에 준하는 자연 풍경지로, 도도부현지사의 신청에 따라 환경청 장관이 지정하고 지사가 관리하도록 되어 있다. 도도부현립 자연공원은 도도부현 내의 자연풍경지로 자연공원법에 근거한 조례를 지사가 제정하고 지정한다. 일본의 자연공원은 국토의 14%에 달하는 광대한 면적을 차지하며, 국립공원은 국토의 5%를 조금 넘는다. 토지소유별로 보면 국유지가 62%, 공유지가 14%, 민유지가 24%이지만 국공유지의 대부분이 국유림(임야청)과 공유림[자치체의 임무부(林務部)]이며 임업경영을 하고 있으므로 환경청 소관의 토지는 국립공원 면적의 불과 0.2%에 지나지 않는다.

자연공원의 목적은 "뛰어난 자연 풍경지를 보호함과 동시에 이용 증진을 도모한다"는 것으로 이를 위해 공원계획(보호계획과 이용계획)을 정하도록 하고 있다. 보호의 구체적인 방법으로는 보호계획에 근거하여 특별 지역 등의 서브 존을 설치하고 서브 존마다 일정 규모 이상의 각종 행위를 하기 위해서는 환경청 장관 등 공원 관리자의 허가와 신고를 필요로 한다.

그리고 경관보호를 위해 불허가와 조건부 허가, 신고에 관해서는 금지명령과 조치명령을 내릴 수도 있다. 즉, '국민의 복지=풍경지 보호'라는 이념하에 공용제한을 부과하고 있다. 난 법으로는 '재산권 존중규정'과 '타산업, 공익과의 조정규정', '손실보상규정'을 정하는 등 지나치게 강권적인 규제를 할 수 없도록 제동이 걸려 있으므로 시행 규칙에서 허가기준을 확실히 명시하고 있다. 또 이용 증진을 위해서 이용계획에 근거해 이용시설의 정비를 '공원사업의 집행'으로서 직접 또는 보조금으로 정비하고 공원 관리자 이외의 사람도 공원 관리자의 승인과 인가를 얻어 공원사업을 집행할 수 있도록 되어 있다.

한국에도 일본과 마찬가지로 자연공원법에 근거한 국립, 도립, 군립(郡立) 3종류의 지역제 자연공원이 있으며 역시 일본과 같은 각종 행위에 공용제한을 함으로써 보호를 꾀하고 있다. 25%에 해당하는 민유지를 포함하여 국립공원 대부분을 차지하고 있는 국유지에 대해서도 거의 임야청 소관의 국유림으로 임업경영을 용인하는 등 일본의 시스템과 매우 흡사하다(흡사하다기보다는 먼저 행한 일본의 시스템을 도입했을 것이다).

제도의 창설은 1967년 국립공원법 제정을 시작(일본은 1931년)으로 1980년에는 자연공원법으로 발전적인 전환을 이루었으며 도립공원과 군립(郡立) 공원제도도 탄생하게 되었다(일본에서는 1957년). 처음에는 건설부가 소관하고 있었지만 1998년에 환경부로 옮겼다(일본에서는 1971년).

일본과의 차이점 중 하나는 국립공원의 현지관리체제이다. 일본에서는 환경성이 전국에 11개 지구에 자연보호 사업사무소를 두고, 그 밑에 전국에 200명의 자연보호관이 인·허가지도, 시설정비 등 현지관리를 하고 있지만, 한국의 경우 현지관리는 1987년부터 국립공원관리공단(700명)이 행하고 지역제임에도 불구하고 입장료도 징수하는 등 보다 면밀한 공원관리를 하고 있기 때문에 어떤 의미에서는 한국이 더 선진화되었다고 할 수 있다. 또 국립공원 내에 생태계 보전을 위해서 휴식년 제도를 도입하고 있는 것도 일본에서는 볼 수 없는 선진화된 시도이다.

3) 자연공원제도의 변천과 발전과정

전사 (前史)

일본의 자연공원제도의 역사는 1931년에 국립공원법이 제정됨으로써 시작되었다. 1934년 3월에 3곳의 국립공원 지정을 필두로 지속적으로 지정이 이루어졌다.

법제도상으로는 현행 자연공원법의 국립공원과 거의 같지만, 현지관리 체제는 많은 부분이 정비되지 않은 채 전쟁에 돌입해, 국립공원법의 시행업무는 정지되었다.

전후 부흥기 연합군사령부(GHQ: general head quarters)의 지도하에서 국립공원의 지정이 급속히 이루어졌다. 전쟁 전에는 내무성의 한 부서에서 국립공원을 관할하고 있었지만 1948년에 후생성 국립공원부가 탄생하게 되었다.

이것은 미국이 얼마나 자국의 국립공원 시스템(영조물제)을 자랑스럽게 여기고 있었는지를 말해주지만, 지역제라는 근본적인 시스템은 아무리 연합 군사령부라고 하더라도 변경할 수 없었다.

1953년에는 미국의 국립공원 관리인 시스템(park ranger)을 모방한 국립공원 관리원 제도(후에 국립공원 관리관으로 개칭, 현재는 자연보호관)가 탄생했다. 1960년에는 닛코(日光) 국립공원 관리사무소가, 다음해에는 후지하코네이즈(富士箱根伊豆) 국립공원 관리사무소가 탄생했으나 그 이후 장기에 걸쳐 새로운 관리사무소의 설치는 인정되지 않았다.

또한 도도부현에서도 국립공원 지정에 대한 요청이 다수 제기됨으로써 1949년에는 국립공원법이 개정되어 '국립공원에 준하는 구역' 규정이 추가되면서 국정공원제도가 탄생하게 되었다. 나아가 도도부현이 독자적으로 조례를 제정하고 도도부현립 자연공원으로 지정, 관리하는 사례가 속출하여, 이러한 것들을 법제도상 통합하기 위해서 1957년 국립공원법을 개정하고 자연공원법을 만들어 현행의 자연공원체계가 확립되었다.

국립공원은 이리하여 선후(戰後) 10년 동안 공원 수와 면적이 배로 증가했고 그 증가가 계속되었으나 1965년을 기점으로 거의 정지되었다. 이것은 국립공원의 정의가 '일본을 대표하기에 부족함이 없는 뛰어난 자연 풍경지'인데, 이러한 것이 30군데, 40군데나 있다는 것이 적합하지 않다는 이유를 들어 신규 국립공원 지정에 난색을 표현했기 때문이다.

국정공원도 증가 일로에 있었다. 1955년부터 1965년까지 10년 동안 공원의 수는 배로 증가하였고 면적도 50% 증가했다. 도도부현립 자연공원은 1965년부터 동일한 수준으로 유지되었지만 그것은 상당 부분이 차례차례 국정공원으로 승격되었기 때문이며 그 빈 곳을 메우는 것처럼 신규지정이 계속 증가했다. 이러한 상황의 움직임은 느려지기는 했지만 오늘날까지 계속되고 있다.

자연공원이 토지이용에 제한을 가함에도 불구하고 광대한 면적을 지정할 수 있었던 것은 극단적인 강권적 규제가 불가능하다는 점은 물론이고 그 이상으로 자연공원이 단순한 규제 시스템뿐만 아니라 일종의 반대급부(정부에 의한 시설 정비와 지명도 높이기에 따른 관광산업의 발달)를 받을 수 있는 시스템이 었기 때문이다. 해당 지역이나 지방자치체에서 적극적이었으며, 주로 그 지역이 산촌부였다는 점에서 개별 토지소유자라기보다는 지연 혈연형 공동체 시스템이 기능을 하고 있었기 때문에 지방자치체의 교섭(negotiation)이 효과를 발휘하기 쉬운 상황이었다고 생각된다. 그러나 이것은 동시에 보호지역으로서는 철저해질 수 없다는 것을 의미하고 있다.

당시 국립공원의 규제와 관리는 법의 방침과는 정반대로 실제로는 도도부현에서 맡았던 것이 많았고 이를 담당하고 있는 부국은 대부분이 상공부 관광과였다.

개발과의 모순

자연공원이 국토 면적의 10%를 넘어섰지만 전후 부흥기부터 고도 경제성장기를 거치는 가운데 개발과의 모순으로 어려움을 겪었다.

그 중 하나가 공원구역 내의 전원개발과 대규모 공업개발이다. 1950년대 후반부터 1960년대에 걸쳐 허가할 수밖에 없었던 경우나, 허가가 아니라 공원구역 자체를 개발 가능 구역으로 변경시킨 사례가 몇몇 등장했다.

또 하나는 과도한 관광개발이다. 자동차 사회의 도래로 1960년대 후반에 공원의 핵심부(각종 서브 존의 규제가 무엇보다도 엄격해진 특별보호지구, 제1종 특별지역을 가리킨다. 이하 같음)에까지 드라이브웨이, 대규모 목재 반출로, 케이블카가 건설되었다.

또한 자연공원은 그 핵심부를 제외하고는 임업과의 공존을 전제로 한 제도이나 임업의 형태가 크게 바뀌어 갔다. 기계화가 진전되고 대규모의 관 주도의 조림사업이 공원 내에서도 행해지면서 자연공원의 풍취가 손상되었다. 게다가 사방에서 댐과 하천 공사 등 공공 공사가 이미 시작되었다는 이유로, 혹은 신규 허가를 받아 관행조림(官行造林)이 공원 내에서도 이루어졌다. '다른 공익과의 배려규정'도 있어 대부분의 경우는 거부하지 못하고 수경녹화 등을 조건으로 용인할 수밖에 없었다.

1960년대 후반에 들어 주로 과도한 관광개발에 대한 반대운동이 도심의 지식인과 자연애호가들을 중심으로, 공해 반대운동과 더불어 전국에서 일어 났다. 공해 반대운동과 크게 달랐던 점은 지역주민이 다수파를 형성하는 운동이 아니기 때문에 도도부현도 공해대책의 경우처럼 선행적인 대책을 취하는 일은 그다지 없었다.

환경청 이행 전후

이리하여 자연보호를 요구하는 여론에 부응하기 위해 규제 운용이 엄격해짐과 동시에, 1971년 환경청 설치에 따라 후생성 국립공원부는 조직 전체가 환경청 지연보호국으로 바뀌게 되었다. 또 그때까지 임야청에서 행하고 있던 조수보호 행정도 이관되었지만 그 주력은 여전히 자연공원의 지정·관리·정비였다.

현지 관리체제도 강화되기 시작하여 그때까지 2군데였던 국립공원 관리사무소도 1968년 이후 차례대로 설치되기 시작하면서, 1973년까지 전국 10군데의 국립공원 관리사무소가 설치되기에 이르렀다.

또한 이를 전후하여 도도부현에서도 자연보호과 등을 설치해서 자연공원의 소관을 종래의 상공부 관광과에서 자연보호과로 옮긴 곳도 많다.

환경청으로 옮긴 후에도 들끓는 여론 속에서 국립공원 내의 운용에 대한 규제 강화가 한층 엄격해졌다. 법적 수속을 전부 마친 오제(尾瀨)도로의 폐지 요청과 대설도로의 반대 등 개별 안건에 대해서 엄격한 자세로 임할 뿐만 아니라 골프장을 법에서 규정하는 공원시설에서 제외하고 특별지역 내에서는 신규 골프장을 허가하지 않겠다는 방침을 내세웠다(1973년). 또한 그때까지 허가기준도 없이 정치적인 압력에 굴한 사례도 적지 않았던 공용제한의 운용에 대해서도 통일된 가이드 라인을, 환경청의 국장이 통지하는

"심사지침"에서 제시했다(1974년). 한편, 공원사업이라는 명분으로 자연공원의 핵심부에서도 가끔 용인되어 왔던 대규모 관광시설의 신설도 적어도 핵심부에 대해서만은 인정하지 않겠다는 방침을 내세웠다. 나아가 핵심부에서 민유지의 교부공채에 따른 매상제도(원문에는 買上이라 되어 있으나 정부가 민간에서 사들이는 제도를 뜻함—역주)(1972년)나 세금의 감면 등 실효성이 부족한 손실보상규정을 보완하는 제도를 만들었다.

자연공원의 지정에 관해서 살펴보면 1972년 이리오모테(西表), 오가사와라(小笠原), 아시주리우와카이(足摺宇和海)의 3개 국립공원이 지정되었다. 국정공원도 계속 증가하여 환경청 설립 이후인 1975년에는 공원 수와 면적 모두 1965년에 비해 갑절에 가까워졌다.

또한 1973년에는 기존의 공원계획 그 자체를 5년으로 개정한다고 선언했다. 이것의 가장 중요한 목적은 규제 강화에 있다. 공원계획(보호계획)으로 특별보호 지역과 제1종에서 제3종까지 특별지역이 정해졌으나, 이것을 격상하거나 보통지역의 중요부분을 특별지역으로 지정하고 지종(地種) 구분 미결정(제2종 특별지역 취급)의 특별지역에 대한 지종 구분과 공원구역의 명확화 등이 목적이었다.

1975년 이후의 자연공원 행정

이렇게 대대적으로 공원계획의 개편이 시작되었으나 보호계획의 강화는 난항을 겪었다. 국립공원 관리사무소 등의 현지주재 직원과 도도부현 자연공원 담당과 담당계가 원안 책정 작업에 들어갔으나 일정이 계속 늦어져 오늘날까지도 종료되지 않은 공원이 다수 있다. 작업이 종료된 공원에서도 당초 의도한 전면적인 보호계획 강화는 불가능해져 부분적인 보호계획 강화와 시가화(市街化)한 지역 등을 공원구역에서 제외하는 것과 보호계획의 완화를 함께 끝낸 곳이 많다.

이것은 토지의 소유권에 기초를 두지 않는 지역제 공원에서 보호를 강화하는 것이 얼마나 어려운지를 말해준다. 여론이 수그러들면서 임야청을 시작으로 다른 성청과 현청 내 타 부국의 시군읍도 보호규제 강화에 강하게 난색을 표했기 때문이다.

또한 공원 면적의 대다수를 차지한 핵심부 이외의 지역에 대해서는 심사지침이 여전히 정성적(定性的) 내용에 대한 기술(記述)로 끝나 있는 부분이 많고 여러 가지 예외규정이 있어(특히 공공사업) 번거로운 개별 안건에 골머리를 앓았다.

또 공원관리에 대해서도 국립공원 관리사무소의 새로운 설치는 1974년 이후 인정되지 않았으며 10군데의 국립공원에 대해서는 국립공원 관리사무소가, 타 공원은 본청이 관할하는 국립공원 관리관이 주재하는 상황이 이어져 전 국립공원에 관리사무소를 설치한다는 계획을 어쩔 수 없이 재고하게 되었다.

이리하여 1979년에는 블럭제를 시행하는 것으로 방침을 선환하고 전 국립공원의 관리관을 10군데 국립공원 관리사무소의 지휘하에 두었다. 그리고 모든 국립공원의 인허가에 대해서 소장에게 일정의 전결권을 부여하는 등 체제정비를 시행하였다.

1987년 28번째 국립공원으로 지정된 구시로시츠겐(釧路濕原)은 생태계의 보전을 주 목적으로 한 새로운 유형의 공원이지만, 국립공원 지정이 가능하게 된 것은 람사조약1971년 2월 2일 이란의 람사(ramsa)에서 채택되었다. 정식명칭은 "물새 서식지로서 특히 국제적으로 중요한 습지에 관한 조약," 1980년 비준 등 국제적인 습지 보전의 흐름이 있었기 때문이다.

1980년대 말에는 이른바 리조트법이 제정되고 전국에 리조트 붐이 일어났다. 핵심부 이외의 구역에 대해서는 일정의 리조트 시설이 정비되었는데 이는 당시 국제적으로 부각된 현명한 이용주의(wise use : 자연환경을 다각적으로 현명하게 이용하자는 기업가 지향의 주장)와는 거리가 먼 것이었다.

1990년대

1990년대 들어 임야 행정과의 관계가 미묘하게 변해 갔다. 즉, 임야청은 국유임야 특별 회계 제도하에서 국유림을 경영해 왔다. 자연공원과의 관계를 말하자면 지정에 대해 업무제한(施業制限)이 가해짐으로써 지정 그 자체가 혹은 보호계획의 강화에 대해서 엄격한 자세를 취해 왔다.

그러나 1990년대에 들어서면서 국유임야 특별회계 적자가 거대화되어 재삼 정리해고를 강요당하게 되었다. 이리하여 '부문간 배전'(部門間配輾)이라는 형태로 매년 10명 정도가 임야청에서 환경청 직원으로 이동하여 국립공원 관리사무소에 배치되었다. 그 결과 총 정원법 틀 안에서 정원 증가는 지극히 제한되어 있음에도 불구하고 국립공원의 현직 관리직원은 거의 배로 증가했으며 임야청과의 관계도 호전되어 협력관계가 깊어졌다.

그 이후에도 국유임야 특별회계제도 적자는 비대화되었으며 파탄이 확실시되고 있다. 여러 가지 문제제기로 인해 실현되지는 않았지만 특별회계 제도의 개정, 원생림과 자연공원 내의 천연림 관리가 환경청으로 이관되는 문제 등이 검토되었다. 언젠가는 재연될 것이 확실하며 나아가 미국의 영조물제(營造物制)에 한 걸음 다가선 새로운 유형의 국립공원이 탄생할 가능성이 있다.

또한 자연공원 행정을 담당해 오던 국립공원 관리사무소는 국립공원, 야생생물 사무소로 개칭(1994년)되었고 2000년에는 자연보호 사무소로 바뀌어 일부의 조수보호, 야생생물사무(국가가 설정한 조수보호구의 관리와 워싱턴조약, 국내법 관련 등)와 자연환경 보전법의 지정지구, 종(種)의 보존법(1993년)에 따른 생식지 등 보호구의 관리도 분담하는 등 자연공원 이외의 사무도 담당하게 되었다.

한편, 이 시기에 지방자치체와의 '서로 도움을 주고받는 관계'가 크게 바뀌게 되었다. 지방분권이 중요한 정치과제가 되고 지방분권법이 제정되면서 자연공원 관리도 크게 바뀌지 않을 수 없었다. 그때까지 기관 위임업무로서 국립공원 내의 가벼운 안건에 대한 허가 등은 지사가 처리했으며 환경청 권한의 인허가 사항에 대해서도 지사의 의견을 묻고 환경청 직할사업도 공사시공을 지사에게 위임하는 등, 국립공원은 정부가 관리한다는 원칙에도 불구하고 실제적으로는 도도부현의 자연공원 담당과와 일체가 되어 관리하고 있었다. 또 국정공원의 관리는 지사의 전관사항임에도 불구하고 일정 규모 이상의 인허가 행위는 통지하여 환경청과의 사전협의를 의무화해 왔지만, 2000년에 이르러서는 기본적으로 국립공원은 환경청이, 국정공원은 현이 관리함으로써 현지사에게 위임하기로 되어 있던 시행규제도 폐지했다. 환경청 직할 사업도 자연보호 야생생물 사무소에서 집행할 수 있게 되었다. 또 허가시의 가이드 라인이었던 '심사지침'[국장통지(局長通知)]도 시행규칙으로 정해지는 등 당시의 편의주의적인 관리에 단호한 처분을 내리게 되었다.

마지막으로 자연공원의 시설정비사업에 대해서 언급해 보고자 한다. 보도, 주차장, 방문자 센터 등 이용시설이 정비비용과 정비비 보소금은 환경청 창설 이후 지속적으로 증가하는 추세였다. 장거리 자연 보도, 도도부현립 자연공원 시설에 대한 보조 등, 국립·국성공원 이외의 부분으로도 진출이 가능해졌고 특히, 1990년대 시설 정비비는 비약적인 증가를 나타냈다. 그 이유로 첫째, 우루과이라운드 등에서 내수 확대를 위해 공공투자의 증가를 국제적으로 약속한 것, 둘째, 거품경제 붕괴 이후 경기 대책으로서 추가예산이 흥청망청 뿌려진 점 등을 들 수 있다. 결국 자연공원 등 시설정비 사업은 재정법상에서 '공공사업'으로 인정되어 '녹색 다이아몬드사업' 환경박물관(eco-museum)이라는 이전에는 생각할 수 없었던 대형 겉보기식 행정이 속출하기에 이르렀다. 한편, 그 이외의 사업에 대해서는 예산 증가가 거의 없는 등 그 차이가 한층 더 확대되었다.

마지막으로 1990년대 들어 개별 안건의 인허가를 둘러싼 정치가의 개입이 현저하게 줄어듦에 따라 정치권의 눈치를 살피지 않게 되었다는 점을 언급해 두고자 한다. 자민당 단독정권의 붕괴와 정보공개의 흐름, 사회 전체의 환경지향으로의 변화가 그 배경이었을 것이다.

2. 자연환경보전법 행정

환경청 설립 이후인 1972년 자연환경보전법이 제정되었다. 그 법은 전반이 기본법, 이념법이고 후반에서 실체법으로 새로운 보호지역 시스템을 창설했다. 덧붙여 말하자면 한국에서 이 법에 대응하는 환경보전법이 제정된 것은 1977년으로 1991년 현재의 자연환경보전법이 되었다.

자연환경보전법으로 환경청이 단순히 개개의 보호지역뿐만 아니라 이념적으로는 자연보호 전체의 책임관청이라는 점이 명확히 제시되었다. 그러나 그것은 어디까지나 이념적인 것으로, 개별적이고 구체적인 국토 전체의 자연보호에 관한 권원(權原)은 가질 수 없었다.

또한 이 법에서 자연환경 보전 기초조사, 약칭 '녹색 국세조사' 시행이 처음으로 규정되었으며 이후 자연공원이라는 틀 밖에서도 자연환경 조사와 평가를 행할 수 있게 되었다.

위와 같이 자연공원 정책과 마찬가지로 자연보호 정책의 영역에서도 환경청 창설 이후 수년 안에 몇몇의 중요한 발전, 혹은 발전을 위한 제도상의 조건이 만들어졌지만 이것이 완전한 기능을 했는지가 이후 시험대에 오르게 될 것이다.

1) 자연환경보전법에 의한 보호지역

시작과 시스템

새로운 보호지역 시스템으로 원생(原生)자연환경 보전지역, 자연환경 보전지역, 도도부현 자연환경 보전지역이라는 3종류의 보전지역제도가 창설되었다. 각각 보전계획에 근거한 특별지구로 서브 존을 가지는 등 자연공원법 3종의 자연공원과 평행하는 지정과 관리 제도이다. 이 3종의 보전지역과 3종의 자연공원을 규제의 강약으로 비교하자면, 국유지로밖에 지정할 수 없는 원생자연환경 보전지역은 자연공원 특별 보호지역보다 매우 엄격한 규제 하에 있지만, 타 두 지역의 특별지구, 보통지구는 자연공원의 제2, 3종 특별 지역 및 보통지역과 각각 동등한 정도의 규제에 지나지 않는다.

이 제도의 목적은 자연공원이 자연 풍경지의 보호와 그 이용을 주장하고 있는 것에 대해 풍경에 주목하지 않고 '뛰어난 자연환경'에 역점을 둠과 동 시에 자연공원 이용이 자주 자연파괴로 이어진 점을 반성하여 (공중)이용 추진을 주장하고 있지는 않다.

그러나 토지의 소유·관리권이 없는 지역제 시스템이므로 이것이 공중이 용 그 자체를 거부한다는 것을 의미하지 않는다. 원생자연환경 보전지역을 제외하면 일반 이용시설 그 자체의 설치도 가능하지만 그 정비에 대해 정부 가 조성조치를 취하지 않는다는 것을 의미하고 있음에 지나지 않는다.

또한 국토이용 계획법이 1974년에 제정되어 국토청이 소관하게 되었지 만 이 법에서 정한 토지이용 기본계획에는 전국을 5개의 이용구분, 즉 도시 지역, 농업지역, 삼림지역, 자연공원지역, 자연보전지역으로 구분되었다(중 복은 인정된다). 이 중 자연공원지역은 자연공원법에서 말하는 자연공원, 자 연보전지역은 자연환경 보전법에 따른 3종류의 보전지역에 대응하는 것이 므로 당초, 민유지를 포함해서 상당히 광범위한 지정을 기대하고 있었던 것 으로 생각된다.

1980년대 중반부터의 지역지정 정체

이 법에 따른 3종류의 보전지역 지정은 초기에는 순조롭게 진행되었지 만 1980년대 들어 진전을 보지 못한 채, 국토 면적이 차지하는 비율은 미미 한 부분에서 멈추었다.

자연환경보전법에 따른 3지역 가운데 원생자연환경 보전지역은 지역 자 연환경의 완전보존을 목적으로 한 것으로 처음부터 광대한 면적을 지정하겠 다는 의도는 없었다. 또 다른 두 지역은 자연공원과 마찬가지로 민유지까지도 포함한 광대한 지역이 어느 정도의 보호를 목적으로 한 보호지역임에도 불구하고 자연환경 보전지역에 대해 말하자면 지정할 수 있었던 지역은 자연공원에 비해 지극히 면적이 좁고 그 총계가 국토면적에서 차지하는 비율은 소수점 이하이다. 또 자연환경 보전지역은 거의 전부가 국유림이며, 특별지역 또는 해중(海中)특별지구로 되어 있으며 완충지역(buffer zone)으로서의 보통지구는 전무하다.

도도부현 자연환경 보전지역은 지정은 했으나 보전계획이 책정되지 않은 곳이 많다. 그 결과 보통지구가 넓고 민유지도 상당히 존재하여 사실상 규제를 받지 않고 있는 것이나 마찬가지다. 특별지구가 지정된 도도부현 자연환경 보전지역은 면적도 좁아 말 그대로 점적으로 산재할 뿐이다.

자연환경 보전지역과 도도부현 자연환경 보전지역은 앞에서 서술한 것처럼 특별지구이지만 규제 자체가 그다지 엄격하지 않음에도 불구하고 자연공원에 비해 지정면적이 현저하게 좁은 이유는, 자연공원 같이 공중이용의 추진이라는 요인(factor)이 없어 지역진흥이라는 반대급부를 기대할 수 없으며, 따라서 그 지역에서 지정 요청이 거의 없다는 점, 그로 인해 토지 소유자와 토지를 소관하고 있는 기관의 협력을 얻기 힘든 점 등을 들 수 있다. 사실, 당초 국유림 내의 적격지 지정에 어느 정도 협조적이었던 임야청도 이 시기 후반 이후 그러한 적격지도 장래의 사업예정지라든가 스스로 보호림으로써 내부조치로 보전하겠다는 이유를 들어 거부 자세를 취했다.

자연공원의 구역 내에는 원생자연환경 보전지역이나 자연환경 보전지역이라고 하는 편이 더 어울리는 지역이 많이 포함되어 있어, 당초에는 그러한 편성을 바꾸는 일도 검토된 것 같지만 위와 같은 이유로 해당 지역의 동의를 얻어 낼 가능성이 희박한 것으로 보고 단념할 수밖에 없었던 것 같다.

이로 인해 자연환경 보전지역에서 지금까지 지정된 지역은 법적인 규제가 미약함에도 불구하고 개발계획이나 허가신청이 거의 없으며, 지정 후에 토지를 소관하고 있는 기관과 토지 소유자와의 사이에 불화는 전혀 없다.

따라서 의도했던 것보다 보존적 자연이라는 색채가 강해지고 이런 실적이 '자연환경 보전지역=엄격한 자연보호'라는 이미지를 부여해 새로운 대폭적인 지정에 제동을 가했다고 생각된다.

그러나 1990년대에 들어 상황이 바뀌었다. 시라카미산지(白神山地)의 세이슈 목재반출로(靑秋林道) 반대운동이 해당 지역을 중심으로 크게 확산되는 한편, 전반적인 환경붐이 다시 일어나기 시작한 가운데, 1992년 시라카미산지가 세계 최대의 부나(너도 밤나무라고 하는 식물의 명칭) 원생림으로 세계유산에 등록되자 예외적으로 대규모 환경 보전지역으로 지정되었다. 여기에서 앞에서도 서술한대로 적자에 허덕이는 임야청 자체의 자세 전환을 엿볼 수 있다.

앞절과 본절에서 서술한대로 환경청은 스스로 소관하는 보호지역을 강화함으로써, '뛰어난 자연'을 보전하는 데 일정한 발전과 효과를 가져왔지만, 도시화 바람으로 도시 주변 자연의 보호와 보전에는 거의 기여할 수 없었다. 건설성의 소관으로 도시계획지역 안에 포힘되지 못했기 때문만은 아니다. 1973년 도시주변의 양호한 자연을 보존하기 위해 건설성 소관의 도시녹지보전법이 제정되었다. 이것도 나른 보호지역과 다름없이 지역제의 '도시녹지 보전지구'를 지정하려는 것이었지만 거의 지정하지 못했다. 지가는 끝없이 오르고 공공사업이 도시주변의 하천과 해안을 변화시키는 가운데 지역제로는 어쩔 도리가 없었던 것이다.

더구나 1970년대 자치체에서 자연보호조례를 제정하는 곳이 속출하고 독자적인 지역지정제도(예를 들면 '녹지환경 보전지역')를 만든 예도 많았으나 선전효과는 제쳐두고 실제로 어느 정도의 개발억제 효과가 있었는지 의문이 남는다.

2) 기타 자연환경보전법 행정

자연보호 전반에 걸친 소관은 환경청에 있지만 이것은 다시 말해 이념일 뿐이며, 국토 전반을 대상으로 한 자연환경 보전 기본지침(1973년)도 구체적 권한을 환경청이 가지는 것이 아니라, 타 성청(省廳)의 보호지역 시스템 지정관리와 이른바 백지지역(白地地域) 내의 개발에 대한 자연보호 관점에서 입지규제를 위해서는 국무회의(閣議) 평가(assessment)에 즈음한 지극히 제한된 관여를 제외하고는 거의 권한을 행사할 수 없었다.

그러나 자연환경 보전 기초조사가 1973년부터 전면적으로 전개되어 점차 조사결과가 공표되었다. 이것 자체가 직접적인 행정효과를 낳은 것은 아니지만 백지지역의 대규모 개발 반대운동에 대한 정보를 제공하여 운동이 활발해짐으로써, 개발이 어느 정도 스스로 억제되는 효과를 가져왔다. 즉, 타격효과(body blow)를 서서히 발휘하기 시작했다고 평가할 수 있을 것이다. 그리고 1990년대 들어 공공사업에 대한 비판의 물결 속에서 평가를 통해서 백지지역에 대한 개입을 강화시켜 나갔지만 이 문제에 대해서는 다른 단락에서 논하기로 하겠다.

또한 1990년대 들어 '생물다양성'이라는 개념이 국제적인 자연보호정책의 열쇠가 되었고 이에 따라 1993년에는 생물다양성 조약을 비준하고 1995년에는 '생물다양성 국가전략'이 국무회의에서 결정되었다. 이 자체는 각 성청의 기존 자연보호 관련 시책을 정리한 것에 지나지 않지만 역시 앞으로 타격효과를 발휘하게 될 것이다. 같은 시기에 '종(種)의 보존법'도 제정되어 자연보호국 전체가 자연공원의 틀에서 벗어나려는 움직임에 박차가 가해졌다.

III. 공해·환경관리 행정의 전개

여기에서는 자연보호국 이외의 환경청 행정 중에서 공해부국(대기보전국, 수질보전국)의 대기·수질보전정책영역(전형적인 7가지 공해 중 대기, 수질에 한정) 및 기획조정국 행정안이 청 내의 타부국과의 횡단적·통합적 관계가 깊은 정책영역(임시로 환경관리행정이라 칭해 둔다. 환경평가 등도 포함된다)에 한정해 그 흐름을 대략 살펴보겠다.

1. 전사(前史) : 공해정책의 정착·안정기까지

산업공해를 지표로 한 공해정책의 정착·안정기에 대해서는 많은 선행연구가 있었지만, 1975년 무렵까지의 기본적인 흐름만을 필자 나름대로 정리해 보면 다음과 같다.

① 전후부흥 시기 전쟁 전부터 있었던 대형 공장과 공장지대의 산업공해
② 고도경제 성장기의 콤비나트(Kombinat) 공해 등 산업공해의 전국화, 광역화
③ 산업공해 반대운동의 격화와 그것에 대응한 지방자치체의 공해정책 전개
④ 공해대책 기본법의 설치, 공해국회, 환경청 설치와 공해대책의 비약적인 발전과 체제정비, 진 자치체에서 공해방지조례와 공해과 설치
⑤ 격렬한 산업공해의 진정화

그러나 지역마다 상당한 지체현상(time lag)이 있다는 것도 놓칠 수 없다. 예를 들면 공해대책 선진지, 또는 공해오염의 핵심지역인 오사카부(府)의 경우 공해과 설치는 1961년이었지만, 가고시마현(鹿兒島縣)의 공해대책실 설치는 1970년으로 약 10년이라는 차이가 있다.

또한 1964년에는 누마즈(沼津), 미시마(三島)에서의 기업결합 반대운동이 일어나 어쩔 수 없이 진출을 단념하는 한편, 1970년대 후반에 들어서도 '무츠오가와라'(むつ小川原)와 '시부시'(志布志)에서는 지역을 양분하는 대규모 반대운동을 동반하면서 콤비나트 건설 움직임이 일었다.

더구나 각종 공해관련 법률이 제정되던 시기부터 산업공해의 침체화시기까지 시행된 환경관리 정책 행정의 예를 들어 보자면 다음과 같다. 우선 공해방지 계획제도가 만들어지고 이어서 1970년의 미국 국가환경정책법(NEPA: National Environmental Policy Act)을 모방한 평가법 제정에 총력

을 기울였다. 그러나 산업계의 강한 반발에 부딪쳐 법안 내용은 어쩔 수 없이 후퇴를 거듭하여 결국 법제화는 묻혀 버리고 대신 1974년 이른바 국무회의 평가가 제도화되었다. 화학물질 대책으로 몇 개의 물질에 대해서 공해부국에서 출구대응(환경기준의 설정과 배출규제)을 행하는 것과 함께 상류대책으로서 "화학물질의 사용 및 제조 등의 규제에 관한 법률"이라는 이른바 화심법(化審法)도 제정(1973년)되었지만, 여기에서도 환경청은 부분적으로만 개입했을 뿐이다. 또한 주로 후생성이 소관하는 폐기물 행정에 대해서는 종래의 청소법으로 대신하고, 폐기물 처리법이 제정되어(1970년) 현행 시스템이 거의 정착되었다. 한편, 지방자치체에서는 환경청 창설까지 모든 도도부현에서 공해과가 설치되었을 뿐만 아니라 자연보호와 폐기물 업무를 병합한 환경부국이 탄생했다는 것도 기억해 두었으면 한다.

2. 1975년 이후 1980년대 : '환경청(環境廳) 혹한기(冬)' 또는 자복기(雌伏期)

환경청 제정 전후 수년간 극적인 규제강화를 수행하여 산업공해가 줄어들었으나 한편, 오일 쇼크(1973년)가 일어나면서 환경열기는 급속히 식었다. 평가법 제정의 좌절이 그 지표였다고 말할 수 있다.

이후 환경청 불필요론까지 운운되는 가운데 그 시비는 별도로 하고 질소산화물(NO^2)의 환경기준 완화(1978년)와 공해건강피해자법 제1종 지정지역 해제(1987년)라는 부정적인 환경정책이 취해졌다. 이러한 1990년경까지를 일반적으로 '환경 행정 혹한기', 혹은 침체기로 부른다.

좁은 의미의 공해 행정에 대해서 말하자면 여전히 각종 전선(戰線)에서 국지전이 전개되어 어느 정도의 발전을 이루었지만, 전체적으로 산업공해가 줄어듦에 따라 이제는 매번 신규 물질의 환경기준을 제정한다든지 신규 규제를 행하거나 하는 일이 불가능해졌다.

도시생활형 공해가 문제시되어도 폐수의 사후처리대책(end of pipe)이라는 방법으로는 행정대응이 곤란했다. 생활배수대책을 내건 수질오독(汚

獨)방지법이 개정되었지만 효과는 퍼포먼스의 범위를 넘지 못했다.

공해부국이 조직으로서 유지, 발전하려면 끊임없는 규제기준 강화와 신규 규제를 목표로 하지 않을 수 없지만, 이것이 곤란한 경우 규제의 필요성을 선전하고 이를 위한 조사를 실시해서 결국 규제는 하지 못하면서 또 다른 조사를 행하는 부당한 이익추구의 방식(매치 펌프형: match 와 pomp를 합쳐 만든 일본식의 말)이나, 조사를 위한 조사도 여기저기서 나타나게 되었다. 한편, 개별 물질의 신규 규제를 대신하여 보다 완화된 보급계발[예를 들면 『명수백선(名水百選) 1985년』; 환경청이 선정한 각현(各縣)의 명수(名水)를 소개한 책]과 청사진 제시 등의 비규제적인, 이른바 환경 관리적 방법이 모색되기 시작한 것도 무시할 수 없는 사실이다. 그것이 1990년대 들어 전면적으로 전개되는 기조를 형성했고 이러한 의미에서 이 시기를 '공해·환경관리 행정 잠복기'로 부르는 것은 타당할 것이다.

세토나이카이(瀬戸內海) 환경 보전 특별조치법에 따른 세토나이카이 환경 보전 계획(1978년), 고쇼(湖沼) 수질보전 특별조치법 제정(1984년)과 이에 따른 고쇼 수질보전 계획 제도라는 환경관리 계획적인 접근을 들 수 있고, 대기보전에서는 탄화수소 대책으로의 발생원 목록작성(inventory, 1980년)이 어떤 의미에서 너무 빠른 PRTR(환경을 오염시키는 화학물질이 어디에서 어느 정도 배출되는지의 정보를 등록, 공개하고 감시하는 시스템으로 일본에서 1999년 특정화학물질 배수량 파악·관리 촉진법 성립)이었다.

좁은 의미의 환경관리 행정을 소관하는 기획조정국에서 주전장(主戰場)은 환경평가의 법제화였다. 그러나 평가법 제정이 좌절되면서 국무회의 평가제도도 종결될 수밖에 없었다. 그러나 지방자치체에서는 가와사키시(川崎市)의 평가조례(1978년)를 시작으로 평가조례, 평가요강이 상당 수의 도도부현에서 차례대로 제정되면서 국무회의 평가를 보완했다. 이것들은 자주 비난을 받게 되었으나 평가 결과 개발계획 그 자체가 단념되었거나 어쩔 수 없이 크게 변경한 사례는 없다(이 점에 대해서는 뒤에서 설명하기로 한다). 그러나 앞에서 서술한 것처럼 자연환경 보전 기초조사가 개발계획에 유형무형의 영향을 미친 것은 사실이며 이러한 의미에서 자연보호 행정과의 연대는 기초조사를 통해서 진행되었다고 할 수 있다.

또한 기획조정국 입장에서도 자연환경 보존 기초조사에 대한 정책을 끊임없이 발표하지 않을 수 없었다. 쾌적한 설비와 환경관리 계획, 지구환경문제 등 계속해서 보고서를 발표했다. 많은 환경관련 국제조약이 체결되고 국제회의가 개최되기 시작한 것도 이 시기이며, 지구 온난화와 오존층 파괴라는 지구환경문제가 자주 화제가 된 것도 이 시기 후반쯤이지만, 사회문제화가 크게 되고 직접적인 정책효과를 낳으려면 이 또한 시간과 타이밍이 필요했다. 또 이 때부터 화학물질문제가 자주 이슈가 되었다. 한편으로는 측정기술이 발달하고 다양한 소량의 화학 물질이 일반 환경과 생물체 내에서 속속 검출되기 시작했다. 어느 수준의 화학물질이 건강에 영향을 끼치는가가 확실하지 않을 경우에는 계속 감시(원문에서 말하는 모니터링이란 모니터링 시스템을 일컫는다—역주)를 했다. 나아가 이런 화학물질에 대한 멀티 미디어, 크로스 미디어 접근 문제의식도 행정부 내에서 시작됐지만 구체적인 시행은 더욱 더 시기 상조였다.

이런 문제가 전면적으로 부각된 것은 1990년대 들어서 다이옥신 때문이며 그 해결의 실마리도 이 시기에 있었다[고치(高知)의 폐기물 소각장의 재(fly ash)에서 나온 다이옥신 검출과 잠정적인 행정대응].

이 시기의 마지막 해인 1989년 구소련의 체르노빌 원자력 발전소에서 방사능 누출 사건이 발생했다. 이것은 소련 붕괴의 한 원인이 되었을 뿐만 아니라 유럽에서 환경에 대한 열기가 고조되고 수년 후 유럽이 환경문제에 대해 세계에서 가장 선진국이 되는 밑거름이 되었다

3. 1990년대의 급전개

체르노빌사고를 계기로 환경에 대한 유럽의 관심이 높아졌다. 또한, 미국에서도 지구 온난화 문제가 정치 문제화되었다. 열대 우림의 파괴와 개발

도상국의 급속한 도시화에 따른 환경 악화 등에도 눈을 돌리기 시작해, 1992년 기후변동 기본조약 채택과, 같은 해 리우데자네이루(1992년 브라질)에서 개최된 국제환경 개발회의에서 '환경지향'은 본격적으로 높아졌다. 다음해인 1993년에는 공해대책 기본법이 폐지되고 환경기본법이 제정되었으며 조직의 정비로서는 지구환경부가 탄생했다. 프레온가스 규제법, 지구 온난화법 등 지구환경·국제대응도 이 시기 빠른 속도로 실행되었다.

또한 화학물질대책도 본격화됐다. 공해부국은 이른바 미량유해물질(예를 들면, 트리클린 등의 세 가지 물질)을 대상으로 환경기준을 추가하거나 잠정기준을 만들어 감시를 강화하는 등 개별법에 의한 여러 가지 규제를 강화 시행했다. 이러한 가운데 공해부국간의 연대가 강해져 이른바 멀티미디어 접근의 시대를 맞았다고 할 수 있다.

수질보전 영역에서는 해상지역의 질소 및 인(N, P)의 환경기준과 배출기준이 정해졌다(1993년).

1980년대부터 문제가 제기되었으나 산업계의 저항으로 실현되지 못하다가 타협을 통해 드디어 햇빛을 보게 되있나. 사회 전체의 환경지향이 그 이상의 저항을 허락하지 않았던 것이다.

1997년 환경청의 염원이었던 환경 평가법이 제정되었다. 법 제정 전후부터 공공사업에 대한 비판이 전국 각지에서 동시 다발적으로 일어났다.

또한, 같은 해 대기 중 벤젠에 대한 환경기준이 제정되고 발생원 규제도 실행에 옮겨졌다. 이것은 발암(發癌)에 주목하여 적당한 기준이 아닌 정확한 위험 평가에 근거해서 정한 첫 사례이다.

또 사회 문제화된 다이옥신에 대해서는 1999년 의원입법에서 특별입법화에 근거한 환경기준이 제정되고 다양한 대책이 세워졌다. 그 외에도 화학물질 대책으로는 1999년 PRTR법(환경으로 배출되는 특정화학 물질의 양의 파악 및 관리 촉진에 관한 법률)이 성립된 것도 빼 놓을 수 없다.

또한 1990년대 중반부터는 ISO14001의 인정 취득 등 사회 전체가 환경지향을 강화해 가는 가운데 2000년 "순환형 사회형성 추진 기본법"(이하

"순환기본법"이라 약칭함)이 성립됐다. 이러한 가운데 주목할 것은 환경붐 기류 속에 타 성청과의 대응이다.

폐기물 행정(후생성)은 쓰레기 감량·자원 재활용 지향이 강해졌다. 이런 가운데 드디어 1991년 폐기물 발생 억제 자체를 목적으로 하는 폐기물 처리법의 개정이 실행되었고, 동시에 재이용 촉진을 도모하는 재활용 촉진법(통산성)도 제정되었다. 이후에도 폐기물 처리법 개정이 여러 차례에 걸쳐 행해졌으며 또한 용기포장 재활용법, 가전용품 재활용법이 제정되어 2000년에는 순환기본법과 동시에 식품 재활용법(농수성), 건설폐기물 재활용법(건설성)의 제정, 정화조법(후생성)이 개정되는 등 환경관련 중요한 법제도의 성립과 개정이 이어졌다.

나아가 1990년대 후반에는 하천법과 해안법도 개정되어 목적규정에 환경 보전이 더해지는 등, 각 성의 환경지향도 현저해졌다. 단순한 법제도뿐이 아닌 사업에서도 환경지향이 강해졌다. 하수도와 합병처리 정화조의 보조금이 크게 늘어 해안공사와 하천공사에도 자연친화형 공법이 채용되었으며 인공간석지가 조성, 시행되는 등 오늘날도 환경붐은 더욱 더 지속되고 있다.

이러한 가운데 폐기물 행정을 염두에 둔 환경성이 2001년 발족했다. 이와 같이 연도별로 살펴본 다양한 움직임을 몇 개의 키워드를 통해서 재정리해 보기로 하자.

IV. 환경정책간 관련을 둘러싼 고찰

상술한 내용은 부족한 감은 있지만 필자 나름대로의 환경청부국별 행정의 작은 역사라고 할 수 있다. 그러나 정책은 성청부국(省廳部局)의 틀을 넘어 그 자체 내적 논리를 가지며 다른 정책에 영향을 주고 새로운 출현을 재촉한다. 이 절에서는 관점을 바꾸어 관련된 몇몇 흐름에 대해 사적인 견해를 제시하기로 한다.

1. 환경청 행정의 인적·조직적 측면

환경청 행정 전개를 보는 가운데 인적·조직적 측면에서 언급할 수 있는 것은 많지 않지만 기본적으로는 무시할 수 없다.

자연보호국은 후생성 국립공원부를 주체로 임야청의 조수보호, 수렵행정을 통합한 것이다. 후생성의 조원직기관(造園職技官) 및 공원, 이른바 일반 사무관은 그대로 환경청으로 이적했지만 조수보호, 수렵행정은 임야청에서 파견해 온 직원들 중심으로 환경청으로 이적한 직원은 거의 없었다.

대기보전국, 수질보전국 기술 직원은 후생성 공해부 기관을 중심으로 충원되었으나, 이적이 아닌 후생성 수도환경부에서 파견시키는 형태를 취했다. 그러나 사실상 이적에 가까운 직원도 많았다. 또한 이들만으로 부족하여 타 성청에서 자리를 옮겨온 사람도 많이 받아들여졌다. 특히, 대기보전국에서는 자동차 공해과와 수질보전국에서는 토양 농약과가 각각 운수성과 농림성(이후 농수성)으로 이동했다.

기획조정국에서 주도권을 잡은 것은 후생성을 시작으로 한 각성에서 옮서온 상납 사무관들이었다.

또한 환경청 자체에서도 매년 상급직(현1종) 직원을 10명 정도 채용하기 시작했다. 법률 등의 전문 사무직, 기술직의 조원직, 물리·화학직 등이다. 이러한 신규 채용 직원은 직종을 넘어 연대하는 것이 가능했다(이는 일찍이 후생성 시대에는 생각할 수도 없었던 것이었다). 각국간의 인사교류도 활발해졌다. 이러한 일들은 서로에게 자극을 주었을 것이다. 또 이른바 일반 사무관, 기관(技官)도 채용되기 시작했다.

일반 공무원의 사명감은 스스로 조직의 권한과 예산의 확대를 위해 일한다. 환경청 초창기를 지나 그 이후의 정체기에 이것이 각국에서는 어떤 형태로 모색되었는지를 개괄해 둔다.

자연보호국에서는 지역지정 행정, 즉 자연공원 등의 지역지정과 관리가 중심이었으나 장래 발전방향을 둘러싸고 두 가지의 지향이 나타났다. 그 중 하나는 이 지역지정의 틀에서 어떻게 벗어나 일본 전국에서 행정을 펼 수 있을까하는 것이며 다른 하나는 지역지정의 틀에서 어떻게 주체적인 행정을 이룰 수 있을까, 다시 말하면 이상적인 국립공원을 만들고 싶다는 미국형의 영조물 공원화(營造物公園化)에 대한 바램이었다.

대기보전국, 수질보전국에서는 개별물질의 규제가 당초의 중심과제였으나 산업공해의 침체화와 도시생활형 공해의 전면화는 이러한 규제를 곤란하게 했다. 그 가운데 비규제적인 비전 제시 등의 환경관리적인 방법을 모색해야 했다.

기획조정국에서는 환경 행정 전반적인 지위역할 향상, 다시 말해 환경 보전형 사회의 구축이나 환경과 경제의 통합이라는 이상적인 대책을 추구해왔다. 그 계기가 환경평가의 법제화였다고 할 수 있을 것이다.

이러한 것들이 현실성 있는 과제가 된 것은 위에서 본 것처럼 1990년대였다.

환경이 현실성 있는 과제가 된 이유 중의 하나는 국제적인 압력이며 지구환경 문제의 현재화(顯在化)였다. 국내적으로는 폐기물 최종 처분장의 부족과 화학물질 문제, 특히 다이옥신 문제에서 파생한 순환지향이다. 나아가 거품경제 이후의 반(反)공공사업의 흐름이었다. 여기에서는 후자의 경우를 고찰한다. 이러한 상황은 각 성(省)의 행정에도 환경지향을 갖도록 강요하는 것이었으며, 한편으로는 지방분권의 흐름이 지방자치체의 환경 행정에도 큰 영향을 미쳤는데 이러한 것들에 대해서도 논하고자 한다.

2. 순환형 사회로의 흐름과 다이옥신 파동

1993년 환경 기준법의 키워드 중 하나는 '순환'이다. 그리고 2000년에는 순환기준법이 제정되었다. 이 기간의 상황과 환경청 행정 관계를 살펴보기로 하자.

고도 경제성장을 뒷받침한 것은 대량생산과 대량소비의 흐름이었다. 그러나 이것은 대량폐기라는 결과를 가져왔다. 폐기물 행정은 이러한 흐름에서 최하위에 위치하며 적절한 처리를 하기 위한 것이다. 그렇지만 이를 위해서는 최종처리장을 확보해야 하나, 1980년대를 거치면서 최종 처리장이 상당 부분 부족한 것으로 드러났다.

처리장 연명(延命) 대책으로 1980년대에는 중간처리(소각처리)가 일반적이었으나 이와 동시에 공해대책도 고도화되어 처리 곤란한 폐기물이 증가하는 가운데 폐기물 대책은 시군읍의 재정을 압박했다. 이러한 쓰레기 소각장과 최종 처리장은 보통 쓰레기의 최대 발생지(시가지)를 피해서 취급되었으며 소각장이나 최종 처리장 건설 예정지 주변 주민의 경우, 이를 도시의 커다란 문제를 강제로 떠안는 것으로 받아들여 반대운동이 활발하게 벌어졌다.

일반 폐기물의 최종 처리장의 잔여 수명은 8년 정도라고 한다(8년 후에 기능이 정지되는 것은 아니며, 새로운 최종처리장 용지를 확보한다면 연장이 가능하다).

결국, 시군읍의 반대로 유상으로 부상해주는 등 비용이 좀더 들더라도 쓰레기 감량화, 자원화에 진심으로 힘쓰지 않으면 안 된다.

쓰레기 감량을 위한 쓰레기 유상화도 홋카이도(北海道) 다데시(伊達市)를 시작으로 여기저기서 나타났다. 그리고 쓰레기 감량을 위한 법 규정에는 없는 확대 생산자 책임, 이른바 최종 소비자가 시군읍민이어도 그 처리책임은 시군읍이 아닌, 쓰레기가 된 상품의 생산자가 져야 한다는 인식이 자치체에서도 제기되었다. 이러한 성원에 1995년 용기포장 리사이클(recycle)법이 제정되었다. 그러나 산업계의 강한 반대로 인해 이 법의 확대와 생산자의 책임이라는 면은 불충분하게 되었다.

특히 페트병 취급방법(회수, 운반은 시군읍의 책임)에 대해 자치체 측에서 불만을 터뜨렸다.

산업폐기물도 쓰레기(일반 폐기물)와 같이 최종 처리장 문제가 매우 심각한 상황이었다. 산업폐기물의 처리책임이 배출사업자에 있다고는 하지만 실제로 1980년대에는 산업폐기물 처리업자에게 책임을 전가하는 것을 용인해 왔던 것이다. 이러한 가운데 시장원리는 부정적으로 작용하여 악질 산업폐기물 업자에 의한 불법 투기가 끊이지 않았으며, 산업폐기물 처분에 대한 불신과 분노가 1990년대에 들어서 폭발했다. 처리 책임과 지도 권한도 갖지 않는 시군읍이 주민과 하나가 되어 반대운동을 전개했으며, 각지에서는 산업폐기물 처분장을 둘러싸고 주민투표가 잇따라 실시되었다.

후생성은 주민을 설득하기 위해 산업폐기물 처리장의 제3섹터화를 가능하게 한(1991년), 분쇄된 쓰레기 처분장을 안정형에서 관리형으로 바꾸고 (1995년), 최종처리장의 환경평가와, 주민에 대한 시군읍장의 설명을 의무화함과 더불어 전 산업폐기물에 격문(manifesto)을 적용시키며(1997년), 블랙박스에 있는 산업폐기물 처분을 적정하게 하여 순조롭게 진행되도록 잇따라 대책을 만들었으나, 이것 역시 산업폐기물은 무섭고 위험하다는 인식만 심어주는 결과로 끝났다.

그 결과 각종 리사이클 법제의 제정과 연결되었으며 생산과 소비를 다시 생각해 보지 않으면 안 된다는 의식을 광범위하게 확산시켰다. 이러한 움직임을 결정적으로 가속화시킨 계기는 '다이옥신 파동'이었다는 것이 필자의 가설이다. 측정기술이 발달하면서 이른바 미량 화학물질이 일반적인 환경에 존재하는 생체 내에서 검출되기 시작하면서, 미량 유해 화학물질에 대한 대책은 환경 정책의 커다란 문제가 되었다―수돗물의 트리할로메탄 (trihalomethan)과 트리크로에틴(trichloro ethylene) 등의 지하수 오염 등. 이 중에서도 1980년대 중반부터 시작된 폐기물 소각 시설의 다이옥신 파동은 1990년대 들어 본격화되었다.

필자의 생각으로는 다이옥신의 위험성은 다른 환경 오염물질과 비교했을 때 같거나 그 이하이다. 그렇지만 일반 대기 중의 다이옥신 농도는 20년간 계속해서 감소하고 있으므로 그렇게 큰 소동을 피울 필요는 없다고 본다. 이러한 의미에서 다이옥신을 이유로 쓰레기 소각장과 산업폐기물 처리장 건설을 반대하는 운동은 비합리적이며 정서적인 것이라고 필자는 해석한다.

그렇지만 다이옥신 파동으로 일반 폐기물의 중간 처리, 즉 쓰레기 소각장 신설에 대한 주변 주민의 반대 목소리는 커졌으며, 다이옥신 대책을 위한 비용도 실제보다 더 든 것처럼 보인다. 다이옥신 파동으로 주민의 반대가 극심해지면서 법의 요건을 충족시켜야 허가되며 현(縣)도 손쉽게 산업폐기물 처리장을 허가할 수 없게 되었다. 노세(能勢) 사건(1998년)과 도고로자와(所澤) 사건(1999년)을 계기로 다이옥신 파동이 가열되었으며, 나아가 환경호르몬 사건은 한층 더 매스컴의 주목을 받게 되었다. 산업폐기물 처분장의 허가 건수는 1999년까지는 매년 100건을 넘어섰지만 2000년에는 한자리 수 전후까지 격감되고 나아가 그 대부분이 자가처리장이라고 한다. 산업폐기물 최종처리장의 잔여 수명은 3년, 수도권에서는 겨우 1년이다.

정치·행정적으로는 국민들의 동요에 대응해야 했다. 쓰레기 소각장의 규제강화를 시작으로 다이옥신 규제가 본격화되었고, 후생성의 소각장 대형 집중화 방침과 문부성의 학교 소각장 자숙 통지 등의 우열(愚劣)한 방침이 나왔으나 이것만으로는 잠잠해지지 않아서 결국 정부는 다이옥신 관계 국무회의를 설치했다. 이 회의는 기본방침을 내걸고 처음으로 정량적인 쓰레기 감량화 목표를 세웠다. 또한 다이옥신 법의 의원 입법이 성립되는 등 다이옥신 규제가 점점 강화되었다.

이러한 상황은 찬반 논란 없이 산업폐기물 처리 비용의 상승을 가속화시켰다. 또 유럽수출을 위해 어쩔 수 없이 시작한 ISO14001 취득도 기업 실적에 이용되면서 너도나도 ISO 인증 취득에 나서 단순히 실적에 그치지 않고 실질적으로도 취득하지 않으면 안 되는 것으로 경쟁하게 되었다.

이처럼 다이옥신을 시작으로, 화학물질 문제에 대한 국민의 불안감이 높아지는 한편, 기업 기밀이라고 맹렬히 반대해 온 산업계에서도 환경보고서 등에 미규제 물질의 정보를 게시하게 되었으며 이것은 PRTR법 규정으로까지 이어졌다. 산업계에도 가격경쟁뿐만 아니라 제품의 환경경쟁에서도 이기지 않으면 살아남기 힘들게 되었다. 고가임에도 불구하고 최초의 저공해차(hybrid car)인 프리우스(PRIUS)의 판매가 순조로웠던 것도 이러한 상황을 잘 보여준다.

이러한 측면에서 보면, 설계 단계부터 산업폐기물 감소-재이용＝제로 에 미션(zero emission)과 재활용이 가능한 제품 만들기를 염두에 두지 않으면 안 되는 상황이 됐다는 것은 필연적이라고 할 수 있다. 이후의 LCA[제품의 탄생(자원 채굴)부터 죽음(폐기)까지의 전체 단계에서 얼마만큼의 자원과 에너지를 투입하고 환경에 부담을 주고 있는가를 종합적으로 평가하는 시스템]도 법적 권한을 얻게 될 것이다.

가전제품의 재활용법(1998년)은 미비한 부분이 많이 있으나(처리비를 소비자에게 부담시키는 것은 불법투기를 유발한다), 역(逆)유통 루트(root)를 알 수 있으므로 용기 포장 리사이클법보다 대량 생산자의 책임은 무거워졌다.

2000년에는 순환 기본법의 각종 리사이클법이 제정되어 현재에는 자동차 재활용법도 검토되고 있다.

이러한 가운데 폐기물 행정은 리사이클 행정과 일체화되고 또 화학물질 대책은 개별적인 공해부국에서 끝나는 것이 아니라 각국간의 연계를 강화하며 환경 관리 행정이 일체화되는 가운데 다이옥신을 매개로 후생성의 폐기물 행정과의 연계도 강화되었다. 그리고 2000년의 행정 개혁과정에서 환경성이 관여하게 되었다.

그렇지만 미시적으로 본다면 환경청은 각종 리사이클 법에 관해서는 환경청은 일관해서 관여를 할 수 없었다. 후생성과 각 성이 대립했을 때 환경청은 관여할 수 없었음에도 불구하고 최종적으로 환경 행정과 통합이 추진된 것은 논리적으로 적합성도 있었지만, 기술관이 환경청과의 '이중근무'였다는 것이 크게 영향을 끼쳤다고 말할 수 있다.

그리고 이러한 순환형 사회로의 변화를 결정짓게 한 것은 다이옥신 파동에 있다. 지금까지 쓰레기와 산업폐기물 처리장은 용지의 획득이 비교적 쉬운 농촌과 산촌, 교외로 무리하게 떠맡겨 왔으며 떠맡기게 된 측의 주민이 다이옥신을 계기로 반대운동을 일으켰다고 말할 수 있다.(이러한 구조는 에너지, 특히 원자력 발전소 설치를 둘러싼 상황과 유사하다).

폐기물 처리가 순조롭지 않으면 세상은 체한 것처럼 막히게 되며 처리비용이 증가하기 때문에 폐기물 감량화를 사회 자체가 이행하지 않으면 안 된다. 폐기물 문제에 대해서는 사후 관리개념인 EOP(End of Pipe)로는 이미 대응하기 어려워졌다. 기업의 입장에서는 산업폐기물 처리 가격이 낮으면 낮을수록 좋고, 값이 조금 높더라도 우량 산업폐기물 처리업자에게 위탁하려고 하므로 인센티브가 시장원리에서 전혀 작용되지 못함으로써, 이러한 불황에서는 거꾸로 벡터(vector)가 한층 강하게 작용된다. 그 결과 가격에 따라 필요한 절차를 생략하고 처리하는 악질업자가 기승을 부릴 것이다. 그러나 사회적 신용을 제일로 하는 기업으로서는 환경 중시를 염두에 두고 있는 이상 산업폐기물 배출 억제를 하지 않으면 안 된다고 생각한다.

같은 해 2000년에는 자동차 세제(稅制) 그린화(green)가 실시되었다. 지구 온난화와 관련하여 탄소세에 대해서도 적극적으로 검토가 시작되었으며 한편으로는 일부 지방자치체에서 산폐세가 검토되는 등, 순환형 사회로의 움직임이 점점 가속화되었다.

무엇보다도 현재의 순환형 사회로이 움직임은 순환 기준법의 이념에도 불구하고 대량생산과 대량소비가 고쳐지지 않았으며 단지 대량 재활용에만 멈추어져 있다. 이후 보디 디 좋은 대잭이 나올지가 의심스럽다.

3. 평가와 완화, 그리고 공공사업 비판의 출현

1) 완화(mitigation)

완화란 일반적으로 개발에 의한 환경영향의 완화 조치지만, 미국에서 생겨난 개념으로는 개발이 환경에 미치는 영향을 최소한으로 줄이기 위한 수단이며, 회피 → 절감 → 변상이라는 우선 순위로 검토가 이루어지고 있다.

일본에서도 보호지역 내의 개발에 대해서는 허가권을 배경으로 단념하도록 하며 규모를 축소하도록 하는 등, 용인되는 경우에도 수경재배(修景栽培)와 같이 환경에 미치는 영향을 완화하려는 다양한 조치를 강구하고 있다. 또한 백지지역에 있어서도 공적인 대규모 개발에 대해서는 이른바 평가가 이루어지고 있으며 그 결과로 환경에 미치는 영향 완화 조치가 마련되었다.

이러한 관점에서 보면 일본에서도 어떤 종류의 완화가 이루어져 왔다고 할 수 있으며, 환경정책에 있어서의 자연보호정책이란 보호지역 내외에 있어서의 완화라고 볼 수도 있다.

2) 소위 백지지역에서의 완화와 환경

자연보호구역(protected area)의 완화 전개는 위에서 서술한 것처럼, 법적 권원(權原)이 있기 때문에 어떤 의미에서는 쉬웠다. 그러나 이와 달리 소위 백지지역의 완화는 「회피」→「절감」을 우선적으로 검토한다는 의미에서 여러 가지 난점을 내포하고 있다. 여기서는 넓은 의미의 환경 평가와의 관계에서 고찰하기로 한다.

평가법이 좌절되고 국무회의 평가에서 오랫동안 논의가 이루어졌다. 국무회의 평가는 사업 평가이며 실질적으로 계획중시는 물론 평가 결과에 의한 계획변경(완화 개념에서의 「회피」 또는 대폭의 「절감」)도 생각하지 않은 것이라는 혹평을 받았다. 판단 기준으로는 환경 기준(OX방식)이 적용되어 일반적인 환경 보전 대책(주로 작은 「절감」=「경감」)은 설명되었지만 평가 절차 과정에서 「회피」와 대폭의 「절감」이 이루어졌다는 사례는 없다.

그렇지만 이것이 환경 보전 관점에서 「회피」와 대폭의 「절감」이 전혀 이루어지지 않았다는 것을 의미하지는 않는다. 자연공원 등의 보호지역 이외에 있어서도 환경의 질이 높아 특별히 평가 조사할 필요가 없고 환경에 미치는 영향이 커서 대규모 반대운동이 일어날 것이 예상되는 경우, 그 나름대로 「회피」와 「절감」은 환경청과 자치단체 환경부국과의 조정으로 이루어졌으나 이것이 어느 정도인지는 명확하지 않다. 실질적인 「회피」와 대폭 「절감」은 일본 행정 시스템인 밀실에서 사전에 조정되는 관행으로 이루어졌기 때문이다. 대략적으로 조정의 목표가 설정된 단계에서 처음으로 공표되며 평가 절차에 들어가는 경우가 많으나 이런 것들의 조정 과정이 사전에 공개되는 경우는 거의 없었다. 사전 조정이 끝나지 않은 상태에서 공표되어 반대운동을 불러일으키거나, 결과적으로 「회피」와 「절감」이 이루어지는 경우가 있다. 그러한 대표적인 사례를 〈표 1〉에 싣는다.

이러한 백지지역의 평가 대상이 되는 대규모 개발에서도 주로 지방자치체의 환경부국과 환경청과의 사전조정으로 어느 정도 '절감'과 '변상'을 하는 것은 틀림없다. 그리고 사전조정을 하는 데 밑거름을 제공하는 것은 자연환경 보전 기초조사에 있었다. 그 조사결과는 직접적, 또는 세상에 공표하는 방법을 통해 간접적으로 억제하는 효과를 주었다.

말하자면 자연환경 보전 기초조사는 시작 이후 서서히 효과를 가져왔다. 자연보호국은 이 시기부터 결과적으로 백지지역의 자연보호에도 일정 정도 기여하기 시작했다. 이러한 흐름을 가속시킨 것은 국제적인 동향에 있으며 국제 NGO의 압력에 있다. 또한 이 시기 대부분의 도도부현에서 평가조례와 평가 요강이 설치되어 국무회의 평가를 보완했다.

3) 공공사업의 비판과 평가(ASSESSMENT)

거품경제가 붕괴되기 시작한 1990년대, 일본경제는 지속적으로 침체했다. 그 때문에 경기 대책으로 도로, 항만, 공항 등 매년 공공사업을 위한 거액의 추가 경정예산을 만들어(자연 공원 내의 시설정비가 단숨에 진행되었고, 소위 각종 환경 보전형이라는 공공사업이 크게 성장한 것도 그 덕택이다) 그 재원으로 적자국채, 지방채를 발행해 왔다. 2001년 정부예산도 30조엔 이상의 국채를 발행하려 하고 있다. 비용 퍼포먼스 수지가 맞지 않는다고 생각되면 필요성에 의문을 품을 수밖에 없는 대형 공공사업이 1990년대에 들어 눈에 띄게 많아졌다. 그러나 이러한 대책도 큰 경제적인 효과는 없었으며 빚만 증가했다는 비난을 받았다.

한편, 1970년대 중반부터 국무회의 평가의 실적과 유럽을 중심으로 하는 국제 사회의 환경 지향 영향을 받아 선진국에서는 마지막으로 평가법이

〈표 1〉 백지지역의 회피 혹은 대폭 축소의 사례

사례	신이시가키(新石垣) 공항	후지마에(藤前) 간척	삼방새(三番瀨)	아이치(愛知) 세계박람회
회피 혹은 축소	축소(시라호 주변에서의 위치 및 규모변경)를 거쳐 회피(시라호를 단념. 시라호 이외의 후보지를 선정 중)	회피(폐기물처리장 용지를 별도로 준비)	축소(매립용적을 축소)	축소(계획부지를 추가해 당초 계획부지인 해상 숲에 대한 전면적인 환경영향을 축소)
보호지역 지정 유무 및 내용	지정 않음	지정 않음	지정 않음	지정 않음(주변 C지대의 일부만 국가지정 공원화)
사업주체	오키나와현	나고야시	치바현	세계박람회
행위	공항정비에 의한 산호초의 매립	일반 폐기물처리장을 위한 간척지 매립	항만정비에 의한 간척지 매립	세계박람회 전시동 조성
사업 종류	공항	항만	항만	세계박람회
환경보전상의 문제개요	청(靑)산호초의 대규모 군락	도요새, 물떼새 등 철새 도래지로서 중요한 간척지가 소멸	도요새, 물떼새, 오리과의 물새 등 철새 도래지로서 중요한 간척지의 대규모 소멸	사토치*의 자연환경, 특히 매와 목련과 식물에 대한 영향
환경청의 법적 관여	내각회의(閣議) 평가, 공유수면매립법에 의한 의견 취합 및 공항정비법시행령 별도 개정 협의	공유수면매립법에 의한 의견 취합	공유수면매립법에 의한 의견취합	평가법에 근거한 절차에 따라 의견 취합(정확히 통산성 요강평가를 위한 법적 관여는 아님)
회피 또는 축소의 법적 조치단계	평가절차 전단계	항만계획결정 완료. 현의 평가 종료 후 공유수면을 매립하여 면허출원 중, 환경청의 의견 취합 전단계	당초계획에서 항만계획변경 완료. 공유수면매립 절차 전단계	평가절차 진행중(준비서 열람이후, 평가서의 작성 전단계)
반대운동의 주체	자연보호단체, 지역주민	지역 NGO, 들새모임	지역NGO, 들새모임	지역NGO, 들새모임, 자연보호단체
국제여론	IUCN 총회 결의(단, 축소 후)	해외NGO 요망서	없음	해외NGO 요망서(단, 축소 후)
회피 등의 결정 경위	평가절차 들어가기 전, 반대운동을 배경으로 하쿠치에서 카라다케 히가시로 지사가 위치의 대폭 변경을 표명	시는 인공간척 조성을 대상조치로 계획을 추진하려고 해, 환경청이 대상조치로 부적당하다는 취지의 문서를 제출, 시는 공유수면 매립의 출원을 철회	현은 반대운동과 환경청의 태도 등으로 인해 당초의 계획을 변경, 매립에 대해서는 1/7로 축소, 제2항만도로도 노선형태를 육지쪽으로 이동	평가도중(준비서 단계)에 매의 보금자리임이 판명되어 계획을 변경, 당초 계획된 곳 이외의 공원 등으로 박람회장을 확대
회피 등의 발생년도	1989년	1999년	1999년	1999년
이후 법적 조치	없음	없음	없음	없음
비고	변경계획에서도 일부산호초의 매립이 행해져 반대운동은 계속. 그 후 오키나와현은 육상부(陸上部)의 안도 포함한 4개소에서 재검토를 실시, 미야라(宮良)안을 결정. 지사교체에 따라 이것도 백지화되어 현재 다시 4개소에서 비교검토 중	나고야시는 폐기물처리용지를 후지마에 이외의 토지에서 찾기로 공표하여, 대체지를 검토 중	축소 후에도 매립의 필요성 및 인공간척 조성의 타당성 여부를 둘러싼 반대운동 계속	세계박람회장 조성은 '신주택 시가지 개최사업'에서 실시키로 하였으나 이 사업은 계획 변경 없이 평가실시 중. 축소 후에도 NGO는 박람회를 사토치*의 환경을 변경 않고 실시할 것과 박람회가 끝난 후 그 자리를 공원으로 활용할 것을 주장.

주: * 사토치는 농림 어업을 실제로 운영하면서 사람과 자연이 공생하는 지역.

제정되었다.

원래 환경 평가는 공공사업을 부정하는 것이 아니며 결국은 환경을 고려하면서 좋은 공항, 도로, 항만을 만들기 위한 도구(tool)이다. 그러나 평가법은 기존의 국무회의 평가보다 몇 가지 점에서 환경 보전의 관점에서도 진전이 있었다. 한 가지는 국무회의 평가에 비해, 빠른 시간에 많은 주민이 의견을 제출할 수 있게 되었다는 것이다. 다른 한 가지는 평가방법이, 환경 기준을 준수하느냐의 여부에, 환경을 충분히 배려한 것인지를 묻는 완화 개념이 도입됐다는 것이다. 더구나 구체적으로는 생물이 얼마나 다양하게 분포하고 있는가에 대한 평가와, 주민들이 접촉하는 장소라는 측면에서의 평가를 담고 있다. 전자는 먹이사슬의 정점에 있는 야생 동물에 대한 영향이 문제가 되었는데, 기존 조사에서 유일하게 확인하지 못했던 맹수류의 경우, 평가 조사 결과 구역 내의 서식지를 알 수 있게 되면서 어쩔 수 없이 사업계획을 축소하고 변경해야 하는 사태도 벌어졌다. 후자의 경우는, 이른바 뒷동산을 보전하는 것처럼 배려하지 않으면 안 된다는 것을 의미하고 있다. 또 평가의 실시 시기가 빨라지면서 주민이 의견을 말할 수 있는 기회가 많아지면서, 원래 법이 요구한 환경상의 관점보다 오히려 그러한 공공사업이 정말로 필요한 것인지로 논점이 이동했고, 과대한 수요 예측과 제정상의 문제점이 거론되면서 주민이 없는 정책 결정 시스템에 이의(異議) 제기를 촉발하게 되었다. 나가라가와 가고우(長良川河口) 둑, 후지마에(藤前) 간석, 고베(神戸) 공항, 요시노가와(吉野川) 제10 가동둑, 나카우미(中海) 간척, 이사하야(諫早)만 간석 등 1990년대부터 오늘날에 이르기까지 공공사업에 대한 비판은 예전보다 높아졌다.

그러한 가운데 선진적인 자치체에서는 정보 공개와 정책 결정에 대한 의견의 공모와 참가, 정책 평가 시스템이 도입되기 시작했으며 오늘날에는 중앙성청까지도 파급되었다. 한편에서는 분권화의 흐름 속에서 지방 분권법이 제정되어 각지에서 주민투표 실시로 옮겨지는 등, 행정 시스템과 의사 결정 시스템 자체를 다시 평가하기 시작했다. 이러한 1990년대의 흐름은 가속되었으며 그것을 상징하는 것이 나가노현(縣) 지사 선거에서 다나카(田中) 지사가 등장과 함께 댐으로부터의 탈출을 선언한 것이었다.

여기에서는 사례연구로 필자도 관계가 있는 와카야마 시모츠(和歌山 下津)항 앞 바다의 매립 경위를 대략 살펴보겠다. 이 사례에 현대 일본사회가 안고 있는 문제점의 여러 가지 면이 드러나 있기 때문이다.

4) 사례연구 와카야마 시모츠항 앞 바다 매립계획을 둘러싼 공방(매립계획의 경위)

1997년 8월, 현(縣)지방 항만심의회에서 시모츠항 앞 바다 지구를 포함한 와카야마항의 항만계획 변경이 승인, 공표되었는데, 주민들에게는 너무나 뜻밖의 일이었다. 이 계획의 핵심은 시모츠항 앞 바다의 117헥터를 매립하여 대형 화물항만으로 정비하는 것이었다. 매립 해역은 항만 구역 내에 있는, 어업권을 포기한 수역이며, 또한 해당 해역의 수역 자체는 세토나이카이(瀨戸內海) 국립공원 구역 밖에 있으나 같은 국립공원 특별지역에 있는 사이가자키(雜賀崎)에 인접하고 있다.

그 이후 지역 설명회가 있었지만 주민들은 납득을 못한 채 '사이가자키 지구 연합자치회'와 '사이가자키의 자연을 보호하는 모임'을 중심으로 강력한 반대운동을 전개했다(이 2개 단체는 지속적으로 공동보조를 해 왔으므로 이하 '연합 자치회, 보호회'로 약칭함). 반대 이유는, 이 계획이 너무나도 뜻밖의 일이며, 인접하고 있는 세토나이카이 국립공원 특별지역의『만엽집』[8세기에 쓰여진 일본에서 가장 오래된 시가집(詩歌集)]에도 실릴 만큼 경치가 좋은 곳으로 유명한 사이가자키(雜賀崎)의 전망을 크게 훼손한다는 것이었다. '연합 자치회, 보호회'는 서명운동과 환경청 등에 반대 진정서를 보내는 등 여러 형태로 운동을 전개하였다. 이러한 대규모 개발에 있어서는 보통 반대 주민뿐 아니라 지지하는 주민도 등장하는데, 이 사안은 찬성과 추진을 표방하는 주민이 끝까지 나타나지 않았다는 점에도 유의할 필요가 있다.

이러한 대규모 개발 계획은 현청 내부에서 환경부국과의 협의를 통해 은

밀하게 환경청에서 사전조정을 하는 절차를 시작으로 같은 시기 그 지방 자치회 등에서 은밀하게 사전 교섭을 해가는 것이 일반적인 일본형 행정 스타일이지만 이 안건에 대해서는 전혀 다른 이색적인 전개를 펼쳤다. 즉, 항만 부국이 독자적으로 계획하고, 환경부국과의 조정은 미흡한 상태로, 환경부국을 통해 정보를 얻던 환경청도 서로 조정이 되지 않은 상태에서, 난색을 표명했지만 항만부국이 강제적인 방법으로 지사의 승인을 받아 사전교섭도 거의 되지 못하고 지방 항만심의회가 열리기까지 독자적으로 진행했다는 것이다. 더욱이 건설에서 발생하는 흙과 건설 폐자재를 매립재료로 활용하려하고 있어 처분장 부족으로 고민하고 있던 환경부국 내부에서는 은근히 기대하는 면도 있었던 것 같다.

이 안건은 '연합 자치회, 보호회'가 반대운동을 계속하는 가운데 1997년 11월 국가의 항만심의회에 자문하게 되었다. 이 심의회에서 환경청은, 이 안건은 경관에 미치는 영향이 크기 때문에 세토나이카이 흰경보진 특별 소치법(이하 "세토우치법"으로 약칭함)을 위반한다는 견해를 보였다. 항만계획의 변경은 시모츠항 앞 바다 지구(地區)에 한정된 것이 아니기 때문에, 결국 "최초의 안건대로는 적당하지만 사이가자키 전면 매립계획에 대해서는 세토나이카이 국립공원 특별지역에 인접하고 있어 경관 보전에 대해 다시 한번 검토했으면 한다"라는 답신이 나왔다.

현(縣)은 1998년에 들어서 전문가로 이루어진 '와카야마현 시모츠(和歌山縣 下津) 항 앞 바다 지구 경관 검토 위원회'(이하 '경관위원회'라고 약칭함)를 설치, 그 의견을 들어서 경관보전의 관점에서 당초 안의 수정을 가해 다시 한번 현 지방 항만심의회에 자문하기로 했다.

전문가는 항만부국이 4명, 환경부국이 2명을 추천하여 발족했으며, 필자도 그 중 한 명이었다. 위원장은 지방 항만심의회 회장이기도 했다. '연합 자치회, 보호회'는 경관위원회 멤버로 주민 대표의 참가를 요구했지만 현은 이를 거부했다. 현은 처음에는 보도기관 이외의 방청도 거부했지만 이 후에 방청만은 허가했다.

같은 해 6월 경관위원회는 일부 위원(필자)의 반대를 무릅쓰고 면적을 일부 축소, 전망 지점에서 일정 각도 내의 매립지역을 포함한다면 경관에 미치는 영향이 크게 축소되어 승인될 수 있다라는 제2차안을 암시하는 결론을 내고, 지방 항만심의회에 사정을 설명한 다음 제2차안으로 환경청에 의향을 타진했지만 환경청은 허가하기 힘들다는 태도를 보였다.

같은 해 가을로 들어서 현은 환경청의 의견을 배려하여 대폭적인 축소계획을 세우면서 매립 면적을 75헥터, 3분의 2로 축소, 북쪽으로 위치를 바꾼 제3차안을 10월 경관위원회에 제시, 어느 정도 평가를 얻었다. 그러나 질의 내용 가운데 "앞으로는 더 이상은 매립하지 않을 것인가?"라는 위원의 질문에 대해서 "이번에 계획하지 않는 것뿐이지 앞으로도 계획하지 않는다고는 할 수 없다"라는 항만부국의 답변으로 인해 '연합 자치회, 보호회'는 한층 더 강경한 자세를 취하게 되었다.

1999년 1월 와카야마(和歌山)의 시장 선거가 있었다. 새로운 시장은 '연합 자치회, 보호회'의 움직임과 매스컴 논조를 배려해서인지 매립 자체를 부정하지는 않았지만, 본 수역이 아닌 북쪽 항 지구를 계획해야 한다는 태도를 보여 연내에는 현도 어쩔 수 없이 경관위원회를 개최하지 못했다.

또한 이 시점에서는 이미 '연합 자치회, 보호회'는 단순히 축소가 아닌 백지화를 요구하고 나섰다. 항만정비는 단순한 경관 파괴뿐만 아니라 너무나도 비현실적인 수요 예측에서 오는 것이라며, 이 전의 항만부국의 대응에도 철저하게 불신을 가지게 되면서 경관위원회 심의 진행방법에도 다른 견해를 표명했으며 개별 위원들에 대해서도 비판하며 공개 질문장을 내는 등 활발한 활동을 전개했다. 또한 요시노가와 제10가동둑과 고베(神戸)공항에 반대하는 주민조직과도 연대하게 되었다. 덧붙여서 말하자면 도쿠시마(德島)시의 제10가동둑에 대해서 주민투표가 행해진 결과 반대가 압도적인 다수를 차지했던 것은 1999년 1월이었다.

해가 바뀌면서 시장은 태도를 급변해 제3차 안 곳곳의 1헥터를 더 줄이는(제4차 안) 조건으로 현의 설득을 받아들였다. 그리고 5월 74헥터까지 축소한 제 4차 안을 현은 경관위원회에 보내서 필자를 제외한 위원은 그 안을 승인, 경관검토위원회는 막을 내렸다.

이 안건은 지방 항만심의회를 거쳐 7월 국가 항만심의회에 다시 한번 자문하게 되었다. 이번에는 환경청도 이의를 제기하지 않고 "원안대로 적절하다. 사업 실시에 관해서는 녹지설계, 해안 보호안 구조 등에 대해서 검토하고 수경효과를 배려하는 것과 동시에 지방 관계자들의 이해를 구하기 위한 노력함을 바람"이라는 답변을 얻을 수 있었다. 그리고 이 답변에 즈음해서 지방 항만심의회에서는 이례적인 채결을 행했으며 국가심의회에서도 답변에 '나오가키(なお書き: 부대조건)'를 붙였다는 것은 심의회 위원에 대한 '연합 자치회, 보호회'의 적극적인 정보와 선전이 어느 정도 효과가 있었다고 볼 수 있다.

이것으로 항만 계획 변경은 제 1단계를 돌파 계속해서 공유수면 매립법 허가 출원을 위한 평가조사에 들어갈 예정으로 조사비를 2000년도 예산에 넣었다. 한편, '연합 자치회, 보호회'는 지출금지 제소(提訴)로 대항했다.

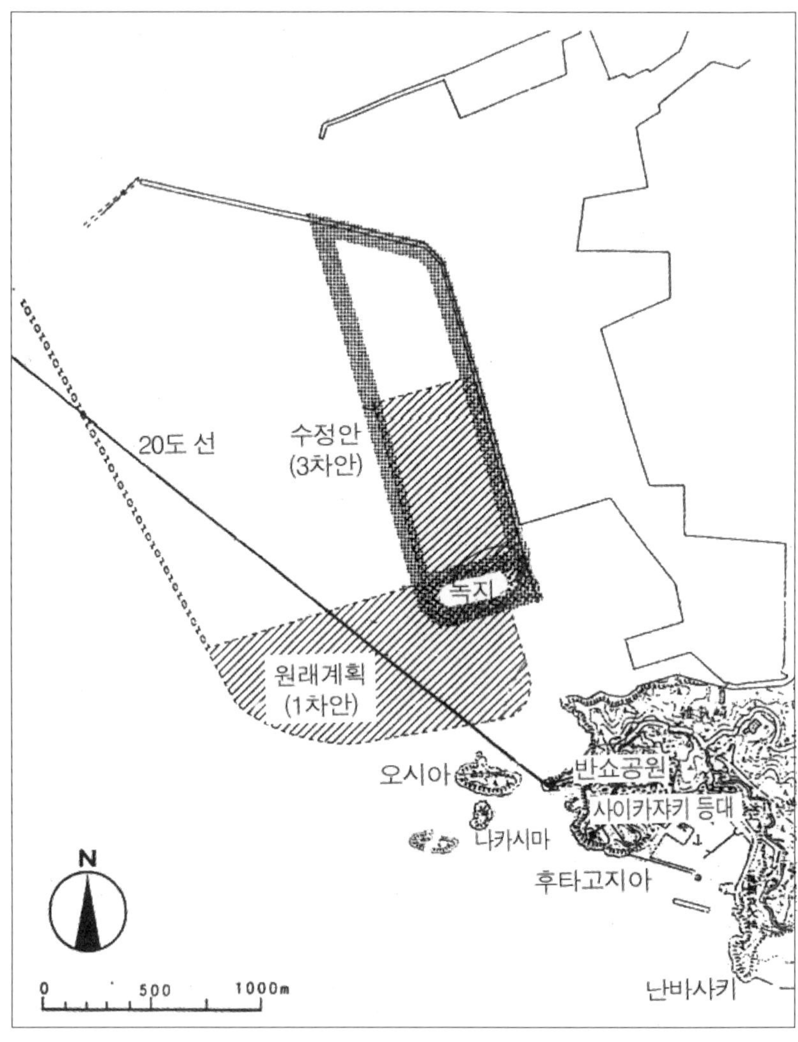

자료: 경관위원회가 배포한 자료에 20° 선을 필자가 가필.
주: 2차안은 원래 계획에서 20° 선의 왼쪽을 제외시키고자 한 것.

매립 동결로의 전환과 원인

이러한 가운데 해가 바뀌면서 사태는 급변했다. 와카야마 시장이 갑자기 매립에 대해 신중한 자세로 되돌아 선 것이었다. 한편, 현에서는 계획추진 입장을 바꾸지 않았던 지사가 병으로 은퇴하면서, 같은 해 9월 지사 선거가 실시되었다. 새로운 지사는 당초에는 명확한 태도를 보이지 않았지만 10월 현 회의에서 평가 조사 집행 정지를 표명해 결국 사실상의 동결을 선언했다. 아직 완전히 백지화된 것은 아니었지만 사태가 급변하면서 '연합 자치회, 보호회'의 승리로 끝난 것이다.

여기에서 문제는 시장과 지사가 왜 방침을 변경할 수밖에 없었는가이다. 이것은 '연합 자치회, 보호회'의 끈질긴 반대운동에 합세해 대형 공공사업을 반대하는 운동이 전국 각지에서 전개되면서 매스컴을 비롯한 여론이 이를 지지하는 쪽으로 돌아섰다는 점에 있다. 그리고 이미 자치체에서도 과대수요 예측에 의한 대형 공공투자의 재정 부담으로 더 이상은 버틸 수 없었다는 점도 분명하다. 같은 해 7월 중의원 선거에서 자민당이 도시권에서 참패했던 것은 이를 잘 보여주는 상징적인 사건이다. 자민당은 선거결과가 지방의 선심성 공공사업에 대한 도시주민의 반발때문이라고 분석하고, 퍼포먼스로의 대형 공공사업을 재검토한다는 말을 꺼냈으며, 같은 해 8월 대표적으로 요시노가와 제10 가동둑 계획이 백지화되었으며 나가우미(中海) 간척의 중지를 권고하기에 이르렀다. 이러한 시대 전환에서 지방자치체장은 민감할 수밖에 없었다.

'매립 기본방침'의 한계

그런데 환경청이 항만심의회장에서 이론(異論)을 주장하고 항만계획 개정 자체를 없었던 일로 해 버린 사례는 필자가 알고 있는 한 과거에 세 번에 불과했으며 지극히 이례적인 일이었다. 물론 종래의 일본형 규정에서 사전에 조정을 하지 않았다는 것 자체가 드문 일이었으나 이러한 이의(異議)를 주장했던 세 번 모두 세토나이카이와 관련이 있었다. 이것은 세토우치법과 세토나이카이 환경 보전 심의회 답변인 "매립의 기본방침" 전문(前文)("매립은 엄중히 억제해야 하는 것")의 존재를 빼놓고서는 생각할 수 없는 일이었다.

그러나 이와 동시에 "매립의 기본방침"은 있었으나 완화 개념에서 말하는 '회피'가 아닌 대부분의 안건이 '절감'에 그친 것(그것도 No Net Loss를 제외한)이라는 의문도 동시에 생겼으며, 필자와도 관계가 있는 시모츠항 앞 바다와 관련된 안건을 통해서 세토우치법 행정뿐만 아니라 환경청, 나아가 일본형 행정 시스템의 문제점을 보여주었다고 할 수 있다.

또 하나는 환경청(현재의 환경성)의 권원(權原)이 약하다는 것이다. 만약 해당 수역이 국립공원이었다면 자연공원법 규정에 따라 거부권을 행사함으로써 엄중한 대응이 가능했는지도 모른다(다만, 국립공원 해역은 통상적으로 소위 보통지역이다. 보통지역에서 매립은 신고제로 허가가 필요하지 않으므로 법으로는 '풍경 보호가 필요한 한도에서 해당행위의 금지'가 가능하였다. 물론, 자연공원법 규정에 따라 거부권을 행사한 사례는 없었으며 실제로 거부권을 행사하기는 곤란했을 것이라 본다. 그렇지만, 이것을 지렛대로 강한 지도가 가능했을 것이다. "매립의 기본방침"은 법에 근거조문은 갖고 있지만, 이 안건에 관해서는 "기본방침" 본문을 직접적으로 위배한 것이 아니라, "엄격히 억제해야 하는 것"이라는 전문(前文)의 정신에 위반되는 것으로 법률상의 권원(權原)은 아니었다.

또 다른 한 가지는 공익상 필요한가를 판단하는 주체의 문제였다. 상식적으로는 타당하지 않는 과대한 수요 예측에서 비롯된 개발이었다고 할지라도, 수요예측의 타당성과 개발의 필요성을 판단하는 곳은 항만조정의 경우 환경청이 아니라 운수성이며 자치체는 항만부국, 최종적으로는 지방자치체의 장이었다. 그러므로 환경청이 공적인 발언을 할 수 있었던 것은 환경 보전이라는 관점에서일 뿐이었다. "해당 사업의 항만정비, 지역 진흥의 관점에서는 필요할지 모르지만 환경 보전상의 관점에서는 도저히 인정할 수 없다"라는 견해를 나타내려면 국립공원 중핵부 같은 법률상의 권원(權原)이 필요한 것이다. 따라서 항만심의회에서 환경청은 환경 보전, 경관 보전의 관점에서밖에 의의를 제기할 수 없었다. 그래서 와카야마 시모츠항 앞 바다의 경우도 경관위원회 소관범위는 경관 보전이라는 관점에 국한되었다. 매립의 필요성과 그 지역 주민의 합의 방식 등에 대한 발언은 '본 위원회 권한 범위 이외의 일이다'라던지 '원래는 항만심의회장에서 거론되어야 한다'라는 사전작업이 필요했다.

또한 심의회와 위원회 인선 운영의 문제였다. 멤버를 정하는 일은 계획과 사업주체인 이상 그 대부분이 자신의 입장을 대변할 전문가를 인선한 것이었으며, 나아가 운영 방법도 사무국에서 제출한 자료와 원안에 대해서만 의견을 제시하는 방식이었기 때문에 위원회 자체에서 의논하고 독자적인 안을 제출하지 못했다는 점 등이 문제였다.

이러한 의미에서 와카야마 시모츠 항 앞 비디 긴에 대해서 결국 승부를 결정한 곳은 환경청이 아닌 지방자치체의 장이었으며, 이 판단에 영향을 미친 것은 '연합 자치회, 보호회'의 활동으로 상징되는 시민의 동향이며 여론이었다. 아무튼 그 자체는 정당하지만 종래의 많은 공공사업의 형식이 실질적으로는 이루어질 수 없었다. 이러한 까닭으로 주민투표가 각지에서 제기되었다.

4. 일본형 행정 구조 개혁 : 타 성청의 환경 지향형 행정으로의 전환

일반적으로 보호지역이든 공해규제이든 환경규제 강화에 있어서 사업관청, 개발관청, 경제관청 등은 적극적으로 강하게 저항했다. 그러나 국가는 여론과 매스컴의 압력으로 환경규제에 대한 승인을 받아들여야 할 경우에도 각서 등으로 될 수 있는 한 핵심을 제외했으며, 환경청은 일반적으로 그것을 받아들였다. 요란스럽게 등장한 "환경기준법"과 "순환형 사회형성 추진기준법"도 쇠귀에 경 읽기 식 문구에 지나지 않는다. 그 밑에 있는 개별법은 구태의연한 행정지도를 할 수 있는 정도만 규정했다. 그러나 필자는 이것이야말로 일본식 구조 개혁이며 타격(body blow)처럼 조금씩 효과를 발휘할 것으로 본다. 단지 그 속도가 문제였다. 구조개혁의 내적 논리는 다음과 같다.

외압에 의한 '심의회 문구'의 공인화 → 각 성의 종래 구조와 권익을 유지한 '심의회 문구'의 통합 → 권한, 조직, 예산 확대를 지상명제로 했다. 각 성의 '심의회 문구'를 명시한 정책에 중점을 둠 → 각 성의 권익과 세력 관계는 변함 없이 환경중시의 구조 개혁.

1990년대 환경 기준법 개정 이후 각 성의 재활용 정책으로의 전환, 평가에 대한 대응, 하천법과 해양법의 목적 규정 변경, 환경 보전형의 각종 사업 도입 등은 그 지표라고 할 수 있다. 이후에는 세제 그린화와 에너지 정책이 이러한 길을 갈 것으로 생각되며, 현재 무엇보다도 관심을 불러일으키는 도로특정재원 재평가도 환경을 중시하는 방향으로 결말이 지어질 것이다. 그러나 이것이 환경성의 기대처럼 환경성 권한의 확대로 이어지지는 않을 것이다.

5. 환경 행정에서 지방자치 단체의 역할

한일 양국의 환경 행정이 지극히 유사함에도 불구하고 큰 차이가 있는 것은 지방자치체의 역할이라고 할 수 있다. 이진, 하라지마 요우헤이(原島洋平) 등의 선행 연구에서도 지적하고 있듯이, 환경 행정에 있어서 일본은 지방자치체의 역할을 무시할 수 없다. 지방자치체는 정부의 환경정책 실시뿐만 아니라 선구적인 자세로 환경 행정을 지도해 왔으며, 어떤 의미로는 정부의 환경청을 창설하도록 했다고 할 수 있다. 또한 지방 자치단체는 도도부현 시군읍의 2층 구조를 가지고 있으나 본 절에서는 주로 도도부현 행정을 대상으로 하겠다.

1) 지방분권의 파장

일본에 있어서 오늘날의 지방 자치제와 중앙정부와의 관계는 유동화되고 있다. 지방분권의 목소리가 커지고 있는 가운데 지방분권법이 실시되어 일찍이 고유 업무는 자치 업무라고 불렀다. 기관위임 업무는 폐지되었고 국가가 행하는 업무 가운데 지방자치체에 위임되는 것은 법령수탁 업무였다. 이처럼 지방자치체 권한은 겉으로는 컸지만 세제, 재정 그 외의 지방이양은 진행되지 않았으며 지방분권은 형식에 지나지 않았다. 그러나 도도부현, 정령지정시(政令指定市) 차원에서는 소위 '혁신자치체'와 다른 흐름으로 중앙정부로부터 상대적으로 거리를 두며 독자적인 길을 모색하는 경우가 많았다.

또한 주민들도 정부 보조금을 많이 끌어오는 개발지향형 지방자치체의 장이 유능하다는 예전의 사고에서 벗어나기 시작했다. 많은 지방자치체가 개발을 위해 지빙채를 난발함으로써 재정적자에 빠져 고민하였으며, 지금까지의 방식으로는 해 나갈 수 없다는 것을 깨달았다. 이를 단적으로 보여주는 것이 2000년 나가노현 지사선거이며 2001년 '성역 없는 구조 개혁'을 내건 고이즈미(小泉) 내각의 출현이었다.

2) 지방자치체의 환경정책

일본 중앙정부가 "성(省)은 있지만 정부가 없다"고 자주 거론하는 것처럼 각 성의 독립성은 높다. 인사권도 기본적으로 각 성이 가지고 있으나 성의 대신(장관에 해당)은 일반적으로 1, 2년 이내에 바뀌기 때문에 대신에 대한 충성심은 희박했다. 이러한 의미에서 지방자치체의 특징은 공선제(公選制)의 지방자치장의 밑에서의, 각 부국의 독립성은 약하다. 따라서 자치체 내부 지사의 권위는 성청 내부 대신의 권위보다 현저히 높은 것이 일반적이었다. 단지, 각 부국은 지사의 지휘하에 있으며 동시에 각각의 '상급' 관청에서 유형무형의 지도를 받았다.

이 구조는 종전의 지방자치체가 원래 의미의 자치체인 동시에, 보다 직접적으로 말하자면 중앙정부의 하급기관 또는 대행기관이라고 하는 지방자치체에 근거를 가지고 있으며 나아가서 재정(보조금, 지방교부세 교부금, 지방채 발행 허가)과 인허가권을 바탕으로 주요 부국의 장을 시작으로 직원들이 중앙성청의 파견(派遣)자로 이루어진 인사 시스템이다.

한편, 중앙정부에 있어서도 다른 성청의 권한을 어기거나 경합할 위험이 있는 신규 시책을 시행하는 것은 어려웠으며, 상상을 뛰어넘는 에너지를 필요로 했다. 그렇지만 지방자치체는 주민의 압력과 지사의 의향에 독자적으로 선진적 시책을 이행하는 것은 중앙정부에 비하면 비교적 쉬운 일이었다.

그러므로 개발지향 시대, 또는 개발지향이 강한 지방자치체장 밑에 있는 환경부국은 종종 딜레마에 빠지지만, 주민의 압력과 지사의 개발지향 의지에 따라서 선진적인 환경정책을 중앙정부보다 앞서 시행했다.

전사시대(前史時代) : 환경청 초창기까지

공해, 환경관리 행정에 대해서 말하자면, 알고 있는 바와 같이 공해방지 조례, 공해방지 협정이라는 정책을 실시하고 공해담당 조직을 발빠르게 설치한 것은 선진적(이라고 할까 현저한 공해피해를 입은) 자치체이며, 이러한 자치체가 정부로 하여금 공해 대책 기본법을 만들게 하고 환경청을 설치하게 했으며, 후발 자치체도 같은 방향으로 나아갔다. 선발 자치체는 조직의 발달과 조례 등 제정도 전사시대가 길며, 후발 자치체는 국가와 선진 자치체의 동향을 보고 따라했다는 느낌이 강하다. 또한 후발 자치체는 화학, 위생 공학계의 전문기술직은 채용하지 않았으며 서둘러 다른 기술분야 직원(수의, 약학 등)을 보완함과 동시에 이 시기부터 전문기술직을 채용하기 시작한 경우가 많았다. 공해 행정에 있어서 도도부현은 공해규제 제법 규제업무(신고, 단속)와 감시업무를 담당했으며, 많은 권한을 가지고 있다. 선진적 도도부현이 그 만큼의 조직과 능력을 갖추고 있다는 것과 한편으로는 공해규제제법 제정과정에서 다른 성청이 환경청에 직접 권한을 주고 싶지 않았다는 것을 알 수 있다. 이러한 의미에서 환경청은 인적·재정적인 힘도 작았으며 실제로 이들을 지도한 것은 아니라는 점을 알 수 있다. 기본적으로는 도도부현 차원에서 대도시의 자율적인 공해·환경관리 행정을 전개했지만 정부는 환경청과 같은 입장의 자치체로서 환경부국은 입지와 토지이용시책에는 관여할 수 없었다.

오사카부(大阪府)와 가고시마현(鹿兒島縣) 사례(공해방지 정책과 공해 담당 조직)는 다음 표와 같다.

<표 2>

	오사카부	가고시마현	정부
사업장공해방지 조례 제정	1950		1958 수질 2법 1963 매연 규제법
공해계 설치	1953 (위생부, 후에 상공부)	1969 (위생부, 그 이전에는 기획부에 담당1명)	1958 수질보전과 (경제기획청) 1964 공해과(후생성)
공해과 설치	1961 (상공부)	1970 (위생부 공해 대책실) 1971 (공해과)	1968 공해부(후생성)
공해대책 심의회 설치	1963	1969	1960 공해 조사회 1965 공해 심의회
공해 대책 추진 본부 설치	1966 (1969, 공해대책본부)		1970 공해 대책본부
공해부국 설치	1966 (기획부 공해실 2과) 1970 (생활 환경부)	1974 (위생부 환경국)	1971 환경청 설립
공해 방지 조례 제정	1969	1971	1967 공해대책 기본법

주 : 『환경백서』, 『오사카부 환경백서』, 『가고시마현 환경백서』 각년도를 참고로 필자 작성.

자연공원은 사정이 좀 달랐다. 자연공원 행정의 경우, 대부분의 자치체에서 상공부 관광과 중 하나 내지 두 곳의 계(係)가 인허가와 시설정비를 담당했으며, 보좌 계장의 실무 담당은 후생성 국립공원부에서 파견해 오는 경우도 많았다. 인허가에 관해서는 극단적인 것 이외에는 융화적이었는데, 그것이 지역의 종합적인 의견이고 지방자치체장의 의견에 있는 한 오히려 국립공원부에서 중재하는 경우가 많았으며 자연보호운동으로의 대응은 느렸다. 이는 많은 자연보호운동이 지역주민들로부터 일어나지 않았다는 것을 반영했다(후생성 자체도 일정 정도의 관광 개발을 공원 이용을 촉진하기 위해 용인). 한편으로는 국립공원 관리는 국가의 책무임에도 불구하고 국립공원부와 함께 공원관리를 하였다. 환경청 및 자치체 내의 환경부국 설치와 함께 인허가는 거의 전 자치체가 환경부국으로 이동했으며 시설정비를 그대로 관광과에서 담당하는 자치체가 현재에도 많다. 또한 후생성 소관행정인 폐기물 행정(주요업무는 산업폐기물의 허가)은 신설 환경부국에서 담당했다.

1970년대 중반부터 1980년대: 환경 행정 정체기 또는 잠복기

좁은 의미의 공해 행정에는 많은 일상적 업무가 있으며 자치체에서는 정체기라기보다는 정착안정기였다. 그러나 환경관리 등과 기획부문에 대해서는 환경청처럼 시기를 기다릴 수밖에 없었다. 그러나 선진 자치체에서는 환경 평가와 환경관리 계획 등 환경청보다 앞선 정책을 냈으며 후발 자치체도 사정은 같았다. 이 시기 후반의 나카소네(中曾根) 내각은 행정개혁을 표명했으며 많은 자치체에서 조직의 통폐합이 이루어졌다. 그 결과 환경부국은 다른 부국과 통합되어, 독립부국에서 없어지는 자치체가 많았다. 이는 정원 삭감과 환경규제 완화 등 직접적인 환경 행정에 부정적인 영향은 없었으나 사기를 저하시켰다. 또한 이 시기에 산업폐기물 문제는 도도부현의 환경 행정에 일반 폐기물 최종분분장 핍박문제와 재정 압박문제, 시군읍의 환경 행정에 큰 비중을 차지했다.

다음 표는 오사카부와 가고시마 현의 사례이다.

〈표 3〉

	오사카부	가고시마현	환경청
환경관리 계획	1973 (부 전지역, Big Plan)	1986 (특정 지역, 블루(Blue) 계획. 그 후 다른 일부지역도 책정)	1978 세토나이카이 환경보전 계획 1987 호소수질 보전 계획
행정개혁 (제1차)	1987 (환경보호부 설치, 같은 부 환경국)	1986 (환경국 폐지, 위생부와 통합하여 보건 환경부)	
평가 요강	1984	1990	1974 국무회의 평가

자료 : 『환경백서』, 『오사카부 환경백서』, 『가고시마현 환경백서』 각년도를 참고로 필자 작성.

또한 자연보호, 자연공원 행정의 경우 심사 지침이 제정되어 인허가 행정이 일상화되었으며, 공원계획의 재평가 실무를 자연공원 인허가 담당계에서 실질적으로 담당했으나 전반적인 환경 붐이 후되하는 가운네 난항을 겪었다. 또한 현립 자연공원뿐만 아니라 어떤 형태로든지 자연보호에 대해서 독자지역과 제도를 설지한 자치체가 많았으나 대개가 실적 위주였다. 또한 후생성 시대는 당연했던 보좌, 계장 수준의 실무 담당자가 환경청에 파견되지 않았다. 환경청이 되면서부터 다른 성청과 같은 직위 이외는 파견에 난색을 나타냈는데 이것은 자치체에서 파견을 받아들여야 할 이점이 줄어들었기 때문이었다.

1990년대

1990년대 들어서 지방자치체는 환경기본 조례, 현 환경기본 계획, 평가 조례 등 환경청의 동향에 즉시 대응했다. 그러나 자치체 내부의 세력관계가 있어 실적을 발휘하지 못하는 곳도 많았으며 자치체간의 시각차도 컸다는데, 온난화 대책도 같은 형태였다.

1990년대 중반부터 예전의 혁신적인 자치체와는 다른 맥락으로 지방자치

체장이 중앙정부와 거리를 두는 경우도 있었다. 교부세 불교부단체(不交付團
體)인 이시하라(石原) 도쿄 도지사가 말하는 각종 환경정책이 그러하듯, 이전
부터 중앙정부와 긴밀한 관계를 위시하지 않은 정책평가 시스템과 각종 개
발, 대형공공 사업에 회의적인 자세를 취하는 지방자치체장이 출현했다.
2000년은 나가노현 지사가 '댐이 없는 현'을 선언했던 기억이 새롭다.

　　또한 이후에 발전적인 자치체는 공공사업을 재평가하는 가운데 정책평
가와 주민이 참여하는 전략적 환경 평가를 통해 환경과 경제의 통합을 꾀하
는 움직임이 예상되었으며, 일부에서는 실시됐다. 또한 산업폐기물세 움직
임도 있었다. 중앙성청 통폐합 움직임 가운데 자치체는 행정 혁명이 이루어
졌지만 기본적인 통폐합에 그쳤으며 환경부국의 독립성은 약해졌다. 그렇지
만 조직의 정책적인 면에서는 이후에도 환경부국의 중요성이 증가하게 될
것이다.

　　오사카부와 가고시마현의 예를 표로 나타내면 다음과 같다.

〈표 4〉

	오사카부	가고시마현	환경청
환경 기본 조례	1994	1999	1993 환경기본법
환경 기본 계획	1996 (환경종합계획)	1997	1994
환경영향 평가 조례	1998	1999	1997 평가법 제정
행정 개혁(제2차)	1998(환경국 폐지, 농림부와 통합하여 환경농림수산부로)	1996년(보건환경부와 현민복지부의 통합 재편으로 생활부로)	2001 환경성으로 승격

자료 : 『환경백서』, 『오사카부 환경백서』, 『가고시마현 환경백서』 각년도를 참고로 필자작성.

　　또한 백지지역에는 조례평가 이외에 거의 관여하고 있지 않았다. 이후
이 부분이 다양한 형태로 강화되는 것과, 오래 전부터 많이 보여졌으며 오늘
날에도 볼 수 있는 겉보기식 행정에서 어떻게 아이디어 승부의 행정으로 변

할 것인지 요구되어질 것이다.

한편, 자연공원 행정은 큰 변화가 있었다. 환경청의 현지 관리체제도 충실히 정비되어 지방분권, 행정개혁의 흐름 가운데 국립공원 관리는 행정성이, 국정공원 관리는 도도부현이 행하도록 하는 법의 방침대로 운영이 이루어졌다. 구체적으로 간단한 허가를 현 지사에게 위임하도록 하는 시행규칙이 폐지되었다. 종래의 관례였던 환경청 권한 사항에 대해 도도부현의 수리진달(受理進達) 및 직할사업의 시공 위임도 강압에서 선택제(직할 시공의 도입)로 바뀌었으며 도도부현의 대응은 두 가지로 나누어졌다. 또한 국정공원 관리에 대해서도 환경청은 종래에는 통고라는 형식으로 실질적으로 관여해 왔지만 그 정도가 대폭 감소했다.

또한 1990년대는 폐기물 정책에 대해서 주민의 불만이 폭발하는 가운데 부득이 하게 조직의 확대를 생각하는 자치체가 증가했다. 그리고 발본적(拔本的)인 감량정책과 확대 사업자 책임 도입을 후생성에 요구했다. 이깃이 폐기물 처리법에서 여러 차례에 걸친 개정과 각종 리사이클 법제가 만들어졌으며 마침내 폐기물 행정은 환경청 행징에 동합뇌었고 환경성으로 승격되었다.

1) 한국의 지방자치

한국은 1949년 지방자치법이 제정되었으나 6·25전쟁이 일어나면서 실시는 연기되었다. 1952년 초 지방의회 선거로 지방자치가 시작됐지만 지방자치가 성숙되기 전인 1961년 군사혁명으로 지방의회가 해산됐다. 이후 지방자치체는 있었으나 이것은 지방자치 제도가 아니라 정부에 의한 지방행정 제도였다. 이후 이른바 '개발독재'의 길을 걷던 한국은 일본의 6·25전쟁 특수에 견줄 수 있는 베트남 특수를 계기로 급속한 경제성장을 이루었다. 예전의 일본이 경험했던 것 이상의 급격한 도시화, 탈(脫) 제1차 산업화가 전개되는 가운데 민주화를 바라는 여론이 급속히 커졌다. 1987년은 헌법의 지방자치 실시에 관한 유보 항목이 없어졌으며 1988년에는 지방자치법이 전면 개정되었다. 이를 근거로 1991년에는 지방의원 선거, 1995년에는 광역 단체장 선거가 실시됨에 따라 지방자치가 본격적으로 태동하기 시작했다. 그러나 개정과 권한의 양면성, 나아가 인재 부족은 환경정책에 대한 지방자치의 역할을 제한했으며 대부분 환경부 출장소 기관인 지방환경 관리청이 담당하고 있다.[7] 한국은 1996년 OECD에 가입을 했고, 이후 환경 행정에서 지방자치체의 역할이 커질 것이라고 생각된다. 이러한 의미로 일본 지방자치체 환경 행정 경험이 활용될 수 있기를 바란다.

V. 총괄

　일본 행정조직은 스스로 조직 자체의 유지와 확대, 즉 예산, 권한, 인원의 끊임없는 증대를 목적으로 했다. 그리고 구성원들은 그것이 사회적 정의와 부합한다고 믿고 있다. 일본 환경청도 예외는 아니다. 따라서 당초 두 가지의 정책과제 '뛰어난 자연의 보호'와 '공해의 미연방지'가 어느 정도 달성된 후에도, 전자와 관련해서는 지속적으로 보호지역의 확대 강화와 보호지역 이외의 권원(權原) 확대를 도모하는 성향을 가지고 있었으며, 후자에 대해서는 개별 공해의 발생원 대책에서 보다 더 상류측의 대책과 입지 규제, 산업 구조 및 에너지 정책과 생활 환경의 질적 향상을 염두에 둔 대책에 관여하기를 진심으로 원했다. 물론, 다른 성청과 산업계의 저항, 한편으로는 정치적·재정적 압박 속에서 쉽게 이루어질 수는 없지만, 환경청 행정에 국한해서 말하자면 이러한 확대 강화의 방향은 정당성이 있었다.

　도시화, 탈 제1차 산업화가 전쟁이 끝난 후 일관되게 지속되었으며, 이로 인해 1960년대 중반까지 도시 지역과 그 주변 지역의 공해가 악화되면서 많

---

7) 이 단락은 金世德(1999)에서 인용한 부분이 많음.

은 공원 내 관광 개발을 촉발했으나, 이것은 인간과 자연의 관계에서 일어나는 전면적인 변용 가운데 지극히 작은 일부에 불과했다. 여기서 그 전면적인 변용을 논할 여유는 없지만 ① 에너지 전환을 통한 땔감의 포기, 마을 뒷동산의 택지화 등 일상에 가까운 자연이 점점 사라지고 있다는 것, ② 농촌과 산촌의 기계화, 대규모 조림(造林) 관리의 소홀로 인한 삼림 노화, ③ 라이프 스타일의 근대화와 도시화에 의한 폐기물 문제, 자동차 사회화에 의한 도시 생활형 공해, 화학물질 문제, ④ 배설물, 부엌 쓰레기 폐기물화 등 순환형 사회의 붕괴라는 형태로 나타났다.

이는 일반적으로 자연공생형 생활과 생활공생형 자연이 사라지고, 예전의 자원제약으로 인한 순환형 사회가 총체적으로 급격히 붕괴하는 과정에 있는 것이며, 오늘날 주요한 환경문제는 여기에 근원을 두고 있다. 이 과정에서 산업공해와 뛰어난 자연의 파괴는 극단적인 병리 현상이었으며, 1975년경까지 환경정책은 이런 병리현상을 해결하는 것을 정책과제로 삼았고, 그럭저럭 겨우 달성했다고 평가했다. 그러나 인간과 자연의 관계를 근본부터 바꾸고자 하는 움직임이 전 세계적으로 끊임없이 있어왔으며, 환경청이 지향하는 방향 역시 이러한 움직임과 일치했다. 위에서 지적했던 것보다 더 근본적인 환경문제가 행정 내부에서 인식되기 시작한 것은 '환경 행정 혹한기'이며 이것이 구체적인 행정과제로 제기되고 환경정책 패러다임의 전환을 가져온 것은 1990년대부터였다고 평가된다. 이러한 변용은 환경성으로 바뀐 오늘날까지도 지속될 것으로 생각된다. 덧붙여서 말하면 2001년에 성립한 고이즈미 내각은 '성역 없는 구조 개혁'을 내걸어 많은 지지를 얻었다. 이것이 실현될지의 여부는 미지수이지만 구조개혁 없이 경기회복은 없다. 즉, 구조개혁을 통한 자국의 계속적인 GDP 증가를 목표로 한 것은 이러한 인간과 자연의 관계를 근본부터 다시 묻는다는 관점에 의의(疑義)가 제기된다. 또한 일본과 한국의 비교는 어떤 의미에서 일본 국내의 환경 선진 자치체와 후발 자치체의 비교와 비슷할지도 모른다. 그런 의미에서 앞 절에 오사카부와 가고시마현의 비교를 시도했다.

마치며

본 논문의 역사적인 사실관계에 대해서는 『환경청 10년사』(1982년 환경청 비매품), 『환경청 20년사』(1991년 환경청 비매품), 『자연보호 행정의 변천』(1981년 환경청 자연보호국 제1법규), 매년 발행되는 『환경백서』, 『가고시마현 환경백서』, 『오사카후 환경백서』 등의 관제 간행물과 각종의 관제자료, 거기에 신문 등에 의한 것이며 이러한 것들은 알고 있는 사실이기에 하나하나 이곳에 출전(出典)을 적지는 않는다.

또한 Ⅳ의 3 "평가와 완화, 그리고 공공사업 비판의 출현"의 장의 1)부터 3)은 "일본의 행정시스템에 대한 완화"(나카자와 게이치, 히사노 다케시 2000년 과학연구비 보조금 기반 연구보고서 "일본에 대한 미티게이션뱅킹(Mitigation Banking)의 가능성에 관한 연구"의 일부를 수록)의 일부를 재설(再說)한 것이며, 4)의 사례연구에 관해서는 2001년도 국립환경연구소 위탁사업보고서 "세토나이카이 환경보전행정의 역사적 총괄과 이후 발전을 위한 모니터링과 데이터베이스 정비방안에 관한 연구"(히사노 다케시 2001년)의 일부를 거의 그대로 인용하였다.

통사(通史)로는 『다큐멘터리 일본의 공해』(전 13권 가와나 히데유키 료쿠후 출판)라는 대저가 있지만 본 논문을 집필하는 과정에서는 특별히 참조하지는 않았다.

필자가 이용한 관제 자료에 있는 사실과 현상의 해석은 필자의 재임 중 경험과 직감적 판단, 재직 중, 혹은 퇴임한 선배, 동료, 후배와의 허심탄회한 의견과 정보의 교환에서 얻어졌으며, 어떤 의미에서 필자의 독단과 편견이 들어가 있다. 이러한 의미에서 이 논문은 연구논문의 범주에서 크게 벗어나 있을 지도 모른다. 그렇지만 학문적인 입장에서 정책연구나 정책과학이라 일컬어지는 것은 현장 행정관의 입장에서 본다면 어딘지 요점을 벗어났다는 감을 씻을 수 없다. 그렇지만, 이러한 의미에서 이 논문이 파장을 불러일으킬 수 있다면 좋겠다.

필자는 한국에 대해서는 무지하다. 이런 필자에게 한국 관계의 자료와 정보를 제공해 준 것은 당시 환경청 본청의 나카지마 케이지[中島慶二, 현 나가사키 현(長崎縣) 자연보호과장], 요시나카 아츠유(吉中厚祐, 현 환경성 자연환경계획과), 나카자와 케이치(中澤圭一, 현 중부지구 자연보호사무소), 나카오 후미코(中尾文子, 현 GEF)이며, 또한 나카자와 씨의 도움으로 방한, 한국 환경부 자연보전국 자연정책과 나정균 씨를 인터뷰 할 수 있었다. 전 간세이가쿠인대학 종합정책 연구과 김세덕(고베대학 대학원연구생)에게는 한국 행정 사정에 대해서 여러 가지 이야기를 들을 수 있었다.

이 분들의 덕분으로 한국 환경 행정의 개요를 어렴풋이 알 수 있었으며 일본 환경청 행정의 특성과 문제점이 보다 선명하게 보이는 듯했다. 또한 츠카모토 미즈오(塚本瑞夫, 가고시마현 환경보호과장)는 가고시마현 관계 자료를 제공해 주었다. 또한 츠카모토(塚本) 씨와 야마무라 미츠루(山村充)[히메지(姬路) 공업대학 전(前) 환경청]는 이 논문을 읽고 진반직인 코멘트를 해 주었다.

이상의 모든 분들에게 깊은 감사를 드리며 이 논문을 쓸 수 있는 기회를 준 핫토리 다미오 교수[동지사(同志社) 대학 사회학부)와 (財)일한 문화교류 기금에 진심으로 감사를 드린다.

(2001년 8월 탈고)

참고문헌

한국환경부. 2000. 『Green Korea 2000』. 환경부.

大阪府. 『大阪府環境白書(各年度版)』. 大阪府.
環境廳. 1982. 『環境廳10年史』. 環境廳.
______. 1991. 『環境廳20年史』. 環境廳.
環境廳自然保護局. 1981. 『自然保護行政のあゆみ』. 第一法規.
環境廳 編. 『環境白書(各年度版)』. 大藏省 印刷局.
鹿兒島縣. 『鹿兒島縣環境白書(各年度版)』. 鹿兒島縣.
金世德. 1999. "韓日環境行政の比較." 關西學院大學總合政策研究課碩士論文.
中島慶二·久野武. 2000. "日本の行政システムにおけるミティゲーション." 『平成11年度科學研究費補助金基盤研究報告書:　日本におけるミティゲーションバイキングのフィジビリテイに關する研究』.
久野武. 2001. "瀨戶內海環境保全行政の史的總括と今後の發展のためのモニタリングとデータベース整備のあり方に關する研究." 『平成12年度國立環境研究所委託業務報告書』.
李進·原嶋洋平·李東根·森田恒幸. 1995. "日本と韓國の行政政策發展過程の比較分析." 『環境科學會誌』 第8卷, 第2号.

동성동본 금혼제도를 둘러싼 민족주의와 가족

세치야마 가쿠

Ⅰ. 서문

　　일본통치가 한국사회에 입힌 상처라고 한다면 독립운동의 탄압과 함께 점령 밀기의 창씨개명을 떠올리지 않을 수 없을 것이다. 그것은 한반도 사람들에게 견디기 어려운 고통을 주었음이 명백한 것으로, 본 논문에서는 그 식민지 통치의 부정적인 유산을 별도의 측면에서 파악하고자 한다. 창씨개명 자체는 종전(終戰)에 의해 단기간에 사라졌다. 그러나 그것이 만들어 낸 유산이라고 하는 것은 거의 전후 50년간 한국사회를 구속한 것은 아닌가? 그것이야말로 정말로 한국의 전후 가족법개정을 둘러싼 갈등의 원인이지는 않았는가? 본 논문은 이러한 가설 위에, 동성동본제도를 둘러싼 논의를 주요 대상으로 하면서 한국의 가족법개정을 둘러싼 논쟁들에 관한 연구 노트라고 할 수 있다.

　　동성동본 금혼제도(禁婚制度)는 주지의 사실처럼 성과 본관이 같은 자에 대해서는 동족으로 의제(擬制)되어 결혼이 허가되지 않는 제도를 말한다. 그렇지만 이것은 가장 큰 동성동본 집단인 김해 김씨가 인구의 10% 가까이를 점한다는 것에서 알 수 있듯이, 근대의 자유로운 연애결혼의 원칙과는 거리가 있는 제도이다. 이러한 제도가 전후 반세기 이상 걸쳐 존속된 일종의 '이상함'을 가족의 '전통'과 '근대'를 둘러싼 갈등에 초점을 두면서 살펴보도록 하겠다.

II. 근대의 도입법(導入法) : 가족의 '전통'과 '근대'

서구로부터의 충격에 영향을 받은 후발국은 서양에 비해 늦은 자국의 현상을 목전에 두고, 그 원인을 탐구하고 자국의 개조를 목표로 하였다. 그 때 반드시 나타난 것은 자국의 전통을 부정하고 근대화를 목표로 하는 전략과 근대화 속에서도 전통을 지키려고 하는 입장이 공존한 것이다. 이것은 단순히 개화파와 수구파라고 하는 대립에 멈추지 않는다. 여러 가지 변형(variation)을 안에 내포하고 있고, 간단히 그룹별로 나눌 수 있는 문제는 아니지만, 해당 사회의 전통적인 가족을 어떻게 파악할 것인가라고 하는 점에서 볼 때, 비교적 용의하게 분석할 수 있다고 생각된다.

여기에서 서양근대를 둘러싼 이른바 리트머스 시험지로서 가족과 젠더(gender)에 관련된 규범이 채택되는 것은 결코 우연이 아니다. 서양 근대가 낳은 개인주의는 친자간의 결속과 질서가 강한 동아시아의 사회에는 종래에 거의 존재하지 않은 사고방식이며, 이것은 사회의 질서를 흔드는 위험성을 가지고 있었다. 대포와 철도를 만드는 기술은 도입되어도, 이러한 가족규범까지 도입하는 것은 많은 경우, 당혹스러운 일이었다. 이 점에 관한 입장의 상이함은 그 후의 사회건설의 방향성에 일정한 차이점을 낳고 있다.

1. 자력의 근대화

자국의 전통을 부정하고 서양류(西洋流)의 근대화를 목표로 하자는 주장 자체는 어느 국가에서나 존재한다. 일본과 중국 같이 한반도에서도 개화파와 식민지 시기의 근대화론자 중에서도 그러한 주장이 발견된다. 그러나 가족규범을 변화시키고자 하는 주장이 어느 정도 주류였는가 하는 점에서 중국의 예는 특징적이라고 할 수 있다.

중국의 경우 1919년 5·4운동으로 대표되는 민족주의의 고양은 동시에 중국의 전통적인 가족제도에 대한 강한 비판을 포함하고 있었다. 잡지『신청년(新靑年)』에 모인 논객들은 맑스주의의 영향을 받아 가족제도와 그 배경이 되는 유교를 통렬히 비판하였다.『신청년』에서는 봉건적 가족제도의 부정, 특히 결혼제도의 개혁과 여성교육의 문제가 근대화의 맥락 속에서 논의되었다.

주지하는 바와 같이 문언일치(言文一致)에 의한 중국의 근대문학은 이 무렵 후스(胡適), 루쉰(魯迅) 등『신청년』에 모인 사람들에 의해 시작되었다. 따라서 빠진(巴金)의『家』를 들 것도 없이 봉건적인 가족제도에 대한 비판을 하나의 기조로 삼았던 것이었다. 당시의 중국은 국공대립이 격렬했던 시기로, 이 시기의 지식인도 그 영향을 받게 되었다. 그러나 루쉰처럼 맑스주의에 근접한 사람이 있는 반면, 후에 중앙연구원(中央硏究院)의 원장이 된 후스처럼 대만으로 옮겨간 사람도 있다는 점에서 볼 때, 이러한 봉건적 가족제도의 부정이 상당한 정도로 양 세력의 지식인들에게 공유되고 있다고 말할 수 있을 것이다. 즉 대만이든 인민공화국(중공)이든 중국의 경우는 성권의 원점(原点)에 상당히 강한 전통가족의 부정을 동반하고 있다고 말할 수 있다.

물론 이 경향은 맑스주의를 받아들인 대륙 중국에 있어 보다 현저하였다. 건국 후인 1950년에는 혼인법이 제정되었고, 농촌에서의 매매혼(賣買婚)과 아동혼(兒童婚) 등의 관행을 박멸하기 위해 혼인법관철운동이 전개되었다. 또한 문화대혁명까지의 중국에서는 여자는 세상의 반을 받친다는 것이 강조되었고, '신여성'(新女性)이 칭양(稱揚)되었다. 남자가 할 수 있는 것은 여자도 할 수 있다는 발상에서 여러 분야의 노동영역에 여성이 진출하였고, 인민복에 나타나는 것처럼 외견상 남녀의 차이조차도 작게 하고자 하는 방향성이 나타났다.

일본의 경우는 근대화 과정에서 전통가족에 대한 대처는 중국만큼 철저하지 않았다. 논쟁 끝에 프랑스식의 민법 채용을 그만두고, 종래의 계승법을 중시한 가족제도를 확립시킨 것에도 나타나듯이, 사회의 단위로서 부계의 혈연관계에 기반한 직계가족을 근본으로 삼았다. 그러나 한편으로 서양 근대의 가족제도에 가까워지기 위해 부부 동성(夫婦同姓)을 도입하고 또한 유교를 이용하면서도 그것을 치환하여 적용한 근대적인 여성교육(현모양처주의)을 보급시켜 갔다. 대게 일본의 경우는 맑스주의의 영향이 적었기 때문에, 전통에 대한 비판은 중국만큼 크지 않았지만, 메이지 유신에 의한 자국 내부로부터의 근대화 덕분에 한반도에 비하면 역으로 자국의 전통에서 자유로웠다고 생각된다.

게다가 전후의 상황을 생각해 보면, 패전은 메이지 이후의 제국주의적 확대노선의 좌절을 의미하였고, 일본에 있어서는 민족주의적 발상은 무비판적으로 긍정되는 것이 허용되지 않는 것을 의미하게 되었다. 물론 민족주의를 전면에 내세우는 정당이 전후 정권을 계속 획득해 온 것은 사실이지만, 혁신진영에서 보수당의 주류파에 이르기까지, 민족주의의 선양(宣揚)에는 신중해졌다고 말할 수 있다.

2. 식민지화 (근대 = 식민자)

식민지화에 있어 일본에 의한 식민지 지배를 경험한 한반도에서는 민족주의와 전통가족과의 관계가 크게 달라지고 있다. 부정되어야 할 식민자(植民者, 일본)에 의해 '근대'가 도래하였기 때문에, 내셔널리즘 속에서 전통은 보존해야할 것으로 생각되어졌으며, 그 속에서도 가족규범은 그 핵심이 되었다. 특히 황민화 정책 속에서 창씨개명이 강제되었고, 일본식의 민법제도가 도입된 것에 대한 반발은 매우 강하였다. 이것이 '전통적 가족규범'인 동성동본 금혼제도가 한국에서는 전후 오랫동안 존속된 하나의 이유였다고 생각된다.

이 외에도 일족의 족보를 작성한다든가, 정월이나 추석에 친족의 제사를 지낸다든가 하는 '전통적 가족'을 의식한 행동은 전후 한국사회 속에서 부활하고 성행하게 되어 새로운 전통으로 자리매김하게 되었다. 북한에서 족보는 한국전쟁의 혼란 속에서 알 수 없게 된 경우가 많고, 북에서는 그 이후 거의 작성되지 않고 있다고 생각할 수 있다는 점에서, 전후의 한국사회가 족보를 부활시키고자 했다는 점을 알 수 있다.

　북한의 경우는 사회주의의 영향 때문에, 동성동본 금혼제도를 기대할 수 없었다. 또한 김일성으로의 충성을 강조하는 관점 때문에, 친족조직이 강해질 수 없었고, 한국과 같은 친족간의 모임이 빈번하게 보여지는 것도 아니다. 그러나 유교 덕목의 강조와 여성스러움의 강조는 한국과 유사한 면을 가지며, 또한 수령을 정점으로 하는 독특한 유기체적 국가관은 그 기반으로서 유교와 공조를 이루고 있다. 이처럼 북한의 경우는 같은 사회주의라고 해도 중국의 경우와 그 양상이 매우 다르며, 유교적 가족관의 잔재는 사회주의의 도입에도 불구하고, 그것이 민족주의의 핵심으로서 남아있다는 점을 보여주고 있다.

　요약하자면 한반도의 경우는 일본에 의해 부당하게 억눌린 '근대'로의 저항의 핵으로서 '전통적 가족규범'을 유지하였고, 그것이 '고유의 미풍'처럼 되어, 해방 후에도 강하게 존속되었다. 물론 한반도에도 자국의 전통을 부정하고, 근대화를 추진하고자 한 세력은 존재하였지만, 그들은 일본통치와 관련된 탓에, 해방 후에는 친일파로서 발언권을 가지기 어려웠다. 가족의 근대화를 주장한 것은 '전통'의 부정과 같은 형태이며 식민지 통치와 연관되기 쉬웠다. 이와 같은 사정 때문에 중국과 일본에 비해 '전통'을 강하게 지키려 한 세력이 커질 수밖에 없었다.

　근대화 과정 속에서 민족주의가 나타나는 것은 지극히 당연한 현상이다. 그런 이유로 중국과 한반도의 차이는 민족주의 속에 가족과 젠더(gender)가 어떻게 메워져 있는가 하는 점이다. 즉 스스로에 의한 자국 전통의 부정을 통해 새로운 민족주의를 구성하고자 한 중국에 비해, 한반도는 민족주의의 핵으로 '전통적인 가족관'을 채워 넣는 경향이 강했다고 볼 수 있다.

III. 한반도의 동성동본제도

　　동성금혼제도는 원래 예기(礼記)에 기원을 두고 있으며, 중국에서 관습적으로 행해져 온 것이다. 한반도에도 유교의 도입과 함께 고려 말에서 조선 초기에 걸쳐 도입되어 관습으로서 정착되었다. 중국과 깊은 대비를 이루는 것은 중화민국 민법이 1931년에 동성금혼제도를 폐지한 것에 비해, 한반도에서는 구한말인 1905년에 형법대전(刑法大全) 572조 "씨관(氏貫)이 같은 자와 결혼한다든지 혹은 첩으로 삼는 자는 100대의 태형에 처하며, 이혼시킨다"라는 조항을 통해 동성동본의 결혼을 금지하였다. 동성자를 본관(本貫)으로 구별하고, 그 사이의 결혼을 금지하는 것은 조선 고유의 제도이고, 이것이 동성동본혼인이 금지되는 최초의 근거가 되었다. 근대화를 맞이하는 시기에 오히려 가족제도로서 '전통'을 재확인·재발견하는 방향으로 움직인 것은 매우 흥미로운 일이다.

　　1910년 이후 일본에 의한 식민지 지배 속에서도 이 동성동본 금혼제도는 크게 변하지 않았다. 조선총독부는 1912년 조선총독부제령 제7호 조선민사령(朝鮮總督府制令第七号朝鮮民事令)에서 조선인의 민사에 관한 사항은 조선민사령 또는 그 외의 법령에 의하고, 그러한 특별한 규정이 없는 경우에 한해 일본민법에 따르게 하였다. 특히 "제1조의 법률중 능력, 친족상속에 관한 규정은 조선인에 이것을 적용하지 않고 조선인에 관한 전항(前項)의 사항에 따라서 관습에 의거한다"(조선민사령 11조)라고 하며 구습존중주의(旧慣尊重主義)가 채용되었다. 총독부 내에서도 당초부터 한반도의 관습을 존중할 것인가, 일본민법을 채용해서 동화(同化)를 촉진할 것인가에 관해서 논의가 있었지만,[1] 적어도 초기 단계에서는 총독부는 친족관계에 관해서까지

---

1) 우메 켄지로(梅謙次郎)가 지휘한 민사관례조사(民事慣例調查)에 기초하여, 1907년 법전조사회가 일본측의 주도로 조직되었다. 그러나 사무관이었던 오다(小田幹治郎)는 "당신, 영국이 식민정책에 성공하고 있는 이유를 아는가? 영국은 토착민의 관습 풍속을 존중하였기 때문에 따라서 조선을 영구히 우리 일본에 속하게 하기 위해서는 필시 그 구습과 풍속은 존중하고 유지하여, 우메 박사가 구습조사에 최선을 다한 것도 그 준비였던 것이다"[『회고록』(조선사법계의 지난날

일본법을 적용할 것을 결정하지 않았다. 역으로 말해 구습조사(旧慣調査)를 통해 이 시점에서 '관습'이라고 인지되는 것이 '전통'으로 받아들여졌고, 전후 한국사회를 규정하게 된다. 그리고 그 '전통'은 상당한 정도로 일본의 '구습조사'(旧慣調査) 등을 통해 애매했던 습관이 고유의 관습으로 만들어지게 되었던 것이다(吉川美華 2001).

그 후 조선민사령은 1921년, 22년, 33년, 39년의 4차에 걸쳐 개정되었다. 1921년의 제1차 개정에서는 전술한 제11조는 "조선인의 친족 및 상속에 관해서 제1조의 법률에 의거하지 않고 관습에 의거하고 단, 친권, 후견, 보좌인 및 무능력자를 위한 친족회에 관한 규정은 이 제한에 따르지 않는다"라고 하여, 능력 부분에 대해서는 일본법의 적용을 받아들였다. 그리고 1922년에는 혼인연령, 재판상의 이혼, 인지 등이 일본민법의 적용을 받게 되었다. 이 시기 동시에 조선호적령(朝鮮戸籍令)이 제정되어 분가와 결혼 등에 대해서 사실주의(事實主義)에서 신고주의(申告主義)로 바뀌었고, 또한 호직에 의한 관리가 철저해졌다. 현재 한국에서의 호주제도 존폐논쟁의 한 근원이 이 시기의 법개정에 있다.

3차 개정은 부분적·기술적인 개정이었지만, 1939년의 4차 개정은 한반도의 관습에 없는 친족제도를 대폭 도입하게 되었다는 점에서 큰 방향전환이라고 말할 수 있다. 제11조는 "친족 및 상속에 관해서는 별도의 규정이 있는 것을 제외하고 제1조의 법률에 의하지 않고 관습에 의거한다. 단 씨(氏), 혼인연령, 재판상의 이혼, 인지, 재판상의 이연(離緣), 서자·양자의 경우에 있어 혼인 또는 연조(緣組)가 무효로 될 때 또는 취소되었을 때에 있어 연조(緣組) 또는 혼인의 취소, 친권, 후견, 보좌인, 친족회, 상속의 승인 및 재산의 분리에 관한 규정은 이 제한에 따르지 않는다. 씨는 호주(법정대리인

을 말하는 좌담회)『사법협회잡지』 19권 10·11호, 1941년라고 말하며 관습의 존중을 주장하였다. 한편 아사미 린타로(淺見倫太郎)는 "우메의 관습조사는 메이지민법을 약간 수정한 것으로, 메이지민법을 고쳐 만들 수 있는 한국민법은 종래 메이지민법과 동일한 관습을 가지는 것이다"(淺見倫太郎 1921)라고 하며 동화(同化)＝내지(일본)연장주의(內地延長主義)를 주장하였다.

이 있을 때는 법정대리인)가 이를 정한다"가 되었고, 게다가 11조의 2에서 이성양자(異姓養子)를 인정하고 있다는 점에서 서자·양자, 이성양자, 일본식의 씨(氏)제도의 도입이 포인트라고 할 수 있다. 혈통에 기반을 두고, 혼인과 입양에 의해서는 결코 변화할 수 없는 조선의 성(姓)제도부터, 이러한 개정은 가(家)라고 하는 횡적 관계를 중심으로 해서 씨(氏)를 변경하는 일본형의 제도로의 변화라고 하는 큰 전환이었다.

이러한 일본식의 씨명(氏名)을 붙이게 된 것은 사실상 강제에 의한 악명 높은 창씨개명의 법적 근거가 되었지만, 당초의 구습존중주의와 비교해 볼 때, 일본법을 채용하고자 한 강력한 동화주의·정책의 표현이라고 봐도 좋을 것이다. 중일전쟁이 혼란 속에서 한반도의 지위를 일본 국민에 가깝게 하고, 전력으로 활용하고 싶은 욕구가 보다 강한 동화주의·정책을 야기하였다는 것은 종종 지적되고 있다. 또한 주지의 사실이지만, 당초 조선인 쪽에서 강한 반발을 초래하게 되었지만, 사회의 기층에 있는 가족관의 근간을 좌우했다는 점에서, 반대로 식민지 정책이라고 하는 차원에서 볼 때에도, 결과적으로 의미 있는 정책이었는가 하는 점에서는 의문이 생긴다.

한편, 매우 흥미로운 것은 이 4차 개정에서도, 동성동본 금혼제도 자체는 변경되지 않았다는 점이다. 이 개정에 관한 총독부의 법무국장 미야모토(宮本元)는 서자·양자를 인정하는 법기술을 만든 바탕에서 아래와 같은 과제가 있었다고 말하였다. "아직 반도인(조선인)에 이성양자 용인의 법률신념을 순치(馴致)하는 것은 어렵지만, 서자·양자제도 실현을 위해서는 혼인의 요건인 '동성불혼'의 원칙이 양자 입양의 요건인 '동성동본'의 원칙을 포기하지 않으면 안 된다. (중략) 일반 여론은 동성동본 원칙의 완화를 희망하고 있는 연유로, 차후의 개정에 의해 이성양자를 인정하게 하였다"(宮本元 1940, 539). 여기에서 말하는 동성동본은 본 논문에서 말하는 결혼에 관한 것은 아니며, 양자 입양 때의 이성불양(異姓不養)의 원칙을 지적하고 있는 것이다. 즉 이성불양과 동성불혼이 서자·양자를 저지하는 최대 요인이지만, 동성불혼을 해제하는 것은 보다 강한 저항이 있을 것이라 생각되었기 때문에, 이성양자를 가능하게 하였다고 말하고 있는 것이다. 가업(家業)을 안정적으로 계승하기 위해서, 서자·양자 제도가 요청되고 있다는 것이 개정하는 측의 근거였지만, 역으로 말하자면, 이 정도의 동화주의·정책이 나온 단계라도 동성동본 금혼제도는 즉시 변경되어야 할 것으로 인식되지는 않았다.

한편 이것에 대처하는 운동의 측에서 봐도 이 시기에 확산된 여성운동 속에서 동성동본 금혼제도를 의문시하는 뚜렷한 운동은 눈에 띄지 않았다. 봉건유산의 철폐와 조혼의 폐지, 교육의 추진, 노동문제 등은 큰 이슈가 되었지만, 동성동본 금혼제도에 관해서 관습에 날카로운 비판을 하는 세력이 강했다고 말할 수 없다. 게다가 식민지하에서는 여성운동도 민족운동의 성격을 가질 수밖에 없었고, 서로 다른 차원의 이해관계를 규합해서 민족적 운동을 달성해 가는 것이 과제가 되었다(이윤희 1995). 중국에서도 공산당 근거지를 제외하면, 항일운동의 본격화와 함께 5·4 운동 시기처럼 전통가족 비판이 새로운 가족상을 제시하고 있다는 움직임이 약화되었지만, 그것과 같은 현상이라고 생각할 수는 없다.

IV. 해방 후의 민법제정

1945년 해방 후, 민법제정까지의 기간동안 친족법에 관해서는 관습법이 적용되었다. 1946년 10월 미군제령(美軍制令) 122호 "조선성명복구령(朝鮮姓名復旧令)"으로 창씨제도도 정식으로 폐지되었다. 서자·양자 제도에 관해서도, 대법원의 판시에 의해 서자·양자 제도는 왜정퇴각과 동시에 자연 소멸되었고, 그것에 의해 성립된 서자·양자 관계는 공서양속에 위반하기 때문에 성립부터 무효이며, 단지 부부관계만이 존재하게 되었다. 이후 독자적인 민법제정을 향한 움직임이 시작되었지만, 이 과정은 민족주의와 젠더의 상극을 보여주는 흥미로운 일이었다.

　　1948년 법전편찬위원회가 조직되고, 민법 분과에서는 법전편찬위원회 위원장인 김병로(金炳魯)가 위원장을 겸직하고, 신분편(身分編)에 관해서는 장경근(張暻根)이 책임위원이 되었다. 가족편(家族編)은 1949년부터 심의가 시작되었지만, 그 단계에서는 장경근의 사안이 원안(原案)이 되었다. 그 입법방침은 전래되어 오는 미풍양속이 폐풍(弊風)되지 않는 한 유지했지만, 민족의 발전에 장애가 되는 봉건사회적 여러 풍습은 배척하였고, 점진적인 개혁을 추진하는 것이었다(鄭鍾休 1989, 160). 이 사안(私案)에서 동성동본 금혼제도는 폐지되었다.

　　그 후 한국전쟁의 발발에 의해 편집작업은 중단되었지만, 실제로는 장경근 사안을 바탕으로 김병로가 혼자서 편집을 추진하게 되었다. 그는 당시의 대법원 원장으로 한국법조계의 중진이었다. 또한 그는 일본법 일소라는 의식이 매우 강하였다고 한다. 김병로가 기초한 정부안은 1954년에 국회의 법제사법위원회로 회부되었다. 이 정부안은 802조에서 "동성동본인 혈족 가운데서는 혼인할 수 없다. 단 선조의 계통이 명확하지 않은 경우에 있어서는 적용되지 않는다"라고 규정하고, 동성동본 금혼제도는 유지되는 방향으로 정해지게 되었다.

　　이에 대해 법제사법위원회의 민법안 심의 소위원회(장경근 위원장)에서 수정이 이루어졌고, 법제사법위원회 수정안이 성립된 것은 1957년이다. 이 과정에서 다시 동성동본 금혼제도를 폐지하는 방향이 나타났다. 즉 802조에 대해서 구체적으로는 "이하의 각호에 해당되는 자와는 혼인할 수 없다. ① 직계혈족과 직계인족(直系姻族), ② 8촌 이내의 방계부계혈족(傍系父系血族), ③ 4촌 이내의 모계혈족, ④ 8촌 이내의 부계인족"이라고 해서 8촌 이내의 방계혈족이라고 하는 형태로 동성동본 금혼의 색채를 약간 남기면서 대폭적으로 그 범위를 축소하였던 것이다. 일본처럼 4촌간에 혼인할 수 있는 금혼범위가 매우 작은 사회에 비하면, 이것은 당연한 것으로서, 금혼범위가 매우 큰 규정이라고 말할 수 있을 것이지만, 이 수정에 대해 맹렬한 반발이 일어났다.

  본 논문의 관점에서 볼 때 흥미로운 점은 여기에 일본에 대한 반발이 깃든 강한 민족주의와 전통적 가족규범과의 결합이 보여지고 있다는 것이다. 김병로 법전편찬위원회 위원장은 "한국은 근친혼을 처음부터 금지하고, 인류의 최고문화를 유지해 왔다. 타국도 문화의 발전을 위해 한국을 보고 배워야 할 것이다"라고 말하고, 동성동본 금혼제도의 정당성을 주장하였다. 어찌하여 "예(礼)와 의(義)를 버리고 야만에 가까운 나라의 4촌간에 혼인을 보고 배우려고 하는가"라고 하는 최병국(崔秉國) 의원의 발언은 물론 일본을 유념해 둔 것이다. 또한 성원경(成元慶) 의원도 "일본인은 4촌간을 넘어서면 혼인도 하고, 그들의 민법에도 그것을 규정하고 있다. 그런데 일본인의 피치자였던 한국인은 그와 같은 것을 금수(禽獸)라고 보고 있기 때문에, 일본인은 (중략) 지배자를 멸시하는 생각을 근본적으로 없애고자 하는 정책적 필요에 의해 동성혼을 인정하는 것도 법전화하려 하였지만, 여론에 밀려 그렇게 할 수 없었다. 식민지로서 통치하였던 일본인도 이것에 대해서 감히 손댈 수 없었던 것을 어떻게 법제사법위원회 소위원회가 이것을 개정하고 한국의 도덕상, 풍속상 일내 대혁녕석 기풍을 일으킬만한 것을 규정해서 수정안으로 만들 수 있었는가하는 의문이 생긴다."

  한편 같은 해 4월에 시행된 학생, 정치가, 공무원, 법실무가 등 13개 직종 500명을 대상으로 한 한국일보에 의한 여론조사에서는, 동성동본 금지조항의 삭제를 찬성하는 사람은 50.9%, 반대하는 사람이 49.1%로 나타났다(『한국일보』 1957/05/12). 교육 수준이 높은 계층을 주 대상으로 한 조사내용과 의견은 국회에서의 논의와 여론보다도 어느 정도 개방적인 것이며, 장경근 사안과 같은 논의의 배경을 볼 수 있지만, 그래도 동성동본 금혼제도의 폐지에는 강한 저항이 있었다고 보여진다.

  국회심의 후 11월 18일에는 이례적으로 이승만 대통령의 성명이 발표되었다. 그 내용은 "우리 국민은 결백한 민족으로서 삼강오륜의 도리를 잘 지켜 동성혼을 금지해 왔다. 동성간에 혼인한다면, 인간은 퇴화되고 생물학적으로도 나빠지며, 도덕상으로도 좋지 않기 때문에 관습법대로 동성금혼제를 고수해 나가는 것이 좋다"라고 하는 동성불혼에 찬성하는 내용이었다. 이 배경에는 유림측의 압력이 있었다고 여겨지고 있다. 친족조직의 종족(宗族) 다수는 유도회(儒道會)의 하부조직에 속해 있고, 선거 시에는 큰 집표력(集票力)을 발휘하였다. 법조계에 비해서 의원이나 정치가의 보수적 자세는 이러한 것으로 설명될 수 있을 것이다.

12월 5일에 채결이 이루어지고, 문제가 된 802조에 관해서는 8촌 이상의 동성혼은 인정하자는 법제사법소위원회안(法制司法小委員會案)에 대해서는 찬성자가 한 명도 없었다. 정부안의 제1항 "동성동본인 혈족 가운에서는 혼인을 할 수 없다. 단 선조의 계통이 명확하지 않는 경우에 있어서는 그에 따르지 아니한다"의 규정에 관해서는 앞부분에 관해서 110명 중 90명의 찬성으로 가결되었지만, 그 때 동성불혼의 원칙을 철저히 하자는 입장의 수정안이 채결되어 뒷부분 "단~" 이하의 단서조항은 삭제되었다. 정부안 이상으로 보수적인 결론에 이르게 되었던 것이다.

정종휴도 언급한 것처럼(鄭鐘休 1989, 182-183), 이러한 제정과정에서 반일감정이 일정한 역할을 하였다는 것은 명백한 일이다. 광복 이후 10년간의 한국사회에서 국민들 사이에 강한 반일감정이 존재한 것은 당연한 일일 것이다. 그리고 이것은 사회의 구심력을 고양시키기 위해 정치적으로 이용되었다. 식자들의 의식에 비해, 국회에서의 심의가 보수적인 방향으로 기울게 된 것은 이러한 역학(力學)과 무관하지 않을 것이다. 이것은 어떤 의미에서 일본통치의 유산이 매우 왜곡된 형태로 존재하고 있었다는 점을 말해준다. 한국사회의 민족주의가 반일과 반북한을 기반으로 하여 자극되었다는 것은 주지의 사실이지만, 그 핵심에는 가족규범이 있었고, 결과적으로 대단히 보수적인 가족규범이 '전통'으로서 인식되어, 긍정적으로 받아들여지게 되었다. 그리고 이것은 해방 후의 한국사회를 구속하는 것이기도 하였다.

V. 가족법 개정의 역사

이후 3회에 걸쳐 가족법(민법의 친족법 관련부분)은 개정되었다. 가족법 개정은 한국의 여성운동에 있어 해방 후 일관되게 계속된 크나큰 과제가 되었다. 호주제도의 폐지와 동성동본 금혼제도의 폐지는 그 과제의 2개의 기둥이 되었던 것이다. 한마디로 말해 1957년 제정된 민법이 지닌 '봉건유제'(封建遺制)와의 투쟁이라고 해도 좋고, 역으로 보수파의 관점에서 볼 때, '미풍양속'을 지키는 싸움으로 봐도 좋을 것이다. 일본에 진주한 미군에 의해 일거에 호주제도가 폐지되고, 핵가족에 기초를 둔 민법이 도입된 일본과는 달리 한국은 '가족법의 근대화'를 자신의 손으로 수행할 수 있게 되었지만, 그것은 어떤 의미에서 불행한 식민지시대와의 연속으로, 자국의 전통을 어떻게 인식할 것인가를 둘러싼 '고투'(苦鬪)라고 말할 수 있을 것이다.

첫 번째 개정인 1962년 개정(1963년 시행)은 비교적 소규모였으며, 논자에 따라서는 이것을 개정에 포함하지 않고, 그 다음의 2차 개정을 최초로 보는 견해도 있다. 어쨌든 여기에서 결혼에 의해 분가했다고 간주하는 법정분가제도가 신설되었다. 이것은 차남 이하가 결혼과 동시에 분가를 하는 것으로 보는 것으로, 보다 핵가족을 지향한 가족제도로의 진일보한 변경을 의미하는 것이었다(이태영 1992, 139).

2차 개정은 보다 대규모적으로 이루어졌다. 개정안의 국회제출 1개월 전, 1974년 8월에 한국부인회(韓國婦人會)가 여론조사를 실시하였다. 대상은 무작위적이지 않고, 중졸 이상의 학력을 가진 남녀로 교육계·학계·법조계·공무원·회사원 등을 망라된 것이었기 때문에(유효 응답수 4,473), 조사대상과 배경이 된 의도를 생각해도 일반적인 여론에 비하면 진보적인 의견이 나오기 쉽다고 생각될 수 있다. 조사 결과, "소속불명의 재산에 관해서 부부의 공유재산으로 할 것," "유류분제도(遺留分制度)" 등에 관해서, 70% 이상이 찬성하였다. 이것에 비해 "호주제도 폐지"는 찬성(50%), 반대(26%), 그리고 검토의 필요성이 있다(24%)로, 찬성의 비율이 낮아지고, "동성동본 금혼제도 폐지"에 이르러서는 찬성(43%), 반대(40%), 검토 필요성이 있다 (17%)로 뿌리깊은 반대가 존재하고 있음을 엿볼 수 있다(이태영 1992, 179-180).

1975년 4월에는 이 문제에 대해서 공청회가 개최되었다. 미풍양속론과 진보적인 입장이 대립된 구도는 변함없지만, 새로운 시점으로서 강원용(크리스챤 아카데미 원장)과 같은 외래론(外來論)이 등장하였다. "가족법 개정에 반대하는 분들은 우리 고유의 미풍양속을 해친다고 하는데, 이것이 과연 우리의 것이냐? 이것이 중국과 일본의 것이라고 학자들이 입증하고 있다. 문제는 미풍양속이면 지켜야 한다는 점이다." 즉 호주제도를 일본에서 유래한 것, 동성동본 금혼제도를 중국의 것으로 보고, 고유의 미풍이라고 하는 민족주의라는 것에서 분리하여, 외국의 것이라고 해서 부정해도 상관없다는 식으로 고유의 미풍을 부정하지 않고, '전통'을 부정하는 논리를 구축하고자 하는 움직임이 나타나게 되었다.

결과적으로 여성의원이 중심이 되어 제출한 민법개정안은 호주제도·동성동본 금혼제도 폐지를 가족법의 근간으로서 개정을 추진하는 것이기 때문에, 보수파로부터의 강경한 반대에 직면, 폐안(廢案)되었다. 그리고 민법개정법률안 심의위원회의 안(案)으로서 제출된 수정안이 1977년 가결되었다 (1979년 시행). 그 안에서는 혼인에 의한 성년의제(成年擬制), 성년자의 혼인에 대한 부모의 동의를 불요(不要)하는 것, 친권의 부모공동행사, 소속불명재산의 부부공유 추정, 여자 및 처의 상속권 확대 등이 인정되게 되었다.[2] 이것들 모두 일족(一族)에 의한 종중심(縱中心)의 가족관에서 부부를 기초로 하는 횡중심(橫中心)의 가족관으로 변화하는 가족법 개정의 방향성에 합

---

2) 이 개정에서 동순위(同順位)의 상속인이 복수일 경우는 적출인가 아닌가를 따지지 않고, 또한 성별에 관계없이 균등하게 하고, 예외는 호주상속을 하는 경우(5할 가산), 분가·혼인 등으로 동일가적내(同一家籍內)에 없는 여자는 남자 상속분의 1/4이다. 또한 아내의 상속분은 직계비속의 상속분에 5할을 가산하게 되었다. 개정 이전은 여자의 상속분은 남자의 1/2이었다. 아내의 상속분도 직계비속 남자의 1/2이었기 때문에, 여자 및 아내의 상속분이 대폭 증가하게 된다. 이 개정에 대해서는 한국인의 법의식에서 볼 때, 꽤 진전된 것이라고 인식되며, 법과 실제와의 차이를 어떻게 매울 것인가가 시행에 있어 문제가 되었다(최달곤 1978).

치하는 것이지만, 호주제도와 동성동본 금혼제도라고 하는 제도의 근간에는 전혀 손을 대지 못하고 있다는 점에 주목하지 않을 수 없다.

제3차 개정안 또한 1988년 11월에 여성의원들이 중심이 되어 제출되었다. 한국의 민주화가 일정한 성과를 달성한 후의 일로서, 여성단체 사이에서는 근본적인 개정에 대한 기대가 높아졌다. 제144 국회 법제사법위원회는 법안심사소위원회를 설치하였지만, 동 소위원회는 호주제도의 철폐와 동성동본 금혼제도의 폐지를 포함한 이 개정안에 대해서 1989년 12월 제147 국회 제16차 법제사법위원회에서 사회에 미치는 영향이 매우 크기 때문에 부적절하다고 하고, 대신 개정대안(改正代案)을 본회의에 제출하게 되었다.

개정대안에서는 호주제도와 동성동본 금혼제도의 철폐를 보류하는 대신, 호주상속제도를 호주승계제도로 바꾸고, 호주권을 명목적인 것으로 한정하였다. 이 외에 이혼시의 양육권을 '부친'에서 '협의에 의해 결정한다'라고 변경한 것이나, 호주승계권의 상속증분(相續增分)을 없앤 결과 배우자(아내)의 상속분을 늘린다든가 하는 형태로 실질적으로 종적(縱的) 가족보다 횡적(橫的) 가족 관계를 중시하는 방향으로 법개정을 추진하였다.3)

이 과정의 논의에 있어서도, 역시 일본통치와의 관계가 논의되고 있다. 개정추진측의 참고인이 된 김주수(金疇洙) 교수는 국회에서 "우리 민법상의 호주제도는 우리나라 전통적인 남계(男系)혈통의 계승제도에 일제시대의 군국주의적인 천황제도를 유지하기 위해서 만들어진 호주제도가 혼입(混入)되어 있다는 사실입니다. 그것은 대단히 문제라고 생각되는데, 이것이 과연 우리의 순풍미속(淳風美俗)이라고 할 수 있겠는가?"4)라고 하며 호주제도를 일본에서 유래한 것이라고 보며 민족주의와 분리시키고자 하였다. 한편 유림측은 호주제도가 일본에서 유래한 것으로, 동성동본 금혼제도는 중국에서 유래한 문화라는 비판에 대해서 다음과 같이 답하였다. "우리나라가 일제의

---

3) 1977년 개정에 관해서는 山田·靑木·靑木(1986) 또는 1989년 개정에 관해서는 權·權藤(1990)을 참조하였다.

4) 제147 국회 제13차 법제사법위원회에서의 빌인(1989년 12월 8일).

잔재를 답습하고 있는 것이 아니고, 우리나라의 가족제도를 파괴하기 위해 별별 수단을 동원하였다는 것입니다. (중략) 유교적 가족제도를 마멸케 하고, 한국적 가족제도를 붕괴함으로써 민족정신을 말살하여 선량한 황국신민화를 꾀하였던 것입니다. 일제는 이와 같이 우리나라의 가족제도를 붕괴시키는 방법이 민족과 종족성이 강한 제도인 동성동본 금혼 및 호주제 폐지에 있다는 것을 충분히 알면서도 민족의 일대 저항을 우려한 나머지 이를 개정치 못한 것입니다."5)

물론 여성단체 등은 헌법의 이념과 남녀평등과의 관계에서 가족법의 개정을 요구하고 있지만, 유림으로 대표되는 보수파의 강한 반대 직면하여 이러한 민족주의를 자극하지 않는 형태의 개정론을 제기하게 되었다. 그것은 결과적으로 모든 세력이 여러 악의 근원을 일제통치에서 찾으면서, '미풍양속'은 좋은 것이라고 하는 논의의 구도를 취하게 된다. 이러한 논의구도는 1970년대의 제2차 개정에서 현재까지의 논의의 하나의 전형이 되었다. 유림 측의 고유 전통이라는 주장에 대해 미풍양속이라면 지킬 가치가 있을지 모르겠지만, 결국 외국에서 전래된 것이라고 하는 반론이 제기되는 것이다.

그리고 결과적으로 동성동본 금혼제도와 호주제도는 폐지되지 않고, 1989년에 개정대안이 승인되어 1991년부터 시행되게 되었다.

VI. 헌법불합치와 그 이후

근래의 가족법 개정에서 실질적으로 횡적 관계를 보다 중시하는 방향으로 법개정이 이루어져 왔다고 말하였지만, 동성동본 금혼제도에 관해서 실

---

5) 제147 국회 제13차 법제사법위원회에서의 발언의 성균관 유도회사무총장(成均館儒道會事務總長) 이완희의 발언.

질적인 피해자가 없었다는 것은 결코 아니다. 세계에서 유례를 찾아볼 수 없는 광범위한 금혼규범을 가진 동성동본 금혼제도로 인해 법적으로 결혼을 할 수 없는 커플이 많이 생겨나게 되었다. 1985년 경제기획원 조사에 의하면 최대 동성동본 집단인 김해 김씨가 3,767,000여 명, 밀양 박씨가 2,704,000여 명, 전주 이씨가 2,379,000여 명으로,6) 이들 집단이 최대일 경우 전체인구의 1할 가까이가 하나의 외혼집단(外婚集團)에 속하게 되기 때문에, 그 폐해는 결코 작지 않다. 따라서 지금까지 3회에 걸쳐 1년간의 시한입법이 제정되어, 사실상의 구제가 이루어졌다. 이 혼인에 관한 특례법으로 구제된 커플의 수는 77년 4,577쌍, 87년 12,443쌍, 95년 25,807쌍이 되었고, 증가하고 있는 실정이다. 국회가 법개정을 주저하는 사이에 실질적인 피해가 발생해 온 것이다(岡克彦 1998).

이에 대해서 한국의 헌법재판소는 1997년 7월 동성동본 금혼제도(민법 809조 1항)에 대해서, 재판관 9명 중 7명의 다수의견으로 헌법불합치라고 하는 사실상의 위헌판결을 내렸다.7) 발단은 이태영이 설립한 한국가정법률상담소가 설치한 동성동본 혼인문제신고센터에 신고된 상담이었다. 그들은 동성동본이기 때문에 혼인신고서가 접수되지 않았던 것에 불복하고 1995년 서울가정법원에 처분 취소를 요구하는 소송을 제기하였다. 동시에 동조항이 국민의 행복추구권(헌법 10조 前段)과 법 앞의 평등(동 11조 1항)을 보장한 헌법에 위반한다고 하여 헌법재판소에 해당 조항의 위헌존부(違憲存否) 심리를 제청하고8) 가정법원에 신청하였다. 가정법원은 위헌존부의 판단이 본

---

6) 15년만에 행하는 2000년의 "인구 및 주택총조사 성씨 및 본관집계결과"에 의하면 김해 김씨가 412만 5천 명(인구의 9.0%), 밀양 박씨 303만 1천 명(인구의 6.6%), 전주 이씨 261만 명(인구의 5.7%)이었다.

7) 헌법불합치는 본래, 법률조항이 헌법에 합치하지 않다고 하는 위헌선언에 머무르며, 그 법률조항의 효력 자체는 다음 법개정까지 잠정적으로 유지되는 형식을 취하기 때문에 단순위헌결정과는 다르다. 단순위헌결정에는 9명의 재판관 중 6명 이상의 찬성을 필요로 하지만, 본건에서는 단순위헌 5명, 헌법불합치 2명, 합헌 2명이었다.

8) 제청이라는 것은 헌법재판소에 위헌법률심판을 제기하는 것을 가리키며, 그 권한은 일반법원(재판소)이 가진다.

건 재판의 전제가 되기에 헌법재판소에 본건을 제청하였고, 그 결정은 1997
년에 나왔다.

　결정의 내용은 809조 1항에 관해서 헌법불합치판정을 내렸고, 1998년
12월 31일까지 입법부가 이 조항을 개정하지 않으면, 99년 1월 1일에 실효
(失效)한다는 내용이다. 그리고 국가와 지방자치단체 등의 기관에는 개정이
이루어질 때까지 그 적용을 정지할 것을 명하고 있다. 헌법불합치는 본래
해당 조항의 효력을 즉시 부정하는 것은 아니지만, 이 결론에서는 운용의
정지와 실효를 동시에 규정하고 있다는 의미에서 실질적인 위헌판결이라고
도 말할 수 있다. 이것에 의해 호적실무 면에서는 현재 민법 815조가 정한
근친혼(기본적으로는 8촌 이내)9)이 아닌 한, 신고가 접수되고 있다.

　이것으로 동성동본 금혼제도에 관해서는 모든 것이 해결된 것처럼 생각
되겠지만, 사태는 그렇게 단순하지 않았다. 단순위헌이 아니라 헌법불합치
인 점에서, 그 후의 입법작업은 국회에 맡겨지게 되었지만, 98년 말까지의
법개정이 그 이후 조금도 실행되지 않았다. 민법개정에 관해서는 정부측에
서 입법예고가 있었지만, 결정으로부터 1년 후인 1998년 7월의 일이었다.
정부안은 1998년 11월에 제안되어 제198회 국회의 법제사법위원회에 상정
되었지만, 약 1년간의 심의 결과, 다음해인 1999년 12월 17일에는 정부안이
아니라, 동성동본 금혼조항을 개정대상에서 삭제한 의원제안이 법제사법위
원회를 통과해 버렸다. 어느 범위를 근친혼으로 할 것인가에 대해서 큰 논쟁
의 대립이 나타났던 것이다. 정부안은 현행 815조의 규정에서 한걸음 나가
서 혈족에 관해서는 종래대로 8촌 이내를 친족의 범위로 하여 금혼의 범위
로 하고자 한 반면, 인족(姻族)에 관해서는 금혼의 범위를 축소하는 것이었
다. 이 점이 유림측과 그 표를 의식한 의원 측의 반발을 샀던 것이었다. 단지

---

9) 금혼의 범위에 관해서 민법 815조는 다음과 같이 규정하고 있다.
　　815조 혼인은 다음 각호의 경우에는 무효로 한다.
　　　① 당사자간에 혼인 합의가 없을 경우
　　　② 당사자간에 직계혈족, 8촌 이내의 방계혈족 및 배우자인 친족관계가 있을 때 또는 있었을 때
　　　③ 당사자간에 직계인척, 남편의 8촌 이내 혈족인 인척관계가 있을 때 또는 있었을 때

협의 결과, 결국 이 의원제안은 본회의에 부의되지 않고, 제15대 국회의 임기만료와 함께 폐안되었다.

선거를 거쳐 제16대 국회에서 정부안[10]이 발의된 것은 2000년 10월이었다. 2001년에는 법제사법위원회에 계류되고, 2002년 3월에는 공청회가 열렸지만, 결국 김대중 정권하에서는 법률개정에 이르지 못했다.

한국민법의 근친혼 규정 중, 혈족의 8촌이라고 하는 규범은 다른 외국에 비해서 유난히 넓은 것으로, 우생학적인 근거라기보다는 '동고조팔촌'(同高祖八寸) 등으로 불리는 전통적인 가족집단규범을 배경으로 한 것이다. 게다가 인족과 과거에 인족이었던 자를 근친으로서 금혼의 범위에 포함시킨다는 발상은 당연히 우생학적으로는 어떤 근거도 없으며, 완전히 전통적 가족규범에서 기인하는 것이라고 말할 수 있다. 법조계는 동성동본 금혼제도를 포함하여 이러한 전통적인 제도에 관해서는 헌법의 정신 등과의 관계에서 도덕의 범위에 머물러야만 하는 것으로 법률에서 일률적으로 규제하는 것은 바람직스럽지 않다는 비판적인 견해가 강했다. 이것이 헌법불합치의 결정과 금혼의 범위를 좁게 하는 정부안이 제출되게 된 배경이 되었지만, 이러한 정부안의 방향성은 헌법불합치의 결정과 함께, 국회의원과 유림측으로부터 강한 비판에 직면하고 있다.

1999년 3월에 열린 국회의 공청회에서도 유림측을 대표하는 진술인으로부터 강한 비판이 이어졌다.[11] 성균관의 고문 김진우(金鎭佑) 변호사는 동성 금혼은 원래 단군시대부터 있었던 것이라고 말하며, 동성동본에 관해서는 "우리의 고유하고 유구한 관습이고, 국민 모두가 미풍양속으로서 지켜온

---

10) 이외에 여성의 재혼금지기간의 폐지, 양친(부)과 양자의 성을 같게 할 수 있는 제도(친양자제도) 등이 같은 민법개정안 속에 포함되었다. 특히 친양자제도는 이혼이 급증하기 때문에, 재혼한 여성이 데리고 온 자녀의 성이 재혼상대 남성과 다르기 때문에, 재혼이 되지 않는 차별을 경감하기 위해 고려된 것이지만, 성(姓) 불변의 원칙을 변경하는 매우 큰 변화를 의미한다. 성 불변의 원칙이 양자에 됨에 따른 변경된다는 의미에서 이미 살펴본 1939년의 조선민사령 제2차 개정에서 제출된 서자·양자의 도입에 관해서 논점에 관해 다시 논의되고 있게 되었다는 점에서 매우 흥미롭다.

11) http://root.re.kr에 상세하게 기재되어 있다.

혼인윤리이며, 혼인법의 규범이다"라고 말하였다. 그리고 그는 서울대의 유전학 전문가의 의견을 들면서 "동족의 경우는 15촌까지 유전적으로 영향을 받는다"라고 말하며, 유전적인 이유로 염려를 표명하였다. 보수파의 또 한 사람의 진술인 한국씨족총연합회(韓國氏族總連合會)의 구상진(具相鎭) 부총재는 동성동본 금혼을 중국에서 유래한 것이라는 의견에 반대하고, "중국의 가족제도 자체가 한국인의 문화에 영향을 준 한국계 문화의 유풍(遺風)이었지만, 중국 내부의 민족에서는 이것보다는 더 야만적이었다라고 말한 사람도 있다"라고 진술하였다. 어쨌든 중국과의 관계에서 동성동본 금혼이야 말로 한국고유의 전통으로 생각하고 있는 것이다.

요약하자면, 보수파의 논거는 '고유한 전통'과 '유전학'이다. 어떤 의미에서 그것은 일관되고 있지만, 흥미로운 것은 이러한 논거에는 1950년대의 논의에서 나타난 것 같은 일본의 식민지통치에 관한 직접적인 언급은 보이지 않는다는 것이다. 동성동본 금혼제도를 일본통치와의 관계에서 논의하는 입장은 현재 반드시 주류는 아니다. 동성동본 금혼제도의 잔재가 일본통치와 관계있는 것인가라고 현재의 한국에서 물어본다면, 많은 사람들이 고개를 갸웃할 것이다. "그것은 단순한 전통주의의 문제다"라고 하는 것이 평균적인 대답일 것이다. 이 제도를 둘러싼 논의의 흐름 속에서, 시대배경과 함께 뒤로 물러난 것은 분명하지만, 일본통치와 무관하다고 보는 것 자체가 한국에서의 논의 흐름을 반영하고 있다고도 말할 수 있을 것이다. 단 한쪽에서 1970년대부터 계속해 온 것과 같이 외래론(外來論)에 대한 반비판(反批判)으로서 "동성동본 금혼제도=고유의 전통"이라고 하는 도식이 도출되고 있는 것은 변함이 없다.

한편 헌법불합치로부터 5년이나 경과한 후, 어떤 의미에서 이상하게 보일 수도 있지만 2002년 대통령선거에서도 "후보자에게 동성동본 금혼의 조항에 관해서 어떻게 생각하는가"라는 질문이 성립되고 있는 것이 현실이다. 2002년 12월 6일 『동아일보』(인터넷판)의 "이회창 후보가 현재의 틀 속에서 한시적인 구제조치의 필요성을 강조한 것에 비해, 노무현 후보는 현실을 반영하여 동성동본이라 해도 혼인금지규정은 폐지되지 않으면 안 된다는 입장이다"라는 보도에서 보듯이 마치 헌법불합치판정 전과 같은 의견 대립이 소개되고 있다. 물론 독립적인 쟁점으로 다루어진 것은 아니지만, 여전히 후보자의 입장이 나누어진 것을 볼 때, 논의의 여지가 남아있는 것으로 인식되고 있는 것이다. 동성동본 금혼규범의 뿌리가 깊다는 점에서, 일반인 사이에서 헌법불합치 판정 이후에도 제도적으로는 8촌 이내가 아니면 결혼이 인정되게 되었다는 것을 모르는 사람이 있어도 이상할 것이 없다.

그 후, 호주제 폐지를 공약으로 내건 노무현 정권이 성립(2003년)되면서 정부측에서 다시금 민법개정에 적극적인 태도를 보였으며, 제17대 국회 총선거에서 열린우리당이 의석 과반수를 획득(2004년 4월)함으로써 국회에서도 그 움직임이 뚜렷해졌다. 그리고 2005년 3월 2일 호주제와 동성동본 금혼제도의 폐지, 그리고 재혼시 자녀의 성을 바꿀 수 있도록 하는 등의 내용을 포함한 민법개정안이 본회의에서 가결되어 2008년 1월 1일부터 시행되었다. 1905년에 제도화된 '전통'이 100년의 세월을 거쳐 자국민의 손에 의해 부정되는 결과가 된 것이다.

VII. '전통'을 뛰어넘다

민족주의와 젠더와의 상관관계라는 관점에서 자국의 '전통가족'을 어떻게 뛰어넘을 것인가 하는 점에 주목하고, 동성동본 금혼제도의 문제점을 살펴보았다. 전통과 근대의 충돌이라는 차원에서 생각해 볼 때, 물론 이것은 한국만의 문제는 아니며, 일본에서도 호적제도를 어떻게 생각할 것인가, 부부의 성(姓)의 선택문제와 비적출자(非嫡出子)의 차별을 어떻게 할 것인가 등의 문제점을 찾아볼 수 있다. 단지 평균적인 근대가족법의 사고방식에서 이처럼 거리가 먼 제도가 해방 후 반세기 이상 개정되지 않고, 헌법불합치결정 후에도 개정되지 않았다는 사실은 어떤 의미에서 매우 흥미롭기까지 하다. 민족주의 핵심 속에 이러한 가족의 문제가 내재되어 그것을 매우 강하게 지키고자 해왔던 것이다.

논의의 흐름을 볼 때, 1950년대 민법제정기에 있어서는 동성동본 금혼제도를 새로운 민법에 존속시키려고 한 움직임은 식민지시대의 기억과 그것에 기반한 반일감정이 강하게 작용한 것이고 인식할 수 있다. 근대가 식민지 통치자(일본)에 의해서 초래된 사회에서 어떤 의미에서 하나의 반발로 '전통가족'이 재발견되었고, 그것이 민족주의와 강하게 결합된 패턴을 보인다고 생각할 수 있다. '전통가족'이 민족주의의 핵심이 된 해방 후 한국사회의 바탕은 식민지통치와의 관계에서 형성된 것이다.

게다가 그 다음 개정이 이어진 1970년대 이후에서는 동성동본 금혼제도와 호적제도라고 하는 한국 민법이 가진 '전통적' 요소가 오히려 중국과 일본 등에서 유래한 것이라는 비판이 법개정을 요구하는 측에서 제기되게 되었다. 즉 근대적인 개인 인권에 기반한 주장을 정면에서 제기하였을 뿐만 아니라, 민족주의의 토양 위에서 '고유의 전통' 속에 동성동본 금혼제도가 포함되지 않는다는 주장을 제기하였던 것이다.

이에 대해서 당연히 보수세력은 동성동본 금혼제도가 한국의 고유한 것이라며 옹호하였다. 그러한 주장에는 이미 식민지지배에 대한 직접적인 언급은 적었지만, 넓은 의미에서 '전통가족'이 민족주의의 핵심을 형성하는 것이라는 인식 위에 있었다는 점은 동일하다. 1950년대에 존재했던 논의의 배치도(配置圖) 자체에는 큰 변화가 없었고, 보수세력의 주장이 민주화를 거친 후에도 어떤 종류의 국민적 설득력을 가지고 있다는 점에서 유림은 집표력(集票力)을 가지고 정치가들에게 영향력을 미칠 수 있었다.

근대 한반도 및 한국에 있어 동성동본 금혼제도의 역사는 한국사회가 그 '전통'을 스스로 버리고자 하는 고투의 역사라고 생각할 수는 없다. 불행한 식민지통치가 남긴 일제시대 사람들의 고통과는 별개로 어느 사회의 논의와 여론의 일정한 틀에 끼워 맞추는 작용만이 있었던 것은 아닌가? 적어도 그

'만들어진 전통'의 구도를 깨뜨리고자 하는 작업은 항상 민족주의의 벽에 부딪혀 왔다. 최소한 그 동성동본 금혼이라고 하는 '전통'을 구성해 갈 때 식민지통치가 이용된 것은 본 논문에서 분명히 지적하였다. 그 청산에 1세기라는 시간이 필요했다는 사실은, 근대의 출발점에서 식민지통치와 이에 대한 반발이 만들어낸 '틀'이 얼마나 견고한 것이었는가를 보여주고 있다고 여겨진다.

참고문헌

이윤희. 1995. 『한국민족주의와 여성운동』. 신서원.

이태영. 1992. 『가족법개정운동 37년사』. 한국가족법률상담소출판부.

최달곤. 1978. "한국가족법 일부개정에 관하여." 『비교법학』 13권 12호.

岡克彦. 1998. "韓國における『同姓同本禁婚制』. 違憲決定をめぐって". 『法律時報』 70卷 2号, 1998.

宮本元. 1940. "壻養子・異姓養子及氏制度に關する朝鮮民事令の改正に就て." 『法學協會雜誌』 58卷 4号.

權・權藤. 1990. 『改正韓國親族相續法』. 弘文堂.

吉川美華. 2001. "韓國における家族規範の深層." 東京大學大學院國際社會科學專攻修士論文(未發表).

山田・靑木・靑木. 1986. 『韓國家族法入門』. 有斐閣.

鄭鐘休. 1989. 『韓國民法典の比較法的研究』. 創文社.

淺見倫太郎. 1921. "朝鮮法體系の歷史的研究." 『법학협회잡지』 39卷(下).

"回顧錄." 1941. 『司法協會雜誌』 19卷 10・11號年.

편집후기

　　이 책은 일한문화교류기금에 의해 조직된 한일공동연구포럼 제2기 (1998~2000) 사회학팀의 연구 성과물이다. 사회학팀은 제2기에 처음으로 만들어졌으며, 사회학적 관점에서 현대 한국사회와 일본사회를 분석하고자 하는 목표를 갖고 공동연구를 시작하였다.

　　한국사회는 1987년의 '민주화'를 계기로 크게 변화했으며, 그 후 활발한 시민운동이 대두했고 사회가 놀랄 만큼 변화했다. 일본사회 역시, 1970년대부터 환경에 대한 관심이 급격히 높아져 1973년의 오일쇼크를 계기로 사회 속에 시민공간이 점차 확대되었다. 이 책의 부제를 '시민, 시민운동, 환경'이라고 붙인 것은 한국과 일본이라는 두 사회의 변화를 나타내는 현상으로서 시민의 등장, 시민에 의한 자주적인 운동의 진전, 그리고 이러한 현상들이 나타나게 된 대표적인 계기의 하나가 환경이있다는 것 때문이나.

　　한국사회의 급격한 변화는 '민주화' 이후에 빠르게 전개되어 여러 국면에서 시민운동이 상당한 영향력을 발휘하게 되었다. 이에 비하여 일본사회의 변화는 그다지 급격하지는 않지만 확연한 변화의 양상을 보이고 있다. 이 책은 그것을 가능한 한 실증적으로 제시하기 위해 노력하였다.

　　이 책을 읽어보면 알겠지만, 일본 측의 사회학자가 한국에 대해 논하고, 한국의 사회학자가 일본에 대해 논한 글이 적지 않다. 이러한 연구태도는 명시적이든, 잠재적이든 두 나라의 사회학자가 두 사회의 비교를 염두에 두면서 연구를 수행하였다는 것을 나타내고 있고, 사회학의 또 다른 하나의 가능성을 나타내는 것이다.

　　또한 한국의 일본사회 연구와 일본의 한국사회 연구가, 서로 같은 자리에서 논의될 수 있다는 것에 작은 자부심을 느낀다. 그리고 일본 측이 일본을 논한 것, 혹은 한국 측이 한국을 논한 것 역시, 공동연구 안에서 한국 측은 일본을, 일본 측은 한국을 명확히 의식하면서 논의를 전개하고 있다는 의미에서 이후의 전개가능성을 나타내는 것이다.

그러나 우리가 분석의 대상으로 하고 있는 사회는 상당히 다양하고 다분화되어 이 책에서도 사회를 어떻게 볼 것인가, 테마의 선정 등에 있어서 여러 가지 어려운 점이 있었음을 부정할 수는 없다. 사회의 모든 현상을 논한다는 것은 매우 어려운 일이지만, 이 공동연구를 계기로 한일 양국의 사회학자에 의한 공동연구가 한층 더 발전하기를 간절히 바라마지 않는 바이다.

마지막으로 이러한 공동연구의 기회를 주신 일한문화교류기금과 공동연구포럼의 좌장인 일본 측의 오코노기 마사오 교수님, 한국 측의 최상용 교수님과 최장집 교수님께 깊이 머리 숙여 감사의 말씀을 전한다.

김문조(金文朝)
핫토리 타미오(服部民夫)

필자소개

집필순

핫토리 타미오 | 服部民夫, HATTORI TAMIO

도쿄(東京)대학 대학원 인문사회계 연구과 교수
규슈(九州)대학 경제학 박사
전공 : 경제사회학, 개발의 사회학
주요경력 : 아시아경제연구소 주임연구원, 도쿄경제대학 교수, 도시샤(同志社)대학
　　　　　교수
주요저작 :『韓國の経營發展』(文眞堂, 1988);『韓國ーネットワークと政治文化』
　　　　　(東京大學出版會, 1992);『開發の經濟社會學』(文眞堂, 2005) 등

이숙종 | 李淑鍾, LEE SOOK-JONG

성균관대학교 행정학과 부교수
하버드대학 사회학 박사
전공 : 일본지역연구, 한일비교연구
주요경력 : 브루킹스 연구소(The Brookings Institution) 객원연구원, 존스 홉킨스 대학
　　　　　(Johns Hopkins University) 국제대학원(SAIS) 객원교수
주요편저 :『일본의 신정치경제』(세종연구소, 1998);『전환기의 한일관계』(세종연구
　　　　　소, 2002);『작은 정부와 일본 시민사회의 발흥』(한울, 2005) 등

오하타 히로시 | 大畑裕嗣, OHATA HIROSHI

도요우(東洋)대학 사회학부 교수
도쿄대학 사회학 석사
전공 : 사회학, 한국사회연구
주요경력 : 인하대학교 문과대학 조교수, 유통경제대학 사회학부 교수
주요저작 :『社會運動の社會學』(공편, 有斐閣, 2004); "韓國・仁川の市民運動の
　　　　　特徵ー『韓國の新しい社會運動』?"『流通経済大學創立三十周年記念
　　　　　論文集(社會學部篇)』(流通経済大學出版會, 1996) 등

박형준 ㅣ 朴亨埈, PARK HEONG-JOON

국회의원
고려대학교 사회학 박사
주요경력 : 부산 경실련(경제정의실천시민연합) 기획위원장, 지방분권 부산 연합 본
부 집행위원장
주요저작 : 『성찰적 시민사회와 시민운동』(의암출판사, 2001); 『정보화의 문명적 의
의와 국가전략의 방향』(국가경영전략연구원, 1995) 등

신광영 ㅣ 申光榮, SHIN KWANG-YEONG

중앙대학교 사회학과 교수
위스콘신대학 사회학 박사
전공 : 사회계층·계급, 산업사회학, 정치사회학
주요경력 : 한림대학교 사회학과 교수, 캘리포니아 주립대학(UC Berkeley) 서베이
연구센터 연구원, globalization 편집위원
주요저작: 『동아시아의 산업화와 민주화』(문학과지성사, 1999); 『한국의 계급과 불
평등』(을유문화사, 2004) 등

김문조 ㅣ 金文朝, KIM MUN-CHO

고려대학교 사회학과 교수
조지아대학 사회학 박사
전공 : 사회학(이론), 과학기술사회학, 문화사회학
주요경력 : 한국사회학회 편집위원장·부회장, LG종합기술원 커뮤니카토피아연구
소 소장
주요저작 : 『과학기술과 한국사회의 미래』(고려대출판부, 1999); 『디지털 한국사회
의 이해』(공저, 집문당, 2006) 등

이시재 ㅣ 李時載, LEE SEE-JAE

가톨릭대학교 사회과학부 교수
도쿄대학 사회학 박사
전공: 사회운동론, 환경사회학
주요경력 : 한국 환경운동연합 정책위원장, 한국 환경사회학회 회장
주요저작 : "한국의 시민사회와 환경운동"(공저, 『한국의 시민사회와 신사회운동』,
나남, 1998); "The Environmental Movement in Korea and Its Political
Empowerment"(*Korea Journal* Vol. 40, No.3 Autumn, 2000), Korean
National Commission for UNESCO 등

히사노 다케시 | 久野武, HISANO TAKESHI

간세이가쿠인(關西學院)대학 종합정책학부 교수
전공 : 환경정책
주요경력 : 일본후생성 국립공원부, 환경청, 환경연수센터 소장
주요저작 : "日本のProtected Area Systemの考察"(*Journal of Policy Studies* No. 4,
　　　　　1997, 『生きてきた瀨戶內海―瀨戶內法30年』(공저, 瀨戶內海環境保
　　　　　全協會, 2004) 등

세치야마 가쿠 | 瀨地山角, SECHIYAMA KAKU

도쿄대학 대학원 종합문화연구과 조교수
도쿄대학 학술박사
전공 : 젠더론
주요경력 : 홋카이도(北海道)대학 문학부 조수
주요저작 : 『東アジアの家父長制』(勁草書房, 1996); 『お笑いジェンダー論』(勁
　　　　　草書房, 2001) 등

찾아보기